여명에서 황혼까지

– 클린턴 박사의 리더십이론에 따른 강남중 목사 리더십수행 분석 –

강 남 중 지음

도서출판 카리타스

『여명에서 황혼까지』: 클린턴 박사의 리더십이론에 따른 강남중 목사 리더십수행 분석
From Dawn to Twilight: Leadership Performance Analysis of Rev. Nam joong B. Kang according to Dr. Robert Clinton's Life-long Leadership Development Theory

Copyright. ⓒ2025. By Nam joong B. Kang

초판인쇄 2025년 7월 1일
지은이 강남중
발행인 박수정
발행처 도서출판 카리타스
주소 부산광역시 동구 중앙대로 298 부산ywca 303호
전화 051)462-5495
등록번호 제2006-000002호
Printed in the Republic of Korea
ISBN 978-89-97087-95-2

이 출판물은 저작권법에 의해 보호를 받는 저작물이므로 무단 복제나 도용(盜用) 할 수 없습니다.
잘못된 책은 교환해 드립니다.

여명에서 황혼까지

– 클린턴 박사의 리더십이론에 따른 강남중 목사 리더십수행 분석 –

강 남 중 지음

돌섬카리타스

| 목 차 CONTENTS |

권두언 / 윤원환 • 6
축 시 / 김영산 • 10
추천의 글 / 김진동, 윤석옥, 곽건섭, 김은철, 김종경 • 12
축하의 글 / 남후수, 윤영일, 이정건, 김익현, 최현재, 이두영 • 23

제1장 시작하면서 • 37

제2장 인생 여정의 이야기

1. 하나님의 주권적 준비기간: 출생에서 회심 (1953-1967) • 47
2. 내면적 성장기간: 회심에서 목회인턴 사역 (1967-1981) • 53
3. 전문사역의 초기단계: 태동교회, 수산교회, 새부곡교회 사역 (1981-1984) • 106
4. 전문사역의 중기단계: 제8영도교회, 도미유학, 늘빛교회 사역 (1984-1997) • 133
5. 전문사역의 후기단계: 한생명교회, 특수목회 (1997-2021) • 215
6. 은퇴이후 회고단계: 황혼살림, 계속되는 비전 (2022-현재) • 309

제3장 클린턴 박사의『평생 리더십 개발 이론』에 대한 이해 • 373

제4장 강남중 목사의 평생 리더십 수행 분석 • 391

제5장 인생 여정을 통한 리더십의 10가지 핵심 가치 요약 • 453

제6장 마치면서 • 493

※부록(Appendix):
1. 강남중 목사 인생 여정표 • 499
2. 사진으로 보는 인생여정 • 505

| 권두언

윤원환 박사
(피닉스장로교회 담임목사, 북미주 개혁교회 코암노회 서기
미국 프로비던스대학교 공동설립자 겸 신학부 학장)

언어 혹은 글과 말.
하나님께서 인간세계 상호교통을 위해 주신 귀하고 효과적인 소통의 선물들이다. 어떤 사람은 말에 능하고 어떤 사람은 글에 능하며 어떤 사람은 더욱 복되게 이 두 개의 은사에 능하다.

18세기 유럽과 미국 대륙을 오고 가며 영적 대각성 운동을 주도했던 두 부흥사 조지 휫필드와 존 웨슬리목사의 사역의 두드러진 차이점을 조지 휫필드 목사 자신이 술회한 적이 있다. 누군가가 휫필드 목사에게 와서 물었다. "당신은 교단을 만들지 못했는데 웨슬리는 어떻게 '감리교'라는 교단을 만들 수 있었나요?" 그의 질문에 휫필드 목사는 이렇게 대답했다고 한다. "나는 말에 능했으나, 그는 말에 더하여 조직을 만들었습니다. 그리고 그것이 나와 그의 차이점입니다." '조직'은 말에 더하여 글의 조합으로 이루어진 특정 운동을 담는 효과적 그릇일 터이다.

말과 글의 장단점을 정확하게 구분하는 것은 그리 쉬운 일이 아닐 수 있다. '말'은 당대의 청중에게 감동적이며 더 설득적일 수 있다. 반면에, 그

'말' 자체는 청중들의 귀와 심금은 울릴 수 있으나 한곳에 오래 머물지 못하며 청중들의 기억과 함께 곧 사라진다 (현대 기기로 녹음을 남기기 전까지는). 여기에 비하여 '글'은 말에 비하여 덜 감성적일 수 있으며 덜 청각적이지만, 그럼에도 불구하고 깊은 울림을 간직한 글의 힘은 당대를 넘어 시공을 초월하여 독자의 마음에 깊은 깨달음을 전할 수 있다.

신약성경 27권중 절반의 주옥같은 '경전'을 쓴 사도 바울은 고린도 교회에 보내는 서신에서 자신의 '어눌한 말'을 시인하는 동시에 그러나 그의 '글'에는 강함이 있음을 시인한다. 복음을 담은 '말'도 소중하나 시대를 초월하여 계승되는 글의 위대함을 본다.

필자의 재미 한인교회 사역 40년중 가장 서로 속마음을 털어놓고 소통할 수 있었던 극소수의 동료요 인생 선배 중의 한 분이신 강남중 목사님의 귀한 책 출간에 즈음하여 몇 가지 이 책의 의의를 피력하고자 한다.

첫째로, 이 책은 회고적이다. 단순히 과거 회고적이 아니라 자신의 현재와 그가 아직도 걸어가야 할 미래의 포물선의 향방을 가늠할 재료로서 그가 그동안 걸어온 길을 촘촘히 그리고 가능하면 객관적으로 되돌아보고 무엇이 잘되었으며 동시에 무엇이 잘못되었었는지를 점검해 보려는 노력이 있다. 이 점에서 이 책은 매우 진솔하면서도 객관적으로 자신의 삶과 사역을 되돌아보는 귀한 예를 보여 준다.

둘째로, 이 책은 고백적이다. 대부분 자신의 전기를 저술하거나, 업적을 공유하는 저술을 보면, 결국 자화자찬과 자기과시의 세속적 근성이 묻어나는 것이 다반사인 경우가 많은데, 이 책은 지도자의 평생을 통해서 주권적으로 이끄시고 역사하시는 하나님의 임재 앞에 서 있는 자신을 들여다보면서 하나님과 사람 앞에서 행한 잘한 것과 아쉬웠던 것을 있는 그대로 여과 없이 진솔하게 드러냄에서 고백적이라고 할 것이다.

셋째로, 이 책은 분석적이다. 대부분 목회자의 설교집이나 평전은 자신이 그동안 사역하면서 전한 설교들의 모음이거나 연대기적 삶과 활동의 평이한 나열에 머무는 경우가 많다. 여기에 반하여 이 책은 풀러신학교에서 오랫동안 지도자의 평생 리더십 개발 이론을 전수한 로버트 클린턴 박사의 '리더십 부상 이론'에 근거하여, 자신의 삶과 사역을 분석하고 각 시간선마다 하나님께서 어떻게 주권적으로 이끄시고 역사하셨으며 거기에 자신은 어떻게 긍정 혹은 부정적으로 반응함으로써 얻게 된 긍정 혹은 부정적 결과들이 무엇이었으며 아울러 그런 부정적 결과들을 반추하면서 자신은 어떻게 그것을 바꾸고자 노력했는가 하는 면들을 진솔하게 드러냄에 있어서 귀한 가치가 있다.

넷째로, 이 책은 교육적이다. 1776년 미국 독립선언서와 그 이후 연방 헌법을 작성하고 공포한 '건국 지도자들'은 당대 영국 국왕의 전제 왕권적 횡포와 억압에서의 자유와 해방을 위하여 독립을 선포한 위대한 명분과 더불어 특히 그들의 '후손'을 위하여 용기와 열정을 가지고 분연히 일어났음을 피력한다.

이 책의 저자 강남중 목사는 1979년부터 전도사 사역을 시작으로 한국과 미국에서의 44년간의 목회를 충직하게 감당한 목사요 사역자로서 그의 평생을 관통하는 한가지 비전은 그의 사역의 규모의 크기와 사람의 인정에 상관없이 늘 하나님의 눈동자가 머무는 그 '한 사람의 생명 구원'에 진력해 왔다. 이 책은 바로 그런 그의 평생 비전의 포물선을 보여주고 있으며 더불어 그의 평생의 삶과 사역의 경험 그리고 거기에서 터득한 나름대로의 리더십의 핵심원리들과 가치들을, 하나님의 부르심을 받아 다음세대의 영혼 구원을 위해 섬길 차세대 지도자들에게 소박하지만 깊은 울림의 교훈을 남기기를 소원한다.

아무쪼록 이 책이 저자 자신에게는 지난했던 자신의 삶과 사역 가운데 함께 하신 주권자 하나님을 향한 감사와 경배의 통로가 되며, 이 글을 읽는 독자들에게는 그의 충직한 삶과 순종적 사역을 통해서 주권자 하나님께서 그를 향한 특정한 시간선을 통해서 어떻게 바른길로 인도하셨으며 형통케 하셨는가를 인식하는 귀한 귀감이 되길 바라마지 않음에서 이 책을 열렬히 추천하는 바이다.

| 축 시

강남중 목사 생애와 리더십

아당 김영산 박사

(고신대 선교목회대학원 교수)

1. 인생 터닦기
하나님 뜻이 있어 엄정하신 아버님과
활달하고 자상하신 어머님 슬하에서
사남매 막내 아들로 오삼년에 태어나

2. 회심기
성분도 병원에서 중이염 수술 전후
성경의 예수님을 처음으로 들었는데
중생회 중 2때 참석하여 영접했네 구주로

3. 영적 훈련
어머님과 영적 갈등 생이별 하고난 후
교회당 집을 삼고 사십일간 결단 기도
만났네 기장교회 이진순 내 인생의 반려자

4. 한국 목회
성산과 예림중앙 첫 목회는 태동교회
신대원 3학년때 제 8영도를 개척했네
예수님 제자훈련하듯이 제자삼는 목회를

5. 이민 목회
유학과 이민목회 한생명 장로교회
클린턴과 밥 로간의 제자가 되고나니
대화법 명강사가 되었네 내게 주신 비전

6. 수렴기
미국과 고국 왕래 생명 대화 특화훈련
경청 후 격려하면 개인 변화 일어나고
마침내 가정과 공동체가 천국으로 변화되네

7. 은퇴 이후
나성에서 네바다주 황혼 살림 시작하고
부단한 말씀 묵상 꿀보다도 더 달구나
책 한권 〈여명에서 황혼까지〉 걸음마다 은혜라

| 추천의 글

우리 날 계수함을 가르치소서(시편 90:12)

김진동 목사
(기독교사회복지원 원장, 전.부경병원선교회 대표)

한 사람이 한평생을 사는 동안 수많은 사람들과의 만남과 헤아릴 수 없는 일들이 일어난다. 즉 요람에서 무덤까지의 길목마다 이어지는 삶의 희노애락(喜怒哀樂)의 이야기들이 한 생의 역사로 엮어진다. 그래서 어떤 이는 인생노후에 자서전을 펴내기도 하고 위인들의 전기같은 전기를 기록하여 후대에 남기기도 한다.

지난 10월 어느 날, 미국에 있는 친구 강남중 목사가 긴 카카오톡 메시지와 전자메일을 보내왔다. 늦깎이 신학도였던 내게는 동생뻘 되는 신학 동기들이 많은데 그중에 그는 남달리 친밀한 혈육의 동생 같은 친구다. 가끔 그가 고국 방문을 하면 "행님아!" 하며 나를 찾아주고 며칠씩 머물다 가곤 한다. 카톡의 내용은 아주 반가운 소식이었다. 몇 년 전 목회은퇴를 하고 집중적으로 글을 쓰기 시작하여 탈고를 하고 책을 출판하면서 내게 추천사를 부탁하는 소식이었다. 나는 흔히 목사들이 출판하는 설교집인가 했는데 메일을 열어보니 설교집의 내용이 아니었다. 로버트 클린턴 박사의 리더십 이론에 따른 〈여명에서 황혼까지〉라는 제목의 원고를 눈을 비벼가면서 탐독했다.

이 책은 그가 미국 이민목회 중에 집중적으로 배우고 연구한 리더십에 관한 하나의 인생 코칭 지침서로 자신의 칠십 인생 여정 이야기로 시작하여 그동안 국내외적으로 교회들과 기관 단체 소그룹 개인 그리고 각종 세미나 등에서 섬겨 온 '생명의 대화법' 훈련 사역의 이야기들과 이어 3~6장까지의 평생 리더십에 관한 이론과 분석과 핵심가치 수행의 실제 문제들을 세밀히 다루고 있다. 그는 '생명의 대화법' 훈련을 통해 대형세미나에서나 한 가정 때로는 한 사람에게라도 듣고자 하는 자에게는 동일한 내용과 전 과정을 가감 없이 강의하는 기막힌 열정을 쏟아붓는다. 그는 그만큼 인생사에 있어 대화의 중요성을 가슴에 담고 있는 자이다.

그의 인생 여정 이야기를 읽으면서 철저한 계획과 실행 평가가 이어지는 규범 있는 생활 모습은 정말 남다름을 느꼈다. 뿐만 아니라 어릴 적 철부지 시절 성수 주일 문제로 직장과 교회 중 택일하라는 불신 아버지의 요구에 교회를 택하고, 고등학교 3학년때 신접한 엄마가 무속인이 되자 또다시 엄마와 하나님 중 택일하라는 아버지의 요구에도 두말없이 하나님을 택하고 부모님께 큰 절을 하고 집을 나온 철두철미한 신앙절개는 감히 상상하기 어렵다. 또한 브니엘 중.고등학교 시절 부산시 기장에서 새벽 열차로 통학을 하면서도 6년 개근을 한 그의 결단력과 강인한 의지 그리고 인내심, 교인 한 명도 없이 교회를 개척한다는 원칙을 세워 실행한 목회 출발과 부르심에 순복하여 섬기는 일에 대한 배움과 훈련의 열정은 지금까지 내가 알고 사귀던 강남중 목사가 아니었다. 그 열정이 미국목회 중에도 식지 않고 석.박사 학위에도 마음에 차지 않아 계속 배우는 과정에서 로버트 클린턴 교수를 만나 그의 강의 '평생 리더십개발'을 통해 비전에 대한 새로운 장을 열게 되고 밥 로건 교수의 사사를 통해 '생명의 대화법과 코칭' 전문 강사로 세계를 누비며 섬기고 있다. 그의 책을 통해 하나님은 부르심에 순종하여 뜨거운 열정을 가진 자를 결단코 외면치 아니하시고 책임을 지심을 확인하게 된다.

신학 학창시절 그는 학급 중에 우등한 성적, 공부 잘하는 학생 중 한 사람이었는데 그의 인생 여정의 이력을 보니 중학교부터 대학까지 전부 낙방의 잔을 마신 사실이 믿기지 않았다. 그런데 그때마다 기독교학교로 입학하게 됨은 오늘의 강남중 목사로 빚어 가신 하나님의 손길이었음을 알게 된다. 택하여 부르신 자를 끝까지 간섭하시고 인도하시는 하나님의 섭리를 누가 알리요. 결국 믿는 자의 승리는 확실하다. 유명 무속인으로 명성(?)을 떨친 어머님도 목사 아들의 끈질긴 기도로 권사 어머니로 축복하셨고 노년에 미국 간 아들 대신 잠시 내 곁에 모시는 은혜를 나도 입었다.

모쪼록 바라옵기는 이 귀한 책이 많은 사람에게 읽혀지고 읽는 자마다 저자가 품은 평생 리더십 코칭으로 삶을 기름지게 하고 지역사회 공동체를 윤택하게 빛내는 은혜가 있기를 기도하면서 기쁨으로 추천한다.

| 추천의 글

성실하고 열정이 가득한 신학도

윤석옥 박사
(전, 고신의대 간호학과 교수)

　강남중 목사님의 〈여명에서 황혼까지〉 출간을 축하합니다. 목사님과는 신학과 4학년 때에 '가족보건학' 시간에 강의하는 자와 학생대표로 처음 만났습니다. 그때 목사님은 시골교회 전도사로 사역하면서 신학을 공부하셨는데 가을이면 노랗게 익은 제일 크고 이쁜 모과를 첫 열매라며 교수 연구실로 가지고 오는 성실하고 열정이 가득한 신학도였습니다. 그 선물은 나의 교수 생활 가운데 특별한 기억으로 남아 있습니다.

　목사님이 신학대학원 졸업 반 때에 제8영도교회를 개척할 때 함께 기도했던 기억이 새롭고, 목사가 된 이후에 고신의대 협동목사로서 교수들을 위한 제자훈련반에서 섬기신 일은 내게는 믿음의 큰 도전과 도움을 주었습니다. 미국에 유학을 가서서 목회학 박사 논문을 준비할 때에 내게 찾아와서 통계에 대하여 도움을 청했습니다. 저희 집에서 밤을 새우며 통계에 대하여 설명하고 함께 논문의 통계를 마치게 된 추억이 새롭습니다. 미국에서 열심히 공부하며 사역하시는 남다른 사명감과 열정을 가지신 분입니다. 그렇게 바쁘신 중에도 부족한 나를 교수로 인정하여 몇 차례 '스승의 날'을 기억하여 과일 바구니를 보내 주어서 내 자신과 가족들에게 자랑스러웠습니다. 매해 크리스마스에는 직접 쓰신 예쁜 손편지 카드를 먼 나라 미국에서 빠짐없이 보내시는 정성에 매번 감사한 마음이었습니다.

나는 이 저서의 내용대로 주님의 사명을 성실하게 감당하는 부분들을 실제로 곁에서 보아왔습니다. 이것을 읽는 내내 감동과 큰 은혜를 받았습니다. 특히 사명과 비전을 명확히 구분하여 주님이 부르는 시간까지 소중하고 의미 있는 황혼의 시간을 보내려는 목사님의 결정이 내게도 건강하게 신앙을 유지하고 살아야 하는 동기부여가 되고 도전이 됩니다. 특히 나에게 강의할 시간이 주어질 때마다 노인 인구가 증가하고 수명이 길어진 이 시대에 남은 시간을 어떻게 해야 할지 방황하는 교회 지도자들과 성도들에게 꿈을 주며 사명감을 다 하도록 외치려고 합니다. 이 책을 통하여 나 또한 공적으로 교수로서는 은퇴를 했지만 아직도 주님이 내게 주신 생명과 주님이 부르는 시간까지 이룰 비전이 있으므로 남은 시간 동안 유종의 미를 기쁨으로 이루려고 합니다.

이 책을 통하여 이른 퇴임을 한 이들이 남은 시간을 믿음 안에서 가족과 다른 이들과 함께 거룩한 행복을 누리며 비전을 이룰 수 있도록 애쓰는 목사님의 마음을 볼 수 있습니다. 더 좋은 생명의 대화 방법으로 감동을 주며 희망과 비전을 전달하는 이 책의 완독을 추천합니다. 책의 출간을 다시 한번 축하하며 강 목사님의 계속적인 집필과 건강을 위해 기도합니다.

| 추천의 글

고상하고 괜찮은 남자

곽건섭 박사
(예은장로교회 담임, 올림픽성서대학 학장)

　인간은 자신의 감정과 생각을 언어로 표현합니다. 동식물도 표현방법이 있지만 인간은 희로애락을 다양한 언어로 드러내는 고도의 기술을 지니고 있습니다. 그리고 말과 문자로 하나님을 높이고 찬양하는 특권도 가지고 있습니다. 목회자는 한평생 입을 열고 살아야 합니다. 저도 예외가 아니었습니다. 숱한 말들을 설교, 강의, 기도, 상담으로 쏟아 냈습니다. 그런가 하면 무심코 누군가가 던진 말 때문에 상처받아 가슴앓이도 했고 누군가에게 아픔을 주기도 했습니다. 그러면서 터득한 깨달음이 있었습니다. 그것은 말은 적을수록 좋다는 것, 필요할 때 필요한 말 외에는 아끼는 것이 좋다는 것입니다. 그래서 삼사일언(三思一言)이라는 말을 좋아했습니다. 그리하여 축복 언어의 세계를 순례하기로 생각하며 살아왔습니다. 그러던 중에 강남중 목사를 만나게 되었습니다.

　목회자로 평범한 시골 아저씨 같은 순수함이 몸에 배어 있는 모습이었습니다. 언제나 솔직하고 말수가 적으며 촌스러우면서도 고상하고 괜찮은 남자였습니다. 가까워지면 가까워질수록 그의 진솔함과 상대방에게 늘 기분 좋게 하는 격려의 말로 높여주어서 언제나 기분 좋은 분위기를 느끼게 했습니다.

〈여명에서 황혼까지〉는 그의 어린 시절부터 목회자로 살아가는 세심한 과정을 진솔하게 표현한 책입니다. '대화법'이라는 강의와 세미나를 통하여 보여 준 그의 진실한 말과 행동이 일치하는 좋은 모습의 삶을 글로써 남겨 주신 그 섬김과 아름다움에 감명을 받았습니다. 그를 잘 알고 지금도 일주일에 한 번 만남을 계속 이어 나가는 친구로서 축하의 박수를 보냅니다.

책 출판을 통하여 그가 바라는 대로 남은 시간을 비전에 따라 보람된 목회자의 삶을 이어 가기를 간절히 바랍니다. 〈여명에서 황혼까지〉의 책 출판을 통하여 목회자들과 성도들에게 저자의 인생 여정을 통하여 하나님이 주신 은혜, 사랑, 감사가 회복될 것을 기대하면서 기쁨으로 이 책을 추천합니다. 감사합니다.

| 추천의 글

하나님의 불가능한 가능성 (God's Impossible Possibilities)

김은철 박사
(미주 장로교신학대학 교수, 풀러신학대학원 교수)

강남중 목사님의 책은 독자의 삶과 영혼을 온통 살리는 내용으로 되어 있다. 이 책에 자세하게 기록된 그의 인생의 여정들은, 하나님의 은혜가 – 우리 인간이 지나는 어떠한 도전과 장애 앞에서도 기적을 나타내게 하고, 각오를 새롭게 하며, 그리고 그 역동성의 과정 속에서 – 강 목사님을 지키셨던 것처럼 우리 모두를 지키신다는, 곧 은혜와 목표를 확신시키시는 약속과 사랑의 자서전이다.

그는 비록 보이지 않는 밤중을 걷는 것처럼, 신앙 때문에 집에서 쫓겨나고, 특별히 붙잡아 주는 사람 없이, 오직 믿음의 전등만을 가지고 매일 어둠 속을 걸었지만, 이렇게 인생의 계절이 깊어지고 보니, 하나님의 약속과 은혜는 오직 풍성과 기쁨이라는 고백이다. 그의 삶은 은혜와 섬김과 약속이다. 혼탁한 현대 문화에서도 절대 변하지 않는 성령님과 동반 하였을 때 평범한 인간에게도 나타나는 기적의 보고서이다. 진실로 하나님이 함께 하시면 불가능이 없다.

특별히 이 책을 통해 첫째, 그는 바나바처럼 교회를 위해서 인생을 바치고 사역했던 목사였고, 둘째, 개척 교회의 달인이었으며, 셋째, 이러한 다양한 사역과 행사 중에서도 자기 관리가 뛰어난 지도자임에 크게 감동받는다. 오직 예수, 오직 교회, 오직 사명과 비전을 위해 달렸던 그의 삶의 회고록이다. 하나님이 태초에 창조하신 인간의 공동체는 우리가 만들기도 하지만 또한 우리를 받아들이기도 한다. 저자는 그리스도의 복음에 의지하여 복잡할 수 있는 인생을 단순한 믿음으로, 또 단순할 수 있는 저자의 삶이 오페라처럼 다채롭고 총체적으로 지나는 것은, 하나님의 불가능한 가능성(Impossible Possibilities) 곧 어떠한 인생도 하나님의 손에 잡히면 하나님이 예비하신 각종 공동체를 통하여 저자처럼 멋지고, 화려하고, 의미 있는 삶을 살 수 있다는 약속을 이 책을 통해 신선하게 증언한다. 시편 23편 같은 구구절절이 나타난 인생 과정과 그 속에서의 고백들이 저자의 삶처럼 당신의 마음을 움직일 것이다.

마지막으로, 저자가 이 책에서 나눈 '건강을 지키는 명언'이 감동되어 같이 나눈다. "또 다른 친구가 유튜브 동영상의 노년에 아끼지 말아야 될 것 4가지에 대한 내용을 보내 주었다. 1) 건강한 음식에 돈을 아끼지 말라. 2) 운동하는데 시간을 아끼지 말라. 3) 잠자는데 시간을 아끼지 말라. 4) 독서 하는데 시간을 아끼지 말라. 나는 이러한 것을 지키려고 아내와 같이 매일 노력을 한다."

독자 여러분도 강남중 목사님처럼 그리스도 안에서 더욱 빛나고, 멋지고, 영광된 삶을 누리시길 바라면서 이 책을 추천한다.

| 추천의 글

퍼즐들 하나하나에 담긴 의미

김종경 박사
(목사, 한생명대화법 연구소장)

　강남중 목사의 책 〈여명에서 황혼까지〉는 저자의 영적 순례 전체를 조망해 주고 있다. 그것은 인생 여정의 단순한 회상이나 정리가 아니라 하나님의 뜻과 섭리 안에서 이루어진 만남과 사건이라는 퍼즐들 하나하나에 의미를 부여하고 궁극적으로 자신에게 주어진 고귀한 사명을 확신하고 붙드는 작업이다.

　본서의 저자인 강남중 목사에게 큰 영향을 끼친 두 분의 멘토가 있다. 한 분은 P.E.T. (Parent Effectiveness Training) 모델의 창시자인 토마스 고든 박사이다. 그의 '부모 역할훈련'을 접하고 난 후부터 30년을 하루같이 대화법과 멘토링, 코칭 사역을 이어오고 있다. 다른 한 분은 풀러신학교에서 리더십을 가르치셨던 로버트 클린턴 교수이다. 〈여명에서 황혼까지〉는 "클린턴 교수의 〈영적 지도자 만들기〉에서 제시하는 인생 여정 지도 (Spiritual Map)의 저자 개인 적용편이다."라고 볼 수 있다.

　이 책은 두 가지 목적과 의미를 가지고 있다. 첫째는 저자 자신의 삶을 돌아보면서 정리하는 것이고, 둘째는 독자들이 하나님의 뜻 안에서 자신에게 주어진 비전을 발견하도록 돕기 위함이다. 즉, 각자의 삶 출생부터 현재까지 일어난 무수한 사건들과 만났던 사람들이 단순한 우연이 아니라 하나님의 섭리 안에 있는 것이며, 그 모든 것들이 날줄과 씨줄이 되어 하나님의 원대한 작품을 이루어 가는 의미 있는 도구임을 명확하게 밝혀 주고 깨닫게 하는 안내자가 되어 준다. 그렇게 함으로 과거와 현재와 미래가 '비전'이라는 하나의 큰 물줄기로 통합된다. 한 손에는 클린턴 교수의 책을, 또 다른 한 손에는 본서를 들고 우리 자신의 인생 조감도를 만들어 보자. 희미하고 불투명했던 각자의 비전이 구체적이고 선명하게 그 모습을 드러낼 것을 확신하여 기꺼이 추천한다.

| 축하의 글

신랑 친구의 기쁨으로

남후수 박사
(필리핀 선교사, Asia Reformed Theological Seminary 명예학장)

사람의 출생을 보면 이상한 느낌이 든다. 어떤 동물들은 태어나자마자 기기도 하고 걷기도 하고, 당장은 아니더라도 이 정도까지 그리 오래 걸리지 않는다. 그러고는 곧바로 부모에게서 독립한다. 그런데 사람은 혼인할 때가 되어서야 부모에게서 떠난다(창 2:24). 부모에 의존하는 기간이 거의 20년, 즉 일생의 사분의 일 정도나 된다. 소위 만물의 영장이라고 하면서도 이러니 다른 동물에게 좀 창피하다는 생각이 든다.

그런데 사람의 마지막을 보면 너무나도 경이롭다. 동물은 오로지 생존을 위하여 약육강식의 법칙대로 살아갈 뿐이지만, 사람은 온갖 관계 속에서 살아간다. 사람과 사람, 사람과 자연, 사람과 시간, 자신과의 관계, 그리고 사람과 하나님과의 관계를 맺으면서 산다. 그리고 사람은 이 모든 관계에서 끝맺음을 할 줄 알고 또 그 끝에서 영원을 시작할 능력도 가지고 있음이 너무나도 놀랍다(전 3:11).

이번에, 고신대학교 동기로 입학하여 오늘까지 목사 친구로 지내오는, 강남중 목사가 회고록을 발간하면서 축사를 부탁하기에 기쁜 마음으로 수

락했다.

　회고록은 끝맺음의 일부이다. 이 책에서 강 목사는 자신의 생을 은퇴까지 단계별로 진솔하게 서술했다. 원고를 읽으면서 처음부터 마지막까지 관통하는 하나의 주제를 발견했는데 그것은 영원과 연결되는 하나님과의 관계였다. 다른 모든 관계는 이 큰 관계에서 파생하거나 모여드는 내용이었다. 강 목사는 자신의 모자람이나 남 앞에 부끄러울 만한 것도 감추지 않았다. 영원이라는 주제 앞에 아무 거리낌 없다는 신앙 때문일 것으로 생각된다. 웬만한 용기로서는 어려울 것 같고 또 아무나 할 수 있는 일도 아니라고 생각한다.

　바울처럼 "선한 싸움을 싸우고 달려갈 길을 마치고 믿음을 지켰으니 이제 후로는 의의 면류관이 예비"되었을 것으로 믿고(딤후 4:7) 저자의 출간을 축하한다. 요즘은 70세에 '古稀'와 '長壽'라는 말을 쓰기가 쑥스럽지만, 그러나 모두가 이 나이를 넘기는 것은 아니므로 은퇴 후에 회고록까지 쓴다는 것은 큰 행복임이 틀림없다.

　'신부를 취하는 신랑의 친구가 기뻐'하는(요 3:29) 기쁨으로 회고록 발간을 축하하고 축복한다.

| 축하의 글

가까이 갈수록 향기가 나는 사람

윤영일 목사
(부경병원선교회 대표, 전, 고신의료원 원목실장)

저에게 있어 목회자로서 힘든 일들도 많고 고민스러운 일도 한 두 가지가 아니지만 그 중에서도 가장 큰 문제는 설교와 현실의 조화문제입니다. 다시 말하면 설교를 통하여 신앙과 삶의 큰 원리를 제시 할 때 많이 강조도 하고 고함을 지르기도 하지만 정작 그 말씀을 저의 삶에 적용시키고 실제로 삶을 살아가는데 있어서는 부족한 부분이 많이 있습니다. 정신을 차리고 노력을 해 보지만 계속 후회가 남고 회개가 더 많이 되는 것을 자주 발견하게 됩니다.

2024년 3월에 사역자들을 위하여 제가 속한 부경병원선교회 영성수련회에 강남중 목사님을 강사로 모신 적이 있습니다. 직접 집필하신 '생명의 대화 특화 훈련' 교재를 가지고 나흘 동안 집중훈련을 해주셨습니다. 참석자들에게 정말 쉽게 생각하고 별다른 고민 없이 내뱉은 숱한 말들을 회개하는 마음으로 돌아보는 엄청 유익하고 은혜스러운 시간이었습니다. 수 십년 쌓아올린 내공이 만만치 않았고 그것은 곧 저와 우리 모든 사역자들에게 큰 도전과 결단이 있게 만들었습니다.

그런데 제가 주목한 것은 그 방대한 내용들이 그저 한갓 이론의 나열이 아니었습니다. 그 가르치는 내용이 알찬 것은 물론이요, 핵심을 찌르는 강의에 모두 감탄할 수밖에 없었습니다. 그런데 저는 그 상황에서 정말 존경의 마음을 가지게 되었는데 "나와는 비교할 수 없는 차원의 삶을 살고 있구나." 하는 것이었습니다. 강 목사님은 실제로 가르치는 내용의 삶을 살아보려고 무진 애를 쓰셨고 이론에 가깝게 살아가고 있었습니다. 실제로 살아 내면서 흘린 땀과 눈물과 기도로 만들어 낸 교재와 강의는 압권이었습니다. 제가 저의 자신을 볼 때 실천하지 못하여서 안타까워하고 아쉬워하며 그때마다 부족함을 느끼고 죄송스럽기까지 하였던 모습이 강 목사님에게는 평범한 일상처럼 보여 졌습니다.

제가 만난 강 목사님은 한 마디로 가까이 갈수록 향기가 나는 멋진 신앙인이요 목회자였습니다. 그분이 인생 여정에 따른 새로운 책을 내신다기에 지극히 무딘 글솜씨로 감히 축하의 글을 쓰게 되었습니다. 70평생을 압축하여 기술하고 있는 첫 단원부터가 인상적이었습니다. 모두 노출해도 되나 싶을 정도로 투명하게 삶의 모습을 보여주고 있어서 그 다음에 나오는 내용들도 신뢰하게 되었습니다.

생각해 보면 공적인 목회를 은퇴를 하고서 이 책을 출판하므로 목사님 스스로는 강의나 기타 여러 방면으로 사용할 수 있는 기회가 현역 때 처럼 많지 않을 것입니다. 어쩌면 후학들을 위하여 이 책이 읽혀지고 내용들이 적용되기를 더 원하시는지 모를 입니다. 이 또한 얼마나 아름다운 모습인가 하는 생각이 듭니다. 김형석 교수님 이야기도 하였습니다만 저는 구약의 갈렙이 생각납니다. 팔십 오세였지만 노익장을 과시하며 힘있게 비전을 가지고 여호수아에게 당당히 "이 산지를 내게 주소서" 하고 외쳤던 것처럼 목사님의 남은 삶도 이 책 한 권으로 끝나는 것이 아니라 더 많은 삶의 흔적과 성과들을 남겨 주시면 좋겠습니다. 오래오래 건강 관리 잘하셔서 이 시대와 다음 세대를 위해 귀하게 쓰임 받으시는 나날들이 되시기 바랍니다. 다시 한번 귀한 책을 내심을 축하합니다.

| 축하의 글

기도로 마무리 하는 사람

이정건 파라과이선교사
(전, 고신총회세계선교회 본부장, 멤버케어사역원 원장)

　강남중 목사님은 제가 1979년 말에 군대에서 제대하고 고신대 신학과 3학년에 복학해서 처음으로 강의실에서 만났습니다. 그 이후 지금까지 45년간 동역자요 친구로 지내오고 있습니다. 그는 신학교에 다닐 때부터 탁월한 목회자로서의 자질을 보였습니다. 특히 그는 우리 모두에게 '연구하고 공부하는 신학생'으로 기억되는데 성경을 연구하는 여러 모임에는 언제나 그가 있었습니다. 그는 일찍이 강해설교, 프리셉트 성경연구, 제자훈련, 크로스웨이 성경연구, 벧엘 성경연구, 네비게이토 제자훈련, 전도폭발훈련, '평신도를 깨운다' 제자훈련 등 이루 헤아릴 수 없는 많은 훈련을 받았습니다. 그는 성경을 바르게 이해하고 가르치기 위해 이렇게 많은 '인풋'(input)이 있었으니 이 지식들이 '아웃풋'(output)으로 나타나는 것은 너무나 당연하고 자연스러웠습니다.

　강 목사님은 1984년 신학대학원 3학년때 제8영도교회를 개척하여 7년간 그 교회에서 그동안 그가 훈련받았던 모든 것들을 쏟아 부어서 교회를 건강하고 든든하게 세웠습니다. 보통 성경연구에 몰두하다 보면 기도 생활에 소홀해지기 쉬운데 그는 기도에도 전념하는 목회자였습니다. 40일 철야기도회 등 기도와 함께 시작하여 기도로 진행하고 기도로 마무리하는 사람이었습니다.

강 목사님은 일찍이 세계선교에 눈을 떴고 예수님의 지상명령을 준행하기 위해 몇 명의 동기들과 함께 '한생명 선교후원회'를 조직하여 많은 선교사를 후원했습니다. 저도 그 후원회의 창립 회원으로 함께 활동했고 나중에는 그 후원회의 지원을 받았던 선교사입니다.

강 목사님은 이후 도미하여 재미교포를 대상으로 이민 목회자가 되었고 새롭게 미국에서 목회의 비전을 펼치게 되었습니다. 그는 공부하는 목회자의 면모를 유감없이 발휘하여 리폼드신학교(Reformed Theological Seminary)에서 공부하여 목회학박사 학위를 받았고, 특히 대화법과 코칭법을 공부하여 이 분야에서 탁월한 전문가가 되었습니다. 저와 아내는 2012년에 KPM (고신총회선교회) 본부장으로 사역하기 전에 당시 훈련원장이었던 남후수 선교사님 부부와 함께 두 주간동안 미국에 체류하면서 그에게서 '대화법과 코칭법'에 관해 배웠습니다. 이것이 이후 '멤버케어' 사역 등 본부에서 사역했던 10년간 큰 도움이 되었습니다.

나는 이번에 강 목사님의 〈여명에서 황혼까지〉의 책을 읽으면서 그동안 살아온 많은 인생 여정 가운데 많은 부분을 새롭게 알게 되었는데 참으로 감동적이었고 더 존경하게 되었습니다. 돌아보니 결코 쉽지 않았던 70년 인생길에서 수많은 어려움 때문에 더러 휘어지는 아픔도 있었지만 그의 비전은 결코 꺾이지 않았고, 결론적으로 모든 것이 하나님의 은혜였음을 고백하지 않을 수 없었습니다. 강 목사님에게 있어서 한가지 놀라운 것은 지나갔던 그 많은 인생 여정의 순간들을 어떻게 그렇게 세밀하게 기억하고 있는지 새삼 그 기억력과 평소에 습관적인 기록능력에 박수를 보냅니다.

끝으로 그의 인생에서 하나님의 도우심 외에 빼놓을 수 없는 이진순 사모님과 가족의 격려를 기억하며 감사드립니다. 축하합니다. 축복합니다. 그리고 참 수고 많으셨습니다.

| 축하의 글

기쁨과 희망의 선물

김익현 목사
(전, LA삼광선교교회 담임)

  사랑하고 존경하는 강남중 목사님께서 인생 시간선에 따른 〈여명에서 황혼까지〉라는 귀한 책을 출간하게 됨을 진심으로 축하합니다. 강 목사님과는 20년 이상 믿음 안에서 교제하며 테니스도 함께 하고 내가 골프를 할 수 있도록 도움을 주었습니다. 특별히 강 목사님에게서 '효과적인 생명 대화법'을 배우므로 나의 가정과 목회에 큰 도움을 받았습니다. 이 훈련을 통하여 강 목사님의 삶과 섬김을 가까이에서 보았으며 동역자로서 그리고 친구로서 존경을 하게 되었습니다.

  내가 좋아하는 찰스 스윈돌의 책 〈가면을 벗어라〉에서 "가면은 진실이 아니다. 가면은 문제를 직면하기보다 회피하게 하고, 진실을 니스칠해 베니어 판 뒤에 감추게 되므로 오히려 이해되고 사랑을 받는 대신 고독하여진다. 더 비극적인 것은 가면을 오래 쓸수록 인간임을 보여주는 정상적이고 자연스러운 감정을 숨김으로 인간관계의 거리감을 가지게 한다."라고 했습니다. 강 목사님의 글은 일생을 통하여 문제를 직면할 때에 위선이라는 가면을 쓰지 않고 진실하며, 인간임을 보여주는 정상적이고 자연스러운 감정을 꾸밈없이 진솔하게 고백하고 있습니다. 그는 자신에게 주어진 하나님의 비전으로 말미암아 일생 동안 남다른 여러 가지 어렵고 고통스러운 시간을 이겨내고 인내했습니다. 동시에 그 시간들이 오히려 희망과 소망을 가지게 하며 인생의 목적을 정립할 수 있는 기회임을 직접적으로 보여주므로 독자들에게는 기쁨과 희망의 선물이 될 것입니다. 또한 두려움이란 껍질에서 벗어나 어떤 가면과 상관없이 자유롭게 날 수 있는 날개를 달아 줄 것입니다.

나는 강 목사님이 그의 70년 인생을 돌이켜 보면서 심혈을 기울여 쓴 책의 초안을 읽는 가운데 나태주 시인의 '마당을 쓸었습니다' 라는 시가 생각이 났습니다.

마당을 쓸었습니다./ 지구 한 모퉁이가 깨끗해졌습니다.

꽃 한 송이가 피었습니다./ 지구 한 모퉁이가 아름다워졌습니다.

마음속에 시 하나 싹 텄습니다./ 지구 한 모퉁이가 밝아졌습니다.

나는 지금 그대를 사랑합니다./ 지구 한 모퉁이가 더욱 깨끗해지고 아름다워졌습니다.

강 목사님의 책이 지구 한 모퉁이가 더욱 깨끗해지고 더욱 아름다워지고 더욱 밝아지는 은총이 있기를 기원합니다.

| 축하의 글

영적 울림

최현재 목사
(한의학 박사, Herb & Acu Clinic 원장)

강남중 목사님의 〈여명에서 황혼까지〉의 책 출간을 진심으로 축하합니다. 오랜 세월 목회자의 길을 걸으며 경험하셨던 수없이 많은 감동의 순간과 그 여정을 돌아보는 의미 있는 작업이셨을 텐데, 그 모든 과정을 담아낸 글이 이제 책의 모양으로 세상에 나오게 되어 감회가 새롭습니다. 또한 하나님께서는 이사야 선지자에게 "참으로 너를 도와주리라 참으로 나의 의로운 오른손으로 너를 붙들리라." 라고 하신 그 약속이 강 목사님의 삶에 어떻게 이루어지셨는지를 책을 통해 보게 되어 감동이 벅차오릅니다.

우리 모두는 알지요. 그 길이 항상 순탄하지 않았음을. 때로는 넘어질 만큼의 무거운 짐과 함께 괴롭고 힘든 순간도 많으셨을텐데, 그때마다 하나님의 능력의 손길이 항상 곁에 계셨다는 것을 강남중 목사님께서 직접 증명해 보여 주시는 것 같습니다. 시련과 고통의 순간마다 하나님을 의지하시면서, 주님의 깊고 넓으신 은혜와 사랑 안에서 우리 주님의 신실한 종의 길을 변함없이 걸어온 모습이 정말 아름답고 귀하십니다. 그 믿음의 여정을 마무리하며 나누어주시는 은혜가 담겨진 이 책은 많은 이들에게 영적 울림이 되어 주리라 확신합니다.

주님 안에서 얻게 된 평안과 인도하심, 그분의 사랑의 발자취를 통해 이 글을 읽는 독자들 역시 큰 위로와 용기, 힘을 얻게 되시길 소망합니다. 앞으로도 주님의 은혜 안에서 목사님의 남은 삶의 여정이 형통하시기를 빌며 늘 새로운 도전과 행복이 함께 하시길 기도하겠습니다.

| 축하의 글

하나님께서 주신 분명한 비전

이두영 목사
(오렌지소망교회 담임)

강남중 목사님께서 지난 인생과 목회 44년을 정리한 귀한 책을 출판하신 것을 진심으로 축하합니다.

이 책은 많은 이들에게 리더십의 중요한 원리를 전해 줄 것임을 확신합니다. 이 책을 통해서 하나님께서 주신 분명한 비전을 발견하고 이를 이루는 것이 진정한 직분자의 길임을, 그리고 사역의 다양성 속에서도 하나님께서 주신 비전을 중심으로 살아가는 삶의 중요성을 깨닫게 될 것입니다.

이 책에서 강 목사님은 자신의 인생 여정을 단계별로 나누어 솔직하게 기술함으로써 신앙의 여정을 걸어가는 모든 이들에게 큰 격려와 영감을 줍니다. 삶의 주요 순간들과 그 과정에서 겪은 도전과 성취는 우리에게 하나님의 신실하심과 인도하심을 생생하게 보여줍니다. 강 목사님께서 걸어오신 길을 통해 우리는 하나님의 계획이 어떻게 이루어지는지, 그리고 그 속에서 우리가 어떻게 응답할 수 있는지를 배우게 됩니다.

특별히 로버트 클린턴 박사의 평생 리더십 개발 이론에 따른 서술은 우리에게 리더십의 본질과 그 개발 과정에 대한 깊은 통찰을 제공합니다. 하나님께서 각 사람에게 주신 리더십을 어떻게 발견하고 성장시킬 수 있는지에 대한 명확한 지침을 제시하여, 많은 이들이 자신의 리더십을 돌아보고 더욱 하나님께서 원하시는 방향으로 나아갈 수 있도록 도와줍니다.

이 책은 무엇보다 자신의 삶을 인생 시간선의 단계별로 나누어 상세하게 보여줌으로써 한 개인의 리더십이 어떻게 형성되고 발휘되는지를 실제 사례를 통해 분명하게 보여 주고 있습니다. 이것은 책을 읽는 많은 사람들이 자신의 삶에 실제적으로 적용하는 데 큰 도움이 될 것입니다.

그리고 강 목사님의 비전인 생명의 대화 특화 훈련을 통해서 많은 사람들이 회복되는 놀라운 간증이 이 책을 읽는 사람의 마음을 뜨겁게 만들어 줄 것입니다. 그동안 주님이 주신 비전을 향해서 열심히 달려오신 강 목사님이 이제 남은 황혼의 시간을 그 비전을 이루는 데 아낌없이 투자하실 것을 더욱 기대하게 됩니다.

귀한 책을 만들기로 작정하고 그 결실을 이루신 강 목사님의 노고에 다시 한 번 박수를 보내며, 하나님의 인도하심과 은혜 속에서 이루어진 이 책이 많은 이들에게 유익한 가르침을 전해주기를 바랍니다.

제1장

시작하면서

시작하면서

　많은 목회자들이나 기타 크리스천 직분자들은 그들에게 부여된 직분이 곧 사명이고 하나님이 주신 비전인 것으로 생각을 한다. 그래서 은퇴 정년이 되어 목회 사역이나 기타 사역이나 직장의 일선에서 은퇴를 하게 되면 인생의 모든 것을 끝마친 사람처럼 생활하는 것을 주위에서 쉽게 볼 수 있다. 직분 자체가 곧 비전인 사람이 혹 있을 수 있겠지만 직분과 비전은 다르다. 왜냐하면 직분이 공적이고 외면적으로 드러나는 것이라고 한다면 비전은 하나님께서 각 사역자의 삶을 통해서 궁극적으로 실현하기 원하시는 하나님의 뜻의 현현으로서, 직분 그 자체 보다 더 심층적이며 내재적 실체이기 때문이다. 또한 직분은 은퇴를 할 때까지이지만 비전 성취는 죽을 때까지이기 때문이다. 그래서 많은 경우 비전을 제대로 알지 못하기 때문에 사역이나 일선에서 은퇴한 후 인생의 가장 중요한 시점에서 시간을 허비하고 있는 것같이 보인다. 그것은 전적으로 자신의 직분 자체가 사명이고 비전인 것으로만 알기 때문이다.

　나는 미국 풀러신학교에서 다년간 크리스천 리더십 개발을 가르친 로버트 클린턴(Robert Clinton) 박사의 강의에 참석하여 배우면서 이해를 한 것은 "직분과 사명 그 자체가 비전이 아니며, 내가 목회자로서 사명을 감당하게 된 것은 목회의 직분을 수행함을 통하여 나에게 부여된 비전을 이루는 통로가 된다"는 것이었다. 다른 말로 표현하면 "하나님께서 주신 비전을 이루기 위하여 목회자의 사명을 감당하게 되었다"는 것이다. 이러한 패러다임의 변화는 나의 전반적인 목회와 특히 목회 사역을 마치고 은퇴 후에 큰 기대와 비전에 대한 설레임을 갖게 되었다. 클린턴 박사는 60대 초반에 교수 사역에서 은퇴를 했다. 여러 학교와 전 세계적으로 그의 강의를 원했지만 단호하게 거절을 했다. 그 이유는 강의는 다른 사람과 그의 제자들이 할 수 있지만 그에게만 주어진 비전인 저술에 초점을 맞추어 살면서 궁극적으로는 하나님 앞에서 유종의 미를 거두기 위하여 은퇴를 했다. 나에게는 신선한 충격이었고 도전이었다.

클린턴 박사의 '평생 리더십 개발'(Life Long Development) 과목을 오래 전에 수강했다. 나는 그의 강의를 들으면서 하염없는 눈물을 흘린 적이 있다. 그것은 "내가 나 된 것은 내가 된 것이 아니요 하나님의 은혜로 된 것이니...... 내가 한 것이 아니요 오직 나와 함께 하신 하나님의 은혜로라"(고전15:10)고 고백한 사도 바울의 심정을 그 시간에 느꼈기 때문이었다. 흔히들 "하나님은 우리를 솜털처럼 보호하시고 인도하십니다"라고 이론적이거나 설교문이 아니라 직접적으로 하나님이 나를 보호하시고 여기까지 인도하시고 주관하시고 간섭하심이 그대로 느껴졌기 때문이었다. "다 하나님의 은혜입니다." 그리고 "하나님이 나를 눈동자 같이 보호하십니다"라는 말로서는 다 표현이 되지 않는 하나님의 임재를 체험했기 때문이었다. 또한 신학대학에 입학했을 때에 병원 수술실 앞에서 반 학우의 수술을 위해 기도하던 가운데 "너는 육신의 의사가 되기를 원했지만 나는 네가 영적인 의사가 되기를 원한다"라고 들려주셨던 성령님의 음성이 나에게 주신 비전임을 확신했기 때문이었다.

나는 한국과 미국에서 44년의 목회 생활 가운데 부족한 점이 많이 있었지만 특히 목회자로서 크게 아쉬운 것이 있었다. 흔히 하는 말로 "서당 개 3년이면 풍월을 읊는다," 혹은 "식당 개 3년이면 라면을 끓인다"고 한다. 우리가 병원에 가게 되면 제일 먼저 몇 가지를 점검한다. 키, 몸무게, 혈압, 가족력, 현재 몸의 상태 등을 확인하고 묻는다. 그리고 "위가 아프다든지 소화가 잘되지 않는다"라고 말하면 의사는 곧 청진기를 가지고서 몸의 몇 부위에 진찰을 한다. 그리고서 "위가 부었다든지, 간이 이상이 있어 보이니 피 검사와 정밀 검사를 해 보자"고 한다. 한의원에 가게 되면 얼굴만 보고서도, 혹은 손이나 혀만 보고서도, 그리고 진맥을 하고서 대략적인 병을 알아낸다.

나는 목회자가 영적인 의사라면 성도들과의 면담과 상담을 통하여 "하나님의 관점에서 이 상황을 영적으로나마 설명을 해 줄 수 있어야 된다"고 생각을 했다. 오랫동안 목회를 해 왔으므로 "당신의 상황을 듣고 보니 하나님의 인도 가운데 이 지점에 있어 보입니다. 그래서 이러한 일이 주어진 것으로 보입니다"라고 말 해 줄 수 있어야 된다. 많은 경우 성도들이 찾아와서 상담을 하고 나면 목회자는 "기도해 봅시다," "함께 기도합시다"라고 한다. 목회자로서 이상적인 대답이고 결코 잘못된 것은 아니지만 성도들은 이런 경우에 "목회자로부터 제일 듣기 싫어하는 말이 되어 버린다"고 한다. 더구나 목회자로서는 책임 회피나 임기응변으로 이렇게 해서는 더욱 되지 않는다. 적어도 하나님께서 일생을 주관하시는 가운데 그 시점을 알려 줄 수 있어야 한다.

클린턴 박사는 실제적으로 삼 천 명이 넘는 사람들을 연구 조사를 한 결과 믿는 자들이나 믿지 않는 자들 모두가 놀랍도록 6단계 인생 여정표에 동일하게 속하는 것을 발견하였다. 그의 강의를 통하여 나는 그동안 가지고 있었던 고민에 대한 분명한 영적인 답을 여기서 얻게 되었다. 또한 충격적인 것은 그의 통계에 의하면 "하나님이 원하시는 비전을 이루며 유종의 미를 거둔 사람은 27% 밖에 되지 않는다" 는 사실이었다.

나는 클린턴 박사의 '지도자 평생 개발론' 강의를 듣고, 그의 저서인 〈영적 지도자 만들기〉(The Making of a Leader)를 몇 차례 읽고, 또한 테리 B. 웰링이 주관한 '초점이 맞춰진 삶 수련회'(Focused Living Retreat Workbook)에 두 차례 참석을 하였으며, 한생명교회에서 진행된 윤원환 박사의 리더십 관련 강의를 세 차례 들었음에도 불구하고 그 내용이 너무 방대하여 전체를 이해하기가 쉽지를 않았다. 나는 클린턴 박사의 강의를 청강을 했기 때문에 과제물을 제출하지 않았다. 지금에 와서야 그때 그 과제물을 제출하지 않은 것이 이렇게 후회스러울 수가 없다.

이제라도 이 책을 쓰게 된 것은 첫째로 늦게나마 후회를 하면서 먼저 나 자신의 인생 여정을 정리하여 남은 시간을 비전에 따라 초점을 맞추어 살고 싶었다. 마침 윤 박사의 강의를 들을 때에 잘 정리된 요약 강의안을 받았었다. 그것을 여러번 숙고하는 과정을 통해 비로소 어느 정도 리더십관련 개념이 파악되었기 때문이었다. 둘째는 윤박사의 개인적인 도움과 그의 강의안에 맞춰서 나의 인생 여정을 기록하므로 이 부분에 대하여 관심을 가지고 있는 목회자와 직분자 중에서 하나님이 주신 비전을 발견하려고 할 때에 조금이나마 이해와 도움과 안내가 되고 싶었다. 셋째는 김형석 교수의 〈백년을 살아보니〉책에서 "사람은 성장하는 동안은 늙지 않는다. 노력하는 사람들은 75세까지는 정신적으로 인간적 성장이 가능하다." 그리고 "나는 오래전부터 인생의 황금기는 60에서 75세 사이라고 믿고 있다."라는 말씀에 큰 도전을 받았다. 현재 나의 나이는 71세 8개월 4일이다. 그의 말에 의하면 황금기 중의 황금기임이 틀림이 없다. 그의 말처럼 "내가 모든 것을 하나님으로부터, 그리고 다른 어떤 사람의 도움으로 존재"하기 때문에 빚 진자의 마음으로 섬기기 위해서 부끄럽고 부족하지만 기록을 남겨 보고자 용기를 내었다.

그래서 나는 이 책에서 "하나님의 직분자는 여러 가지 사역이 아니라 하나님이 주신 분명한 비전을 발견하여 이루어야 한다"고 조심스럽게 주장한다.

이 책의 범위는 클린턴 박사의 평생 리더십 개발 이론을 중심으로 분석하였으며, 저술의 자료는 지극히 개인적인 인생 여정의 경험과 기억, 가족, 교회와 이웃, 동역자와 지도자와의 관계에서 이루어지고 배운 것에 대한 성찰과 자료의 검토에 따른 것이다. 그래서 나와 상관이 되었던 실제적인 인물과 훈련생들을 기술했다. 특정이름을 직접 거명하기도 하고 특정 성씨만 거명하기도 하고 어떤 곳에는 영어 '이니셜'을 사용하기도 했다. 몇몇 분들에게는 이름 사용에 대하여 허락을 받았지만 성씨와 영어 이니셜로 기록된 것은 해당자들의 허락을 받지 않았으므로 이 지면을 통하여 양해를 구한다. 동시에 실제적인 내용을 기술한 부분이 있는데 이 점에 대해서 마음을 상하게 하고 불편하게 하려는 점이 아님을 넓은 아량으로 받아 주시길 간곡히 부탁을 드린다. 나의 목회 기간 동안 개인적으로 많은 도움과 사랑을 준 분들을 이 책의 분량과 내용의 한계로 인하여 모두 기술하지 못했음을 지면을 통하여 이해를 구한다.

이 책의 각 장의 요약은 다음과 같다.

제 1장에서는 이 책의 서론으로서 "하나님의 직분자는 여러 가지 사역이 아니라 하나님이 주신 분명한 비전을 발견하여 이루어야 한다"라는 점을 적시하였다.

제 2장에서는 강남중의 인생 여정의 이야기를 클린턴 박사의 '하나님께서 지도자를 만들어 가시는 세 가지 훈련 영역'(영성개발, 은사개발, 전략개발)을 중심으로 단계별로 구분하여 기술한다.

제 3장에서는 클린턴 박사의 『평생 리더십 개발 이론』에 대한 이해를 간략하게 기술한다.

제 4장에서는 『평생 리더십 개발 이론』에 근거해서 강남중의 평생 리더십 수행에 대한 전문적 분석을 기술한다.

제 5장에서는 인생 여정을 통해 얻은 리더십의 10가지 핵심 가치를 요약해 보았다.

제 6장에서는 결론과 한계점과 아쉬운 점을 기술한다.

부록에서는 나의 인생 여정표를 제공하므로 이것을 기반으로 누구라도 자신의 인생 여정을 정리해 보도록 했다. 그리고 보다 더 현실감이 나타나도록 사진으로 보는 70년 인생여정도 마련했다.

끝으로 이 책이 나오도록 기꺼이 여러가지 도움과 격려 그리고 권두언과 감수까지 맡아 준 나의 멘토요 코치이신 윤원환 박사께 심심한 감사를 전한다. 또한 축시와 추천의 글과 축하의 글을 기쁨으로 써준 존경하는 은사님과 친구와 동역자와 후배에게 감사를 드린다. 아울러 이 책을 맛깔스럽게 단장과 출판을 맡아 주신 박수정 사장께 감사를 드린다. 특별히 평생을 함께 해 준 사랑하는 아내와 두 딸과 사위들에게도 이 지면을 통하여 고마움을 전하며, 위로와 기쁨이 되기를 바란다.

제2장

인생 여정의 이야기

제 1 단계:
하나님의 주권적 준비기간 (출생에서 회심까지)
(0-14세; 1953년 4월 - 1967년 9월)

집안의 막내로 태어나다

나는 판문점에서 6.25 전쟁 휴전협정이 체결되기 3개월 전인 1953년 4월 2남 2녀의 막내로 부산광역시 기장에서 태어났다. 하지만 첫째 아들인 나의 형은 돌 때에 음식을 잘못 먹고서 죽었다. 내가 태어나게 됨은 아버지께서 참전하셔서 총상을 입으시고 의가사 제대를 하셨기 때문이지만 전적으로 하나님의 도우심과 보호하심이었다. "주께서 내 내장을 지으시며 나의 모태에서 나를 만드셨나이다… 내가 은밀한 데서 지음을 받고 땅의 깊은 곳에서 기이하게 지음을 받은 때에 나의 형체가 주의 앞에 숨겨지지 못하였나이다. 내 형질이 이루어지기 전에 주의 눈이 보셨으며 나를 위하여 정한 날이 하루도 되기 전에 주의 책에 다 기록이 되었나이다"(시 139:13-16)

아버지는 엄격하셨고 정직하셨고 낚시를 잘하셨다. 그래서 주위 사람들에게 "법이 없이도 사는 분이라"고 인정을 받으셨다. 무신론자였으며 가끔씩은 폭주를 하셨다. 하루에 두 끼니만 드시고 정시에 정량을 드셨다. 그 시대는 어른들이 그들의 자녀들을 칭찬해 주는 분위기가 아니어서 나의 아버지도 나에게 한 번도 머리를 쓰다듬어 주거나, 문교부 장관상을 받아와도 칭찬을 하지 않으셨다.

어머니는 부지런하시고 희생적이시고 자상하셨으며, 또한 활달하시고 사교적이셔서 불쌍한 사람들을 돌보는 분이셨다. 가끔은 화를 다스리지 못하셨다. 하지만 나의 요구에는 언제나 긍정적이며 인정해 주셨고 격려를 해 주셨다. 어머니도 학교에 다니고 싶었지만 그의 부모님이 허락하지 않아 교육을 받지 못하셨다. 그래서 평생동안 배움에 대한 한을 품고 사셨다. 그런 연유로 어려운 가운데서도 그 당시에는 쉽지 않게 자식들을 모두 고등학교 이상을 졸업하게 하셨다.

어머니는 나를 낳고서 6개월 후부터 원인을 알 수 없는 병으로 병상 생활을 6년 동안 하셨다. 병원비로 인하여 가정생활은 그렇게 넉넉하지 않았다. 나는 갓난 아이로서 어머니가 계시지 않음으로 인하여 너무 많이 울었고 그것이 원인이 되어 나의 귀에 눈물이 들어가게 됨으로 인하여 중이염을 앓게 되었다. 내가 병원에 갔을 때마다 어머니를 위해 치료해 주는 의사 선생님과 간호사가 존경스러웠고 고마웠다. 그래서 초등학교에 다닐 때에 장래 희망은 의사였고, 결혼은 간호사와 할 것이라고 생각했다.

스님의 덕담
부모님은 시장에서 장사를 하셨으므로 상대방에게 친절과 배려와 관계를 형성하는 것을 체득하게 되었다. 나는 부모님을 통하여 강직함과 온유함과 관계 중심의 성품을 갖게 되었다. 아버지로부터 낚시의 기술을 배우게 되어 지금도 취미생활을 하게 되었다. 어느 날 스님이 어머니에게 "보살님이 안고 있는 아이는 보살님의 아이가 아니라 하나님이 주신 아들입니다"라고 들려준 말씀은 후일에 내가 목사가 되려고 할 때를 회고해 보면, 이미 일반 은총 차원에서 어머니에게는 예언적 말씀이 되었다.

출생일이 2개월이 늦어서 초등학교를 정식이 아니라 보결로 입학 했다. 하지만 초등학교 1학년 2학기부터 급장을 했다. 초등학교 3년 때에 중이염으로 인하여 귀에서 냄새가 많이 나자 친구들이 놀렸다. 나는 집에 와서 죽는 것이 무엇인지 알지도 못하면서 "귀 수술을 해 주지 않으면 죽어버리겠다"고 말했다. 부모님은 놀라셔서 어려운 형편이었지만 방학 때에 귀 수술을 해 주셨다. 그로 인하여 천주교 성분도병원에서 성경 이야기를 처음으로 접하게 되었다.

초등학교 때에는 매년 가을 운동회가 있었다. 달리기를 할 때에 6학년은 중간 부분에서 쪽지 줍기를 했다. 나는 '어머니를 찾아서 달리기'라는 쪽지를 주웠다. 어머니를 아무리 불러도 계시지 않았다. 어머니는 과자 장사를 하셨으므로 운동회와 같은 날은 더욱 바쁘셨다. 그래서 운동회에 참석을 하시지 못하신 것이었다. 졸업식을 앞두고 처음으로 시작된 '사랑의 장학금'을 받는 날이었다. 나도 그 대상이 되어서 장학금을 받게 되었다. 다른 학생들은 모두 부모님이 와서 사진을 찍고 축하를 해 주었지만 나는 함께 사진을 찍을 부모님이 계시지 않아서 다른 분들이 부모님이 되어 주었다. 졸업식 때에도 그랬다. 나는 부모님께 섭섭하다거나 원망하는 마음은 가지지 않았다. 왜냐하면 너무도 열심히 자식들을 위하여 헌신적으로 수고하시는 것을 잘 알고 있었기 때문이었다. 먼 훗날 어머니께서 미국에 오셔서 함께 지내시는 동안 이 일들에 대해서 손을 잡으시면서 사과를 하셨다.

딱 한번 교회를 가다

내가 처음으로 교회에 가게 된 것은 초등학교 6학년 성탄절이었다. 현재는 부산광역시 기장군 기장읍이지만 그때에는 경남 동래군 기장면 대리 라는 면 단위의 시골마을에서 자랐다. 아직도 생생하지만 우리 집 이웃에 사는 이승준이라는 친구가 성탄절에 교회에 가면 떡을 준다고 같이 가자고 했다. 나는 떡을 얻어먹기 위하여 처음으로 교회당에 가는 것이 부끄러웠다. 친구와 같이 교회 입구에 갔지만 바로 교회당 안으로 들어가지 못하고, 발뒤꿈치를 들고서 창문을 향하여 교회당 안을 들여다보았다. 그때, 지금은 고인이 되셨지만 주일학교 부장이셨던 이영기 집사가 "아이고, 남중이와 승준이가 왔구나. 잘 왔다. 어서 들어와"라고 반갑게 맞이해 주었다. 교회당의 뒷자리에 앉았고, 무엇을 했는지는 생각이 나지를 않지만 마치고 나올 때에 맛있는 백설기(시루) 떡을 받아서 먹었던 생각은 난다. 그 이후 나는 교회에 출석하지 않았다. 왜냐하면 매 주일 성탄절처럼 떡을 주지 않기 때문이었다. 하지만 주일 아침마다 울리는 교회당 종소리는 귓전에 와서 맴돌았다.

재수 끝에 다니게 된 중학교

그 당시에는 중학교 진학을 위해서는 시험을 쳤다. 나는 부산중학교에 시험을 쳤지만 점수가 부족하여 낙방을 했다. 나는 자존심 때문에 재수를 했다. 우리 집에서 하숙을 하던 오 주사라는 분이 나에게 과외공부를 가르쳐주셨다. 그는 경남중학교와 경남고등학교 출신으로 면사무소 공무원이었다.

일 년 후에는 나를 가르쳐 주시던 오 주사의 출신학교인 경남중학교에 시험을 쳤는데 또 떨어졌다. 부모님께 면목이 없었다. 그래도 못난 자존심이 남아 있었고, 일 년 재수를 했으므로 검정고시를 하겠다고 했다. 어머님께서는 저의 마음을 아시고 위로해 주시기 위해서, 부산 충무동에 계시던 외삼촌댁에 "바람 쇠러 다녀오라"고 하셨다. 부산 극장에 가서 영화도 보고 재미있는 시간을 보냈다. 외삼촌께서는 부산문화사라는 학교 전문 인쇄물을 취급하는 사장이셨다.

이틀 후 아침에 외삼촌께서 브니엘중학교가 있는데 문교부에서 늦게 증원 허락이 났으므로 장학생을 모집한다고 하시면서 "나에게 지원을 해 보라"고 하셨다. 장학생이라는 말씀에 귀가 번쩍 띄었다. 그 말씀을 듣고서 바로 버스를 타고 동래구 연산동에 있는 학교를 찾아가서 입학원서를 구입했다. 공교롭게도 그날이 원서 마감일이었다. 자주 다니지 않는 시골버스를 기다려서 타고 기장에 왔다. 담임선생님에게 말씀을 드리고 원서를 작성하여 다시 버스를 타고서 원서를 학교 사무처에 접수를 거의 마감 시간에 제출했다.

다행스럽게도 장학생으로 합격을 했다. 그런데 그것으로 장학생이 되는 것이 아니었다. 브니엘중학교는 일반 학교가 아니라 기독교 사립학교였다. "매달 70%이상 교회에 출석을 하여야만 장학금을 준다"고 했다. 이 부분을 어머니께 말씀을 드렸더니 "남중아! 장학금을 위하여 교회는 다녀도 좋다. 그러나 예수는 믿지 말아라. 우리 가문은 다 예수를 믿지 않는다"고 하셨다.

중학교 때에도 매년 반에서 급장을 했다. 중학교 2학년 때에는 강명원 선생님이 담임이셨다. 중, 고등학교 6년 동안 변두리인 우리 집까지 기차를 타고 가정 방문을 오신 유일한 분이셨다. 담임 선생님이 수학 담당을 하셨으므로 급장인 내가 공부를 못하면 부끄러우므로 수학을 좋아하게 되었다. 무엇보다도 내가 존경하는 분이었기에 그를 닮고 싶었다. 칠판에 글씨를 너무나 선명하게 잘 쓰셔서 그분의 붓글씨 체를 본받으려고 노력도 했다. 이제는 팔순이 넘으셔서 양로원에 계시지만 가끔씩 카카오톡 메신저로 소통을 하고, 스승의 날에는 과일 선물을 몇 차례 택배로 보냈다. 담임선생님으로 인하여 선생님에 대한 좋은 이미지를 가지게 되었다. 아쉬운 것은 은사님께 이 책의 추천사를 부탁 드렸는데 "진심으로 축하하네. 추천서는 사양하니 양해하시게. 나는 글솜씨가 없어서 그러네. 자랑스럽네, ... 미안하고 ..." 하시면서 사양하셨다.

회심하다

브니엘중학교는 브니엘고등학교와 같이 있었다. 기독교 사립학교였기 때문에 매일 아침 교실에서 경건회 시간과 1년에 봄과 가을에 두 차례씩 전 학년을 위한 교내 중생회가 있었다. 나는 중학교 2학년 중생회 때에 친구의 집에 머물면서 금식하면서 참석을 했다. 그때는 부전교회당에서 열렸다. 집회시간에 신비로운 감동으로 내가 죄인임을 깨닫게 되었다. 나의 잘못된 죄와 예수님을 믿지 않고 내 마음대로 살았던 죄를 고백하면서 회개했다. 나는 "예수님의 십자가를 믿는다"고 나의 입술로 고백했다. 나는 지금까지의 삶과 완전히 다른 것을 느꼈다. 내 마음 속에 기쁨과 평화가 넘치며 모든 만물이 새롭게 느껴졌다. 그 이전에는 집에서는 식사 기도를 제대로 하지를 못하고, 눈 만 비비는 것으로 기도를 대신했지만 그 이후 용감하게 눈을 감고 기도를 했다. 주일마다 교회에 출석을 했으며 학생회에도 열심히 참석하였다. 그 당시에는 주일 성수를 엄격하게 하였으므로 돈도 사용하지 않고, "공부하는 것도 학생에게는 일하는 것이라"고 배웠기 때문에 계명을 지키려고 주일에는 공부를 하지 않았으며 최대한 경건하게 보냈다.

제 2 단계:
내면적 성장기간 (회심에서 목회인턴 사역. 14-28세)
(기장, 성산, 예림중앙교회. 1967년 10월 - 1981년 8월)

1. 내적인 성장
회심 이후의 변화

예수님을 영접하고 난 이후에 나에게는 첫 번째 고민이 생겼다. 명절이 되면 아버지와 함께 큰 아버지 댁에 제사를 지내러 가야만 했기 때문이었다. 내가 예수를 믿는다고 한다면 죽은 자에게 절을 할 수 없으며, 제사를 지낼 수 없기 때문이었다. "마귀에게 틈을 주지 말라"(엡4:27)는 말씀에 순종하여 기도하는 마음으로 아버님께 말씀을 드렸다. 나는 "이제 예수님을 믿기 때문에 제사를 지낼 때에 절을 할 수 없습니다. 아버님께서 제가 '명절에 큰아버지 댁에 가서 절을 하지 않아도 된다'고 말씀하시면 아버님을 따라서 가겠습니다." 그랬더니 아버님께서는 "제사때 절을 하지 않으려면 가서 무엇을 하겠냐?"고 하셨다. 지금 생각해 보아도 아버님의 말씀이 감사하고 놀라웠다. 그 이후에는 명절에 큰아버지 댁에 가지를 않았고, 제사로 인하여 어려움을 겪지 않게 되었다.

고등학교를 진학하기 위해서 부산고등학교에 원서를 제출했지만 입학시험에서 낙방을 했다. 그래서 브니엘고등학교에 입학을 했다. 브니엘중. 고등학교는 박성기 교장의 교육철학으로 인하여 부산에서는 드물게 남녀공학이었다. 월요일마다 조례 시간에 들려주신 말씀들은 내 삶의 깊은 자양분이 되었다. 특히 학교 교훈은 나의 삶에 성경적 가치관을 심어 주었다. '브니엘의 교훈'을 잠시 소개한다: 1) 나는 하나님과 사람과 자연을 사랑하는 사람이 되련다. 2) 나는 마음껏 자라며, 마음껏 생각하며, 마음껏 일하는 사람이 되련다. 3) 나는 웃는 자와 같이 웃고, 우는 자와 같이 우는 사람이 되련다. 4) 나는 조국과 인류가 나를 기다리고 있음을 잊지 않는다. 그래서 박성기 교장과 이정삼 교목의 가르침은 나의 신앙과 미래에 목회자가 되고 싶은 꿈의 전환점이 되었다.

고등학교 1학년 때에 나와 가까운 친구 4명과 여학생 4명이 김정애 부급장 여학생 집에 놀러 갔다. 서로 놀이를 하다가 내가 벌칙으로 노래를 불렀다. 학교 종이 땡땡땡 노래의 가사를 개조하여 "교회 종이 다 깨어졌다. 엿 바꿔 먹자"라고 노래를 불렀다. 그때에 그의 어머니 권사께서 들으시고서는 문을 열면서 "어떻게 그런 노래를 부를 수 있느냐?"고 꾸중을 하셨다. 나는 아직도 그때를 생각하면 쥐구멍이라도 들어가고 싶은 심정이고, 하나님의 음성처럼 엄하게 들렸다. 뿐만 아니라 그 이후 "하나님과 하나님의 이름"이 무섭고 두려웠다.

고등학교 2학년 때에 서행신 여부급장이 있었다. 그녀는 Junior Red Cross (J.R.C)의 부단장이었다. 그녀가 급장인 나를 추천하여 졸지에 J.R.C 단장이 되었다. 그녀 덕분에 부산에 있던 다른 고등학교 단장들과 교제를 가졌다. 나는 외골수이고 내성적이고 재미가 없는 무뚝뚝한 시골 학생이었다. 그런데 J.R.C 단장이 되므로 학생들을 인도하기 위한 놀이 기술도 배우고, 지도하는 방법도 배우고 넓은 세상을 처음으로 경험하는 기회가 되었다. 나의 인생 여정표에 있어서 그녀는 '하나님의 섭리적 만남'(Divine Contact)이었다. 25년 뒤에 부산 늘빛교회에 청빙을 받아 갔을 때 놀랍게도 그녀는 남편과 함께 교회의 권사로서 섬기고 있었다.

한번은 친구들과 함께 만미당 양과점에 갔다가 집에는 없는 포크를 한 개 장난삼아 가지고 왔다. 그 포크로 점심시간에 다른 학생들의 반찬을 찍어서 들고 올 수 있었기 때문이었다. 학기 초에 있는 중생회를 앞두고 나의 마음속에서 그때 훔친 것에 대한 강한 죄책감이 들었다. 부끄러웠지만 그 주인을 찾아가서 용서를 구했다. 주인은 용서를 해 주었고 또한 "너와 같은 학생은 처음이다"라고 어깨를 토닥거려 주었다. 그 일로 "회개하는 것은 힘들고 어려운 것이니 죄를 멀리하겠다"고 마음속으로 다짐을 했다.

나는 불신 가정에 속하여 있음으로 교회 출석이 자유롭지 못했다. 어느 날 김 여전도사는 내게 이렇게 말씀해 주셨다. "남중아! 열대에서 자라는 나무는 잘 자라지만 단단하지 못하여 일반적으로 집 건축에 사용이 된다. 하지만 비바람이 몰아치는 데서 어렵게 자란 나무는 단단하여 악기를 만드는 데 사용이 된다." 이 가르침은 내게 신앙을 지켜 나가는데 큰 힘이 되었다.

이 시절 가장 감명 있게 읽었던 책은 안이숙 여사의 〈죽으면 죽으리라〉와 〈죽으면 살리라〉 그리고 미우라 아야꼬의 〈길은 여기에〉〈빙점〉〈빛이 있는 곳에서〉〈이 질그릇에도〉 등의 책을 읽었다. 특히 그녀의 책을 통하여 나의 삶에 적용한 것은 다음과 같다: 1) 그녀는 초등학교 교사로 있을 때에 매일 각 학생에 대한 일기를 기록하여 학년이 끝날때에 선물로 주었다는 것이 내게 인상적이었다. 후일 내가 목회를 하면서 성도들에게 관심을 가지고 끊임없이 엽서를 보내게 된 뿌리가 되었다. 뿐만 아니라 한 영혼에 대한 관심과 한 생명에 대한 사랑과 배려를 깊이 배우게 되었다. 신대원을 졸업한 후에 동기생들이 모여 한 동기를 아프리카에 파송하려는 선교회의 이름을 나의 제안으로 '한생명 선교후원회'로 결정하였다. 그 이후 미국에서 교회를 개척할 때의 교회 이름도 '한생명장로교회'였다. 2) 그녀는 엽서에 복음을 기록하여 집 앞에 통을 만들어 놓고서 누구든지 자유롭게 들고 가게 했다. 특별히 나는 목회에서 부활절과 성탄절을 맞이하여 전도를 할 때에 장미꽃 전도를 했다. 예쁜 장미꽃 한 송이에다가 교회 봉투에 전도 내용을 예쁘게 적어 넣어서 미용실이나 업체나 마켓 앞에서 나눠 주면 누구든지 거절하지 않고 서로 받아 가려고 했다. 이러한 부분도 이 책의 영향의 소산물이었다. 3) 그녀는 결혼을 했지만 몸이 불편했다. 그녀가 첫날 밤을 주님께 드리는 모습이 인상적이어서 나도 고등학교 때에 작정한 것을 나중에 실제로 이루었다. 그녀가 죽기 전에 암을 앓게 되었을 때에 하나님께 감사를 하고서, 암을 앓는 자들의 마음을 알게 해 주시고, 그들의 친구가 되게 해 주심에 감사하는 장면이 너무도 놀라웠고 감동이었다.

고등학교 때에 이성 교제에 대하여 영향을 준 분은 큰 누나였다. 큰 누나는 나보다 다섯 살 위였지만 나에게 많은 것을 가르쳐 주었다. "이성의 사귐은 넓고 얕게, 친구의 사귐은 좁고 깊게 하라." "이성과 만남을 가질 때에는 기사도 정신을 발휘하라. 언제나 만나면 대접을 해 주고, 손도 잡지 말고 지내라." 나의 누님은 어머니로부터 배운 대로 "호랑이를 잡으려면 먹힐 수가 있다. 하지만 나무를 무성하게 키워 놓으면 호랑이는 저절로 찾아오게 된다"라고 나에게 말해주었다. 부산 서면에 있는 양식집에 데리고 가서 포크와 칼을 사용하는 방법도 가르쳐 주었다.

어머니의 사랑의 치마폭
고등학교 시절에 나는 학교에 가기 위해서는 아침 5시 40분에 출발하는 기차를 이용해야만 했다. 나는 중학교 3년과 고등학교 3년을 개근을 했다. 어머님 말씀으로는 새벽 5시에 일어나라고 할 때에 "너에게 두 번을 부른 적이 없다"라고 하신 말씀이 큰 기쁨이 되었다. 어머님께서는 하루아침도 빠지지 않으시고, 따뜻한 밥을 지어 주셨다. 그 사랑과 정성에 아침을 먹지 않고는 학교에 갈 수가 없었다. 옛날 말에 의하면 "나이가 마흔이 넘으면 어릴 때에 밥 한 끼를 먹지 않은 것이 표시가 난다"고 한다. 그렇다면 지금 나의 건강은 그때에 어머님께서 따뜻한 밥을 지어 먹게 해 주신 덕분임에 틀림이 없다. 어머님께서는 매일 새벽에 '19 공탄' 연탄불 위에서 밥을 지어 주시고, 국으로 끓어주셨던 노란 기름이 두둥실 떠 있는 20원짜리 삼양라면이 가끔 생각이 난다. 그리고 아들을 위하여 돼지수육을 4-5개를 넣어 주셨는데 아직도 그 맛을 잊을 수가 없다.

어머니는 따뜻한 아침밥을 주실 뿐만 아니라 도시락을 언제나 챙겨 주셨다. 그것도 마음이 쓰이셔서 어려운 가운데서도 매일 20원씩 주시면서 학교가면 국을 사서 따뜻하게 먹으라고 하셨다. 나는 차마 그 돈을 쓸 수가 없었다. 그 주신 용돈으로 한 번씩은 친구들에게 맛있는 것을 사 주었지만 나머지는 돈을 모아서 어머니에게 다시 돌려 드렸다. 어머니는 나를 더욱 전적으로 믿고 사랑해 주셨다. 어머니는 나의 요구와 부탁을 한 번도 거절한 적이 없으셨고, 등록금을 늦지 않고 일찍 주셨으며 넉넉하게 주셨다. 그러므로 속이거나 거짓말을 하지 않아도 되었다. "자녀는 부모의 등을 보면서 자란다"는 말이 실감이 났다. 나 역시도 어머니의 말씀에 신앙 외에는 거절한 적이 없었다. 이 부분에서 어머님을 닮아 후일 자녀들을 양육하면서 자녀들을 100% 믿게 되었고, 용돈을 넉넉하게 주게 되었다.

우리 집에서 기차역까지는 400m 정도 되었다. 그 중간 지점에 내가 출석하는 기장교회가 있었다. 나는 기차를 타러 가면서 짧게나마 기도를 하고, 집으로 올 때에도 잠깐씩 들어가서 기도를 했다. 주일은 학교에 가지 않으므로 기도하기 위해서 마을에서 조금 떨어진 사날 못(저수지)이라는 곳과 그 위의 바위틈에서 자주 무릎을 꿇고 기도를 했다. 나는 그 당시 목사는 천사와 같은 존재로 생각을 했었다. 그래서 감히 "목사가 되게 해 주세요"라고 기도할 수가 없어서 "주님을 위하여 살게 해 주세요"라고 기도했다. 그 이후에 까마득하게 잊고 지냈지만 성령님께서 기억하시고 계셔서 내가 40일 철야 기도를 할 때에 이 장면을 보여 주셨다. 하나님은 살아 계시고 나의 기도를 응답하시는 분이심을 체험하게 되었다. 하나님은 기도를 하게 하시고 이루시는 분이심을 알게 되었다.

나는 고등학교 3년 동안도 반장과 대대장을 했다. 지금 생각을 해 보아도 이해가 되지 않는 부분 가운데 하나이다. 나는 그 당시 운동을 하지 않아서 힘이 세지 않았고 주먹이나 덩치도 크지 않았다. 고등학교 때에 우리 반에는 그 당시 부산 서면 뒷골목에서 주먹으로 이름을 날리는 학우들이 몇 명 있었을 정도였다. 그런데 그들이 앞장서서 나를 감싸주고 좋은 관계를 가졌다. 그리고 대대장으로서 3천명의 학생들을 월요일 운동장 조례시간에 큰 목소리로 호령을 할 정도로 우렁찼다. 지금도 몇 시간 설교를 연달아서 하고, 강의를 며칠씩 계속해도 목소리가 쉬지 않는다. 클린턴 박사의 '시간선' 이론에서 보면 하나님께서 지도력과 설교자로서 필요를 양육시켜 주시고 계셨다. 또한 하나님 앞에서의 삶은 결코 우연이라는 것은 없다는 것을 경험하게 되었다.

내가 고등학교 3학년 2학기 때에 어머님께서 편찮으셨다. 생이를 빼는 것처럼 고통스럽다고 하셨다. 그 날은 주일이었는데 너무도 아파하시므로 부산진에 있는 봉생신경외과병원에 모시고 갔다. 그런데 병원에 화재가 나서 병원장이 사망하여 병원 진료를 하지 않았다. K라는 분은 이것은 몸의 질병이 아니라 '신병'(神病)이라고 하면서 "신(神)을 받아 들여야 된다"고 했다. 어머님께서는 "조상을 섬기고 제사를 지냈지만 절에 가서 절을 한 번도 하신 적이 없다"고 했다. 그런데 그분의 말로는 "어머님이 낳으셨지만 한 살 때에 죽은 아들이 동자로 왔다"고 하므로 "신(神)을 받으라"고 했다. 사실 어머니는 결혼하기 전에 '신'(神) 기운이 있었다. 새해를 맞이하면서 그릇에 물을 봉양하면 누군가 물을 마신 것처럼 그릇이 비는 것을 수차례 경험하셨다. 어머님은 "아들과 두 딸을 두셨으므로 자식들이 있는데 무당을 할 수 없다"고 거부했다. 그래서 "계속해서 괴롭힘을 당하고 아프다"고 했다. 그 증상은 불로 붉게 달궈진 압착펜치(Combination Plier)로 생이를 빼는 정도의 통증을 느끼셨다. 밤이 깊어지면 무엇엔가 이끌려 밤새도록 산을 거니시다가 온통 몸에 상처를 입고 오시는 적이 한두 번이 아니었다. 그때 아버지의 말씀은 "저러다가 사람이 죽겠다. 죽는 것보다는 신(神)을 받는 것이 좋겠다"고 하셨다.

그래서 처음으로 어머님은 절에 들어가셨다. 그 다음날 새벽에 어머님은 방에서 스스로 '신'(神)을 접하게 되셨다. 처음에는 '동자 신'(神)을 받았다. 그 후에 시장에서 장사를 하시던 것을 정리하셨다. 자녀들이 거주하던 집 안방에 법당을 차렸다. 어머니에게 신력이 나타났다. 배가 부풀어서 죽을 것만 같은 분이 찾아왔다. 굿을 하면 "할배가 낫게 해준다"고 하고서 굿을 하고 나면 나았다. 한번은 형사들이 와서 범죄자를 찾아 달라고 했다. 그런데 그 범죄자가 어디에 있는지를 알려 주어서 잡기도 했다. 그 뒤에 범죄자가 형을 다 살고 나와서 어머니를 괴롭혀서 큰 봉변을 당할 뻔도 하셨다. 나는 마귀가 이렇게 하는 것을 보면서 하나님의 성령의 역사를 선명하게 알게 되었다.

내가 처음 대학 입학시험에 떨어졌을 때였다. 그렇게 고생하시는 어머님의 모습을 보면서도 합격하지 못하여 너무도 면목이 없고 죄송스러웠다. 나는 회초리 몇 개를 준비하여 바지를 걷어 올리고 "때려 달라"고 했다. 그랬더니 어머니께서는 "과외도 시켜 주지 못하고, 뒷받침을 잘 못해 주어서 네가 떨어졌으므로 오히려 나에게 때리라"고 하셨다. 그래서 어머니와 부둥켜 안고 한참 울었다.

이제는 이 세상에 계시지 않으시지만 존경하고 사랑하는 어머님께 무릎을 꿇고 감사를 드린다. 나는 평생에 어머님이 새벽에 누워 계신 것을 본 기억이 거의 없다. 나의 어머님처럼 부지런하시고 일을 많이 하신 분을 만난 적이 없다. 나는 언제나 세상에서 어머님을 제일 존경하고 사랑한다. 어머니의 사랑의 치마폭은 세월이 갈수록 더욱 넓게 느껴진다.

나의 부모님은 시장에서 장사를 했기 때문에 거지들이 동냥을 많이 하러 왔다. 어머니는 그들을 차별하지 않고 맞이해 주셨다. 언제나 그들을 따뜻하게 대해 주고 친절을 잃지 않으셨다. 찾아오는 손님들에게도 환대해 주고 친절하게 맞이해 주셨다. 어떤 때는 아버지와 말다툼을 하고서 화가 났을 때에 손님이 오면 즉각적으로 화가 난 표정을 감추고서 반갑게 맞이해 주셨다. 어머니의 이러한 처세술과 관계성을 나도 배웠다.

큰 자산과 주인의식

나는 고등학교 1학년 때에 교회에서 세례준비를 위한 학습을 받았다. 교회 고등부에서 임원이 되려면 세례 교인이 되어야 했다. 나는 임원을 하지 않으려고 의도적으로 세례를 고등학교를 졸업한 후 늦게 받았다. 나의 세례일은 1972년 12월 10일이며 세례자는 기장교회 임병민 목사였다. 나는 이 날을 내가 다시 태어난 날로 생각 했으며, 가장 영광스러운 날로 생각하여 그 날 이후 지금까지 세례 받은 날을 기억하고 하나님께 감사 드리고 있다. 나는 이 날이 되면 세례를 준 그분께서 소천하실 때까지 매년 찾아뵙고 인사를 드리고 감사의 선물을 드렸다. 그는 "지금까지 평생 목회자로 많은 교인들에게 세례를 주었지만 자네 말고는 찾아오는 자를 본 적이 없었다"라고 하셨다. 나 역시도 담임목사를 34년 동안 하고서 은퇴를 했지만 나처럼 하는 자를 만나 보지 못했다. 참으로 안타까운 것은 자신의 세례 받은 날짜와 세례자의 이름도 기억하지 못하는 이들이 있었다.

한국CCC 총재 김준곤 목사가 1974년 8월 13일-18일까지 여의도 516광장에서 주최한 "EXPLO' 74"에 완행열차를 타고 참석을 했다. 주제는 "민족의 가슴마다 그리스도를 심어 이 땅에 그리스도가 오게 하자"였다. 주님을 사랑하는 자들이 비가 내려서 내의가 흠뻑젖는 가운데서도 밤을 지새우며 울부짖는 모습을 보면서 큰 충격이었고, 나는 "주님을 사랑합니다"는 고백을 주저하게 되었다.

부산 기장교회에서는 매년 10월에 교인단합을 위한 체육대회를 했다. 나는 청년회 회장으로 경기 위원장을 맡았다. 이 체육대회를 통하여 세상과는 다른 면이 있어야 된다고 생각했다. 학교에서 운동회를 할 때에 달리기 1등 하는 학생은 교회에서 1등을 하는 것이 자명한 일이다. 나는 천국에서는 등수는 있지만 세상과 같은 차별적인 상은 아닐 것으로 생각이 되었다. 왜냐하면 하나님은 최고를 원하시는 것이 아니라 최선을 원하시는 분이시기 때문이다. 그리고 광야에서 만나를 거두는 장면에서 '많이 거둔 자도 남지를 않고, 적게 거둔 자도 부족함이 없는 것'을 생각했다. 그래서 세명이 달리도록 했다. 꼴찌인 3등으로 들어 와도 상을 받도록 하기 위해서 였다. 상품은 등

위에 상관없이 동등하게 주었다. "오멜로 되어 본즉 많이 거둔 자도 남음이 없고 적게 거둔 자도 부족함이 없이 각기 식량대로 거두었더라"(출 16:18). 이 일로 하나님의 말씀을 생활 속에서 적용하고 실천하는 계기가 되었다.

나는 기장교회 청년회에서 총무와 회장으로서 기쁨으로 봉사했다. 주일 아침에 새벽 기도 후에 교회당 청소와 주일학교 교사로 섬겼다. 찬양대의 베이스 파트를 맡았다. 여름이면 시골과 어촌에 봉사활동을 위하여 가서 여름성경학교를 인도했다. 특별히 나는 율동을 인도했으며, 함께 간 지도 교역자의 배려로 주일학교 동화와 설교도 가끔 했다. 교회 내의 기장복음화운동본부 간사를 하므로 '여리고 성 작전'을 세워 집집마다 전도 방문을 하기도 했다. "제자는 태어나는 것이 아니라 훈련으로 된다"고 했듯이 내가 있는 위치에서 최선을 다한 것이 큰 자산이 되었다.

대학 입학을 위한 재수 후에 군복무 영장이 나왔다. 중이염으로 인하여 2급 판정을 받고서 방위로 근무를 했다. 그 당시 북한으로부터 간첩이 많이 내려오므로 어민 중대가 갑자기 생기게 되어 행정병으로 근무하게 되어 행정기술을 배우게 되었다. 예비역 중대장은 자리를 비우고 없는 가운데 갑자기 사단장이 중대본부에 검열을 나왔다. 내가 행정병으로 사단장에게 현황 보고를 하게 되었다. 사단장은 아주 흡족하게 생각을 하여 졸지에 나에게 "사단장 표창을 주라"고 했다.

내가 방위 제대를 하고 난 이후에 고향교회에 열심히 다니고 있었기 때문에 나의 어머님은 나를 신앙에서 멀리하기 위해서 부산 용호동으로 아파트를 구입해서 이사를 하셨다. 외삼촌이 경영하는 부산문화사에서 처음으로 직장생활을 통하여 사회생활을 배우게 되었다. 내가 입사한 지 6

개월이 되지를 않아서 외삼촌은 나를 사업체의 총무로 임명을 했다.

내가 본 외삼촌은 사업에 있어서 정말 탁월하시고, 명석하시며 최선을 다하시는 분이셨다. 사물에 대하여 한 번을 보면 모든 것을 파악하시고 기억을 하시는 분이셨다. 내가 오전 7시 출근을 하자말자 전화를 받으면 그는 새벽 4시에 일어나서 기록한 것을 번개처럼 불러 주셨다. 바로 알아듣지를 못하면 불호령이 떨어졌다. 그래서 직원들은 모두 두려워하고 처남도 무서워했다. 그런데 나는 그렇지가 않았다. 왜냐하면 그의 말씀처럼 같은 피가 흐르고 있었고 주인의식을 가지고 있었기 때문이었다.

나는 외삼촌으로부터 많은 것을 배웠다. 활자의 중요성에 대한 말씀을 이렇게 해 주셨다. "만약에 신문에 '공화당'이 글자 한 자가 잘못되어 '공산당'으로 인쇄가 나오게 되면 어떻게 되겠느냐?" 그 말씀을 듣게 되자 나는 머리가 삐쭉하게 서게 되었고, 긴장감이 감돌았다. 그때의 충격이 아직도 나의 가슴에 남아 있다. 이 말씀은 나에게 인생을 살면서 여러 면으로 도움을 주었다. 그 직장에서의 2년 반 동안의 삶은 후일 나의 목회에 있어서도 큰 도움이 되었다. 인쇄하는 법과 책을 만드는 법 그리고 그 공정과정을 배우게 됨으로 인하여 나중에 교회 인쇄물과 주보와 강의안을 만들 때에 유용하게 사용하게 되었다. 속성으로 암기하는 법과 한 번 본 것은 기억에 남겨 놓는 것을 체득하게 되었다. 또한 사업체에서 총무를 하므로 행정기술, 경영기술, 감독기술, 돈의 가치, 고된 육체노동, 희생정신, 고객관리, 관계의 기술 등을 배웠다.

여호와를 앙망하는 자

나는 1978년에 신학 대학을 들어가 2학년때부터는 교육전도사로서 섬졌다. 그때에 '달 동네' 전세집에서 살았기 때문에 하루에 200계단을 두 차례씩 800계단을 오르락 내리락 하려고 하니 쉽지가 않았다. 왜냐하면 새벽기도회 참석과 신학 대학 수업을 위해서 다녀야 했기 때문이었다. 집으로 올라가는 계단의 중간에 있는 부산진교회당에서 국가 축구대표인 차범근선수와 이영무선수의 간증집회가 있었다. 나는 그 집회에 참석을 했다. 차 선수가 무릎을 다쳐서 수술을 해야 되는 와중에 기도로 나았다는 간증이었다. 이 선수는 자기는 외모적으로나 기술적으로나 형편으로는 국가 대표선수가 될 자격이 없었다고 했다. 생활이 어려워 축구화나 운동복도 새것을 구입할 수 없을 정도였다. 하지만 하나님이 국가대표로 뽑히게 해 주었다. 많은 사람들이 자기를 부지런 한 선수라고 불렀다. 자기가 그렇게 된 것은 "하나님이 새 힘을 주시기 때문에 지치지 않고, 피곤하지 않다"고 했다. 또 어떤 사람들은 자기가 골을 넣으면 "멋있는 골이 아니고. 흘러나온 볼이나 혼전 가운데서 들어가는 볼이라"고 놀렸다. 그래서 하나님께 기도하는 가운데 물었다고 한다. 하나님께서는 "네가 하는 것이 아니라 내가 하는 것이며, 네가 교만하지 않게 하기 위함이라"라고 말씀하셨다고 한다. 그래서 그는 "너무나 감사하여 골을 넣고서 바로 그 자리에서 무릎을 꿇고 기도를 하게 되었다"고 했다. 나는 그들의 간증을 들으며 큰 감동을 받았다.

나는 그 다음날 아침 새벽기도회를 마치고 집에 와서 성경을 읽었다. "너는 알지 못하였느냐 듣지 못하였느냐 영원하신 하나님 여호와, 땅 끝까지 창조하신 자는 피곤치 아니하시며 곤비치 아니하시며 명철이 한이 없으시며 피곤한 자에게는 능력을 주시며 무능한 자에게는 힘을 더하시나니 소년이라도 피곤하며 곤비하며 장정이라도 넘어지며 자빠지되 오직 여호와를 앙망하는 자는 새 힘을 얻으리니 독수리의 날개 치며 올라감

같을 것이요 달음박질하여도 곤비치 아니하겠고 걸어가도 피곤치 아니하리로다"(사 40:28-31) 라는 이 말씀을 읽는 가운데 내 가슴에 성령의 불이 들어오는 것을 느꼈다. 갑자기 가슴에 불이 붙는 것 같이 뜨거웠다. "할렐루야!" 하면서 나는 그 자리에서 무릎을 꿇고서 감격의 눈물로 기도했다. 그 다음부터 내게 나타난 능력은 하루 800계단을 올라다녀도 피곤하지를 않고, 피곤을 느끼지 않게 되었다. 이 능력은 40년이 지난 지금도 내게서 역사하신다. 목회를 하는 가운데 많은 분들이 나의 별명을 '강철' 같다고 했다. 왜냐하면 지치지 않기 때문이었다. 10시간 이상 연속 강의를 해도 생생하기 때문이었다. 나는 이 체험으로 인하여 하나님의 말씀은 살아 있으며, 하나님의 말씀은 능력임을 믿게 되었다. 하나님은 오늘날도 말씀으로 동등하게 역사하시며, 하나님의 말씀은 곧 하나님이심을 분명히 믿는다. 하나님은 나에게 말씀의 능력을 체험하게 하셨다.

세월이 35년이 지난 후 내가 미국에서 한생명교회를 섬길 때에 이영무 선수가 할렐루야팀 감독이 되었고 목사가 되어 왔었다. 우리 교회에서 두 차례 와서 설교를 하면서 교제를 했다. 나는 35년 전의 나의 간증을 그에게 들려주었더니 기뻐하고 좋아했다.

1979년 12월 26일 박정희 대통령의 시해사건 이후 1980년은 국가적으로 혼란의 시대였다. 나는 대학 3학년으로 그해 3월에 총부학생장에 당선이 되었다. 학교에서 총부학생장이라고 장학금으로 등록금을 면제해 주었다. 시위와 학교 압력으로 인하여 수업이 제대로 되지를 않았다. 정부에서 시행하는 전국 대학생 간부들을 위한 가나안 농군학교에 가서 훈련을 받을 기회가 생겼다. 김용기 장로는 1962년 가나안 농군학교를 설립하여, 많은 농촌 일꾼을 길러내는 요람으로 만들었다. 그의 철학은 "일하지 않으면 먹지도 말라"는 것으로서 노동과 삶의 연관성을 기독교적으로 해석하여 새마을 운동의 정신적 바탕을 세웠다. 그는 1966년 막사이사이상 복지 부문상을 받았다. 나는 일주일 동안 가나안 농군학교를 시작하신 김용기 장로와 그의 아들의 직강을 들었다. 식사는 일식 삼찬이었다. 밥은 자기가 먹을 만큼만 떠서 먹으며, 음식을 남기는 것은 용납이 되지를 않았다. 치약은 3mm만 사용해야 되며, 비누의 한 면은 종이를 붙여 놓으며 한 번만 문질러야 되며, 철두철미하게 절약을 가르쳤다. 아침 구보 시간에는 달리면서 인도자가 "일하기 싫으면" 우리는 "먹지도 말라"라고 복창을 했다. 인도자가 "하면" 우리는 크게 복창하면서 "된다"고 응답하면서 달렸다. 모든 가족들은 얼마나 열심히 일을 했던지 주민등록을 하러가서 지문이 나오지 않아서 고생을 했다는 말을 아직도 기억한다.

평생 매주 감사

내가 섬기던 성산교회에 유년 주일학교 부장이며, 가구 골목에서 작은 점포를 운영하시는 박집사가 계셨다. 그는 주로 일본 관광객들을 위한 조그마한 가구들과 선물용 소품을 취급했다. 새벽기도회는 나오지 못했지만 출근을 하면서 교회당에 와서 기도를 매일 했다. 특이한 것은 매 주일 십일조와 감사의 제목마다 봉투를 만들어 하나님께 드렸다. 한번은 나는 그를 찾아가서 이야기를 나누었다. 그는 "자신은 선교사가 되고 싶었다. 그런데 폐결핵을 앓게 되어 선교사를 포기했다. 그래서 하나님께 기도하면서 개인적으로 선교사 한 명을 전액 후원하기로 했다. 그리고 우리 교회에서 제일 많이 십일조를 드리게 해 달라고 기도를 하고 있다"고 했다. 매월 첫 월요일 담임목사를 모시고 예배를 드릴 때에 주시는 은혜에 대하여 말을 했다. 자신이 매주 감사의 제목마다 감사를 하는 이유는 "하나님은 감사하는 자에게 감사의 제목을 주시기 때문이고, 그것이 강복이라"

고 했다. 그때에 나는 그의 삶을 통해 살아 있는 감사의 능력을 배웠다. 그 이후 나도 지금까지 매 주일 하나님께 감사를 드렸다. 그런데 참으로 놀라운 일이 일어났다. 나는 이 교회에 꽤나 수입이 좋은 분들이 계셨기때문에 그가 "교회에서 제일 많은 십일조를 낸다"는 것은 현실성이 빈약하다고 생각을 했었다. 그런데 놀라운 일은 10년이 되기도 전에 그의 기도는 모두 응답이 되었다. 그리고 장로가 되고, 뒤에는 장로로서 교단 총회의 부총회장으로 수고를 하기도 했다.

나는 박 집사의 간증으로 배운 감사를 계속하여 실천하고 있었다. 결혼 삼 년 차였지만 신학대학 기숙사 생활을 했다. 월요일 오후에 학교에 가면 금요일 오후에 집으로 돌아왔다. 사택에서 기차역까지는 십 리쯤 되었다. 한 번은 그달의 다섯 번째 주일을 맞이했다. 그런데 어려운 일이 생겼다. 매 주일 작정한 오천원을 감사헌금으로 드리게 되면 학교에 가서 사용할 경비가 없었다. 나는 잠깐 고민을 하고서 평생 감사하기로 작정을 했기 때문에 5천원을 기쁨으로 헌금을 드렸다. 그리고 월요일 새벽기도회에 참석을 하여 오랫동안 기도를 했다. 왜냐하면 한 주간 동안 결석을 하기로 했기 때문이었다. 기도를 마치고 성경을 들고서 나오려는데 성경책 안에 흰 봉투가 보였다. 집에 돌아와서 보았더니 삼 만원이 들어 있었다. 나와 아내는 너무도 놀라웠고, 하나님의 도우심을 직접적으로 느꼈다. 지금까지도 하나님께서 누구를 통하여 주셨는지를 알지 못하지만 천국에 가서는 알게 될 것이다.

그 당시에 신학부 학생들에게는 녹음기를 가지는 것이 소망이었다. 특별히 일본 Sanyo에서 나온 녹음기는 일 십 만원을 했다. 나는 녹음기를 갖고 싶어서 기도를 했다. 어느 날 한 집사 가정을 심방했다. 나오려고 하는데 그는 내가 필요한 것을 구입하라고 하면서 호주머니에 봉투를 넣어 주셨다. 그는 넉넉한 생활을 하는 분이 아니었다. 집에 와서 보았더니 거금 일 십 만원이었다. 나는 "하나님께서 감사하는 자에게 감사할 거리를 주신다"는 박 집사의 간증처럼 나에게도 하나님께서 보여 주심으로 믿게 되었다. 그 이후부터 헌금을 하면서 담대하게 할 수 있게 되었다. 이 일들을 통하여 하나님께서는 말씀에 순종을 할 때에 주시는 강복을 체험케 하셨다. 또한 헌금은 믿음의 분량과 비례하는 것을 알게 되었다.

사택 뒷집에 사는 이 집사는 특별한 분이다. 그때 큰 딸이 돌을 맞이했다. 축하 선물로 그때까지 사용한 음절들을 카드에다가 적고서 풀을 붙여 그 위에 모래를 뿌려서 만들어 주었다. 주일학교 부장집사는 밀양도자기 공장에 다니고 계셨는데 딸의 이름을 넣은 자기그릇을 구워 선물을 해 주었다. 아직도 그 선물들은 큰 딸이 보관을 하고 있다. 그의 초대로 밀양도자기를 방문하여 자기그릇이 나오는 전체 공정을 구경하게 되었다. 마지막 공정과정을 보면서 "직업 가운데 정말 편안하겠다"고 하는 부서가 있었다. 일반인들은 잘 보지 못할 수도 있지만 전문가의 입장에서 보면 흠집이 나 있는 그릇을 망치로 부수는 것이었다. 나로서는 너무도 아깝고 좋아 보였지만 회사의 명예가 걸려 있으므로 미련 없이 깨어 버렸다. "진흙으로 만든 그릇이 토기장이의 손에서 터지매 그가 그것으로 자기 의견에 좋은 대로 다른 그릇을 만들더라…… 진흙이 토기장이의 손에 있음같이 너희가 내 손에 있느니라"(예레미야 18:1-6). 이 본문을 설교할 때마다 밀양도자기 공장에서 보고서 깨달은 것을 실감나게 나누었다. 이 장면을 통하여 여호와께서 예레미야 선지자에게 직접 토기장이의 집에 가서 보여 주시면서 가르쳐 주신 것과 같이 나에게도 선명한 교훈을 주셨다.

2. 지도력에의 헌신(Leadership Committal)
믿음의 결단과 하나님의 인도하심

　사무실에 나간 지 2년 6개월이 되었을 때에 외삼촌의 사업은 든든하게 기반을 쌓아갔다. 외삼촌은 용호동 집으로 찾아오셔서 "네가 주일에는 교회에 가도록 처음에 약속을 했지만, 네가 사장이 되면 그렇게 하고 지금은 외삼촌 밑에 있기 때문에 주일에 출근을 하라"고 하셨다. 그 말씀이 떨어지자 말자 아버님께서는 "네가 일을 하면서 신앙 때문에 직장에 손해를 끼치면 되지 않기 때문에 직장이든지 아니면 교회든지? 둘 중에 하나를 선택하라"고 하셨다. 나는 그 일로 3일 동안 인수인계를 하고 직장을 그만 두었다. 아버님께서는 다시금 내게 말씀을 하셨다. "그렇다면 엄마는 무당을 하고 있고, 너는 기독교를 믿기 때문에 부모냐, 아니면 하나님이냐? 둘 중에 하나를 선택하라"고 하셨다. 나는 3일 간 금식을 하고서 부모님에게 이렇게 말씀을 드렸다. "제가 선택을 하게 되면 부모님이 상처를 입을 수 있으니, 차라리 어머님이 선택을 하시면 좋겠습니다. 어머니, 사탄을 택하시렵니까? 아니면 자식을 택하시렵니까? 둘 중에 하나를 택하십시오" 그랬더니 어머님에게 접신한 악령들이 어머니를 속여서 "저렇게 해도 사흘이 안 되어 집에 들어올 것이다"라고 어머니에게 속삭였다. 어머니는 결국 사탄을 택하였다. 그래서 나는 "알겠다"라고 답하고서 여행용 가방에 성경책과 몇 가지 옷들을 넣었다. 그리고 부모님께 큰 절을 올렸다. "지금은 이 세상에서 가장 큰 불효자입니다. 하지만 제가 믿는 예수님을 부모님께서 믿게 된다면 세상에서 가장 큰 효자가 될 것입니다"라고 말씀 드렸다. 그리고 일어서서 문을 열고 나오려는데 눈에서는 뜨거운 눈물이 쏟아져 내렸다. 부모님은 집을 떠난다는 아들을 붙잡지 않으셨고, 나 또한 더 이상 머무르고 싶지 않았다. 신을 신고 가방을 메고 나와서는 호주머니를 열어 보았더니 돈이 1만 8천원 밖에 없었다. 그날 오후의 햇볕은 빛나고 있었고, 주위의 환경은 아무런 것도 변한 것이 없었는데 나는 광야에 혼자 서 있는 고아처럼 황량함을 느꼈다. 그 황량함이 얼마나 큰 충격이었는지 아직도 가끔 그 황량함이 느껴진다.

　나는 담대하게 믿음으로 집을 나왔지만 앞이 캄캄하고 막막했다. 어디로 가야할 것인가? 어떻게 해야 할지 몰랐다. 이미 3일간 금식을 하고서 부모님 앞에서 믿음으로 결단을 했지만, 그 이후에 대한 계획은 하지 못했다. 나는 직장을 다닐 때에 아침마다 버스를 타기 전 교회당에 가서 기도를 했던 그곳에 갔다. 교회당에 도착하여 주님 앞에 무릎을 꿇고 기도를 시작하니 눈물이 하염없이 쏟아졌다. 저절로 눈물이 흘러내리면서 소리를 내어 기도를 거침없이 하기 시작했다. 한참 동안 기도하던 중에 나의 기도 소리가 멈추고 내가 주님 안에, 주님이 내 안에 계심이 느껴졌다. 그때에 주님께서 나의 마음을 통하여 나의 입술에 말씀을 주셨다. "사랑하는 아들아! 내가 너를 사랑하노라. 나를 위하여 부모나 처자나 전답을 버리는 자는 현세에서 백배를 받고, 고난을 겸하여 받아야 하나니 영생의 유업을 받지 못할 자가 없느니라. 이름 없는 들풀도 하나님께서 친히 먹여 살려 주시거늘 하물며 남중이 너 일까 보냐? 가라! 내가 다 준비해 두었다." 나는 이 말씀을 듣고 새로운 힘과 용기가 생겼다. 그리고 감사와 감격의 마음으로 찬양과 기도를 했다. 이 상황에서 하나님의 임재와 음성을 처음으로 경험하게 하셨고, 그 다음 단계로 인도하시는 하나님을 만났다.

　그런데 눈을 뜨고 보니 하나님께서 다 준비를 해 두었다고 하셨는데 집 주소나 사람의 이름이나 전화번호를 주시지 않으셨다. 하나님께서 아브라함을 인도하실 때에도 갈 바를 알지 못하고 떠나게 하신 것과 같이 나도 그렇게 하시는 것으로 생각이 되었다. 후일에 목사가 되어 엘리야에 대하여 설교를 할 때에 하나님께서 인도하시는 방법을 비로소 알게 되었다. 여호와께서 엘리야에게 "사르밧 과부에게 명령을 하여 네게 음식을 주겠다"고 하셨다. 하지만 그녀에 대하여는 아무런 정보를 주시지 않으셨다. 그럼에도 엘리야는 순종을 하였고, 사르밧에 가서 나무 가지를 줍고 있는 여인에게 "그릇에 물을 달라"고 요청을 했다. 그녀가 가지러 갈 때에 떡 한 조각을 요청했다. 그러자 여인은 "당신의 하나님 여호와께서 살아 계심을 두고 맹세하노니 나는 떡이 없고 다만 통에 가루 한 움큼과 병에 기름 조금 뿐이라. 내가 나뭇가지 둘을 주워다가 나와 내 아들을 위하여 음식을 만들어 먹고 그 후에는 죽으리라"(왕상17:12). 그러자 엘리야는 지체하지 않고서 "두려워하지 말고 가서 네 말대로 하려니와 먼저 그것으로 나를 위하여 작은 떡 한 개를 만들어 내게로 가져오고 그 후에 너와 네 아들을 위하여 만들라. 이스라엘의 하나님 여호와의 말씀이 나 여호와가 비를 지면에 내리는 날까지 그 통의 가루가 떨어지지 아니하고 그 병의 기름이 없어지지 아니하리라 하셨느니라"(왕상17:8-16)고 했다. 엘리야는 하나님께서 자세한 정보를 주시지 않았지만 하나님을 의지하여 갔고, 이방 여인의 입에서부터 놀랍도록 "당신의 하나님 여호와께서 살아 계심을 두고 맹세하노니"라는 고백을 듣고서 하나님이 예비한 여인인 것을 알게 되었다. 여기서 내가 배운 것은 하나님께서는 몰라서 정보를 주시지 않으시는 분이 아니라, 끝까지 주님만 바라보고, 주의 성령님을 의지하도록 하시는 분이시다. 또한 엘리야 시대뿐만 아니라 하나님은 어제나 오늘이나 동일하신 분이시므로 지금도 동등하게 인도하시고 주관하시는 분이심을 체험하게 하셨다.

눈물의 기도와 주님의 음성을 듣고 난 이후에 제일 먼저 떠오른 분이 그동안 나를 아들같이 생각해 주신 전 목사이셨다. 나는 전화를 드리고 사택으로 찾아갔다. 목사 내외분과 가족들이 환대해 주셨다. 그는 나의 형편을 알고 계셨으므로 최근에 일어난 일들을 그분께 소상히 말씀 드렸다. 그는 "남중아! 너를 위해서가 아니라 나를 위해서 나의 양아들이 되어 달라. 왜냐하면 부모님이 계시는데도 불구하고 믿음을 지키기 위하여 집을 나온 너를 목사인 내가 양육해 주므로 하나님 앞에서 내 자신이 좀 더 떳떳하지 않겠느냐. 나는 네가 목회자가 되기를 바라고 기도를 하고 있었다. 네가 신학교를 졸업할 수 있도록 장학금을 주겠다. 그러니 어려워하지 말고 이곳에서 함께 살자"라고 하셨다. 정말 쉽지 않은 말씀을 하셨고, 뿐만 아니라 혹 내가 마음이 다칠까 봐 조심스럽게 말씀을 해 주셨다. 나는 목사님의 말씀이 너무도 감동이 되었으며, 큰 위로가 되었다. 하룻밤을 사택에서 그와 함께 평안하게 잠을 잤다. 그의 말씀과 사택의 분위기가 좋았지만 왠지 마음이 편하지 않았다. 그래서 아침을 먹고서 그의 제안에 대하여 답을 드리지 않고 "다른 곳을 좀 찾아보겠다"고 말씀드리고 나왔다.

그 다음에 떠오른 분은 기장교회의 오 집사였다. 그는 청년회 회장이기도 했다. 나는 부산에서 직장을 다니고, 집도 용호동으로 이사를 했지만 매 주일 기장까지 교회를 다니고 있었다. 나는 그의 집에 들어가면서 "집사님!" 하고 불렀다. 그랬더니 그는 양계장에서 일을 하고 있었고, 부인되는 박 집사가 나를 맞이해 주었다. 그리고는 나를 자리에 앉게 하고, 남편을 불러 함께 앉은 뒤 나에게 너무도 놀라운 말을 하셨다.

그때에 그 교회에서의 나의 직분은 주일학교 교사였다. 오 집사 부부와는 좋은 관계를 가지고 있었으며, 그들은 나의 사정을 누구보다도 잘 알고 있었다. 부인 집사는 기도의 사람이었다. 그 당시에는 흔하지 않은 포도 자궁암을 앓았다. 수술을 앞두고 있었는데 기도하는 권사와 함께 기도로 자궁암이 없어지는 신유를 체험했다. 그는 "강 선생! 저는 오늘 강 선생이 우리 집에 올 줄을 알고서 기다리고 있었습니다. 왜냐하면 어제 밤 꿈에 주님께서 저에게 오늘 강 선생이 올 터이니 이 집에 있는 방을 주어서 머물게 하라"는 주님의 말씀을 나에게 전했다. 그러면서, "아무런 걱정을 하지 말고 주님이 예비하신 집이므로 평안히 있으라"고 나에게 당부했다. 나는 너무도 놀랍고 너무도 감격스러웠다. 자상하신 하나님! 살아계신 하나님! 너무도 놀라우신 하나님! 멋쟁이 하나님이심을 체험했다.

나는 오 집사 댁이 하나님이 예비해 놓으신 곳임을 믿었다. 그는 세 아들이 있었으며 두 명은 초등학교, 한 명은 유치원에 다녔다. 집터가 넓어서 양계장을 하고 있었다. 그의 집은 본채에는 그의 가족이 살고, 옆으로는 방이 다섯 개가 있었고, 월세방으로 빌려 주고 있었다. 마침 첫 방 한 개가 비어있었다. 나는 그 방을 나의 거처로 갖게 되었다. 나는 집사님 집에서 거주하도록 해 주심에 감사하여 세 아들의 가정교사가 되어 주겠다고 했다. 하나님은 신실하신 분이셨다. 그는 내가 이 집에 들어오고 난 이후에 "하나님께서는 물질적인 복을 매일 매일 놀랍도록 주셨다"라고 말을 해서 나는 감사한 마음을 가졌다. 그리고 내가 많이 가르치지도 않았음에도 큰 아들은 초등학교 4학년으로 등수는 반에서 10등 정도였는데 3등 안으로, 둘째는 20등 정도였는데 10등으로 올라서 그들은 매우 좋아했다. 요셉이 하나님이 함께 하시는 것을 보디발이 보게 된 것과 같이 나에게도 실제의 증거를 통하여 보여 주셨다.

내 마음이 확정되고 확정되다

"나는 이제 앞으로 무엇을 하면서 살아야 할까?"를 위해 처음으로 40일 철야기도를 작정했다. 기도의 제목은 두 가지였다. 한 가지는 "내가 앞으로 무엇을 해야 할까?"이었으며, 다른 한 가지는 배우자에 대한 것이었다. 나는 10월 10일 월요일 밤부터 11월 19일 밤까지 40일 동안 철야기도를 하기로 처음으로 작정을 하고서 시작을 했다. 다급한 마음과 벼랑 끝에 선 상황이었으므로 주님께 나아가 엎드릴 수밖에 없었다. 혼자서 찬송을 몇 장을 부르고서 기도를 했지만 신앙이 깊지 못해 기도가 쉽지 않았다. 어떤 날은 덩그렇게 큰 교회당 강대상 밑에 방석을 놓고서 무릎을 꿇고 기도 했지만, 바람에 덜컹거리는 교회당 문소리와 밖에 있는 화장실의 삐걱거리는 소리가 무섭기 짝이 없었다. 그때에 "만약에 다음에 내가 목사가 되면 40일 작정기도를 하는 분과 함께 기도하리라"고 마음으로 작정을 하였다. 담임목사가 되고 난 이후에 이 작정을 지켰다.

한 주간 두 주간이 지나자 좀 더 깊은 기도를 하게 되었다. 주의 성령께서 세 차례 임재 하셨다. 첫 번째는 15일쯤 기도를 하고 있는데 주님께서 내게 말씀 하셨다. "이제 너는 부모님이 예수님을 믿게 해 달라고 기도를 하지 말고, 같이 사역을 할 수 있도록 기도하라"고 하셨다. 그 당시 나는 예수님을 영접하고 난 이후에 하루도 빠지지 않고 부모님을 위하여 12년 동안 기도를 하고 있었다. 그 말씀은 나에게 큰 위로와 힘이 되었다. 하나님의 약속의 말씀을 믿음으로 그 이후에는 한 번도 "믿게 해 달라"고 기도하지 않았다. 하나님께서는 이 약속의 말씀을 10년 후에 이루어 주셨다. 하나님은 기도를 응답해 주시는 분이심을 체험하게 되었다.

두 번째는 25일쯤 되었을 때에 기도를 하는 가운데 꿈인지 생시인지를 알지 못하는 가운데 환상을 보게 되었다. 나는 고등학교를 다닐 때에 주일 아침이면 저수지가 있는 야산 바위틈에 올라가서 가끔 기도를 했었다. 성령님께서 그때 한 장면을 다음과 같이 또렷하게 보여 주셨다. 나는 무릎을 꿇고 기도하면서 "주님! 저의 한 가지 소원은 오직 주님을 위하여 살게 해 주십시오"라고 간구하였다. 그때에 나는 감히 목회자가 된다는 것은 꿈에도 생각을 못했다. 사실 나는 그때에 "목사는 천사와 같다"고 생각을 할 정도였으며 강대상에 올라가면 죽는 줄로만 알았다. "내가 여호와께 바라는 한 가지 일 그것을 구하리니 곧 내가 내 평생에 여호와의 집에 살면서 여호와의 아름다움을 바라보며 그의 성전에서 사모하는 그것이라." 시편 27편 4절은 나의 소망의 기도였다.

바로 이어서 주님께서는 시편 27장 10절의 말씀과 같이 말씀하셨다. "네 부모는 너를 버렸으나 나는 너를 버리지 않았다. 너는 나의 십자가를 지지 않으려고 내 동댕이쳤지만 나는 너와 함께 했다." 주님께서는 다시 "내가 너의 기도를 받았고, 내가 이제 그 한 가지 일을 이루겠다."고 말씀하셨다. 나는 너무도 놀랍고 경이로운 하나님을 체험하게 되었다. 하나님은 분명히 살아 계시고, 나의 기도의 장면을 보시며, 들으시고 때가 되매 응답해 주시는 분이심을 믿으며 찬양하게 되었다. 사실 나는 고등학교 때에 박성기 교장선생님 앞에서 "앞으로 목사가 되겠다"고 작정한 학생들과 함께 사진을 찍은 적도 있었다. 훗날에 보았더니 그 사진에 나온 13명 가운데 8명이 목사가 되었다. 그 후 6년 동안 나는 여러 가지 변명으로 목회자가 되지 않으려고 도망을 다녔다.

세 번째는 33일째 새벽 2시경이었다. 그날도 나는 강대상 앞에 방석을 놓고 무릎을 꿇고서 기도를 하고 있었다. 갑작스럽게 주님의 영의 음성이 임했다. "내가 너를 위하여 당한 고통의 맛을 보겠느냐? 너를 위해 당한 발의 못자국을 만져 보아라"고 하셨다. 내가 어떠한 대답도 하기 전에 그 고통이 나에게 전이 되었다. 나는 아프다고 소리도 지르지 못하고, 교회당 마루바닥에 "나 죽는다"고 소리치며 이리저리 뒹굴었다. 온몸이 땀으로 범벅이 되었다. 얼마나 시간이 지났을까? 정신이 혼미해서 알지를 못했다. 조금 정신이 들자 다시 주님의 영의 음성이 들려 왔다. "내가 너를 위하여 당한 허리의 창 자국을 만져 보아라." 이번에도 내가 대답을 하기도 전에 그 고통이 밀려 왔다. 그때의 나의 느낌은 우리가 행주를 물에 씻어서 짤 때에 두 손으로 힘을 다하여 짜게 되면 두 동강이로 잘리는 것과 같이 허리가 잘리는 아픔과 고통이었다. 그 고통은 앞에서 말한 것과 같은 고통과 아픔이었다. 나는 다시 자지러지고 말았다. 온몸은 진땀으로 범벅이 되었고 고통으로 인해 소리도 내지 못할 지경이었다. 어느 정도의 시간이 지났는지 나는 알지 못한다.

어느 정도의 시간이 지나고 나에게 주어진 고통이 한 순간에 사라지자 입에서는 하늘의 찬송이 흘러 나왔다 (통일360장).
"1. 예수 나를 오라하네. 예수 나를 오라하네. 어디든지 주를 따라 주와 같이 같이 가려네.
(후렴) 주의 인도하심 따라. 주의 인도하심 따라. 어디든지 주를 따라 주와 같이 같이 가려네.
2. 겟세마네 동산까지 주와 함께 가려하네. 피땀 흘린 동산까지 주와 함께 함께 가려네.
3. 심판하실 자리까지 주와 함께 가려하네. 심판하실 자리까지 주와 함께 함께 가려네.
4. 주가 크신 은혜 내려 나를 항상 돌보시고, 크신 영광 보여 주며 나와 함께 함께 가시네."

나는 이 찬송을 부르고 또 불렀다. 구절구절이 나의 신앙고백이며, 주님의 뜻이었다. 얼마나 많이 불렀을까? 얼마나 많이 울었을까? 그 다음에 나는 주님께 항복과 감격의 손을 번쩍 들고서 "주님의 뜻을 따르겠습니다. 주님께 순종하겠습니다"라고 고백 했다. 그리고 그 주일에 드릴 감사헌금 봉투에 '다윗의 기도'의 내용으로 드렸다. "하나님! 내 마음이 확정되고 확정되었사오니"라는 제목으로 감사를 드렸다. 왜냐하면 그 다음 날 아침에 읽었던 시편의 말씀을 통하여서도 하나님께서는 분명하게 확정해 주셨기 때문이다. "그들이 내 길을 막으려고 그물을 준비하였으니 내 영혼이 억울하도다. 그들이 내 앞에 웅덩이를 팠으나 자기들이 그 중에 빠졌도다. 하나님이여! 내 마음이 확정되었고, 확정되었사오니 내가 노래하고 내가 찬송하리이다"(시57:6-7). 하나님께서는 나에게 사명에 대하여 이중적으로 확인을 하게 하셨다. 이 일로 하나님의 말씀은 살아서 역사하심을 믿게 되었고 믿음의 분량만큼 이해하게 됨을 깨달았다.

나는 지금까지 이 순간을 결코 잊은 적이 없다. 아니 잊을 수가 없었다. 왜냐하면 이 순간이 나의 일생에 특별한 순간이고, 이 순간으로 인하여 주님 앞에 온몸 다해 섬길 수 있었기 때문이었다. 또한 44년의 목회 기간 동안에 결코 쉽지 않은 기간이었지만 주님 앞에서 "후회한다든지, 힘이 든다든지, 짜증을 낸다든지, 어렵다든지, 목회를 그만 두겠다"는 말을 결코 한 적이 없었다. 목회 기간 동안 그 어떤 아픔과 고통도 이 순간에 비하면 비교가 될 수 없었기 때문이었다. 혹 주위에 목회자나 성도들이 어렵다고 하든지, 힘이 든다고 하면서 아파하는 분들을 보게 되면, 나의 마음속에서는 "아직도 아픈 것을 경험해 보지 못했구나"라는 생각이 들 정도로 그때의 고통을 잊을 수가 없다. 정말로 아픈 순간에는 뭐라고 한 마디 말도 못하기 때문이었다. 뭐라고 말을 할 수 있다면 아직도 최고의 아픈 순간이 아니기 때문이었다. 이 상황으로 말미암아 만족함과 넉넉함으로 주님이 피 흘려 세우신 교회를 감사와 감격으로 섬길 수 있었다. 바울이 자기는 예수의 흔적(갈6:17)을 가졌다고 했듯이 나에게 있어서 이것은 주님이 주신 십자가의 흔적이 되었다.

기드온의 기도

또 한 가지의 기도 제목은 배우자에 대한 것이었다. 어느날 꿈 속에서 내가 끼고 다녔던 18K 실반지를 기장교회에서 함께 신앙생활을 하는 J에게 끼워 주었다. 꿈이었지만 나는 너무도 생생하고 놀라워서 잠에서 깬 적이 있었다. 이제 주님을 위하여 나선 마당에 배우자도 내가 원해서가 아니라 주님이 허락하는 자가 되어야 했다.

J는 나의 모든 사정을 누구보다도 더 잘 알고 있었다. J는 "마음속에 나를 두고 기도를 하고 있었다"고 했다. 왜냐하면 J는 "하나님은 기도하는 자의 편이다"라는 것을 확실히 믿고 있었기 때문이었다. 그러나 나는 차마 J를 제대로 쳐다 볼 수가 없었다. 왜냐하면 신앙적으로 J의 부친은 고인이 되셨지만 기장교회의 초대 영수요, 초대 장로이셨다. 모친은 초대 권사이셨다. 가정 형편 적으로도 J는 넉넉한 가정이었고, 현재 대학 졸업반이었기 때문이었다. 이모부가 신학대학원 총장이시고, 형부와 사촌오빠가 신학교 교수였다. 거기에 비하면 나는 무당 집 외아들이며, 생활도 넉넉하지 못한 가정이고, 고졸 출신으로 현재는 집을 나와서 백수로 있기 때문이었다. 옛말에 "오르지 못할 나무는 쳐다보지 말라"고 했으므로 그래서 그를 감히 쳐다보지도 못했다.

J는 같은 교회 출신이었다. 내가 청년회 회장을 할 때는 부회장을 했다. 내가 주일학교 여름성경학교를 할 때에 율동 선생을 하면 그는 반주를 했다. 그가 성가대 지휘를 할 때에는 나는 베이스 파트를 맡았다. 그때에 여

름에는 시골에 가서 여름성경학교를 위한 봉사활동을 할 때에 두 사람만 있으면 주일학생들이 많아도 쉽게 지도를 했다. J는 교회에서 팔방미인으로 앞장서서 섬겼다. 교회의 꽃꽂이를 하고, 성탄절에는 주일학교의 모든 프로그램을 혼자서 준비했다. J는 활동적이라서 주일 오후에 중학교 운동장에서 축구를 하면 그는 여성 청년이면서도 축구 골대 문지기를 한다고 서 있을 정도였다. 부산지방 SFC(학생신앙운동) 여부회장과 전국 SFC 음악부장을 역임했다. 그래서 주위에서 청혼을 해 오는 자들이 많았다. 그럼에도 내가 집을 나왔을 때에 J는 "만약에 너가 목회의 길을 가려고 하면 힘이 되어 주고 싶다"고 했다. 나는 35일째 철야기도를 여전히 하고 있었다. 그 날 밤에 주님이 오셔서 나의 두 번째 기도를 응답해 주셨다. "너의 앞날을 위하여 기도가 많이 필요하므로 기도의 어머니를 가진 자를 주겠다. 너는 이미 너의 짝을 알고 있으며, 너의 마음에 있지 않느냐?"고 하셨다. 나는 "세상에 어찌하여 이런 일이?"라고 놀랐다.

36일째 철야 기도와 새벽기도회를 마치고 나는 교회 다락방에 올라가 성경을 읽고 있었다. 그때에 J의 어머니이신 권사님이 나를 찾아오셨다. 무슨 말을 들었는지 내게 "우리 J를 어떻게 생각하느냐?"고 물었다. 나는 솔직하게 주님이 주신 음성을 그대로 전했다. 그랬더니 화를 내시고 불편해 하시면서 휑하게 나가셨다. 그의 입장에서 보면 얼마나 기가 막히는 일이였겠는가? 일찍이 장로이신 남편의 소천을 지켜보고, 그 당시에 쉽지 않게 애지중지 대학까지 키워서 좋은 곳에 시집을 보내려고 했는데 나 같은 '놈'이 등장했으니 말이다. 그래도 서로 형편이 비슷하기나 해야 되는데 비교할 수가 없을 정도였기 때문이었다. 내가 너무도 미성숙하여 그의 어머니의 마음을 조금도 헤아리지 못하고 무례를 범했다.

37일째 철야 기도를 마치고 새벽기도회 후에 나는 절체 절명의 마음으로 하나님께 '기드온의 기도'를 드렸다 (사사기 6:36-40). 왜냐하면 이제 와서 생각을 해 보면 하나님께서 이미 꿈속에서 보여 주셨고, J가 제안도 해 주었지만 하나님의 직접적인 응답을 확인해 보고 싶었기 때문이었다. J는 피아노 전공으로 대학 졸업반이었다. 주중에 며칠은 기차를 타고서 울산의 정유 공장 사택까지 가서 피아노 렛슨을 하러 다녔다. 그날은 울산에 가는 날이었다. 나는 "하나님! 만약에 J가 하나님이 짝지어준 배우자라고 하면 30분 안으로 교회당에 와서 기도를 하게 해 주십시오. 그러면 확실하게 기드온처럼 순종하겠습니다" 라고 했다. 그런데 이게 어찌된 일인지 10분도 되지 않았는데 누군가 뒤에 와서 기도를 하는 소리가 들렸다. 나는 나의 귀를 의심할 정도였다. 놀라서 눈을 뜨고서 쳐다보았더니 J가 와서 기도를 하고 있었다. 나는 기드온의 기도를 응답하신 그 하나님을 경험했다. 뒤에 알아보았더니 그는 "울산의 공장에 연휴가 되어서 쉬었다"고 했다. 하나님께서는 기드온 사사와 같이 나에게도 '이중적인 확인'(Double Affirmation)을 할 수 있도록 인도해 주셨다.

　하지만 J의 어머니는 여전히 나와 그의 딸까지 못마땅하게 생각을 하셨다. 엄마의 입장에서는 억장이 무너지고, 고생이 눈앞에 훤하게 보이는데 그의 딸은 정작 눈에 '콩깍지'가 끼어서 갈 바를 알지 못하고 있으니 한심하기 짝이 없게 생각을 하셨다. 나는 J에게 너무도 미안하고 면목이 없었다.

　그러던 가운데 J의 어머니의 제부 되는 차 교수께서 부산을 방문하셨다. 그는 J의 작은 이모부가 되셨고, 총신 신대원 교수이시며, 총장까지 역임하신 분이시다. 그는 자신의 말을 딸이 도저히 듣지 않으므로 제부에게 도움 받기를 원하셔서 나를 한 번 만나 보라고 하셨다. 나는 그를 만났다. 나의 현재 상황에 대하여 말씀을 드렸다. "어머님이 무당이시고, 현재 집을 쫓겨서 나온 상태이며, 브니엘학교를 다니면서 예수를 믿게 되었고, 이제 신학을 해서 목사가 되려고 한다."고 했다. 그랬더니 그는 너무도 놀라운 말씀을 두 가지 해 주셨다. 첫째는 그가 부산 광안중앙교회에 잠깐 출석을 하고 있을 때에 담임목사님으로부터 "집이 기장인 이 학생은 학교를 가고 오면서 꼭 교회에 들러서 기도를 하는 예쁜 학생이다"라는 나의 이야기를 들은 적이 있다고 하셨다. 그는 내가 브니엘학교라고 했더니 생각이 나셨는지 "그 학생이 너냐?"고 물으셨다. 내가 오히려 깜짝 놀랐다. 왜냐하면 나도 6년 동안 생각을 하지 않고 있던 일을 차 교수로부터 듣게 되었기 때문이었다. 둘째는 그는 나를 칭찬을 해 주시면서 그의 이야기를 해 주셨다. "나도 청년 때에 예수 믿는다고 집에서 쫓겨났다. 그 당시 어렵고 유명세를 타고 있던 해양대학교에 좋은 성적으로 입학을 했다. 집에서는 '이제 졸업만 하게 되면 집 안에 돈 걱정을 덜게 되었다'"고 좋아 했다. 그런데 일 학년을 마치고 학교를 중퇴 하고서 고려신학교에 입학을 했기 때문이었다. 그러자 "집에서 배은망덕한 놈이라고 쫓겨났다"는 것이었다. 그는 나같은 '혹'을 그의 딸에게서 떼려고 밀어붙인 처형에게 "처형! 내가 보증을 할 터이니 J를 결혼시켜도 되겠습니다"라고 오히려 우리의 결혼을 허락하도록 해 주셨다. 그 덕분에 J의 어머니는 한결 부드러워졌다. 하나님은 너무도 놀라운 방법으로 길을 인도하시는 분이심을 보았다.

고려신학대학 입학

내 마음이 확정이 되었을 때는 11월말이었으므로 이미 대학 예비고사는 끝났다. 그 당시에 고려신학대학은 2차였으며 신학과와 신학연수과가 있었다. 신학연수과를 졸업 해도, 신학대학원에 진학을 할 수 있었고, 목사가 되는 데는 문제가 없었다. 그때에 고려신학대학은 문교부 인가를 받은 지가 얼마 되지 않았으며, 신학 대학원은 정부의 간섭을 받지 않기 위하여 문교부 인가를 받지 않았기 때문이었다. 나는 일 년을 기다릴 수가 없었다. 주님을 위하여 살아감에 있어 신학연수과 출신이므로, 정식 학위를 앞세울 수 없으므로 오히려 나를 교만하지 않게 하는 겸손의 기회로 삼으려고 다짐했다. 또한 고등학교 졸업 후에 바로 신학교에 입학하지 않고 변명과 불순종으로 일관했던 것에 대해 나의 평생동안 일종의 '연자 맷돌'로 삼기로 스스로 결단했다.

1월초에 필기시험을 치고, 그 다음에 면접을 보고서 합격을 했다. 외삼촌이 찾아오셔서 "네가 대학교 입학식을 하려면 한 달 이상 기간이 있으므로 그때까지 사무실에서 일을 해 주면 등록금을 주겠다"고 했다. 나는 내심 등록금에 대하여 걱정을 하고 있었는데 이렇게 해결이 되어서 기뻤다. "이름 없는 들풀도 먹여 살리거늘 하물며 남중이 너 일까 보냐?"고 약속해 주신 주님께서 친히 그 약속을 지키셨다. 그때부터 나는 놀랍도록 역사하시는 '멋쟁이 하나님'을 경험하게 되었다. 나는 내 인생의 마지막 날에 주님 품에 안길 때에 '멋쟁이 하나님' 이라고 부를 것이다.

1978년 3월 5일 고려신학대학 입학식을 했다. 나는 새 학기를 준비하기보다 산업전선에서 열심을 다했다. 일들이 많아서 3월 입학을 하고서 한 학기 동안은 수업을 하고서 직장에, 어떤 날은 출근을 먼저 하고서 수업에 참석하기도 했다. 신학연수과에는 나와 같이 나이가 든 학생들이 많았다. 나 역시도 1972년 2월에 고등학교를 졸업했으므로 6년이나 지났다. 입학식 이후에 학과에서 총대와 부총대를 뽑았다. 그런데 놀라운 일은 내가 총대로 뽑혔다. 이것은 내가 아직도 이해가 되지 않는 놀라운 일이며, 전적인 하나님의 인도하심이었다. 하나님께서는 내가 부족하므로 지도자로 훈련하셨다.

결혼식

나는 부모님의 집을 나와 있었으므로 갈 곳이 없어 대학 입학을 하고 난 뒤 학교 기숙사에서 생활을 했다. 입학을 하고서 처음 맞이하는 고난주간에 학교는 교회 사역을 위하여 휴강을 했다. 나는 기숙사에서 한 주간 금식을 했다. J하고는 결혼을 하기로 서로 결정을 한 상태였다. 나는 기숙사에서 달력을 보다가 문득 "결혼을 할까?"라는 생각이 들었다. 날짜는 4월 20일 목요일로 혼자서 정했다. 결혼식에는 신고 다니던 신과 입던 양복을 그대로 입고서 하려고 생각을 했다. 그리고 J에게 통고를 하고서 그 주말에 담임목사를 찾아 갔다. 그는 나의 사정을 잘 알고 계셔서 허락을 해 주셨다. 그리고 바로 결혼 청첩장을 만들었다.

나는 생가를 나와 있었지만 부모님께 "제가 결혼을 합니다"라고 알려드리기 위해서 그 주간 금요일 저녁에 찾아뵈었다. 이미 어머님께서도 내가 결혼을 한다는 것을 알고 계셨다. 나는 부모님이 예식장소인 교회당에 오시지 않을 것이라고 생각을 했었다. 그런데 이미 어머님께서는 기장에 있는 J와 그의 어머니에게 "아침에 우리 집으로 오도록 연락을 했다"라고 나에게 말을 하셨다. 나는 내 귀를 의심할 정도였다. 그래도 어머님께서는 "집을 나간 외아들이지만 결혼을 하는데 부모가 참석을 하지 않고서 어떻게 되겠느냐?"고 생각을 하셨다고 한다. 나의 이야기를 들으신 어머님은 모든 것을 믿어 주시고, 사돈 되실 분에게 감사를 드리며, J에게는 몇 가지 말씀을 하셨다. 어머님은 이미 같은 고향에 사셨기 때문에 그를 잘 아시는 관계였다. 그리고 한 가지 양해 사항은 어머님이 점을 치시고, 무당을 하시는데 교회당에서의 예식에 참석하기가 불편하므로 예식장에서 하자는 것이었다. 그의 어머님이 양해를 해 주시므로 양가가 공식적인 입장에서 허락이 되었다. 결혼식 5일을 앞두고 있었던 일이었다.

입학식을 하고서 한 달 반이 지나서 결혼식을 하게 되니 학반에서는 의아하게 생각을 할 뿐만 아니라 경사가 났다. 대학원 1학년이 아니라 대학 1년생이 결혼을 했다. 학반 동급생들이 모두 참석하여 특별 찬송을 해 주어서 큰 위로와 기쁨이 되었다. 미리 교수님께는 양해를 구하고 허락을 받았다. 주례는 담임목사이신 정 목사께서 하셨고, 대표기도는 믿음의 아버지이셨던 전 목사께서 오셔서 해 주셨다. 동급생들을 위하여 점심을 잘 대접했다.

우리는 신혼여행을 천안의 충렬사와 속리산으로 가기로 했다. 하지만 결혼식 후에 제일 먼저 들린 곳은 간디스토마로 간 수술을 받고서 복음병원에 입원해 있는 한 학우를 위문하는 것이었다. 당일 오후 4시에 급행열차를 예약 하고서 부산역에 갔다. 그런데 경부선이 다니는 밀양역에서 문제가 있어서 경부선으로 갈 수가 없었다. 기이한 것은 경부선 급행열차로 동해남부선으로 달려 고향인 기장을 지나서 대구로 돌아서 천안에 도착을 했다. 열차가 밤 12시가 넘어서 도착을 했지만 고향 역을 통과하는 특별한 경험을 하게 되었다.

나는 고등학교 때에 읽었던 일본의 작가 미우라 아야꼬(山浦能子)가 결혼을 했지만 몸이 불편하여 첫날밤을 주님께 올려 드리는 모습에 감동을 받았다. 나도 결혼을 하게 되면 첫날밤을 그렇게 하기로 마음에 다짐을 하고 있었다. 이미 아내에게 나의 이야기를 전했기 때문에 첫날밤을 하나님께 드렸다. 한 부분에서 마리아와 정혼한 요셉의 마음을 이 때에 조금 더 이해를 하게 되었다.

신혼여행 첫 날은 충무공 이순신 장군의 기념비가 있는 충렬사를 찾았다. 결혼 이튿날이었지만 우리는 첫날밤을 맞이했다. 나는 긴장이 되고, 새로운 세계를 기대하고 있었다. 그 신비로운 순간에 신부가 나에게 찬물을 끼어 얹었다. 신부는 나에게 "세 가지 부탁할 것이 있다"고 했다. "첫째는 자기는 남편의 설교를 통해 은혜를 받고 살고 싶다. 둘째는 예배는 하나님께 드리는 시간이므로 자신을 변명하고 내세우는 시간이 아님을 인정하겠는가? 라고 물었다. 셋째는 "나는 사모이기 이전에 당신의 아내로서의 역할을 충실히 하도록 해 달라"는 것이었다. 나도 엉겁결에 "신부에게 부탁할 것이 있다"고 하면서 세 마디를 했다. "첫째는 아무리 어려워도 '이혼을 하자'는 말을 하지 않으며, 분방하지 않는다. 둘째는 아무리 잘못을 했을지라도 용서를 구하면 이유를 묻지 않고 용서를 하며, 잠자기 전에는 언제나 손을 잡고 기도를 한다. 셋째는 2년만 고생하면 고생을 시키지 않겠다."고 호언장담을 했다. 빨리 '신세계'에 가고 싶어서 신부의 말이 그렇게 무서운 말인지 생각도 하지 않고서 "그렇게 하겠다"고 힘주어서 대답을 했다. 꼭 에서가 팥죽 한 그릇을 위해 야곱에게 장자권을 팔아먹는 심정이었다. 신부의 이 말이 얼마나 무서운 말인지는 46년 이상을 살아온 후에도 힘든 일임을 깨닫게 되었다. 생각해 보면 아내가 얼마나 영리하고 지혜롭고 현숙했는지 세월이 지나면 지날수록 느끼게 되었다.

총각 서리집사

나는 1978년도 새해를 맞이하면서, 결혼전에 총각으로 서리집사로 임명 받았었다. 기장교회는 1905년도에 왕길지 선교사에 의하여 설립이 되었다. 나의 기억으로는 설립 70년 만에 총각 집사 1호였다. 나는 서리 집사가 되게 해 달라고 기도를 했다. 왜냐하면 제직회를 할 때에는 아무런 의견을 말하지 못하고서, 회의 후에 사석에서는 불평불만을 하는 분들이 있었기 때문이었다. 그래서 한 부분에서 의협심이 강한 내가 집사가 되어서 그 말을 대신하고 싶었기 때문이었다. 그때에 우리 교회는 장모님이 땅을 헌납하여 다시 건축을 하고 있었다. 나는 연말 임시 제직회를 수요일 예배 후에 한다는 소식을 듣고서 참석을 했다. 새해 예산을 보니 나에게는 두 부분이 아쉽게 보였다. 한 부분은 교회에 관리집사의 사례는 상여금 없이 12개월 만으로 되어 있었다. 다른 목회자는 14개월을 해서 2개월분을 상여금으로 받았다. 나는 형평성에 맞지 않다고 생각이 되어서 관리집사도 교회의 직원이기 때문에 14개월로 하기로 개의안을 내어서 통과가 되었다.

다른 하나는 담임목사의 사례건이었다. 교회가 건축 중에 있었기 때문에 거의 모든 예산이 20-30% 이상 삭감이 되어 있었다. 유독 그의 사례만 20% 인상이 되어 있었다. 그 후 3일 동안 공동의회를 위하여 에스더와 같은 마음으로 금식기도를 했다. 이 문제로 교회가 시험에 들지 않도록 하기 위해서였다. 주일예배 후에 연말 공동의회에서 나는 일어나서 조심스럽게 발언을 했다. "우리가 담임목사의 사례에 대하여는 넉넉하게 드려야 됨을 압니다. 이번 예산을 본 것과 같이 거의 모든 예산이 교회 건축으로 인하여 긴축예산을 짜면서 20% 이상 삭감이 됐습니다. 외람되지만 건축 후에는 많은 증액을 해 드리도록 하고, 그의 예산은 증액이 아니라 올해와 같이 동결해서 하기로 개의안을 냅니다." 나의 개의안은 88% 찬성으로 통과가 되었다.

문제는 그 다음에 일어나는 일들이었다. 공동의회를 마치고 나오는데 사모가 인사를 받지 않았다. 들리는 말은 "그렇게 사랑을 주었는데도 배은망덕했다"는 것이었다. 마침 그 날은 12월 31일 주일이었으며, 저녁예배는 청년회 헌신예배였다. 공교롭게도 내가 총무였으므로 예배 인도를 하게 되었다. 그런데 담임목사는 나에게 인사도 받지 않으시고 말씀도 하시지 않았다. 처음으로 담임목사와 갈등의 관계가 되었다.

3. 목회인턴 사역의 시작 (Non – Ordained Ministries in Part-Time)
교육 전도사

1979년 새해 1월에도 서리집사로 임명을 받았고, 제직회의 부서기가 되었다. 이웃 대변교회 출신으로 신학대학원에 다니는 배굉호 전도사에게서 연락이 왔다. 나를 자신이 전도사로 사역을 하고 있는 부산 성산교회 초,중, 고등부 교육전도사로 청빙하는 것이었다. 나는 놀라웠다. 이렇게 빨리 사역의 길로 가리라고는 생각을 해 본 적이 없었기 때문이었다. 나이야 들었지만 신학대학 1학년을 마쳤으며, 제대로 아는 것과 준비된 것이 없었기 때문이었다. 아내와 기도하는 가운데 기장교회에서 할 일은 여기까지며, 이제 하나님께서 준비하시는 사역의 길을 여심을 느꼈다. 하나님께서는 갈등의 순간에 다른 길을 열어서 인도해 주셨다.

나는 돈도 없고 집을 나와 있는 백수였지만 교회당 건축헌금을 삼십 만원, 아내는 오십 만원을 각자 작정을 한 상태였다. 먼저 아내는 자기가 아끼던 피아노를 팔고, 울산까지 가서 피아노 렛슨을 하여 모아둔 돈으로 작정 헌금을 완납했다. 그리고 담임목사님을 찾아가서 인사를 드렸다. 그때 그는 공동의회에서의 일로 인하여 나에게 "네가 목사가 되나 어디 두고 보자"고 하셨다. 그때 나는 이런 다짐을 했다. "내가 목사가 되면 누가 나에게 무엇이라도 지적해서 말을 해주면 그 의견을 고맙게 받겠다. 그 말을 해 주는 사람이야말로 진정으로 나를 사랑하고 아껴 주는 사람인 것으로 인정하자"고 다짐했다. 이렇게 갈등 속에서 목회자의 자세를 배우게 되었다.

나는 부산 성산교회에서 2월 첫 주일부터 교육전도사를 시작했다. 담임은 권 목사였고, 교육담당은 배 전도사였다. 장로는 3분이었으며, 교인들은 150명 정도가 되었다. 주일학교는 60명, 중고등부는 30명, 청년부는 20명 정도 되었다. 나는 교육전도사 사역은 처음이지만 그래도 배 전도사가 계셔서 든든한 버팀목이 되었다. 나의 담당은 오전에 유년 주일학교 설교와 오후에 중고등부 학생들을 지도하는 것이었다. 지금 생각해 보면 무식이 용감했다. 왜냐하면 설교를 배워 본 적이 없고, 성경공부 인도하는 법도 배워본 적이 없이 가르쳤기 때문이다. 그동안 내가 가지고 있었던 것은 기장교회에서 주일학교 교사로서 분반 공부 인도, 주일학교 율동 인도, 청년회 활동과 회장 역임, 찬양대 베이스 대원, 서리 집사 2년차로서 제직회에서 부서기를 담당하는 정도였다. 그나마 여름성경학교 교사 수련회에는 다년간 다녔던 것과 여름이면 농촌교회에 봉사활동으로 가서 여름성경학교를 인도했던 경험이 있었다. 그때에 청년 교사로서 있었지만 함께 갔던 지도목사께서 주일학교 예배시간에 동화와 설교를 하라고 몇 차례 기회를 준 것이 모두였다. 하나님께서는 이제 사역의 훈련을 위하여 지경을 넓혀 주셨다.

부산 성산교회는 부산 좌천동 가구 상가들이 있는 입구에 있었다. 나는 교육전도사이므로 교회에서는 사택을 주지 않아 금성아파트(203호)를 전세로 얻었다. 아파트는 교회당에서 200계단을 올라가야 되는 '달동네'

에 있었다. 결혼을 했지만 장모는 아직도 우리 결혼에 대해서 썩 마음이 편치를 않았다. 나는 집을 나온 상태였다. 전세금을 줄 돈이 없어서 김상환이라는 친구에게 빌렸다. 그 당시 교육전도사의 월 사례금은 5만원이었다. 우리의 신혼생활은 월 사례금 5만원에서 십일조 5천원을 드리고, 전세금의 이자 1만 5천원을 주고 나면 3만원으로 생활을 했다. 아내는 생활의 지혜로 남에게 돈을 빌리지 않고 아껴서 생활을 했다. 부산진시장까지 걸어가서 닭을 한 마리가 아닌 반 마리를 사서 올 정도였다. 하나님께서는 우리를 철저하게 하나님만 신뢰하도록 훈련해 주셨다.

큰 딸이 태어남

1979년 8월 15일(수) 오후 5시 03분에 큰 딸 미라가 태어났다. 하지만 의학적으로는 예정일보다 20일이나 늦었다. "늦게 태어나면 얼굴에 주름이 생겨서 나온다"는 어떤 분의 말까지 듣게 되어 더욱 걱정이 되었다. 순산을 앞두고 토요일 새벽기도회를 마치고 집에 와서 이사야서를 읽었다. 말씀을 읽는 가운데 두 가지 부분에서 놀랐다. 하나는 총각 때에는 이 부분을 읽었을 때에 별 의미없이 읽었다. 다른 하나는 이 말씀은 이시간 나에게 하나님이 직접 주시는 말씀인 것이 느껴졌다. 그 말씀은 "여호와께서 가라사대 내가 임신케 하였은즉 해산케 아니하겠느냐 네 하나님이 가라사대 나는 해산케 하는 자인즉 어찌 태를 닫겠느냐 하시니라"(사 66:9)였다. 나는 바로 하나님께 감사의 기도를 드리고 주일에 드릴 감사헌금 봉투에 다음과 같이 기록을 했다. "임산케 하신 하나님께서 해산케 하시니 감사합니다."

8월 15일 새벽 4시경에 아내는 "진통을 느낀다"고 했다. 달동네이므로 새벽에 택시도 잡을 수가 없고, 200계단을 내려가면 바로 일신산부인과 병원이 있었으므로 조심스럽게 걸어서 병원에 도착을 했다. 마침 이른 시간이었지만 병원에 간호사인 교회 집사가 있어서 수월하게 입원을 했다. 오전이 다 지나가도 아기는 나오지를 않았다. 대기실에서 앉아 있는 나의 모습이 애처롭게 보였던지 그는 나에게 가운을 입혀서 아내에게 데려다 주었다. 처음으로 새 생명의 탄생을 위해 고통하는 산모의 광경을 직접 보았고, 힘들어하는 아내의 손을 잡고서 위로의 기도를 한 후에 나왔다.

그날은 수요일이므로 나는 유년부 학생들 예배를 인도하기 위해 오후 4시 30분에 교회에 갔다. 예배를 마치고 6시가 넘어서 병원에 왔더니 간호사가 "딸을 순산했다"고 했다. 나는 새 생명의 탄생으로 인하여 감사하고 감격하였다. 아내도 기뻐하고 감사했지만 내가 외동아들이므로 딸을 순산하게 되어 아쉬운 마음이 들어서인지 눈물을 보였다. 나는 조금도 서운하지 않았다. 왜냐하면 생명은 하나님이 주시는 것이며, 의학적으로 성별을 구분하게 되는 것은 여자가 아니라 남자에게 있기 때문임을 알았기 때문이었다. 나는 아내에게 "애썼다"고, "고생했다"고 하면서 하나님께 감사의 기도를 올렸다. 손목에 찬 이름표를 챙겨서 딸의 앨범에 간직해 두었다. 이런 역사를 남겨 주는 것이 부모의 역할 가운데 하나라고 생각했다.

나는 하나님이 딸을 8월 15일 광복절에 태어나게 하셨으므로 '광복', 성경적으로는 출애굽의 '유월절'이므로 '유월'이라고 지으면 어떨까?를 생각해 보았다. 그런데 딸에게 '광복'은 너무도 무거우며 '유월'은 놀림을 받을 이름이었다. 나는 영적인 아버지이신 전 목사께 딸의 이름을 지어 줄 것을 부탁 드렸다. 믿음의 이름을 갖기 위해서였으며, 나에게 사랑을 베풀어 주신 목사님에게 감사한 마음을 드리기 위해서였다. 그는 '미라'(아름다울 미美, 비단 라羅 즉 비단과 같이 아름다운 딸)라는 이름을 작명해 주셨다. "성경에 나오는 사라(Sarah)처럼 믿음이 좋고, 에스더(Esther)처럼 아름다운 사람이 되라"는 의미라고 하셨다. 이 이름은 미국에 와서 두 딸의 이름을 지을 때에 고민도 하지 않고 정했다. 큰 딸에게는 사라(Sarah), 작은 딸에게는 에스더(Esther)라는 이름을 주었다. 하나님께서는 그 믿음의 이름대로 딸들을 미국에서 잘 적응하며 살게 해 주셨다.

첫 교육전도사로서 배운 것

성산교회 교육전도사로서 생생하게 배운 것이 몇 가지 있었다. 담임목사는 "절기헌금을 할 때에 직분자들은 5천 원 이상을 하라"고 했다. 생활비가 부족하여 5천 원을 할 수가 없었다. 그래서 하나님 앞에서 정직하기 위하여 "헌금의 액수가 적으면 이름을 기록해서 드리고, 금액이 많으면 이름 없이 드리자"는 생각을 하게 되었다.

나는 중고등학교 지도 전도사였으므로 학생들이 우리집을 자주 찾아 왔다. 한참 잘 먹는 나이이므로 우리집에 와서는 냉장고를 열어서 먹었다. 아내가 형편이 여의치 못하여 카레밥을 만들어 주면 좋아 했다. 그리고 팥죽을 끓여서 주어도 맛있게 먹었다. 그런데 기특한 것은 학생들이 한 번씩 물건을 사 가지고 와서는 냉장고를 가득 채워 주었다. 그때에 가르쳤던 학생 가운데 두 명의 목사와 두 명의 사모가 나왔다.

배진영 학생은 그때 중학교 2학년이었는데 군 제대 후에 내가 개척한 부산 제8영도교회에 와서 섬겼고, 교회 내에서 배우자를 만나서 내가 주례를 했다. 지금도 한국을 방문 할 때면 시간을 내어 여행도 같이 하고, 맛있는 음식을 대접해 주기도 한다. 장로와 권사로 취임을 받을 때에 초청을 받아 축사 순서를 하면서 마음 깊이 축하하고 축복을 했다. 그들은 나의 목회에서 기쁨이고 위로이고 자랑의 면류관이다. 그는 내가 미국 교단 노회에서 서기(Stated Clerk)로 선출이 되자 목회자들을 도우라고 금일봉을 몇 차례나 보내어 주었다. 그 덕분에 서기로서 노회원들 가운데 어려움의 필요를 채워 주는 지도자가 되었다. 그 도움을 받은 자들은 아직도 진한 감사를 표한다.

딸이 100일을 맞이했다. 생활비가 빠듯하여 여유가 없어서 100일 잔치도 할 수가 없었다. 그래도 공적으로 교육전도사이므로 담임목사를 모시고 예배를 드리고 싶었다. 100일 잔칫상을 차리면 돈이 많이 들게 되므로 아내에게 "카레를 해서 대접하자"고 했다. 담임목사와 전도사와 주위의 권사 몇 분을 초대하여 예배를 드리고, 식사를 대접했다. 그런데 담임목사는 교육전도사 딸의 100일 잔치에 오면서 선물을 준비하지 않고서 빈손으로 오셨다. 나는 참으로 섭섭하고 힘이 들었다. 집 근처에 사시는 김 권사라는 분이 계셨다. 예배에 조금 늦게 도착을 하셨다. 왜냐하면 그는 형편이 여의치 못하여 "딸에게 줄 선물을 천 원짜리 선물을 사지 못하고, 오백 원짜리 선물을 찾느라고 늦었다"는 것이었다. 나는 지금까지 받은 선물 가운데 이 선물이 최고의 선물 중에 하나인 것으로 생각한다. 왜냐하면 내가 고등학교 상업시간에 선생으로부터 배운 것은 "선물은 내가 주고 싶은 것을 주는 것이 아니라, 내가 줄 수 있는 금액으로 세상에서 최고의 것을 준비하여 주는 것"으로 배웠기 때문이었다. 그는 오백 원을 가지고 이 세상에서 제일 값진 것을 준비해 주었다. 이 일로 인하여 나는 "내가 담임목사가 되면 축하를 하러 갈 때에 정성이 담긴 최고의 선물을 준비하리라"고 굳게 다짐했다. 이런 사건을 통하여 나의 가치관이 하나씩 형성되었다.

이듬해인 1980년 새해에는 교회가 나의 사례비를 40%를 증액하여 나는 7만 원을 받았다. 교역자 회의에서 담임목사는 "자신은 20%를 증액했고, 전도사들은 40%를 증액했다"고 의기양양하게 말씀 하셨다. 하지만 나는 서글펐다. 나는 40%을 증액을 해도 2만원이고, 그는 20%증액이지만 2십 4만원이었기 때문이었다. 이것으로 인하여 나는 비율(%)의 숫자를 조심스럽게 사용해야 됨을 배웠다.

새해를 맞이하고 토요일 아침에 내일 학생들에게 가르칠 말씀을 준비하고 있었다. 본문은 창세기 3장이었다. 하와가 선악과를 따 먹고 난 이후에 하나님이 찾아오신다. 아담에게 두 번의 질문을 하지만 아담은 하나님께 거짓말과 책임 전가를 한다. 하나님은 아무런 말씀을 하시지 않으시고 하와에게 한 차례 질문을 하신다. 그러자 하와는 "뱀이 먹으라고 했다"고 죄의 책임을 뱀에게 돌린다. 선악과를 따먹은 자는 하와이며, 그 하와는 아담에게 선악과를 먹였다. 사실 범죄자는 뱀이 유혹을 했지만 아담과 하와였다. 아담과 하와에게 질문을 하신 하나님은 공범인 뱀에게도 질문을 하셔야 됨에도 질문을 하시지 않으시고 오히려 바로 저주를 내리신다. 그 말씀을 묵상하고 깨달아지는 순간 나는 무릎을 꿇었다. 하나님의 은혜와 사랑이 나의 가슴에 밀려오고, 성령의 기름 부으심을 깊게 체험했다. 그 이후 성경을 읽을 때 창세기부터 요한계시록까지 모든 말씀이 하나님의 사랑으로만 보였다. 이것이 성경의 문이 열리는 첫 번째 경험이었다.

일주일 단식기도

　1월 말이었다. 학생들에게 가르칠 말씀을 묵상하는 가운데 내 속에서 불현듯 이런 질문이 생겼다. "나는 정말 나의 죄가 사함을 받았으며, 죄 사함을 분명하게 믿는가? 죄 사함을 증거 하는 목사가 되려고 하는데 내가 확신이 없으면 어떻게 말씀을 선포하고 가르칠 수가 있는가?" 나는 성경 요한1서 1장 9절의 말씀을 알고 있었다. "만일 우리가 우리 죄를 자백하면 저는 미쁘시고 의로우사 우리 죄를 사하시며 모든 불의에서 우리를 깨끗케 하실 것이요." "내가 죄 사함을 받은 증거가 무엇이 있는가?" "성경적인 지식 밖에 없지 않은가?" 나는 이 문제를 해결하지 않고서는 살아야 될 의미가 없다고 할 정도로 심각하게 생각이 들었다. 토요일 저녁부터 밥도 먹고 싶지 않아 먹지를 않았다. 담임목사께 기도원에 다녀올 것을 말씀 드리고 허락을 하지 않으시면 사임서를 낼 것을 생각하고서 사임서를 작성하여 호주머니에 넣은 후 주일 아침에 교회당으로 갔다. 주일학교와 중고학생들을 가르친 후에 담임목사를 뵈러 갔다. 자초지종을 말씀 드렸더니 나의 우려와는 반대로 "다녀오라"고 했다. 마침 집에 장모가 계셨고 기도원을 잘 아시므로 나와 함께 기도원에 가시기로 했다.

　월요일 아침 기차를 타고서 포항 벧엘기도원에 갔다. 나는 토요일부터 물도 마시지 않고 단식기도를 작정하고 시작을 했다. 그만큼 나에게 있어서는 절체절명의 순간이었기 때문이었다. 나는 월요일부터 수요일까지 대학 공책에 생각나는 죄를 기도하면서 모두 적었다. 1계명을 범한 죄, 2계명을 범한 죄,.... 10계명을 범한 죄를 구분하여 적었는데 참으로 많고 많았다. 기억이 나지 않는 죄는 더욱 많이 있었겠지만 그래도 적어 나갔다. 단식 4일이 지나자 화장실에 처음으로 갔다. 대변이 강아지 똥처럼 힘들게 겨우 두 개만 나왔다. 문제의 심각성 때문이기도 했지만 젊음을 과신

한 결과였다.

목요일부터는 소나무 뿌리를 뽑는 마음으로 한 죄 한 죄를 회개했다. 밤에는 영하의 기온이었지만 개의치 않고 예배당에 나아가서 큰 소리로 기도를 했다. 철야기도 후에 새벽기도회를 마치고 나면 방에 들어와 오전에는 잠을 잤다. 밥과 물을 먹지 않으니 시간이 많이 있어서 낮에는 성경을 읽었다. 참으로 회개하기가 어려웠다. 나는 그때에 회개하는 것이 어렵고 귀찮아서 "죄를 짓지 말아야겠다"고 다시 다짐했다. 죄는 큰 죄가 있고, 작은 죄가 있는 것이 아니라 죄는 모두가 동등한 것이다. 죄의 조종자는 사단이다. 죄를 짓게 되면 사단의 종이 된다. 예수님은 내가 지은 죄 하나하나를 위하여 동일한 십자가의 고통을 담당하셨다. 나는 적은 죄일지라도 예수님의 그 고통을 생각하면서 죄를 이겨야 됨을 깨달았다.

목요일 밤에도 덩그렇게 큰 예배당에 나가서 기도를 했다. 단식 6일째가 되므로 얼굴은 핼쑥해지고, 몸은 가눌 힘이 없었다. 밤에는 영하 15도 이하 되는 추위였다. 모포 한 장을 덮었지만 발이 꽁꽁 얼었다. 나는 이 문제가 해결되지 않으면 살고 싶은 마음이 없을 정도로 심각했다. 한참이나 기도를 드리다가 지쳤고, 힘이 빠져서 그냥 엎드려 있었다. 아마도 자정은 넘었을 것이다. 그 밤에 예배당 뒤편에서 한 여자 분이 하나님께 간절함으로 기도를 드리는 소리가 들렸다. 나는 그의 기도가 너무도 간절하고, 하나님과 직접 대화하는 것처럼 들려서 귀를 기울여 들었다. 얍복강에서 야곱과 하나님과의 씨름을 하는 장면과 같아 보였으며 나 역시도 하나님으로부터 "너의 죄가 사함을 받았느니라"는 직접 음성을 듣고 싶었기 때문이었다. 나는 이런저런 생각을 하고 있는 가운데 뒤에서 기도하던 여자 분에게 하나님께서 "앞에 있는 전도사에게 기도하라고 전하라"는 말씀을 엿들었다. 나는 깜짝 놀라서 무릎을 꿇고 기도를 하려고 하는 데 그 여자 분이 "앞에 있는 전도사님, 하나님께서 기도하라고 하십니다." 라고 했다.

나는 온 몸에 전율을 느끼고 모골이 송연해졌다. 나는 야곱처럼 여기가 벧엘 임을 느끼면서 간절히 기도를 했다. "하나님! 저는 죄인입니다. 저의 모든 죄를 용서하여 주시옵소서. 저의 죄가 사함 받았음을 보여 주시옵소서." 그때에 다시 하나님께서 그 여자 분에게 "앞에 있는 전도사에게 죄인이라는 단어를 빼고서 기도하라. 나는 죄인의 기도를 받지 않는다." 나는 하나님께서 그 여자 분에게 하는 말씀을 들었다. 그 여자 분은 나에게 전하여 주었다. "전도사님! 하나님께서 죄인이라는 단어를 빼고 기도하라"고 하십니다. 하나님께서 그렇게 말씀 하심으로 나는 너무도 좋았고, 감격스러운 마음으로 밤을 지새우며 기도를 했다. 새벽기도회에 참석을 하고서 방에 들어와 잠을 잤다.

내가 잠에서 깨자 사탄이 나의 마음에 찾아와서는 이렇게 속삭였다.
"왜 하나님은 네게 직접 말씀을 하지 않고 네가 알지도 못하는 그 여자를 통해서 하냐?" 내가 생각해 보아도 정말 그랬다. 그 여자에게 말씀 하시는 하나님이시면 "왜 내게는 직접 말씀해 주지 않을까? 내가 단식을 하면서 하나님의 직접적인 증거를 받기를 원하는데 왜 간접적으로 하시는가? 그리고 이것은 내가 죄 사함을 받았다는 증거라고 말할 수 있을까?" 라는 생각이 들게 되자 나는 힘이 빠지고, 하나님을 향하여 섭섭한 마음까지 들었다. "하나님께서는 차별을 하시는 분이신가?" 라고 순간적으로 의문과 불신의 생각이 스쳐 지나갔다. 나는 오후 내내 무거운 마음이었다. 엿새가 지나고 보니 배가 고픈 것도 크게 느껴지지 않았다.

나의 사명의 로드 맵

내일 오전이면 집으로 돌아 가야될 마지막 날이며 금요일 밤이었다. 기도원에서 있는 금요일 저녁기도회를 마치고 그대로 철야 기도에 들어갔다. 오늘 밤에는 분명한 증거를 받기를 원하여 간절한 마음으로 무릎을 꿇고서 기도했다. 자정이 넘은 시간에 다시 예배당 뒤편에서 어제 기도하던 그분의 기도 소리가 들렸다. 어제와 같은 기도 제목으로 기도를 했다. 한참이나 기도를 하더니 하나님께 굴복을 하고서 40일 금식을 하기로 순종을 했다. 그 이후에 하나님께서는 "앞에 있는 전도사를 위하여 축복기도를 해 주라"고 하셨다. 그의 기도가 아니라 하나님께서 나에게 주시는 축복이었다. "첫째는 네가 나를 위하여 부모를 버려 고통을 당했으므로 내가 보상으로 너를 미국에 가서 공부를 하도록 해 주겠다. 둘째는 내가 너를 100배로 복을 내려주겠다. 셋째는 내가 너를 세계 각국에 가서 많은 사람들에게 복음을 전파하게 해 주겠다." 나는 낮 동안의 무거운 마음은 간 곳이 없이 하나님이 주신 강복에 눈물로 감사했다. 예수님께서는 아나니아를 통하여 사울에게 사명을 말씀하셨다. "주께서 이르시되 가라 이 사람은 내 이름을 이방인과 임금들과 이스라엘 자손들에게 전하기 위하여 택한 나의 그릇이라. 그가 내 이름을 위하여 얼마나 고난을 받아야 할 것을 내가 그에게 보이리라 하시니"(사도행전 9:15-16) 이를 통한 말씀은 나의 사명의 '로드 맵'이 되었다.

죄 사함의 확신과 영적인 은사

하지만 나의 마음의 한 부분은 편하지 않았다. 내가 무식이 용감하여 금식도 아니고, 물도 마시지 않는 단식을 하면서 기도원에 올라온 이유는 오직 한 가지였다. 내가 목회자가 되려는 것은 죄 사함을 증거하기 위함이었다. 이 죄 사함을 증거하는 자로서 자신의 죄가 사함을 받은 구체적인 증거가 없이는 증거 할 수가 없기 때문에 죽기로 결단하는 마음으로 온 것이었다. 나는 토요일 새벽기도회에 무거운 마음으로 참석했다. 포항 벧엘기도원은 장로 내외분이 원장으로 섬겼으며 그 날은 장로께서 인도를 하셨다. 그는 찬송을 부르고 성경 본문을 요한복음 13장 1절에서 11절까지 봉독하셨다. 그가 성경을 봉독하고 있는 가운데 나에게 성령님께서 말씀으로 찾아오셨다. "예수께서 가라사대 이미 목욕한 자는 발밖에 씻을 필요가 없느니라. 온몸이 깨끗하니라…" (요 13:10).

성령님께서는 말씀으로 "너의 죄가 사함을 받았다"는 것을 깨닫게 하시고, 분명한 확신을 주셨다. 나는 그때 받은 그 확신으로 지금까지 한순간도 잊지 않고 믿고 있다. 하나님께서는 나의 마음속에 있는 섭섭한 마음과 의문의 마음까지도 아시고 말씀해 주셨다. "너는 내가 준 말씀도 믿지 않고서 환상이나 음성을 믿을 수 있겠느냐? 너는 말씀을 맡은 종이므로 말씀을 믿어야만 모든 것을 믿을 수가 있다." 나는 원장님이 설교를 하는 가운데 하염없는 감사의 눈물과 감격의 눈물을 흘렸다. 그 감격이 너무도 크고 놀라워 흐느끼는 소리를 자제할 수가 없어서 설교를 방해할 정도였다.

예배가 끝나고 나는 무릎을 꿇고서 소리를 높여 마음을 다하여 하나님을 찬양하고 기도했다. 얼마나 기도를 했을까? 시간이 가는 줄도 알지 못하고 기도하는 가운데 나는 처음으로 경험하는 일이 일어났다. 나는 분명하게 한국말로 기도를 하는데 혀가 굴러서 다르게 나왔다. 나는 그 순간에도 "내가 단식을 하여 이상하게 되어 가는 것이 아닌가?"라고 생각이 되었다. 정신을 차리고 기도를 함에도 불구하고 여전히 혀는 굴러서 다른 말을 했다. 그 당시에 내가 속한 교단에서는 방언은 끝났으며, 방언은 **소리라고까지 말을 했다. 조심하면서 기도를 했더니 성령님께서 나의 마음을 아시고, 방언을 가르쳐 주고 계심을 알게 되었다. 내가 기도를 "I am a boy" 하면 방언으로 "I am a boy"라고 따라서 하게 하셨다. 나는 성령님의 사랑과 자상함에 또다시 감격의 눈물이 흘렀다. 나의 마음은 주님이 주신 평화가 넘쳐서 하늘을 날아오르는 것 같았으며, 세상 모두가 춤을 추며 풀들도 하나님을 찬양하는 것같이 보였다. 바로 여기가 천국임을 느끼게 되었다. 주의 영이 계신 곳에는 자유함이 있음을 체험했다 (고후 3:17).

내가 한참 기도를 하고 있는 가운데 한 분이 찾아와서 "옆방에 가서 함께 기도해 달라"고 요청을 했다. 내가 갔더니 방 중앙에 한 여자 분이 있고, 기도원 원장과 기도하는 몇 분이 둘러 앉아 있었다. 그는 "음란귀신이 들렸다"고 했다. 나는 처음으로 귀신을 쫓아내는 곳에 있게 되었다. 원장이 인도하는 대로 찬송도 하고 통성으로 기도를 했다. 원장은 그분의 얼굴을 잡고 기도를 하자 "귀신이 나간다"고 했지만 나가지를 않았다. 나는 영적인 싸움이므로 담대하게 기도를 했다. 다시 합심으로 기도하는 가운데 음란마귀는 떠나가고 그는 그 자리에서 쓰러져 잠이 들었다. 나는 방언의 은사를 경험하게 되었고, 귀신을 쫓아내는 축사의 현장을 경험하게 되었다.

나는 성령으로 충만하여 방으로 돌아왔다. 장모께서 "물 한 컵을 마시라"고 권했다. 나는 만 8일만에 마시는 물이었다. 물 한 컵을 두고서 얼마나 감격해 울었는지 모른다. 지금도 나는 물을 마실 때마다 그 순간을 기억하면서 마음으로 기도를 하고 마신다. 그때에 내가 마신 물은 바로 수가성 여인에게 주님께서 주셨던 바로 그 생수였다. 나는 죄 사함의 문제만을 가지고 주님 앞에 나아갔는데 주님은 너무도 놀랍고 엄청난 선물을 주셨다. 내가 받았던 선물은 말씀의 능력과 방언의 은사와 축사의 은사와 앞날을 위한 약속과 축복이었다. 내 일생에서 이 순간은 가장 소중한 순간 중의 하나가 되었다. 하나님은 주의 종을 부르시고, 감당할 수 있는 능력도 주심을 체험했다.

첫 장년 수요 설교

처음으로 수요일 저녁 기도회를 인도하게 되었다. 담임목사는 총회 참석차 출타를 하셨고, 배 전도사도 출타를 하셨다. 그래서 내 일생 처음으로 장년 설교를 했다. 지금은 그때 한 설교의 본문과 제목도 생각이 나지를 않는다. 하지만 나는 너무도 많이 떨렸다. 아내의 표현으로 설교가 얼마나 빨랐던지 "기차 불통을 삶아서 먹은 것과 같았다"고 했다. 설교 후에 부끄러워서 성도들이 모두 돌아간 이후에 강대상에서 내려왔다. 지금 생각을 해 보아도 아찔하고 얼굴이 달아오름을 느낀다. 천리 길도 한 걸음부터 였다.

전도사로 부임

성산교회에서 사역한지 일 년 육 개월이 되었다. 나는 신학대학 3학년 일 학기를 마칠 무렵이었다. 교회의 안수집사이며 신학대학교 교무처에서 근무하는 이 집사가 나를 학교에서 불렀다. 긴 서론의 말을 하고 난 이후에 결론적인 말을 했다. "자기가 사역지를 알아봐 줄 터이니 교회를 옮기라"는 것이었다. 그 이유는 내가 "이 교회에서 교육전도사를 하지 못하도록 나의 모교회인 기장교회에서 이 교회 장로들과 목사께 전화를 걸어 힘들게 한다"는 것이었다. 나는 흔쾌히 받아들이고서 8월 방학 기간에 그가 소개해 준 밀양 예림중앙장로교회 전도사로 갔다. 하나님께서는 어려움 속에서 또 다른 인도하심을 경험하게 하셨다.

밀양 예림중앙장로교회는 한 목사가 담임으로 계셨다. 이 집사가 나를 어떻게 소개를 해 주었는지 모르지만 이력서도 제출하지 않고, 면담도 없이 바로 부임을 하게 되었다. 교회 위치는 밀양역에서 십 리 정도 떨어져 있었으며, 전임 김종한 목사가 영적으로 무장을 시켜 놓으셔서 뜨거운 교회였다. 밀양 박씨가 주축이 되어 있는 교회였다. 교회당 바로 앞에 전도사 사택을 마련하여 제공을 해 주어서 감사하고 황송했다. 나는 주일학교와 중고등부와 청년회와 또 한 구역 담당을 맡았다.

하나님의 인도하심은 참으로 놀라웠다. 나와 아내가 도착을 했을 때에 이미 많은 사람들이 우리에 대하여 알고 있었다. 우리는 참으로 의아하게 생각이 되었다. 사택 바로 뒷집의 이 집사의 작은 집이 우리가 그동안 전세로 있었던 금성아파트 주인이었다. 이러한 것을 두고 "세상이 참으로 좁다고 하는 것인가?" 이미 그분이 와서 우리가 자기에게 어떻게 친절하게 했었는지? 거기에다가 '참 좋은 전도사'라고 자랑을 해 두었던 것이었다. 나는 놀랍기도 했지만, 성도들은 언제 어디에서 만날지 모르므로 더욱 조심스런 삶을 살아야 됨을 절감했다. 그리고 만약에 내가 "그분에게 잘못된 모습을 보였다면 어떻게 되었을까?" 정말 신학대학의 교훈처럼 'CORAM DEO' (하나님 앞에서) 의 정신으로 살아야 됨을 배웠다. 어려움을 통하여 새로운 길을 열어 주실 뿐 아니라 하나님께서는 사람과 환경을 통하여 인도하심을 알게 해 주셨다.

전도사로 부임했음으로 담임목사는 사택으로 우리 부부를 초청해 점심을 정성스럽게 준비하여 대접해 주셨다. 그는 한 가지 말씀을 하셨다. "강 전도사! 목회자는 어디까지나 목회자이고, 성도는 어디까지나 성도인 것을 명심하라." 그 말씀을 나중에 목회중 종종 떠올려 보긴 했으나 많은 시간이 지난 후 특히 내가 교회개척을 하고 담임목사가 된 이후에 더욱 그 말씀의 깊은 의미를 깨닫게 되었다.

특히 잊지 못할 분들은 박 장로 내외분이시다. 그는 그 당시 농업진흥원의 직원으로 있었으며, 교회에서 찬양지휘를 하셨다. 부인 권사는 온유하며 진실한 분이셨다. 그때에 성령의 기름 부으심을 체험하고 뜨겁게 주님을 섬기시는 분이셨다. 매 주일 감사를 실천하시던 이 장로님, 사택 바로 옆방에 사는 관리 집사는 나의 아내를 많이 도와주고, 위로해 주고 사랑을 베풀어 주었다. 이 집사와는 아직도 간간히 연락을 하며, 한국에 나가면 만나기도 한다. 그는 지금은 피아노 조율사로서 믿음 안에서 살고 있다. 안타까운 것은 그 부인이 교통사고로 누워 있기 때문에 자신이 건강해야 한다고 60 중반이 넘었는데도 '세상에 이런 일이' 프로그램에 몇 차례나 나오는 유명인이 되었다. 그리고 시간을 만들어 '크루저'를 타고 일을 하면서 전도사역을 하는 귀한 분이다. 최근에는 '운동 연구소' 설립을 위하여 기도해 달라고 요청이 왔었다.

여름성경학교의 은혜

예림중앙장로교회는 밀양의 변두리에 있는 교회였지만 역사가 있고, 믿음과 기도의 성도들이 많았다. 내가 전도사로 부임을 하고서 일 년이 지나 7월 방학과 함께 개최하는 여름성경학교가 있었다. 그때 청년으로서 주일학교를 섬기던 교사들은 서로 한 마음과 한 뜻이 되었다. 그 중추적인 역할은 부장집사로서 그가 온유하게 잘 지도해 주셨다. 그 당시에 예림초등학교는 교회당에서 300미터 정도 떨어져 있었으며, 전교생은 4백 6십 명 정도였다. 나는 여름성경학교를 시작하기 전에 준비를 하면서 교사들에게 "이번에 몇 명 정도 참석을 할 것인지 믿음으로 써내라"고 했다. 모두들 열심이 특심 이었으므로 거의가 다 "현재는 80명 정도 출석을 하고 있지만 3백명 이상이 올 것이라"고 했다. 한 교사는 4백명이 올 것이라고도 했다. 그런데 3박 4일 동안 개최하는 여름성경학교에 첫 날부터 3백명 이상이 오게 되었다. 거리상 2킬로미터 밖에서도 아이들이 3십명 이상이 참석을 했다. 나 역시도 이 정도로 올 것으로는 상상도 못했었다. 교회당에 빈틈이 없을 정도로 가득 찼다. 율동과 예배는 덥고 비좁아도 할 수가 있겠지만 분반 공부를 할 장소가 없었다.

나는 대학 강의처럼 학생은 그대로 앉아 있고, 교사가 돌아다니면서 강의나 순서를 감당하게 했다. 다행스럽게도 교회당 주위로 집사들과 장로 가정들이 있었다. 첫 날 밤에 모두를 찾아뵙고 부탁을 하여 8개의 집을 확보했다. 그리고 교회당에서 6개의 반을 수용하기로 했다. 율동하는 교사는 집집마다 찾아가서 율동을, 분반 공부를 인도하는 교사는 분반 공부를, 그림, 기타 등등 순서를 담당하게 하여 진행을 했다. 제일 많이 모였을 때는 4백 2십 명이 모였다. 전적인 하나님의 은혜였다. 2킬로미터 밖에서 오는 학생들을 위하여서는 새벽과 오후에는 나와 교사들이 그 지역 마을 회관에 가서 인도했다. 하나님께서는 구하는 대로 주시고, 수적인 부흥을 경험하게 해 주심으로 기도의 능력을 체험하게 해 주셨다.

여름성경학교 이후에 2킬로미터 떨어져 있던 기산이라는 지역에서 나오던 기존 집사들과 여름성경학교로 인하여 출석하게 된 학생들로 인하여 그곳에 개척교회가 생기게 되었다. 집사들은 나를 파송 교역자로 보내도록 담임목사께 요청을 했다. 담임목사 입장에서는 개척교회를 원하지 않으셨다. 그리고 "나로 인하여 이렇게 되었으니 네가 수습을 하라"고 하셨다. 이 일로 인하여 내 아내가 목사 사모에게 불려가서 무릎이 꿇리고 혼이 나는 일도 있었다. 그 사모는 내 아내를 불러서 "왜 사모가 가만히 있느냐? 사모가 남편이 하는 것을 막아야지 왜 보고만 있느냐?"고 따지셨다. 그때 내 아내는 "저는 못합니다. 남편이 주님의 이름으로 알아서 하기 때문입니다"라고 답했다.

"부흥사가 따로 있냐?"

6월에 밀양지역 목회자 회의가 예림중앙교회당에서 있었다. 목회자 회의를 마치고 나는 두 목사로부터 두 가지 제안을 받았다. 한 목사로부터는 "8월에 자기 교회에 와서 3박 4일 동안 중고등부 수련회를 인도해 달라"는 것이었다. 그리고 다른 목사로부터는 "강 전도사는 앞으로 시골 목회를 할 것같아 보이지 않으니, 내가 당회장으로 있는 어느 교회에 담임 전도사로 가서 경험을 쌓으라"는 제안이었다. 나는 두 가지 모두가 참으로 놀랍고 감당이 되지를 않았다. 그래서 첫 번째 목사께는 "제가 아직도 어리고 부족한데 어떻게 수련회를 인도합니까?"라고 말씀을 드렸다. 그랬더니 그는 "부흥사가 따로 있는가? 부흥회를 인도하면 부흥사이지"라고 하시면서 이유를 불문하고 "8월 초에 와서 인도하라"고 단호하게 말씀 하셨다. 나는 기도하면서 준비하여 가술교회 수련회를 인도하기 위해서 갔다, 그 목사의 사모께서는 자상하셔서 내가 강사로 왔다고 매끼마다 열 가지 이상의 반찬으로 정성을 다해 대접해 주셨다. 나는 처음으로 인도하는 수련회이므로 얼마나 긴장이 되고 마음이 쓰였던지 밥을 제대로 먹을 수가 없었다. 나흘 동안 화장실에 가서 '큰 일'을 한 번도 보지 못할 정도였다. 하지만 주님이 주시는 은혜로 시간 시간마다 구원의 복음을 열정을 다해 증거했다. 이것은 나의 목회생활에서 잊지 못할 일이 되었다. 하나님께서는 이렇게 나의 목회 사역을 위하여 훈련시켜 주셨다.

내가 섬긴 교회의 여름성경학교를 주님의 도우심으로 모두 끝나게 되자 교회 당회원들과 제직들과 교사들은 교회를 향한 주님의 놀라움을 경험하게 되었다. 그러나 담임목사의 사모께서 내 아내에게 했던 일을 바라볼 때에 주님의 뜻을 간구해야 될 것을 느꼈다. 나는 교육전도사이고, 부교역자이기 때문에 담임목사의 필요를 채워 주는 역할을 하는 자였다. 이 교회는 담임목사에게 맡기신 목장이기 때문이었다.

하나님은 나의 앞길을 책임져 주신다고 하셨기 때문에 일전에 나에게 새로운 사역지를 제안해 주셨던 그 목사님을 통하여 "6월에 이미 나에게 말씀을 하셨다"고 생각이 되었다. 그래서 그 목사님께 "목사님의 제안에 순종하여 가겠다"고 연락을 드렸다. 그리고 담임목사께 사임서를 제출했다. 8월 셋째 주일에 사임을 하고서 교회가 어디에 있는지, 그리고 어떤 교회인지도 모른채 아브라함이 하나님의 명령에 따라 가나안으로 갔던 것처럼 나는 그분의 말씀만을 듣고서 갔었다. 하나님께서는 오직 하나님만 바라보고 순종하는 것을 훈련하셨다.

많은 교인들이 눈물을 보이는 가운데 우리도 눈물을 흘리며 출발을 했다. 옆집에 계시던 관리집사는 정이 들어서 제일 눈물을 많이 흘리셨다. 예림에서 13개월의 사역을 접고서 주님이 주신 새로운 사역지를 향하여 출발했다. 예림은 짧은 만남의 교회였지만 오랫동안 여운이 남는 교회였다. 하나님께서는 또 다른 훈련을 위하여 사역지를 옮겨 주셨다. 그동안은 주일학교, 중, 고등부, 청년부, 구역 담당을 하게 하셨다. 이제는 담임전도사로서 장년부 사역과 특별히 설교 사역을 위하여 훈련하시기 원하셨다.

제 3 단계:
전문 사역의 초기 단계(28-32세)
(태동, 수산, 새부곡교회: 1981년 8월 - 1984년 6월)

1. 새로운 사역의 시작
첫 담임 전도사로 부임

1981년 8월에 경남 밀양군 단장면 태동리에 소재한 태동교회에 처음으로 담임 전도사로 부임을 했다. 나는 교회당이 어디에 있는지? 성도들은 얼마나 모이는지? 전도사 사택은 어떠한지? 사례비는 얼마를 주는지? 등 아무런 것도 알지 못하고 갔다. 그 당시의 나의 목회의 자세는 찬송가(323장)의 가사처럼 "부름 받아 나선 이 몸 어디든지 가오리다... 아골 골짝 빈 들에도 복음 들고 가오리다. 소돔 같은 거리에도 사랑 안고 찾아 가서,.. 이름 없이 빛도 없이 감사하며 섬기리다"였다. 그때에 나의 아내는 꽃다운 만 27세였고, 큰 딸은 만 2세였다. 나는 그 당시 신학 과정에 최선을 다하고, 주님의 교회만 보였지 가족을 생각하고 돌아보지를 못한 미성숙하고 못난이였다.

내가 담임 목회를 결정한 몇 가지 이유가 있었다. 첫째는 여름성경학교를 통하여 한 지역에 개척교회가 생기게 되었고, 나를 담임 교역자로 청빙하려고 했다. 그때에 담임목사와 사모가 그 곳으로 가는 것을 원하지 않았기 때문이었다. 나는 부교역자임으로 담임목사의 필요를 채워 주는 입장이었으며 나로 인하여 교회에 문제를 일으키고 싶지 않았기 때문이었다. 둘째는 나를 이 교회에 소개해 주신 목사께서 "이왕 시골로 왔으니 담임을 한 번 경험해 보라"는 말씀이, 그를 통해, 주님이 주신 음성으로 들렸기 때문이었다. 셋째는 삶의 뿌리인 농촌을 알지 못하면 도시를 알 수 없다는 생각이 들었다. 인간의 가장 순수한 부분을 알지 못하면 인간의 악한 부분을 이해할 수 없다는 생각이 들었기 때문이었다.

이 집사가 트럭에 이삿짐과 우리를 태워서 갔다. 같은 밀양 마을인데도 처음으로 가는 길이라 낯설어 한참이나 갔으며, 중간부터는 아스팔트길이 아니라 비포장 도로였다. 먼지를 마시면서 태동마을에 들어서자 민가가 있는 첫 번째에 교회당이 보였다. 바로 옆에는 조그마한 사택이 붙어 있었다. 교회당 옆과 뒤에는 과수원이 있었으며 교회당에 도착을 하니 교인들이 기다리고 있었고 반가이 맞이해 주었다. 사택은 방이 두 칸이었고, 연탄불을 때는 부엌과 LPG 가스가 있었다. 그래도 부산에서는 아파트에 살던 살림이라 짐을 다 정리 할 수 없어서 그곳을 떠나 올 때까지 한 부분은 열지도 못했다.

태동마을은 밀양 표충사로 들어가는 중간 위치에 있었다. 하지만 버스가 다니는 길에서는 오 리를 걸어서 가야 되는 곳이었다. 표충사로 다니는 버스는 그래도 두 세 시간마다 다녔다. 교회당 앞을 지나가는 버스는 하루에 아침과 저녁 두 번만 다녔다. 마을 전체는 63가호가 살았다. 성인들 인원은 알지 못하고 초등학생들은 마을에 42명이었다. 교회에는 장년부가 약 20명, 주일학교가 20명 출석을 했다. 교회당은 30평정도 되었으며 바닥에 앉아서 예배를 드렸다. 피아노 대신 풍금이 있었다. 교회의 출석 성도들은 회계 김 집사 부부, 동생 김 집사와 반주자 딸, 박 집사 부부와 초등학생 아들, 박 집사 부부와 아들 교사와 여 청년과 고등학생 아들,

강 집사 부부와 유아 아들, 현 집사 부부와 며느리와 대학생 손자와 중학생 손녀, 강집사와 고등학생 딸과 중학생 아들, 여 청년과 여고생 동생과 중학교 남동생, 박 청년과 고등학교 남동생 등이었다.

나는 여름방학이 끝나고 9월이 되어 신학대학 4학년 2학기를 맞이했다. 태동에서 월요일 오후에 출발하여 학교에 오면 금요일 오후에 수업을 마치고 교회로 돌아갔다. 내가 주말 사역을 마치고 월요일 오후에 학교에 가면 딸과 아내가 담장 너머로 나를 쳐다보면서 내가 보이지 않을 때까지 손을 흔들어 주었다. 나는 눈시울이 뜨거워질 때가 한두 번이 아니었다. 그런 마음으로 학교에 와서는 아내에게 편지를 써서 화요일 아침에 부치면 목요일쯤에 편지가 도착이 되었다. 이것으로라도 아내가 조금의 위로와 기쁨이 되기를 기대했다.

하지만 나는 그때에 정말 못나고 철이 없는 남편이었다. 그 산골짝 외딴곳에 27세의 젊은 여자와 만 2세 딸이 남편과 아버지 없이 지내는 것이 얼마나 무섭고 어려웠는지를 제대로 알지 못했다. 오직 주의 종이 되어야만 하며, 졸업을 하기 위해서 열심히 공부에만 집중했었다. 한 번은 문부식 사건(부산 미문화원 화재 사건 주동자)으로 순경이 사택으로 찾아와서는 사진을 보여주고 "이런 사람을 아느냐?"라고 물은 적이 있다. 그 이후에 아내의 이야기를 들으면서 알게 되었지만 매일 오후 5시만 되면 대문을 잠그고 방에 들어가 있었다고 했다. 순경이 다녀가고 난 이후에는 "더욱 무섭고 힘들었다"고 했다. 시간이 한 참 지나고 나서야 나는 아내에게 정중하게 그때에 "내가 무심했고, 무지해서 당신이 얼마나 무섭고 어려웠는지를 몰랐다"고 하면서 용서를 구했다. 참으로 고맙고 귀하고 아름다운 아내였다. 그는 예수님께서 "너희의 인내로 너희 영혼을 얻으리라" (누가복음 21:19)고 말씀하신 것을 믿음으로 잘 감당했다. 하나님께서는 온실과 같은 믿음의 장로 가정에서 자란 아내를 강하고 담대한 믿음의 사모로 훈련해 가셨다.

몸으로 배우는 사역

태동교회는 새벽 기도를 열심히 하는 노 집사에 의하여 30년 전에 그의 집에서 시작이 되었다. 자신은 믿는 가정에서 자랐지만 믿지 않는 현 집사 집으로 시집을 왔다. 그때에 이 마을에는 교회당이 없었다. 한번은 노 집사가 몸이 불편했다. 그런데 옆 마을 교회에 집회를 오셨던 강사가 오셔서 기도를 하므로 낫게 되었다. 그 이후에 자신의 집에서 교회를 시작한 후 목회자를 청빙하였다. 현 집사의 감 과수원 가운데 마을 입구 쪽 땅에 교회당과 사택을 지었다. 그 당시에는 수도도 없었고, 우물도 없어서 사택 앞에 있는 사과 과수원집에 가서 물을 길어 와서 먹었다. 마을에는 목욕탕이 없어서 밀양 읍까지 나가야만 되었다. 부엌에서 물을 데워서 목욕을 했다. 농촌교회의 전형적인 모습이지만 하나님께서는 교회에 한 알의 밀알을 두셨다. 귀하고 아름답게도 고정적으로 새벽기도회에 김 집사 부부, 김 집사, 강 집사, 노 집사, 박 집사 부부와 우리 부부등 열 명이 참석을 하였다. 대한민국이 복음화가 이루어지는 밑바닥에는 이런 성도들의 기도가 있음에 깊이 감사했다.

나는 신학생이었고 담임을 맡은 전도사였다. 금요일 집에 도착하자 마자 김 집사와 함께 자전거를 타고 모든 성도들을 둘러 보았다. 주말에 내가 준비해야 될 설교는 토요일 새벽, 주일 새벽, 오전 어린이, 장년부, 오후 어린이, 장년부 성경공부, 그리고 월요일 새벽까지 해서 총 7편이었다. 정말 설교의 홍수로 인하여 주말 설교를 준비하기가 쉽지 않았다. 김 교수를 찾아가서 나의 형편을 말씀 드리고 도움을 구했다. 그는 수긍 하시면서 귀한 조언을 해 주셨다. "기숙사에서 매일 새벽마다 예배를 드리므로 4편의 설교와 경건회 시간에 4편의 설교를 듣게 되므로 잘 정리를 해라. 그리고 자신에게 은혜가 된 말씀을 중심으로 자기의 설교로 만들어라. 그리고 주일 낮 설교는 자기의 것으로 한 편 준비하라"고 했다. 그러시면서 "신학교 시절에는 모방의 시기이다. 다른 사람이 준비한 설교를 잘 파악하게 되면 자신의 설교를 준비하는데도 큰 도움이 될 것이다"고 하셨다. 이 조언의 말씀이 나의 무거운 문제를 가볍게 해결해 주었다. 나에게 큰 유익과 도움이 되었다. 그 습관이 요즈음도 설교를 들을 때마다 요약하여 적으면서, 나의 설교를 점검해 본다.

나는 토요일 오후에는 초등학교 5학년과 6학년을 중심으로 디모데훈련을 했다. 남학생 4명과 여학생 3명이었다. 오후 2시부터 모여서 한 시간 동안 기도와 성경공부를 통한 어린이 제자훈련을 했다. 그 후 한 시간 동안은 마을 입구에서부터 끝까지 쓰레기를 줍고, 길을 깨끗하게 쓸었다. 어떤 때는 마을 옆으로 흐르는 도랑을 청소하기도 했다. 마을 입구에서부터 교회까지 길옆으로 코스모스 꽃길을 만들기도 했다. 마을의 어른들이 좋아하시고 교회의 새로운 면을 전하는 계기가 되었다.

고난주일을 맞이했다. 주일 오후 주일학교 예배 시간에는 실물교육으로 가시로 면류관을 만들었다. 교회당 앞길에는 탱자나무들이 있어서 가시나무를 구하기는 어렵지 않았다. 모두들 열심히 가시 면류관을 만들었다. 그리고 둘러앉아서 돌림 기도를 했다. 그때에 초등부 6학년 박 집사의 예쁜 딸이 기도를 했다. "예수님! 우리 죄를 위하여 십자가에 못 박혀 구원해 주셔서 감사합니다. 예수님! 저는 오늘 가시 면류관을 만들다가 조금 찔렸습니다. 이 가시에도 이렇게 아팠는데 예수님은 녹슨 큰 못에 박히셨으니 얼마나 아프셨습니까? ..." 하면서 기도를 이어서 하지 못하고 엉엉 소리를 내어 울어 버렸다. 참석한 주일 학생들도 울고, 나도 함께 울었다. 고난주간이 되면 가끔씩 생각이 난다. 아마도 그 여학생은 일생에 큰 은혜의 시간으로 기억 될 것으로 기대를 한다. 그때의 학생들이 눈에 선하며 어떤 믿음의 사람으로 성장했는지 보고 싶다.

주일 낮 예배를 마치고 오후 1시부터는 주일예배 대신에 성경공부를 했다. 그것은 개인적으로 성경적인 지식이 있어야만 믿음으로 승리할 수 있기 때문이었고 고등학생들은 오후에 차를 타고서 마산까지 가야만 되었다. 나는 성경공부 인도 중에 잊지 못할 것을 배웠다. "예수 그리스도께서는 인간의 몸을 입으시고 이 땅에 오셨습니다. 그가 하나님의 모습으로 오셨으면 더 많은 자들이 믿을 터인데 왜 우리와 같은 인간의 몸을 입고 오셨습니까?"라고 질문을 했다. 그랬더니 김 집사께서 "우리가 하나님의 모습을 보게 되면 즉시로 죽기 때문에 인간의 모습을 입고 오셨다"라고 했다. 나는 그의 대답이 너무도 놀랍고 귀했다. 가르치는 것이 바로 배우는 것임을 알게 되었다.

담임전도사로 부임을 하고서 첫 방학을 맞이했다. 나에게 젊음이 넘치기도 했지만 가나안농군학교에 입소하여 배웠던 것들로 인하여 피가 끓고 있었다. 방학을 맞이하기 전에 나는 가정학을 가르치신 윤석옥 교수를 만날 기회가 있었다. 내가 시골 담임전도사로 사역지를 옮겼다고 했더니 "필요한 것이 무엇이냐?"고 물으셨다. 나는 주일학생들이 입을 축구 운동복이 필요하다고 말씀 드렸다. 그는 흔쾌히 그것을 구입할 수 있도록 후원금을 주셨다. 나는 부산 국제시장에 가서 15벌을 구입했으며, 등에는

'태동교회'라고 글도 새겼다. 그 당시만 해도 운동복에 고유한 등번호와 글자가 적힌 옷을 입기가 쉽지 않았다.

방학을 맞이하면서 주일학교 새벽기도회를 시작했다. 주일에는 그 마을에 있는 어린이 40명이 출석을 했지만, 새벽에는 전체 어린이 42명이 나왔다. 새벽기도회를 마치고 나면 줄지어 뛰면서 호령에 맞추어 소리를 질렀다. 내가 "일하기 싫거든" 하면 그들은 "먹지를 말라." 내가 "예수" 하면 그들은 "천당", "불신" 하면 "지옥" 하면서 온 마을을 깨우며 1킬로미터 정도 떨어진 초등학교 운동장에 가서 축구를 하고서 돌아왔다. 그리고 주위에 있는 교회들과 멋있는 운동복을 입고서 자주 친선 축구를 했다. 다른 교회의 어린이들은 우리의 운동복을 부러워했다. 연세가 드신 남자 집사들도 동참해 주어서 힘이 되고 좋았다.

신대원 1학년을 마치고 겨울 방학을 맞이했다. 하루도 빠지지 않고 새벽기도회에 참석을 하는 분 가운데서도 한글을 읽지 못하는 두 분이 계셨다. 나는 그분들과 다른 성도 그리고 마을에 있는, 글을 읽지 못하는 분을 위하여 특별 한글학교를 개설하였다. 나는 "한 달 동안 제게 창피를 당하시렵니까? 아니면 평생 한탄을 하시렵니까? 제게 한 달만 배우면 성경을 마음껏 읽게 해 드리겠다"고 호언장담을 했다. 지원자가 6명이나 되었다.

나는 밀양 읍에 나가서 바둑판 공책과 연필과 지우개를 구입했다. 그 공책 첫 칸에다가 자음(14자)과 모음(10자)을 기록했다. 첫 시간을 마치고 참석자들에게 공책을 나누어 주면서 내일 올 때에 5번만 기록을 해서 오라는 숙제를 주었다. 그런데 그 다음날 와서 보니까 모든 분들이 5번이 아니라 공책 한 권을 다 써서 오셨다. 나는 그들이 "얼마나 한글공부에 한

이 있었으며, 그리고 얼마나 간절했으면 이렇게 써서 왔을까?"를 생각 하니 그들의 반응이 눈물겨웠다.

사실 한글학교를 시작은 했지만 연세가 드신 분들을 위한 방법을 나는 알지 못했다. 새벽기도회 시간에 기도를 하는 가운데 나의 어머니가 한글을 깨우친 방법이 두 가지가 생각 났다. 하나는 ㄱ(기역)에 ㅏ를 붙이면 '가', ㄴ(니은)에 ㅏ를 붙이며 '나' … 라고 배우셨다는 것이다. 그리고 글을 읽을 수는 있지만 쓰지는 못하신다는 것이다. 그것은 읽기는 배웠지만 쓰기는 배우지 않으셨기 때문이었다. 나는 다시 바둑 공책을 나눠 주고서 어머니가 배우셨던 것을 말씀드리고 가르쳤다. 나의 어머니에 대한 말씀이 그분들에게는 큰 힘과 동기부여가 되었다. 그리고 숙제를 주었더니 여전히 열심히 숙제를 해 가지고 왔다. 2단계로서 2주간이 지나서부터는 쓰기 시험 예제 10개를 주고 시험을 쳤다. 그것도 어머님이 말씀해 주셨던 것이다. 생활 주변에 있는 것부터 하셨다는 말씀이 생각났기 때문이었다. 하나님, 예수님, 성령님, 성경책, 성도, 주걱, 그릇, 밥그릇, 젓가락, 부엌, 화장실 … 모두들 연세는 드셨지만 너무도 좋아 하셨고, 배움의 성취도가 뛰어났다.

이제 한 달이 되어서 마지막으로는 강대상 용 성경책을 읽는 것이었다. 나는 요한복음 1장을 읽도록 했다. 김 집사는 "(요 1:1)-태초에 말씀이 계시니라 이 말씀이 하나님과 함께 계셨으니 이 말씀은 곧 하나님이시니라. (요 1:2)-그가 태초에 하나님과 함께 계셨고, (요 1:3)-만물이 그로 말미암아 지은 바 되었으니 지은 것이 하나도 그가 없이는 된 것이 없느니라. (요 1:4)-그 안에 생명이 있었으니 이 생명은 사람들의 빛이라. (요 1:5)-빛이 어두움에 비취되 어두움이 깨닫지 못하더라." 다섯 구절을 다 읽지 못하고 펑펑 우셨다. 참석자들도 모두 눈물을 지었다. 이것은 인생의 굴곡에 대한 회한의 눈물이며, 배우지 못했던 설움의 눈물이며, 부끄러움에 대한 한이 맺힌 눈물이었다. 이제는 성경을 마음껏 읽을 수 있게 되어, 고마움과 감사와 기쁨의 눈물이었다. 새벽기도회에 나오셨던 두 분은 "전도사님! 덕분에 성경을 읽게 되어서 감사합니다. 평생 동안 성경을 읽을 때마다 전도사님을 기억하면서 기도하겠다"고 하셨다.

12년이나 지나서 내가 1996년 9월 3일에 부산 늘빛교회에서 목사 위임식을 할 때에 나는 깜짝 놀랐다. 내가 연락도 하지 않았는데도 그때 태동교인들이 열 명 정도 축하를 위해서 부산까지 와 주셨다. 축하를 하면서 그분들의 말씀은 "목사님! 지금도 성경을 펴서 읽을 때 마다 목사님을 위해서 기도합니다"였다. 이제 생각해보니 위임식 후에 그분들을 찾아뵙지 못한 것이 송구하고 면목이 없다. 2019년 김 선교사의 안내로 태동마을을 방문했다. 너무도 아름답게 교회당이 지어져 있었고, 사택도 아름답게 지어져 있었다. 그 교회 출신자들이 교회당을 지을 때에 함께 동참을 하여 지었다고 해서 마음이 뿌듯했다. 언젠가는 다시 교회를 방문하여 예배를 드리려고 생각을 했다.

내가 부임한 후 2년 차에 추수감사절을 맞이했다. 마을 주민들을 위한 추수감사절이 되기를 원했다. 주일 오후에 전 교인과 학생들이 산에 도토리를 주우러 갔다. 그리고 여전도회 김 집사와 지 집사가 도토리묵을 만들었다. 마을 어르신과 주민들을 교회당에 초대하여 식사를 대접해 드렸다. 신명기에 나오는 수장절을 그대로 실현 했다. "너희 타작마당과 포도주 틀의 소출을 수장한 후에 칠 일 동안 초막절을 지킬 것이요. 절기를 지킬 때에는 너와 네 자녀와 노비와 네 성중에 거하는 레위인과 객과 고아와 과부가 함께 연락하되 네 하나님 여호와께서 택하신 곳에서 너는 칠 일 동안 네 하나님 여호와 앞에서 절기를 지키고 네 하나님 여호와께서 네 모든 물산과 네 손을 댄 모든 일에 복 주실 것을 인하여 너는 온전히 즐거워할지니라. 너의 중 모든 남자는 일 년 삼차 곧 무교절과 칠칠절과 초막절에 네 하나님 여호와의 택하신 곳에서 여호와께 보이되 공수로 여호와께 보이지 말고 각 사람이 네 하나님 여호와의 주신 복을 따라 그 힘대로 물건을 드릴지니라"(신 16:13-17). 나의 목회에서 가장 아름다웠던 추수감사절 가운데 하나가 되었다.

태동마을에는 모두 63가호 중에서 4분의 1은 장년 교인이 출석을 하고, 한 가정 외에는 유년주일학생들이 모두 출석을 하고 있었다. 그런데 12월 24일 성탄절을 맞이하여 밤늦게 '새벽송'을 돌 때에는 교회에 나오지 않는 가정에도 자녀들이 교회에 나오므로 예수님의 나심을 찬양으로 알렸다. 그런데 특이한 것은 교회에 나오지는 않지만 집집마다 성탄 선물은 준비하여 우리에게 주었다. 참으로 아름다운 모습이었다. 12월 25일 성탄절 예배를 마치고, 점심을 먹은 후에는 성탄 선물로 받은 과일과 과자와 선물들을 꾸러미를 만들어 다시 교회에 나오지 않는 집집마다 집사들이 들고 가서 선물하도록 했다. "지극히 높은 곳에서는 하나님께 영광이요 땅에서는 하나님이 기뻐하신 사람들 중에 평화로다"(누가복음 2:14). 지금 생각을 해도 참으로 아름다운 추억이었으며, 잊혀지지가 않는다.

영적인 권위

나는 신학대학 재학 중이었으므로 '주말 부부'이며, 주말 사역자였다. 금요일에 수업을 마치자 마자 허겁지겁 기차와 버스를 타고서 집으로 오면 오후 5시경이 되었다. 모두들 밭농사나 '비닐 하우스' 농경으로 고추 농사를 했다. 회계이신 김 집사를 모시고 자전거를 타고서 집이 아니라 밭과 비닐 하우스를 찾아가서 심방을 했다. 아내와 함께 심방을 가지 못하는 것은 시골 마을이므로 곱지 않은 눈으로 보일까 봐 마음이 쓰여서 그랬다. 우리 교회 집사로부터 한 이야기를 들었던 것을 나의 목회를 마칠 때까지 기억을 했다. 내가 교회에 부임하고서 얼마 되지 않은 시점이었다. 그 마을의 한 어르신께서 나의 첫 인상에 대하여 "이번에 온 전도사의 걸음걸이를 보니까 배운 집 자식같이 보였다"고 했다. 나는 많이 놀라고 머리카락이 삐쭉 섰다. 왜냐하면 이분들은 나의 발걸음까지도 지켜보고 계시는 것을 알게 되었기 때문이었다.

김 집사를 앞장을 세워서 강 집사의 비닐하우스를 찾았다. 그는 고추 농사를 지었다. 그곳에서 찬송을 부르고 성경을 읽고서 잠깐 말씀을 나누었다. 일어서서 나오려고 하는데 그는 "그래도 미숫가루 음료를 한 잔 마시고 가라"고 했다. 그는 미숫가루를 한 그릇 탔지만 다른 그릇이 없었다. 나는 연장자이신 김 집사께 감사기도를 하시라고 하고서 기도를 마쳤다. "이럴 때에 누가 먼저 마셔야 될까?" 김 집사는 연세가 예순이 넘으셨다. 나는 전혀 개의치 않고서 "김 집사께서 먼저 마시고, 그 다음에 내가 마시겠다"고 했다. 그랬더니 그는 놀라시면서 "주의 종이 먼저 드셔야지 그럴 수가 없다"는 것이었다. 나는 미숫가루 그릇을 내려놓고서 말씀을 드렸다. "김 집사님께서는 아들보다 더 어린 저를 주의 종으로 여기셔서 먼저 마시라고 말씀해 주셔서 감사합니다. 저는 집사님의 마음만 받겠습니다. 우리 옛말에 '찬 물도 노소가 있다'고 했습니다. 그러니 집사님께서 먼저 마시시고, 그 다음에 제가 마시겠습니다"고 했다. 그랬더니 그는 "그러면 주의 종의 말씀에 순종하여 마시겠습니다"라고 하시면서 마셨다. 나는 아직도 그때의 아름다운 장면을 생생하게 기억하고 있다. 영적인 권위는 직분에서 나오는 것이 아니라 섬김에서 나오는 것을 배웠다.

내가 양봉을 하는 김 집사 집에 심방을 갔더니 "주의 종이 기도를 해 주셔서 이렇게 많은 꿀을 처음으로 얻게 되어 감사하다"고 말하면서 나보고 "먼저 드시라"고 한 사발을 내주었다. 나는 하나님께 감사의 기도를 드리고 감사함으로 마셨다. 그랬더니 "꿀을 두 말 얻었으므로 십일조는 두 되(병)가 되므로 한 병은 주의 종 전도사가 드시고, 한 병은 하나님께 십일조로 드리겠다"고 했다. 나는 그 자리에서 바로 그들 부부에게 난색을 표했다. 그 당시에 나의 입장에서 볼 때에 하나님 앞에서 그들의 부족함이 보였기 때문이었다. 나는 그들에게 "저는 주의 종으로 꿀 한 사발을 대접을 받아먹은 것으로 족합니다. 저는 결코 꿀 한 병을 받을 수 없으니, 두 되(병)를 하나님께 십일조로 바치라"고 했다. 그런데도 그들은 잘 이해하지 못했다. 나는 다시 설명을 했다. "여러분이 십일조로 두 병을 하나님께 드립니다. 그런데 그 중에서 한 병은 주의 종에게 주게 되면 십일조는 하나님께 한 되(병)만 드리게 됩니다. 결과적으로 주의 종이 하나님께 드리는 한 되(병)를 챙기게 된 것입니다. 그러므로 저는 하나님의 것을 제가 가질 수 없습니다"고 했다. 그럼에도 그들은 여전히 "십일조는 두 되(병)가 되므로 한 병은 주의 종이 드시고, 한 병은 하나님께 십일조로 드리면 전혀 문제가 안 된다"고 생각을 했다. 그들의 생각에는 주의 종에게 주는 것이 곧 하나님께 드리는 것으로 생각을 했다. 설왕설래를 하다가 그 부인 집사가 "아따 우리 담임전도사님은 정말 빡빡하십니다. 그렇다면 이것은 주의 종이 받아 가시고, 두 되(병)를 십일조로 드리겠습니다"고 했다. 이 일은 나에게 하나님의 사역을 할 때에 어떻게 처세를 해야 될 것을 여러 면으로 교훈이 되었다.

우주적인 교회

그 당시의 농촌 고등학생들은 산업전선에 있었다. 마산이나 창원 등지에 가서 낮에는 직장생활을 하고 저녁에는 공부를 했다. 타지에 나가서 직장과 학교를 다녔으므로 고향 집에는 한 달에 한 번 정도 왔다. 그중에서 직장에서 받는 월급에 대해서 십일조를 하는 학생들이 있었다. 나는 그들에게 올바른 십일조 생활에 대해서 가르쳤다. 십일조 헌금은 출석하는 교회에 드리는 것이 올바른 것이다. 그러므로 너희들은 십일조를 출석하는 교회에 드려라. 태동교회가 재정적으로 어려우므로 출석하는 교회의 담임목사께 십일조의 일부라도 후원금으로 고향 교회에 보내어 달라고 제안을 해 보라고 했다. 몇 몇 학생들이 제안을 했지만 어떤 교회에서도 보내어 주지를 않았다. 하나님의 교회는 우주적인 교회라고 말은 하지만 실천하는 교회는 결코 찾기가 쉽지 않았다. 담임목사가 된 이후에 실천했다.

조직교회가 아닌 시골교회에서는 12월 말에 당회장의 순방이 있었다. 일 년에 한 차례 당회장이 오셔서 세례식과 성찬식과 서리집사 임명과 공동의회를 인도하셨다. 나는 담임전도사이므로 세례식과 성찬식을 인도할 수 없었다. 당회장은 밀양 읍에 있는 삼문교회 윤진구 목사이셨다. 나는 처음으로 맞이하는 당회장이셨고 처음 경험하는 순간이었다. 나는 한 가지 질문이 생겼다. "성찬식 준비를 하는데 떡과 잔을 어떻게 준비해 두어야 하는가?" 였다. 다른 곳에 물어 보려고 해도 마음이 내키지 않았다. 성찬식을 위하여 빵과 포도즙과 칼과 수건을 준비하여 작은 상에 두었다. 왜냐하면 예수님께서 성찬식을 하실 때에 친히 떡을 떼시고, 포도주를 제자들에게 주셨기 때문이었다. 지금도 생각하면 아찔한 일은 "만약에 내가 떡을 잘라 놓고, 포도주를 잔에 따라 놓았다면 어떻게 되었을까?" 하는 일이었다. 다행스럽게 그는 준비해 둔 것을 보시면서 아주 만족해 하시고 칭찬을 해 주셨다.

그 만남으로 인하여 내가 고신대학교 캠퍼스 밑에서 제8영도교회를 개척 하고 있을 때에 그 목사님께서 우리 집으로 찾아 오셨다. 그의 딸이 고신대학에 입학 했는데 나에게 맡길 터이니 잘 돌봐 달라고 하셨다. 그 딸은 4년 동안 교회 반주자로, 주일학교 교사로, 청년회 임원으로 귀감이 되는 청년이었다. 그 후에 목회자와 결혼을 했으며, 그의 남편은 서울에서 부목회자로 있다가 Liberty University에서 목회학박사 과정을 이수했다. 그리고 풀러신학교에 와서 목회학 박사과정을 마쳤다. 내가 미국에서 목회를 할 때는 2년 동안 내가 시무하는 교회에서 협동목사로 함께 동역할 수 있어서 좋았다. 교회에서 영주권을 해 줄 테니까 미국에서 같이 살자고 했음에도 그는 한국교회를 사랑하여 귀국을 했다. 서울의 교회에 청빙을 받아 목회를 잘 하다가 지금은 대전에서 목회를 하고 있으며, 그 자매는 목사 사모로서 주님의 교회를 앞장서서 섬기고 있다. 누군가 말했듯이 "인생은 만남이고, 만남은 행복이고, 행복은 선택이다." 지난번에 설교 초청을 받아서 그곳에 갔더니 자기들이 사용하는 큰 방을 대접해 주어서 몸 둘 바를 몰랐다. 클린턴 박사가 '사역은 인격에서 나온다'고 했듯이 그 내외가 인격적으로 목회를 잘하고 있는 모습이 흐뭇하고 좋았다.

신학대학에 같이 다니는 한 동기 부부가 우리를 방문했다. 우리는 그래도 결혼을 한 지가 4년차이고 그들은 얼마 되지 않았다. 공교롭게도 그 부인은 내 아내의 대학 후배였다. 그 동기는 부산에서 교육전도사를 하고 있었다. 그들은 우리가 사역하는 곳을 볼 때에 안타깝게 생각이 되는 모양이었다. 한 부분에서 대학 선배인 내 아내에게 측은하게 느끼는 것처럼 말도 했다. 그는 우리를 위로해 주고 싶은 마음에서 말을 했지만 우리에게는 상처가 되었다. 나는 그의 말을 들을 때에 속이 상했다. 그럼에도 꾹 참았다. 그 후 30년이 지나서 그들이 아이티 선교사로 사역한다는 말을 들었다. 문득 나의 뇌리에서 떠 오른 생각은 "그때 우리에게 한 말을 기억하고 있을까?"였다. 그때에 하나님 나라를 위한 사역은 크고 작은 것에 있지 않으며, "도시냐? 시골이냐?"의 장소의 차이에 있지 않음을 보게 되었다.

내가 부임했을 때에 교회는 30년의 역사가 있었지만 주위의 교회들에서 보조금을 받고 있었다. 나에게는 월 사례비로 십 삼 만원과 성미(성도들이 밥을 지을 때마다 조금씩 떼어서 하나님께 드린 쌀)를 주었다. 나는 마음이 편치 않았다. 그래서 연말 성도들의 모임에서 모든 외부보조를 끊고서 자체 헌금으로 하겠다고 선언을 했다. 내가 있을 동안 기억으로는 한 번도 한꺼번에 사례비를 받은 적이 없었다. 왜냐하면 매주 내가 헌금을 하여 그 헌금으로 사례비를 받았기 때문이었다. 하지만 내가 떠날 때쯤에는 보조금을 받지 않는 교회가 되어 감사했다.

담임전도사로 부임한지 1년이 지나서 내 아내는 부산 부곡동에 음악학원을 인수하여 운영을 했다. 그 이유 중의 하나는 교회의 재정적인 부분에서 열악하여 확실한 자립을 위해서였다. 그리고 더 나아가서 후임 목회자가 교회를 섬길 때에 재정적인 자립을 할 수 있는 밑바탕을 놓아 주고 싶었기 때문이었다. 제직회에서 이 안건을 다루어서 흔쾌히 허락을 받았다. 아내는 월요일에 나와 같이 교회에서 나와서 금요일 오후에 함께 덜컹거리는 신작로 길을 버스를 타고서 돌아왔다. 아내가 열심히 했지만 수고만 했지 처음 계획했던 것보다는 경제적인 도움은 많지 않았다. 왜냐하면 수입으로 이자를 주고, 교사들 월급을 주고, 경비를 제하고 나머지는 모두 교회에 헌금을 했기 때문이었다. 아내는 학원 사업을 하느라 여러 가지 어려움이 많았지만 교회를 섬기고, 자라는 아이들에게 믿음을 심어 주는 자부심으로 잘 감당해냈다. 아내는 이 사업을 통하여 교인들이 얼마나 힘겹게 일을 하면서 사는 지를 절실하게 깨달아 자주 자주 이야기를 했다. 그래서 어려운 교인들을 위로하고 격려하고 안아 주는 일을 가슴에서부터 하게 되었다. 좋으신 하나님께서 목회 사역을 위하여 여러 가지로 경험하도록 준비시켜 주셨다.

한 번은 학교에 갔다가 사택에 도착을 했었는데 연기와 타는 냄새가 진동을 하고 있었다. 문을 열고 들어갔더니 방바닥에 깔아 두었던 요가 방이 너무 뜨거워서 서서히 타고 있었다. 한 집사가 겨울 날씨가 춥고, 또 우리가 오면 따뜻하게 지내게 하려는 사랑의 마음으로 우리 방에 군불나무를 너무 많이 넣어 두었기 때문이었다. 그 요는 우리가 결혼을 할 때에 아내가 애지중지하게 준비한 신혼 요였다. 우리는 그의 사랑을 기억하면서 아무런 말을 하지 않았다. 하지만 그는 너무도 송구하고 미안하게 생각을 하셨다. 불이 나지 않은 것이 얼마나 감사했는지 하나님께서 지켜주심에 감사를 드렸다.

내가 담임전도사로 부임하기까지 교회가 30년이 넘었지만 자립을 하지 못하고 있었다. 나는 전임 목회자는 후임 목회자가 와서 안전한 가운데 사역을 감당할 수 있도록 터전을 마련해 주어야 된다는 생각을 가지고 있었다. 이런 농촌 지역에서 자립할 수 있는 방법 중의 하나는 교회에서 자원자를 정하고, 밤나무 밭을 400평정도 사서 관리를 하게 하고, 결실을 하면 소득의 반을 교회에 헌금으로 하는 방안을 생각했었다. 그렇게 되면 부족한 예산의 한 부분이라도 도움이 되고 관리하는 교인에게도 도움이 될 것 같았다. 그런데 제직회에서 결정이 되지를 못해 안타까웠다.

그해 12월 중순에 학기를 모두 마치고 방학을 했다. 1월에는 신학대학원 입학시험을 치고서 합격했다. 그리고 1982년 2월 18일 신학대학 졸업식이 있었다. 담임전도사의 졸업식이라고 많은 성도들이 시골에서 참석을 하여 축하를 해 주었다. 너무도 기쁘고 감사하고 감격스러웠다. 1982년 3월 5일에는 고신대학교 신학대학원에 입학을 했다.

2. 영적 세계에 대한 경험
온 우주의 주인 되시는 하나님

초겨울을 맞이했다. 새벽기도회를 마치고 교회 담장 넘어 산과 밭들을 바라보았다. 온 들녘에는 하얗게 서리가 내려있었다. 나의 입에서는 하나님을 향한 찬양이 나오고, 나의 가슴 깊은 곳에서는 하나님의 마음이 느껴졌다. 하나님께서는 내가 잠들어 있던 가운데서도 온 대지에 먹을 것을 주셨다는 것이 깨달아졌다. 하나님이 온 우주의 주인이심이 확실하게 믿어졌다. 하나님께서 온 우주를 먹이시고 입히심을 보았다. 나는 아직도 그 이슬이 내린 들녘을 고스란히 기억하고 있으며, 나를 언제나 인도해 주시는 임마누엘 하나님을 만났다. "여호와여 주께서 하신 일이 어찌그리 많은지요. 주께서 지혜로 그들을 다 지으셨으니 주께서 지으신것들이 땅에 가득하니이다. … 이것들은 다 주께서 때를 따라 먹을 것을 주시기를 바라나이다" (시 104:24-27)

시골교회에는 주일학교 교사가 중학생과 고등학생들이었다. 그래도 청년교사가 3명, 중, 고등부 학생이면서 교사가 4명이었다. 그 마을에는 주일학생들이 42명이었다. 그때에 모두 얼마나 열심이었던지 십리 밖에서도 걸어서 교회에 출석했다. 주일 아침에는 교회에 와서 예배를 드렸고, 주일 오후에는 우리가 그곳에 가서 길가에서 율동 찬송을 하고, 기도를 하고, 설교를 했다.

능력으로 응답하시는 하나님

그해 여름성경학교 주제는 "예수님은 누구신가?" 였다. 나는 새벽기도회 시간에 이 주제를 두고서 기도를 했다. 우리가 일반적으로 알고 있듯이 "예수님은 하나님의 아들이시다. 예수님은 우리의 구원자이시다. 예수님은 능력이 많으신 분이시다. 예수님은 나의 생명이시다." 나는 이론이 아니라 실제적으로 믿을 수 있도록 기도 했다. 여름성경학교 기간이었으므로 오후시간에는 모든 교사들과 함께 십리를 걸어서 마을을 찾아 갔다. 마을 중간에는 산에서 내려오는 개울이 있었고, 큰 바위가 있었고, 그 옆에는 나무가 있어서 그늘이 있었다. 그 옆으로는 길이 있어서 마을 사람들이 왕래했다. 그곳 학생들과 나는 바위에 있었고, 교사들은 길 가에 서 있었다. 초등학교 5학년 여학생이, 내가 설교를 하고 있는데, 늦게 참석을 했다. 그 학생은 때가 묻은 손수건으로 자기의 종아리 부분을 가리고 바위에 앉았다. 나는 왜 그런지 궁금하여 그의 손수건을 들추어 보았다. 종아리 부위와 발 부위에 뜨거운 물로 화상을 입었으나 치료를 하지 않아서 곪아서 보기가 흉측하였다. 나는 그 모습을 보니 안타까운 마음과 불쌍한 마음이 들었다. 나는 설교를 마치고 함께 기도하자고 했다. 나는 5분 정도 기도를 했던 것으로 생각이 들었는데 얼마나 간절했던지 10분 이상이 되었다고 했다. 지금 생각해 보면 그날 아침에 주님께 드렸던 기도를 주님이 받아 주셨음을 알게 되었다. 나는 조심스럽게 여학생의 손수건을 걷어 올렸다. 그런데 놀라운 기적이 일어났다. 곪아서 진물과 농이 있던 것이 즉각적으로 사라지고 없어졌다. 부위는 깨끗하고 말라 있었으며, 새살이 돋아나는 것처럼 보였다. 그리고 그 광경을 쳐다보고 있던 교사들과 지나가던 마을 사람들이 모두 나의 간절한 기도에 놀랐다고 했다. 하나님은 오늘도 친히 능력으로 역사하심을 보여 주셨다.

나는 감격하는 마음으로 교사들과 함께 교회로 돌아 오는 길에 강 자매 집을 심방했다. 그분의 두 딸과 아들은 우리 교회에 출석을 하지만 부모는 교회에 출석을 하지 않으셨다. 그런데 이 자매는 처녀시절에는 믿는 가정에서 교회를 다녔지만 불신 남편으로 인하여 교회 예배에 출석을 못하셨다. 그런데 꼬박 꼬박 십일조는 딸 편으로 하나님께 드렸다.

내가 그분의 집에 들어가려고 하자 그가 마침 소에게 여물을 주고서 한숨을 쉬면서 들어오셨다. 나는 "어떻게 한숨을 다 쉬시는지요?"라고 물었다. 그랬더니 "지난 주간에 남편이 밀양 장에 가서 이백만 원을 주고 사서 온 소가 여물을 먹지 않는다"는 것이다. "그 소의 입을 열어서 넣어도 먹지를 않는다"고 했다. 나는 안타까운 마음에 "자매님! 제가 기도를 한 번 해 드릴까요?"라고 했더니 "조사님 (시골에서 전도사를 부르는 명칭)이 기도를 해 주면 좋지요"라고 했다. 나는 소의 고삐를 왼 손으로 잡았다. 그때에 순간적으로 고민이 생겼다. 오른 손을 어디에다가 얹어야 될지를 몰랐기 때문이었다. 나는 나의 손바닥을 그 소의 넓은 이마에 얹었다. 나는 이렇게 기도를 했다. "사랑이 많으신 주님! 강 자매의 안타까운 사정을 듣고서 종이 주님께 기도를 드립니다. 제가 성경을 읽어 보았지만 짐승을 위하여 기도하는 장면을 본 적이 없어 보이는 데, 이 시간 안타까운 마음으로 기도를 드립니다. 종의 기도를 받아 주시옵소서. 주님은 하나님의 아들이시며, 구원자이시며, 능력이 많으신 분이심을 믿습니다. 능력의 주님께서 강 자매를 위하여 여물을 먹을 수 있도록 해 주시옵소서. 예수님의 이름으로 기도합니다, 아멘." 그러자 자매님도 아멘을 했다. 주님께서는 순전한 마음으로 드린 기도를 즉각적으로 응답해 주셨다. 입에 여물을 주어도 먹지 않았던 소가 여물통에 있는 여물을 핥아서 먹기를 시작했다. 그러자 그는 놀라고 좋아서 춤을 출 기세였다. 참으로 주님은 놀라우신 분이시다. 주님은 사랑이 넘치시는 분이심을 보게 해 주셨다. 기도의 능력을 체험하는 시간이었다.

물을 한잔 대접 받고서 바로 회계 되시는 김 집사 집에 볼 일이 있어서 갔다. 조금 전에 있었던 사실을 이야기를 해 주었더니 그는 "최권능 목사는 죽은 소를 기도하여 일으켜 주고서 배가 고팠는데 밥을 대접 받았다"는 말씀을 하시면서 "아이고오! 우리 전도사도 주님의 능력을 나타내셨습니다"고 격려를 해 주셨다.

교회당에는 처음부터 우물이 없었다. 추측으로는 거의 20년 이상이었을 것이다. 사택에서 필요한 물은 70미터 남짓 떨어진 과수원에 가서 물을 길어서 먹었다. 아침 일찍은 눈치가 보여서 물을 길으러 갈 수도 없었다. 내가 부임하고 1년이 지났을 때에 우물을 파자고 제안을 했다. 제직들은 사택 앞에는 우물을 파도 물이 나오지를 않는다고 했다. 사택에서 조금 떨어진 곳에는 화장실이 있어서 되지를 않았다. 나는 하나님께 기도를 했다. "하나님! 사택에 물이 필요합니다. 물을 길으러 다니기가 어렵습니다. 궁휼을 베푸시고 사택 앞에 물을 주시옵소서." 그들은 만약에 내가 사택 앞 지정한 곳에서 물이 나오면 축하의 의미로 부곡온천에 놀러 가자고 했다. 사택보다도 낮은 지역인 과수원에서도 80미터를 파서 물이 나왔다. 계산상으로는 사택에는 적어도 100미터 이상은 파야만 되었다. 그런데 놀라운 것은 하나님께서 50미터를 팠음에도 물이 나오게 하셨다. 그들은 "기적이라"고 말하고, 또한 "목회자의 기도가 능력이 있다"고 말을 하면서 좋아하고 춤을 추었다. 축하의 마음으로 모두 부곡온천 나들이를 다녀왔다. 하나님께서는 연약한 목회자와 하나님의 나라를 세우시기 위하여 놀랍도록 응답해 주셨다.

담임전도사로 부임을 하고 1년 반이 되는 연말이 다가 왔다. 나는 몇 가지의 기도제목을 가지고 새벽마다 40일 동안 기도를 했다. 박 집사와 그의 아들 박 선생이 담배를 피우고 있었다. 나는 기도를 하고 난 후에 주일 오후 성경공부를 마치고 그와 그의 아들에게 손을 얹어서 담배를 피우지 않도록 기도를 했다. 하나님께서는 즉각적으로 응답해 주셔서 그들이 담배를 끊게 되었다. 회계를 담당하시는 김 집사는 양봉을 했다. 기도의 제목을 달라고 했더니 꿀벌에게 찾아오는 '부저병'과 '진드기'가 없도록 기도해 달라고 했다. 나는 아직도 그 이름을 기억할 정도로 열심히 기도를 했다. 놀라운 사실은 그가 "오랫동안 양봉을 했지만 전도사님이 기도한 이후로 꿀벌들이 전염병에도 걸리지 않고 이렇게 많은 꿀을 얻은 적이 없다"고 했다. 보통 한 말 남짓 얻는데 올 해는 두 말이 넘었다고 했다. 집사님 내외는 좋아서 어쩔 줄을 몰랐다.

나와 아내는 목회 초년생이고, 아직도 신학대학원에 재학 중이었다. 하나님은 나를 훈련하셨을 뿐만 아니라 아내도 친히 훈련을 시키셨다. 우리가 첩첩 산골에 들어가서 사역을 하므로 내 아내는 여러 가지 필요한 것이 많았다. 아내는 새로운 곳으로 부임을 하자마자 하나님께 기도를 했다. 아내가 하나님께 "소고기가 먹고 싶습니다"고 말만 하면 그 주간에 하나님이 먹게 해 주셨다. 생선이 먹고 싶다고 하면 누군가 그 주간에 갖다 주기도 했다. 아내는 "그때에 내가 생각만 하고, 기도만 하면 즉각적으로 하나님은 응답해 주셨다"고 했다. 아내가 구체적으로 기도를 응답해 주시는 하나님을 친밀하게 경험하는 기회였다. 또한 장인 장로와 장모 권사의 새벽마다 드렸던 눈물의 기도가 응답되며 결실되는 것을 체험했다. 나는 이러한 부분과 신앙의 경험적인 부분으로 인하여 아내가 나 보다 더 큰 믿음을 가지고 있다고 자랑스럽게 이야기를 했다. 아내는 은퇴 후 지금도 새벽마다 일어나서 길게 기도를 하며, 평균적으로 일 년에 성경을 4독 이상 한다. 그 모습이 장모께서 기도하셨던 모습과 너무도 닮아서 놀랄 때도 있다. 기도의 어머님이신 장모께서는 딸이 사모로서 "교인들을 덮어주는 이불이 되게 해 달라"고 기도했는데 이제 와서 보니 그대로 이루어졌음을 알게 되었다.

아내는 우리가 담임전도사로 사역을 할 때에 교회 인원이 적었기 때문에 한 분도 돌아가시지 않게 해 달라는 기도를 했다. 그런데 우리가 있었던 2년 동안 한 분도 돌아가시지 않았다. 그리고 장년부가 30명이 되게 해 달라고 기도를 했었는데 하나님께서 응답해 주셨다. 하나님께서는 아내를 기도의 사람으로 만들어 주셨다.

32년만의 교회 방문

32년이 지난 2016년 4월 19일에 김 선교사가 예기치 않게 한국 알프스를 구경 시켜주고서 돌아가는 길에 태동교회를 보게 해 주었다. 우리가 시무할 때에 있었던 교회당과 사택은 간 곳이 없었다. 바로 옆 땅에 너무도 아름답게 교회당과 사택이 지어져 있어서 너무도 반갑고 좋았다. 역시 우리 하나님이 살아 계셔서 친히 주님의 교회를 세워 가심을 찬양했다. 사택이 있었던 뒷 땅에는 현 집사의 비가 세워져 있었다. 키가 크시며 인자하신 모습을 가지신 현 집사와 부인되시는 노 집사께서는 키가 작으시고 허리가 굽은 가운데서도 새벽기도를 열심히 하셨는 데 그 모습이 떠올랐다.

마침 교회 안에 집사님 한분이 계셔서 잠깐 들어갔다. 그는 시골이 좋아서 3년 전에 귀향하여 이 교회에 출석을 하고 있다고 했다. 교회당이 너무도 아름다웠고, 식당과 친교실과 교육관들이 아담하게 자리를 잡고 있었다. 이 교회 출신들이 합심하여 건축헌금에 동참하여 건축을 하게 되었다고 해서 흐뭇했다. 그 순간 옛날에 직장을 다니면서 야학을 했던 자들이 십일조를 고향교회에 보내어 달라고 했을 때에 거절했던 분들이 생각이 났다. 내가 섬기는 교회만큼이나 귀하고 아름답고 푸근하게 느껴졌다. 32년의 세월이 '타임머신'을 탄 것 같았다. 담임목사 내외분은 출타하시고 계시지 않아서 만나지 못해 아쉬웠다. 예기치 않은 행복감이었다. 그해 연말에 담임목사와 장로께 성탄 카드를 보냈다. 그리고 통화도 한 차례 했다. 2년 후에 고국을 방문 했을 때 담임목사께서 오후예배에 와 달라고 요청을 했지만 선약이 있어서 방문을 하지못했다. 마음 같아서는 전임 목회자로서 교회에 얼마의 장학금이라도 전달하고 싶은 마음이었는데 그렇지 못하여 내심 부끄러웠다. 한 때에 주님의 이름으로 섬긴 것으로 족하다고 생각을 했다.

3. 사역의 확장
개척교회의 경험

신학대학원 2학년 1학기를 마쳤다. 나의 목회에서 처음으로 중고등학생들을 위한 수련회를 인도하라고 허락하셨던 김 목사께서 연락을 하셨다. 부산 수산대학교(현, 부경대학) 앞에서 개척을 하고 있는데 나 보고 전도사로 오라고 하셨다. 나는 한 명도 없이 교회를 개척하는 것을 마음에 두었기 때문에 흔쾌히 허락을 했고, 아내는 자기의 기도가 응답이 되었다고 하면서 옮겨도 될 때라고 했다. 우리는 음악학원이 있는 부곡동에 한 장로의 집 이층에 전세를 얻어서 이사를 했다.

나는 처음으로 대학부를 담당하게 되었다. 그동안은 유년부, 중고등부, 청년부, 장년부를 담당했었는데 이제 하나님께서는 대학부를 맡겨 주셔서 훈련을 시키셨다. 그때에 만나서 아직도 사랑의 교제를 나누는 천 집사가 있다. 그는 고향이 통영이었으며, 수산대학 재학생이었다. 그도 나처럼 예수 그리스도를 믿는 것 때문에 집에서 쫓겨나서 공부를 하는 중이었다. 나 역시도 그런 처지였으므로 진정으로 서로 공감이 되었고, 무엇보다도 그에게는 내가 믿음으로 산 직접적인 증인이었으므로 위로와 격려가 되었다. 그와 비슷한 형편을 가진 강 형제도 있었다.

담임으로 계셨던 김 목사께서 교단 출판부로 갑자기 가시게 되었다. 나는 그가 이곳으로 오라고 초청을 해 놓고 갑자기 사임을 하셔서 당혹스러웠다. 임시 당회장으로 같은 시찰에 계신 Y목사께서 나를 그가 시무하시는 교회 사택으로 불렀다. 나에게 "이 교회를 맡으려면 이 교회에 필요한 돈을 헌금할 수 있느냐?"고 물었다. 나는 너무도 놀랍고 당혹스러웠다. 아무리 임시 당회장이지만 마음이 많이 불편했다. 그 당시만 해도 하나님의 인도와 하나님의 뜻에 대하여 순종하려는 자세를 가지고 있었기 때문이었다. 하나님의 인도하심에 따라 교회를 위하여 헌금이 필요하면 헌금을 할 수 있지만, '헌금을 하면 다시 말하면 돈이 있으면 담임으로 교회를 섬길 수 있다'는 그의 말에 나는 단호하게 거절을 했다. 교회의 제직들은 나를 담임으로 원하는 눈치였지만 그런 상황에서 허락을 할 수가 없었다. 나는 임시 당회장에게 사임서를 제출했다. 하나님께서는 현실적이고 실제적인 문제 속에서 나의 믿음을 보시고 계셨다.

목회 멘토 경험

신학대학원 2학년 말에 부산 새부곡교회 전도사로 청빙을 받았다. 담임목사님은 김명관 목사이셨다. 그는 나의 고등학교 동창인 박 집사의 형부였다. 마침 동창이 이 교회를 다니고 있었고, 전도사를 찾고 있었다. 그가 형부에게 소개를 하여 부임을 하게 되었다. 참으로 하나님의 인도하심과 도우심이 너무도 놀랍고 기이했다.

내가 담당한 부서는 주일학교와 청년부와 그리고 한 구역 담당과 수요일 저녁 설교였다. 하나님께서는 그동안 담당해 보지 못한 구역과 설교를 배우게 하셨다. 담임목사는 한마디로 새벽기도에 생명을 거는 분이셨다. 그래서 새벽 기도 훈련을 잘 받았다. 주일학교 담당 교사들이 너무도 열심이어서 주일학교가 성장을 했다. 주일학교 찬양대를 아내가 지도를 했었는데 전국 주일학교 경연대회에서 2등을 했다. 나는 청년부를 인도했는데 거의 나이가 비슷하여 형제자매로, 친구로 지냈다.

수요일 저녁마다 담임목사는 나에게 설교를 할 기회를 주셨다. 그도 설교를 명쾌하게 잘 하셨지만 나에게 훈련을 할 기회를 주셨다. 나는 감사하여 사례비를 받으면 작은 선물이지만 그분께 대접을 했다. 금요일 신학대학원 학업을 마치고 집에 오면 바로 그분 댁을 찾아가서 주말에 내가 해야 될 일에 대하여 여쭈었다. 그러다 보니 교역자 회의가 필요가 없었으며 그의 필요를 알게 되고 내가 필요한 것들을 자연스럽게 말씀을 드렸다. 예를 들어서 동래 기도원에 청년들이 기도를 하러 가게 되었다. 많은 청년들은 활동 계획을 세웠지만 담임목사께서 허락을 하시지 않을 것으로 생각하여 반신반의 하고 있었다. 그런데 내가 그분께 말씀을 드렸더니 즉각적으로 허락을 해 주셨다. 그러자 청년들은 모두 놀라워하면서 "강전도사는 대체 그분께 어떻게 했기에 그럴 수가 있느냐?"고 물었다. 이제와서 생각 해 보면 관계의 힘이었다. 모든 것에 대하여 미리 알려 드리고 설득이 아니라 이해를 구하게 되면 일은 쉽게 이루어지는 것을 배웠다.

나는 금요일에 가서는 지난 수요일에 대한 설교에 대하여 그분의 평가를 받고 싶었다. 지금까지 어느 누구도 나에게 목회는 이런 것이며, 설교는 이렇게 하는 것이라고 가르쳐 준 분이 없었다. 그래서 내가 먼저 배우겠다고 말씀을 드리고, 가르쳐 달라고 했다. 가장 인상 깊은 가르침은 "강전도사! 설교에 열정과 힘이 있어서 참 좋다. 계속 열정을 가지고 설교를 하라고 하셨다." 그러시면서 "한 가지 아쉬운 것"은 이라고 말씀하시자 나는 신경을 곤두세워 들었다. "설교자는 하나님이 세운 사람이므로 성경을 함께 읽지 말고 봉독을 하고, 설교 후에 기도로 축복해 주라"고 하셨다. 이 격려와 지지와 가르침이 참으로 고맙고 유익했다.

마침 그때에 서울에 가서 '데니스 레인 강해 설교'를 처음으로 배웠다. 나는 평생에 처음으로 진정한 설교자를 만나게 되었다. 신대원 3학년 때에는 강의 노트가 없고, 나의 책상 위에는 언제나 수요일 설교 노트만 있을 정도였다. 그때 시리즈로 예수님의 제자인 베드로에 대한 설교를 했다. 나는 스스로 설교를 점검하기 위해서 밀양 예림중앙장로교회에서 하나님으로부터 받은 Sanyo 녹음기에 설교한 것을 녹음하고 다시 들었다.

한 번은 수요일 기도회를 인도하여 설교를 하고 마쳤다. 내 자신이 한 설교가 부끄럽고 미안해서 강대상에서 가방에 성경책을 넣었다가 다시 빼었다가 하며 시간을 지체하고서 성도들이 거의 다 가고 나면 강대상에서 내려 왔다. 거의 다 돌아갔으므로 가방을 들고 마음을 놓고 나오는데 교회당 안에 있는 기둥 뒤에서 갑자기 "전도사님!" 하고서 누군가가 불쑥 나와서 나는 깜짝 놀랐다. 설 집사라는 분이었다. "오늘은 전도사님에게 꼭 할 말이 있어서 기다리고 있었다"고 했다. 그러면서 "전도사님! 오늘 저는 전도사님의 설교를 듣는 가운데 직접 하나님을 체험했습니다. 나 자신도 너무도 놀라워서 어찌해야될지를 모르겠습니다. 말씀 감사했습니다"라고 했다. 나는 처음 겪는 일이라 어리둥절하여 어떻게 말을 해야될지를 몰랐다. 나는 아직도 그의 고백을 기억하고 있고, 그 이후로 하나님의 말씀은 살아 있으며 능력임을 믿게 되었고, 하나님은 오늘도 동일하게 하나님의 말씀으로 필요한 자에게 찾아오심을 경험하게 되었다.『새부곡교회』는 금정구에 있는 자체 교회당을 구입하여 옮기므로 교회명을 『금정로교회』로 변경했다(1984).

"시작이 반이다"고 하더니 신대원 3학년 1학기 중간인 5월이었다. 내가 고등학교 시절에 기장교회를 다닐 때에 지도 교역자이셨던 임종수 목사께서 불러서 그와 만났다. 그는 제2영도교회 담임으로 계셨으며, 부산노회 전도부장이셨다. 그는 나에게 "부산노회 남전도회 연합회와 여전도회 연합회 후원으로 영도에 교회를 개척하려고 하는데 개척을 하라"고 하셨다. "조건은 매월 이 십 만원씩 3년 동안 후원을 해주며, 기존 신자 한 명도 없이 시작하라"는 것이었다. 나는 예기치 않은 시점에 개척교회 설립의 요청을 받게되어 놀라웠다. 왜냐하면 아직 신대원을 졸업을 하지 않은 상태였으며, 이 교회로 부임한지가 얼마 되지 않은 시점이었기 때문이었다. 하지만 그 당시에 나는 입버릇처럼 "교회를 새롭게 하기 위하여 한 명도 없이 교회를 시작할 것이라"고 해 왔다. 교단에서는 교회의 수적인 확장을 위하여 신대원 졸업생은 보통 3년 만에 목사안수를 받지만, 교회 개척을 하게 되면 2년 만에 목사안수를 받게 했다. 나는 "한 사람도 없이 개척을 하라"는 조건이 나의 기도의 응답으로 생각을 했다. 먼저 담임이신 김 목사를 찾아 가서 상황을 말씀 드렸다. 그랬더니 그는 흔쾌히 허락을 해 주셔서 나는 6월 마지막 주일에 사임했다.

제 4 단계:
전문사역의 중기 단계(31-44세)
(제8영도교회 개척, 유학, 늘빛교회: 1984년 7월- 1997년 4월)

1. 전문 사역의 시작
제8영도교회 개척

부산 영도는 특수한 지역이었다. 일제시대부터 영도다리로 연결이 되어 있어서 섬이라는 생각을 하기가 쉽지 않지만 엄연히 섬이었다. 영도에는 이미 역사를 자랑하는 제일 영도교회(대교동), 제이 영도교회(영선동), 제삼 영도교회(남항동), 제사 영도교회(봉래동), 제오 영도교회(청학동), 제육 영도교회(태종대), 제칠 영도교회(동삼동 중리)가 각 동마다 이미 자리를 잡고 있었다. 그 가운데 동삼동에는 고신교단 교회가 없었다. 하지만 동삼동에는 이미 중견교회로 자리를 잡은 동삼중앙교회(통합)와 동삼교회(합동)가 우뚝 서 있었다. 영도 내에는 이미 사십 여개의 교회가 있었다.

몇 곳의 지역을 돌아보았지만 적당한 곳을 찾지 못했다. 마침 동삼 초등학교 앞 동삼 맨션이 삼층으로 되었고 모두 열 두 가호로 된 곳이 있었다. 맨션 전체의 크기만큼 100평의 지하실이 있었다. 일층에는 슈퍼마켓이 있었으므로 지하실의 한 부분을 창고로 사용하고 있었다. 나는 교육 목회를 꿈꾸고 있었으므로 지하실을 예배실과 교육관으로 사용하면 좋을 것으로 생각이 되었다. 빌딩 주인을 만났더니 그냥은 지하실을 빌려 줄 수가 없고, 맨션을 한 칸 사게 되면 지하실을 빌려 줄 수 있다고 했다. 장모님께 말씀을 드렸더니 동삼 맨션 203호를 사주셨다. 그래서 지하실을 빌려서 예배실과 교육관을 위한 공사를 마쳤다.

교회개척 준비로 분주하게 뛰어 다니던 가운데 갑자기 만 5세의 딸이 몸의 관절 마디마다 붉은 반점이 생기고 고통스러워했다. 침례병원에서 진료를 받고서 입원을 시켰다. 병명은 "자반증(紫斑症, Purpura)이며 병의 발생 이유는 아직도 알지 못한다"고 했다. 딸은 다행스럽게도 병의 발생 이유도 모르는 가운데 일주일의 치료로 자반증이 없어지고 퇴원을 했다. 하나님께서는 교회를 개척하기 이전에 조용히 기도로 준비하게 하셨고, 그 가운데서도 함께 병실에 있던 분에게 복음을 전하였다. 예수님께서 제자들을 훈련하시고 직접적으로 복음 전파를 파송하셨던 것과 같이 사역을 위하여 집중적으로 신학 수업을 7년간 훈련하게 하시고 이제 파송을 하셨다 (마태복음 10장).

1984년 7월 12일 오전 11시 부산노회 전도부 주관과 남,여전도회 연합회 후원으로 제8영도교회 설립예배를 드렸다. 인도는 임종수 전도부장, 설교는 박정덕 목사, 기도는 박희석 남전도회장, 찬양은 여전도회, 특송은 신대원 동기, 축사는 박경연 여전도회장, 축도는 이지영 노회장이었다. 부산노회 남, 여전도회 연합회 후원으로 설립이 되고, 동기들이 왔으므로 지하실이 적지 않았지만 모두 수용을 할 수 없을 지경이었다. 그리고 내가 전도사로 있었던 새부곡교회 당회원과 성도들이 왔으며, 고향교회인 기장교회 당회원과 일부 성도들이 왔다. 박 목사의 설교와 모든 순서가 나에게는 주님이 주시는 음성으로 들렸다. 주님의 도우심과 간섭하심으로 은혜롭게 잘 마쳤다. 제39회 신대원 동기 가운데 졸업을 하기도 전에 제일 먼저 개척의 깃발을 꽂게 되었다.

그런데 맨션과 주위 사람들의 원성이 터져 나왔다. 왜냐하면 교회개척 설립 첫날부터 너무도 많은 사람이 왔고, 찬송을 했더니 주민들이 놀라서 항의했다. 결론적인 것은 그렇게 준비한 예배실과 교육관을 사용하지 말도록 요구했다. 나는 안타까웠지만 좋은 관계 속에서 그들에게 복음을 전해야 되기 때문에 모든 것을 수용했다. 첫 개척에 첫 난관이었다.

1984년 7월 15일 첫 주일 아침 9시 3명의 주일학교 학생이 집으로 찾아 왔다. 알고 보았더니 신대원 동기인 이정건 전도사가 자기 교회의 주교 교사가 동삼 초등학교에서 담임을 하고 있었으므로 자기반 학생에게 교회를 소개하여 보냈던 것이었다. 첫 번째 주일학생은 5학년 강경미, 3학년 남동생 강경찬, 이웃학생과 유치부에는 딸 강미라였다. 나는 너무도 놀랍고 감격이었다. 그 첫 번째 학생이 내가 사역한 7년 동안 신앙생활을 하고서 대학을 진학하였고, 그 후에 결혼을 하여 선교사로 파송 받아 사역하게 되어 하나님께 영광을 돌리게 되었다. 교회 개척 첫 참석자가 선교사로 부름을 받은 것은 나의 목회에서 큰 기쁨과 영광이었다. 제8영도교회 설립 이후 첫 주일 낮 예배는 동삼맨션 203호실 거실에서 시작이 되었다. 참석자는 우리 부부와 장모와 제3영도교회에 출석하던 양복심 성도와 그의 딸인 김경화 고등학생이었다.

신대원 3학년 2학기에는 마지막 졸업시험으로 3년 동안에 배웠던 전 과목을 총정리하고, 강도사 고시를 겸하는 시험이었다. 그래서 2학기에는 수업이 없으며, 논문 작성과 시험 준비로 시간을 보냈다. 나는 교회 개척을 했으므로 학교 수업에 참석을 하지 않아서 좋은 부분도 있었지만, 마지막 관문인 시험이 있었으므로 개척을 하고서 쉽지 않은 시간을 보냈다. 나는 대학 졸업 논문은 '예수님의 제자 교육 방법,' 신대원 졸업 논문으로는 '예수님의 제자훈련 원리'를 제출했다. 나는 신대원 3학년 2학기 교회 개척을 시작 하고서 감사하게도 졸업시험과 논문도 통과를 했다. 모든 것이 하나님의 도우심이며 은혜였다.

교회당 이전

어느덧 교회가 개척된 지 6개월이 되어 12월 초가 되었다. 나는 꿈에 내가 도로를 따라서 걷고 있었는데 교회당을 전세로 내어 놓는다는 광고를 보았다. 그날 오후에 심방을 가면서 꿈에서 본 장소를 보게 되었고, 출입문에는 '교회당 전세'라는 광고가 붙어 있었다. 나는 너무도 놀랍고 신기했다. 2층 건물에 1층은 2개의 점포가 있고, 2층은 당구장이었고, 옥상에는 그나마 십자가 철탑이 자그만 하게 있었다. 지하는 교회가 사용을 하고 있었다. 교회당에 들어가서 보니 20평 정도로 보였고, 자그마한 예배실과 뒤쪽에는 사택으로 사용하고 있었다. 담임목사를 만났더니 교회성장이 잘되지 않아서 이사를 가려고 전세로 내어 놓았다고 했다. 나는 새해를 맞이하기 전에 예배 처소를 달라고 기도를 했고, 그 응답으로 주님의 뜻으로 확신을 하고서 주인을 만나 전세 계약서를 작성했다. 나는 하나님께 기도를 응답해 주심에 감사 드렸다. 나는 평소에 알고지내던 장로가 경영하시는 가구점에 가서 강대상을 주문했다. 부산 삼일교회에서는 새 교회당을 건축 하고서 사용했던 장의자를 필요한 교회에 주어서 20개를 얻어서 왔다. 이제는 예배실이 있다는 것만으로 기쁨과 감사가 넘쳤다. 1984년 12월 23일 성탄 축하주일예배를 새 예배당에서 기쁨과 감격으로 드렸다.

나는 신대원 졸업 시험과 졸업 논문을 모두 마쳤고, 예배실도 지하실이지만 새로운 곳으로 옮겼으므로 40일 철야기도를 시작하였다. 기도의 제목은 가장 근원적인 것이었다. "하나님! 교회를 왜 개척을 해야 합니까? 제가 목회자로서 해야 할 일은 무엇입니까? 왜 예배를 드리며, 찬송을 하며, 설교를 하며, 교육을 하며, 전도를 하며, 선교를 하며, 교회가 성장을 해야 합니까?" 놀라운 것은 하나님께서는 40일 철야기도 동안 그 기도 제목마다 가르쳐 주시고, 알려 주셨고 깨닫게 해 주셨다.

"예배는 하나님의 영광을 위해 드리는 것이며 하나님을 만나는 시간이다. 하나님께서는 드리는 자에게 세상이 알지 못하는 기쁨과 평안과 감사를 주신다. 하나님께서는 예배를 받기만 위해서가 아니라 오히려 드리는 자에게 이 세상이 알지 못하는 평안을 넘치도록 주시기 위해서이다. 예배는 생활에서도 동일하게 드려져야 한다.

전도는 명령이기 이전에 영혼을 사랑하여 복음을 전하는 자에게 하나님의 사랑을 체험하도록 하기 위함이다. 전도하지 않으면 주님의 참 사랑을 깨닫지 못한다. 전도는 삶으로 해야 한다. 주님의 일은 '주는 것이다. 베푸는 것이다. 섬기는 것이다.' 또한 목회자는 설교, 심방, 양육자이기 이전에 먼저 전도자가 되어야 한다.

헌금은 많고 적음이 아니라 나머지의 법칙이다. 부자는 많은 것 가운데 많은 것을 내었지만 아직도 남은 것이 많이 있었다. 과부는 전 재산인 두 렙돈을 드렸다. 그는 드리고 나서는 남은 것이 없었다. 그래서 예수님께서 이 여자가 가장 많은 헌금을 드렸다고 하셨다. 헌금은 그 사람의 믿음의 분량만큼 드린다. 십일조는 하나님의 것이다. 교회에서도 성도들이 하나님의 것으로 구별하여 드렸으므로 하나님 나라 사역을 위하여 교회도 구별하여 사용해야 한다.

설교는 네가 하고 싶은 말을 하는 것이 아니라, 주님이 하시고 싶은 말씀을 선포해야 한다. 하나님 말씀에는 하나님의 뜻과 사랑과 마음이 나타나야 한다. 하나님에 대하여 전하는 것이 아니라 하나님을 전해야 한다. 설교는 잘한다든지 못 한다든지가 아니라 하나님의 말씀이 전해졌는지 전해지지 않았느냐에 달려있다. 목회자는 다스리는 자가 아니라 섬기는 자이며, 입으로 선포하는 자 이전에 삶의 모범으로 증거하는 자이다.

교회의 부흥은 너의 힘과 열심과 능력으로 되는 것이 아니라 오직 주의 권능으로 된다. 부흥은 숫자에 있는 것이 아니라 변화와 성숙에 있다. 성도의 숫자에 연연하지 말라. 내가 너의 믿음의 분량만큼 채워 주리라. 한 생명이 천하보다 귀함을 마음에 새겨라.

새벽기도회는 인도를 하기 위해서 하지 말고 네 자신을 먼저 주님께 드리며, 주님을 만나기 위하여, 주님과 동행하기 위하여, 주님이 주시는 음성을 듣기 위하여 하라.

교회의 주인은 주님이시고, 교회는 주님의 몸이며, 우주적인 것이므로 교인 쟁탈전을 하지 말고, 주님이 교회의 머리 되심을 기억하라. 교회당의 문을 열어 놓아 언제라도 주님을 찾는 자가 만날 수 있도록 배려하라. 교회의 존재 목적 가운데 하나는 구제와 복음 전도와 선교를 하는 것이다. '주라 그리하면 내가 채워 넘치게 하리라.' 남을 나보다 더 낫게 여겨라. 섬기는 자가 큰 자이다. 교회에 새 사람이 오면 그 사람은 주님이 보낸 사신으로 맞이하고 섬겨라. 천국에서 큰 자는 지극히 작은 계명을 행하면서 가르치는 자이다.

가정을 통하여 천국의 모습이 나타나야 한다. 성도를 통하여 주님의 영광이 나타나야 한다. 성도들은 모두 왕 같은 제사장이다. 먼저 너의 가정을 통하여 천국의 모습을 보여 주어라. 성도들이 주님의 인격을 닮아 왕 같은 제사장으로 살도록 가르치고 훈련하라." 등 이었다.

아파트 사저에서 예배를 드리다가 지하실이었지만 교회당을 갖게 되니 그 자체만으로 감사와 감격이 넘쳤다. 매일 새벽기도회를 힘차게 하는 것만으로도 기쁨이었다. 교회당이 존재하는 이유 중 하나는 언제라도 이곳을 통하여 하나님을 만나는 피난처가 되는 것이었다. 구약시대에 도피성이 있었던 것과 같은 곳이다. "부지중에 실수로 사람을 죽인 자를 그리로 도망하게 하라. 이는 너희를 위해 피의 보복 자를 피할 곳이니라"(여호수아 20:1-9). 나는 24시간 도로변에 있는 교회당 문을 잠그지 않고 열어 놓았더니 별의 별 일들이 있었다. 어떤 때는 걸인이 들어와서 잠을 자기도 하고, 지하이므로 소변을 계단에 누고 가기도 했다. 어떤 때는 누군가 기도를 하고 가기도 하고, 헌금함에다 헌금이나 자신의 가락지를 넣고 가기도 했다. 모든 일에는 일장일단이 있고, 제직들의 건의도 있었지만 나는 긍정적인 측면에서 "한 영혼이라도 이곳이 벧엘의 하나님을 만나는 곳이 된다면 다른 어려움은 이겨나가자"고 했다.

다른 교회에 다니고 있는 어느 여고생이 있었다. 집은 교회와 불과 100미터 정도에 있었다. 아침에는 학교에 갈 때에 와서 기도하고, 귀가 길에도 교회당에 와서 기도를 하는 김경숙이라는 예쁜 학생이었다. 이 학생은 대학을 다닐 때 우리 교회에 와서 훈련을 받고서 주님의 신실한 종이 되었다. 여자신학원을 졸업 한 후에 전도사가 되었으며, 호주에 가서 선교사 역을 했다. 내가 호주에 집회를 인도하러 갔을 때 광고를 보고 찾아 와서 반가운 조우를 했다. 그때에 양털로 만든 슬리퍼를 선물로 주어서 오랫동안 간직했다. 그 부모님은 처음에는 믿지 않았지만 전도를 하여 예수 그리스도를 믿고서 소천 하셨다.

2. 전문 사역을 위한 심층훈련
10년 그릇 준비

나는 1985년 2월 15일 고려신학대학원 제39회로 동기생 63명과 함께 졸업식을 가졌다. 나의 졸업식에는 사랑하는 아내와 딸과 아버지와 어머니와 두 누나와 매형과 장모와 처고모가 오셨다. 현재 개척하여 섬기고 있는 제8영도교회 성도들, 전도사로 7년 동안 사역을 했던 부산 성산교회, 밀양 예림중앙교회, 태동교회, 부산 새부곡교회 교인들이 축하를 하기 위해서 왔다. 나는 졸업 모자를 어머니에게 씌워 드리고 사진을 찍었다. 축하하기 위해서 모인 분들을 바라보면서 내가 집을 나와서 교회당에서 기도할 때에 주의 성령께서 친히 주셨던 약속의 말씀이 분명하게 이루어졌음을 보았다. "…네가 현세에서 100배를 받고…" 아멘이었다. 하나님의 약속이 그대로 신대원 졸업식에서 이루어짐을 보여 주셨다. 나는 신실하신 하나님을 더욱 신뢰하게 되었다.

나는 1987년 4월 7일 제59회 부산노회에서 안수를 받았다. 주님의 임재를 느끼며 얼마나 영광스럽고 감격스러웠던지 눈물이 하염없이 흘렀다. 장모께서 자주 기도해 주셨던 대로 "이 길은 이름도 없이 빛도 없이 가는 길, 눈물 없이 피 없이는 못 가는 길, 생명을 바쳐야만 가는 길…" 임에도 불구하고 주님이 걸어가신 그 길을 따라가므로 주님이 주시는 하늘의 기쁨과 평강이 넘쳤다. "좌로나 우로 치우치지 아니하고 오직 주님만 보리라"고 결심하였다.

서울 사랑의교회 옥한흠 목사께서 고려신학대학원 2학년 가을 학기를 시작할 때에 개최한 부흥회 강사로 오셔서 "신대원 과정은 목회를 위한 그릇을 준비하는 과정이다. 그러므로 졸업 후에 10년간은 서두르지 말고 배우는데 집중하여 최대한 그릇을 채워야 한다. 그릇이 준비된 만큼 담을 수 있게 된다"는 말씀이 나에게 도전이 되었다. 그리고 '평신도를 깨운다 지도자 세미나'에 대해서 소개했다. 그때 나는 제자훈련에 대하여 많은 관심을 가지고 있었고, 신대원 졸업 논문도 '예수님의 제자훈련 원리'를 쓰고 있었기 때문에 기대를 하고 있었다.

나는 한 명도 없이 교회를 개척했지만 이것을 실천하려고 했다. 개척교회를 섬기다 보니 일꾼이 없고, 당장 새벽기도회 인도를 맡길 자가 없었다. 그때 부산 남여전도회연합회의 후원으로 교회가 개척이 되었으므로 월 이십 만원의 사례비를 받았다. 교회적으로는 전도사를 볼 경제적 여유가 되지 않았고, 교회의 필요보다는 나의 필요를 채우기 위한 것이므로 내가 희생을 할 수 밖에 없었다. 아내와 상의를 하여 교육전도사를 청빙하여 내가 받는 이십 만원 사례금에서 십일 만원을 주자고 했더니 흔쾌히 허락을 해 주었다. 일 년에 전반기와 후반기에 한 번씩 배우러 가게 되었다. 이러한 결정은 나의 목회에 있어서 큰 유익과 도움과 준비된 목회자가 되게 했다. 내가 미국에 들어오기 이전에 필요한 세미나와 강의를 거의 다 듣게 되었다. 이제는 고인이 되셨지만 옥 목사님의 가르침은 하나님이 허락하신 섭리적인 만남이었다.

데니스 레인 강해설교
신대원에서 설교학을 제대로 배우지 못했다. 왜냐하면 그 당시에 설교를 전공한 교수가 없었기 때문이었다. 설교학을 실천신학 교수에게 배웠다. 한마디로 설교학 강의가 아니라 목회학 강의로써 설교학을 배웠다. 두 학기 동안 설교 실습을 했는데 지도교수는 설교학 전공자가 아니라 일반 지역 교회의 선배 목회자들이셨다.

나에게 "설교가 무엇인지? 설교를 어떻게 분석하고, 작성해야 하는지? 설교를 어떻게 전달을 하는지?"를 가르쳐 준 분은 신학교 교수가 아니라 데니스 레인 선교사였다. 두란노서원에서 인도네시아에서 오랫동안 선교지에서 선교를 하시는 그를 모셔서 강해설교 세미나를 개최했다. 두란노에서는 한국교회 강단에 말씀이 말씀으로 선포되기를 열망하여 이 세미나를 개최했다. 나의 생각으로는 이 세미나로 말미암아 한국교회의 강단이 그나마 말씀이 말씀대로 선포되는 계기가 된 것으로 여겨진다. 왜냐하면 나 자신도 큰 도움을 받았고 참석자들에게 미친 영향력이 대단했기 때문이었다.

세미나는 오전과 오후에는 강의와 그룹 토의를 하고, 저녁시간에는 그 본문을 가지고 설교 실제를 공개강좌로 했다. 나는 신학대학 1학년 때부터 매일 성경을 가지고 말씀을 묵상 해 오고 있었으므로 강의에서 나오는 관찰과 분석은 어렵지 않았다. 하지만 분석을 통한 해석은 처음으로 듣게 되고, 배우게 되어 어려웠다. 그 다음으로 연결과 예화와 적용과 결론과 서론의 작성 부분을 배우게 되니 신천지를 경험하는 것 같았다. 너무도 감격이었고 충격이었고 도전이었다. 한 번은 부산 부전교회당에서 세미나를 개최 했고, 저녁에는 여전히 공개집회로 했다. 나는 우리 교회 성도들을 초청하여 함께 하나님의 말씀을 들었다. 그때 산상수훈에 대한 말씀을 선포하셨다. 나는 그때 하나님의 말씀이 살아 있음을 체험 했다. 그리고 설교의 능력과 진수를 깨닫게 되었다. 그 이후로부터 은퇴를 할 때까지 30년 동안 그때 배운 것을 실천했다.

내가 미국에 들어와서 2년이 되었을 때에 두란노서원에서 〈그 말씀〉 월간지 발간 1주년 기념으로 '설교 콘테스트'를 했다. 나는 시상품보다도 내가 배워서 하는 설교가 제대로 하고 있는지 객관적인 평가를 받고 싶은 심정으로 원고를 보냈다. 왜냐하면 평신도들이 설교에 있어서 쉽게 평가를 하지만 그들의 입장에서의 평가이지 전문적인 평가가 아니기 때문이었다. 같은 동역자들끼리도 설교는 금기사항과 같아서 도움을 주고 받기가 쉽지 않기 때문이었다. 그 다음 월간지에 발표가 있었다. 참석을 한 자들이 130여명이 되었다. 그 중에서 10명을 뽑게 되었고, 감사하고 자랑스럽고 영광스럽게 나의 이름이 있었다. 그 상으로 일 년 동안 〈그 말씀〉 월간지를 받았다. 나는 한 부분에서 객관적으로 나의 설교에 대한 검증을 받았으므로 기쁨과 용기를 가지고 설교를 했다. 내가 제출한 설교는 다음과 같다 (본문 : 막16:1-8, 제목 : 첫 부활 아침의 위로, 그 말씀 1992년, 두란노).

첫 번째 전도폭발(III) 훈련

신학대학원 학업을 마치고 강도사 자격시험을 앞두고서 개척을 시작했지만 부족함이 너무도 많았다. C.C.C.의 '사영리 전도', 네비게이토의 '브리지(Bridge) 전도훈련', 그리고 어린이 전도협회를 통해서 '글 없는 책', 또한 기장 복음화 운동 간사를 하면서 전도법을 배웠지만 전도에 대하여 부족한 부분이 많아서 자신이 없었다. 그때 마침 수영로교회 10주년을 맞이하여 목회자들에게 '전도폭발 훈련'과 같은 '예수 전도 대학'을 무료로 시켜 준다고 했다. 나는 이미 나의 친구 박 목사로부터 남서울교회에서는 전도폭발 본부에서 진행하는 '전도폭발 훈련'에 대하여 알고 있었다. 그런데 참가비가 200,000원이나 되었다. 그 금액은 당시 나의 한 달 사례금이었다. 망설이고 있던 가운데 이렇게 무료로 배울 수 있게 되어 그 훈련에 기쁨으로 참석을 했다. 많은 목회자들이 참석하여 훈련을 받았다. 강사는 부목사인 김 목사였다. 나는 매일 일찍 도착하여 맨 앞자리에 앉았다. 참석을 했더니 복음제시 개요를 주고선 무조건 외우라고 했다. 열심히 외워서 아침에 도착을 하고서 적고, 오전에 공부한 것을 추가하여 점심시간에 추가로 외워서 적고 하였다. 굉장히 생소하고 분량이 많았지만 새로운 것을 배우게 되므로 좋았다.

사흘째에는 옆에 있는 목사와 짝이 되어 공원에 전도를 실제적으로 하러 나갔다. 마침 한 곳에 갔더니 공원의자에 혼자 앉아 있는 연세 드신 분을 만났다. 나는 강의실에서 열심히 배우고 외웠던 대로 서론적으로 인사를 나누고 질문 1과 질문 2를 했다. 1과 2의 질문에 모두 부정적으로 대답하여 거기에 맞도록 복음제시 개요를 전했다. 그리고 구원의 확신 질문을 했더니 확신을 했다. 이어서 즉석 양육까지 했다. 나는 기쁨과 감격으로 돌아와서 모두들 앞에서 전도 보고를 했다. 나는 성령께서 베풀어 주셔서 그때 일어났던 일을 결코 잊을 수가 없다. 이것이 나의 첫 번째 전도폭발 훈련의 영적인 열매였다.

'예수 전도 대학' 마지막 다섯 째날 이었다. 짧은 강의를 듣고서 두 시간 동안 전도 실습을 나갔다. 한 젊은이가 의자에 앉아 있었다. 나는 마음으로 기도를 하고서 그의 옆에 앉으면서 반가운 얼굴로 인사를 나눴다. 그는 통영에서 살고 있으며 대학 입학을 위하여 재수를 하고 있는 이씨 성을 가진 10대 후반이었다. 그는 초등학생 때에 교회에서 하는 여름 성경학교에 몇 번 참석했다. 나도 대학을 떨어진 경험이 있고 삼수를 하여 대학에 들어갔다고 했다. 그리고 그에게 간증을 했다. 그에게 전도훈련 교재의 질문 1과 2를 했다. 그에게서 나온 대답은 모두 부정이었다. 지난 시간보다는 복음제시 개요를 보다 세련되게 전했다. 성령님의 도우심으로 그는 예수님을 영접했으며 구원의 확신을 가지게 되어 좋아했다. 나는 진심으로 축하를 하고서 기도를 해 주었다. 기쁘고 감사한 마음으로 형제에게 오늘 왕자가 된 것을 축하하기 위해서 빵과 팥빙수를 대접하고서 한 가지 부탁을 했다. 나는 "현재 훈련을 받고 있다. 공개적으로 보고를 해야 되는데 형제와 나누었던 이야기를 가서 해 줄 수 있겠느냐?"고 물었더니 "할 수 있다"고 했다.

정한 시간에 모여서 모두들 전도 보고를 열심히 했다. 그런데 나 혼자만 전도를 한 대상자를 데리고 온 것 같았다. 나의 순서가 되어 내가 보고를 하는 대신에 형제에게 하라고 했다. 형제는 "저는 충무에 살고 있는데 친척 집에 놀러 왔습니다. 오늘 공원에서 이 사람을 만났습니다. 이것저것 이야기를 하다가 저에게 '오늘 죽으면 천국에 갈 수 있느냐?'고 질문을 해서 '못 간다'고 했습니다. '왜 못 가느냐?' 고 질문을 해서 '교회에 안 다녀서 못 간다' 고 했습니다. 그랬더니 이 사람도 전에 그런 적이 있다고 하면서 이야기를 해서 귀를 기우려 들었습니다. 제일 인상 깊은 것은 '천국은 공짜(은혜)로 가는 것이며, 믿음으로 가는 것' 이라고 했습니다. 오늘 저는 예수님을 마음으로 영접 했습니다. 예수님을 주인으로 모셨습니다. 그래서 하나님의 자녀가 되었습니다. 나는 이제는 오늘 죽어도 천국에 들어 갈 수 있습니다. 앞으로 예수님을 열심히 믿을 것입니다. 나에게 천국을 소개해 주신 이 분께 감사를 드립니다" 하고서 눈물을 흘려 더 이상 말을 잇지를 못했다.

나도 기쁨과 감격의 눈물을 흘렸고, 훈련생 대부분도 전도 보고를 통하여 성령의 역사하심을 체험했다. 나는 성령께서 은혜를 베풀어 주셔서 일어났던 오늘 일을 결코 잊을 수가 없다. 이 순간이 나의 전도 목회에 큰 영향을 주었고, 전도폭발 훈련을 통한 전도에 큰 확신을 가지게 되었다. 나는 "설교하는 목사 이전에 평생 전도하는 목사가 되리라"고 다짐을 했다. 나는 우수한 성적으로 전도폭발 훈련을 수료했다. 나는 너무도 귀하고 확실한 훈련을 받았고, 그 영적 열매를 직접 경험 했다. 하루 속히 교회에서 청년들과 성도들과 이웃 목회자에게 전도폭발 훈련을 나눠 주고 싶은 열망으로 가득 찼다. 이것이 전도폭발 훈련을 통한 나의 두 번째 전도 열매였다.

'전도폭발 훈련(III)' 재수생

나는 '전도폭발 훈련'을 통해 큰 유익과 도전을 받았다. 나는 프로그램이나 훈련을 통해 배울 때에는 또 다른 사람에게 전해 주기 위한 자세로 배웠다. 나는 처음부터 수요일 예배에 참석하는 신학생들에게 광고를 하고, 주위의 개척교회를 하는 후배들에게 연락을 했다. 왜냐하면 개척교회 목회자들에게는 너무도 필요한 도구가 되기 때문이었다. 열심이 있는 열 명의 훈련생들이 참석하였다. 나는 내가 배운 대로 시작과 함께 복음제시 개요를 외워서 적는 시험을 쳤다. 나는 갓 소위로 임관된 지휘관처럼 열심히 가르쳤고, 성경 구절의 음절이 틀려도 감점을 주었다. 배운대로 가르치고 과정이 마쳐 감에도 나 처럼 전도를 하지 못했다. 나는 나의 잘못을 모르는 채 "나는 전도가 되는데 왜 여러분들은 되지 않느냐?"고 잔소리를 했다. 그러자 나는 무엇인가 잘못된 것이 있음을 느끼게 되었다.

서울에 가서 본부에서 주관하는 '전도폭발 훈련(III)'을 받은 친구 박 목사가 자기 교회에서 S.F.C. 간사들을 위한 '전도폭발 훈련(III)'을 한다고 했다. 나는 친구에게 요청을 하여 창원 새순교회에서 실시하는 훈련에 참석했다. 강의와 복음 제시 개요는 대동소이했다. 가장 다른 점은 그 교회에서 훈련을 받은 훈련자 한 사람이 훈련에 참석을 한 훈련생 두 사람을 데리고 가서 실제적으로 전도를 하는 것을 보여 주었다. 그리고 처음에는 간증에, 그 다음에는 복음 설명과 결신에 동참을 시켰다. 마지막에는 훈련생이 모든 것을 진행 하고, 훈련자는 옆에서 지켜보고 돌아와서는 잘한 부분과 부족한 부분을 점검해 주었다.

나는 여기서 중요한 사실을 깨닫게 되었다. 정식으로 배우지 않으면 진정한 제자를 세울 수 없다는 것이었다. 그리고 "돌팔이 의사보다 무서운 자는 없다"는 것을 절감했다. 그래서 '전도폭발 훈련본부'에서는 정상적으로 본부에서 실시하는 지도자 훈련을 받은 자들에게만 교제와 훈련을 시킬 수 있도록 하는 이유와 교회의 담임목사가 훈련을 받지 않으면 부교역자가 와서 훈련을 받을 수가 없도록 한 이유를 알게 되었다.

'국제전도폭발(III) 무장사역훈련' 삼수생

나는 다시 각오를 하고서 남서울교회(홍정길목사)에서 하는 제14기 '국제전도폭발(III) 무장사역훈련'에 참석을 했다. 훈련은 월요일 오후부터 금요일 오전까지 했다. 참석을 하기 전에 복음제시 개요를 암송 해야만 했다. 나는 이미 재수까지 했으므로 이 부분은 쉬웠다. '돌팔이 의사' 였지만 강의도 했었기 때문에 어려움이 거의 없었다. 매일 오전에는 점검을 하고서는 훈련자(집사, 권사) 한 명이 훈련생(목사) 두 명을 데리고 전도 실습을 직접 보여 주었다. 나의 훈련자는 내가 전하는 것을 보고서는 세 번 가운데 두 번을 직접 전도 실습을 하게 해 주었다.

마지막 수료 시간에는 먼저 훈련생 전원에게 '국제전도폭발(III) 무장

사역훈련'을 마친 수료증과 이수자들에게만 주는 영광스러운 뱃지를 주었다. 훈련이 얼마나 힘이 들었던지 감격속에 이 뱃지를 받으면서 나와 많은 훈련생들이 눈물을 흘렸다. 한 사람씩 나와서 간증을 하는 시간을 가졌다. 나는 "저는 무자격 돌팔이 의사였습니다. 왜냐하면 이곳에 참석을 하면 참가비가 많이 들고, 이 훈련을 제대로 알지를 못했고, 가까이에 있는 교회에서는 무료로 목회자들에게 훈련을 시켜주어서 정상적으로 훈련을 받지 못했기 때문이었습니다. 또한 저는 배운대로 훈련을 하게 되었는데 제게 배운 훈련생들은 되지를 않았습니다. 그 이유는 정상적으로 배우지 않으면 정상적으로 제자를 만들 수 없다는 것을 알게 되었기 때문입니다. 그리고 '돌팔이 의사보다 무서운 자는 없다'는 것을 절감하게 되었습니다. 이제는 빛나는 수료증과 영광스런 뱃지를 받았으므로 '국제전도폭발(III) 무장사역훈련'을 잘 감당하겠습니다." 모두들 박수를 힘차게 쳐 주었다. 하나님께서는 누구에게라도 복음을 확실하게 전할 수 있는 기술을 가지도록 해 주셨다. 이 기술로 말미암아 목회 사역에서 너무도 유용하게 사용을 했으며, 전도하는 목사가 되기로 다시 다짐을 했다.

'평신도를 깨운다' 지도자 세미나

어느 날 '평신도를 깨운다 지도자 세미나' 광고가 나온 것을 보았다. 나는 바로 신청서를 작성하여 보냈다. 그런데 교회 사무실에서 이번에 참석할 수 없다고 연락이 왔다. 나는 새벽 기도를 마치고 옥 목사에게 직접 펜으로 장문의 편지를, 속에서 끓어오르는 간절한 마음으로 써서 보냈다. 마침 결원이 생겼고 직원회의에서 "당신이 보낸 편지가 내 마음을 움직여 결정이 되었으니 참석을 하세요"라고 급하게 연락이 왔다. 나는 제1기 '평신도를 깨운다 지도자 세미나'에 참석을 했다. 12명으로 일년 동안 제자훈련을 하고서 교회를 시작한 교회의 아름다움을 보게 된 것은 복중의 복이었다. 지금까지도 옥 목사의 강의와 성경공부 인도와 순장들의 간증을 기억하고 있을 정도다.

옥 목사의 첫 강의는 '광인론'이었다. 한마디로 미쳐야만 할 수 있는 일이다. 하지만 바로 미치면 미친 것이 아니지만 제대로 미치지 못하면 미치게 된다는 것이었다(사도행전 26:24-25). 그는 제자훈련을 하면서 기존교회에서 구원의 확신에 대하여 부족함을 알게 되었다. 한 번은 그 교회에서 외적으로는 제일 충성스럽게 섬기고, 모범을 보이는 권사가 내적으로는 구원의 확신을 갖지 못해 고통하는 것을 보면서 제자훈련에 대하여 도전을 갖게 되었다고 한다. 그의 제자훈련에 대한 확신은 한스 킹의 책 〈교회론〉이었다.

이 훈련에서 놀라운 것은 제자훈련의 이론과 실제를 적나라하게 다 보여 주는데 있었다. 그는 자신과 그의 섬기는 교회만을 위해서가 아니라 한국교회와 하나님의 나라를 위하여 이 세미나를 개최한 것이었다. 더 나아가 교회의 존재 목적을 이루게 하기 위하여 섬겼다. 실제적인 모습에서 순장들의 섬김과 간증자들의 고백을 들을 때에 '왕 같은 제사장의 삶'을 살고 있는 것을 볼 때에 부러웠고 목회자로서 준비가 부족한 내 자신이 부끄러웠다.

옥 목사의 말씀 가운데 목회자로서 더욱 충격적인 것은 "제자훈련이 소총이라고 한다면 주일 설교는 대포가 되어야 된다"는 것이었다. "순장 공부도 귀하고, 다락방 모임도 놀라웠는데 설교는 대포가 되어야 된다"고 하니 충격이었다. 하지만 왜 제자훈련에 실패하게 되는지를 알게 되었고, 제자훈련을 하다보면 설교 준비를 등한시 할 수 있기 때문이었다. 그의 강의 가운데 "성도들이 하나님께 더욱 예배를 잘 드리게 하기 위해서 제자훈련이 필요하다고 했다. 왜냐하면 우리는 모르는 하나님을 경배하는 것이 아니라 우리가 아는 만큼의 하나님을 경배할 수 있기 때문이다." "제자훈련은 결코 교회의 수적인 성장을 위해서 하게 되면 실패하게 된다. 제자훈련이 삶의 변화가 아니라 하나의 과정이나 지식으로 남게 되면 교회는 더욱 어려워진다. 제자훈련은 하나의 프로그램이 아니라 예수님이 제자들에게 3년 동안 하신 것과 같이 이 땅에서 주님이 오실 때까지 가르쳐 지키게 하는 명령이다." 나는 그동안 교회에서 제자훈련이 뿌리를 내려야 된다는 생각만 가졌는데 새로운 도전과 성숙하고 열매를 맺도록 하는 해답을 얻게 되어 하늘을 날아갈 듯이 좋았다.

선교회 훈련

나는 먼저 C.C.C. 대학생선교회에서 하는 훈련과 총재이신 김준곤목사가 인도하는 전국 '원단 금식기도회' 등을 부지런히 배우려고 참석했다. 하지만 초급 과정 이후에 공동체 훈련에 참석을 하지 못하게 되므로 중단이 되었다.

그 다음에는 Navigator 선교회 훈련을 자청하여 받았다. 마침 수요일 우리 교회 예배에 참석하는 군 제대를 하고서 복학을 한 후배를 통해서, 제대로 된 제자훈련을 받고 싶어서 아내와 함께 네 명이 우리 집에서 훈련을 받았다. 분명하게 도움이 된 것은 어떤 성경 구절이라도 3분 안에 암송할 수 있는 것을 배웠다. "우리가 외우지 못하는 것은 외우려고 하기 때문이다"라고 했다. 하나님은 우리를 하나님의 형상으로 지음 받게 하시고, 그냥 보면 알도록 했다는 것이다. 그러면서 갈라디아서 2장 20절 "내가 그리스도와 함께 십자가에 못 박혔나니 그런즉 이제는 내가 산 것이 아니요 오직 내 안에 그리스도께서 사신 것이라 이제 내가 육체 가운데 사는 것은 나를 사랑하사 나를 위하여 자기 몸을 버리신 하나님의 아들을 믿는 믿음 안에서 사는 것이라"를 3분 안에 외우라고 했다. 그런데 그것이 인도자의 말대로 가능했다. 그때 내가 배운 것은 성경 구절을 암송하면서 하나님을 의지하는 법을 배웠다. 그 이후로 자신감을 가지고 3분 안에 성경 구절을 외우고 있으며 다른 사람에게도 똑같이 되내이면서 가르쳤다.

그때 그 인도자를 통하여 배운 것은 지식의 전달이 아니라 삶의 전달이었다. 책 내용의 전달이 아니라 인격의 전달임을 깨닫게 되었다. 그래서 일반적으로 선교회에서 나온 교재를 가지고 훈련을 해도 효과와 열매가 맺지 못하는 이유를 알게 되었다. 우리 집에서 모였지만 그는 일찍 와서 기도로 준비 하고서, 10분 전에는 오는 사람들을 영접하기 위해서 서서 기다렸다. 나는 초급 단계를 마치고 이제 중급 과정을 시작해야 될 때였다. 그 인도자는 자기의 상급 지도자에게 문의를 하고서 답변을 주겠다고 했다. 그의 상급 지도자는 단호하게 답변을 주었다. 내가 Navigator 선교회의 "진정한 지도자가 될 수 없다"는 것이었다. 나를 "가르쳐 본들 장로교회 목사가 될 뿐이기 때문에, 선교회의 목적인 제자가 제자를 낳는 사역을 지속적으로 할 수 없기 때문이다"라고 답했다. 이 부분에서는 나는 제자훈련을 시킬 자격이 없다. 왜냐하면 제자훈련에서 탈락한 자이기 때문이다. 그 다음에는 이태웅 박사의 제자훈련과 Joy선교회의 제자훈련에도 참석을 했다.

'크로스웨이 성경연구 세미나' (Cross Ways Bible Study)

저자인 해리 웬트(H. Wendt)가 직접 와서 서울에서 강의하는 'Cross

Ways Bible Study 세미나'에 참석 했다. 첫 번째 충격은 성경의 전체 내용을 그림으로 설명하도록 해 주었다. 창세기부터 요한계시록까지 예수 그리스도의 섬김을 주제로 설명이 되었다. 이 강의를 듣게 되면 창세기부터 요한계시록까지 성경을 보지 않고서도 주제별로 설명을 할 수 있었다. 나에게는 큰 유익과 도움이 되었다. 나는 배움에 열심이었으므로 저자의 직강을 열심히 배우면서 바로 가르칠 수 있게 되었다. 이것을 배움으로 예수 그리스도의 섬김을 배웠고, 나의 목회에서 '섬김'이 핵심가치가 되었다.

'프리셉트 성경연구'

나의 동기 가운데 박 목사는 주님을 향한 열정이 엘리야만큼 특별했다. 서울에서 열린 한 세미나에 참석 하고서 프리셉트 성경연구에 대한 정보를 알게 되었다. 그는 친구들에게 "4장으로 된 빌립보서를 위해서 다섯 시간씩 16번을 연구하게 된다면 해 볼 만하지 않겠느냐?"고 도전을 했다. 나와 친구들은 내용도 알지를 못하면서도 그를 신임했으므로 성경책 한 권만을 챙겨서 상경을 했다. 그때만 해도 프리셉트 성경연구는 초창기였으므로 잘 알려져있지 않았다. 주강사는 최복순 사모였으며, 미국에서 저자인 케이 아더(Kay Arthur)로부터 직접 배운 분이었다. 그는 이 성경연구를 한국에 정착시키기 위하여 세워진 분이기도 했다. 그의 남편은 김경섭 목사였으며, 같이 이 사역을 감당하고 있었다. 케이 아더(Kay Arthur)는 베스트 셀러 작가이자 국제 성경 교사였다. 여성으로서 세계 설교자 가운데 10위 안에 들어갈 만큼 탁월한 분이셨다.

프리셉트 성경연구의 특이한 점 가운데 하나는 세미나식으로 강사가 강의를 하는 것이 아니었다. 참석자들이 3시간 동안 혼자서 과제를 연구해서 오면, 2시간 동안 서로 나누고 30분 동안 그 부분에 대하여 설교를 듣는 것이었다. 과제 중에는 한 단어를 찾기 위하여 그 책 전 부분을 읽고서 표시하면서 찾아야 했다. 나는 빌립보서를 배우면서 적어도 100번은 더 읽었다. 그 후에도 창원에서 그리고 서울에서 저자인 케이 아더(Kay Arthur)의 직강을 배울 수 있는 엄청난 특권을 가졌다. 나의 일생에 그분과 같은 설교를 또다시 들을 수 없다고 할 만큼 탁월했고 놀라웠다. 한마디로 말씀 가운데서 헤엄을 치는 것과 같았다. 하나님 말씀의 무궁함과 놀라움과 능력을 보았다. 프리셉트 성경연구를 접하게 된 것은 나의 목회 가운데 특별함이었고, 하나님의 말씀을 맡은 자로서의 각오를 새롭게 하는 계기가 되었다.

'효과적인 부모 역할 훈련'

1991년 새해 1월에 송길원 목사가 귀한 세미나가 있으니 꼭 참석을 하라고 했다. 기간은 3박 4일이며 집중교육이며 참가비는 부부가 오십 만원으로서 장소는 해운대에 있는 한국콘도라고 했다. 참석을 했더니 송 목사 부부, 나 장로 부부, 그리고 우리 부부와 서울에서 강사로 온 두 분이 전부였다. 강의는 김인자 교수가 미국에서 훈련을 받고서 한국에 와서 '한국심리상담연구소'를 개소하여 진행하는 훈련과정이었다. 이 훈련은 토마스 고든의 〈효과적인 부모역할훈련〉(Parents Effectiveness Training)〉의 책을 중심으로 한 Work Book 훈련이었다.

나는 이 훈련 가운데서 다음과 같이 배우고 깨달았다.
첫 번째는 어렵고 충격적이었던 것은 말을 한다고 대화를 잘하는 것이 아니었다. 또한 학교에서 배운 국어 공부(문단 나누기, 주제 파악, 반대말과 비슷한 말 등)를 잘했다고 해서 말을 잘하거나 대화를 잘하는 것이 아니라는 것이다.

두 번째는 보통 우리가 말을 하는 것은 후천적으로 체계적인 학습을 통해서 배운 것이 아니라, 태어나면서부터 저절로 습득하게 된 것으로 인식한다. 그런데 이 훈련을 받으면서 알게 된 것은 무조건 말을 한다고 말을 잘하고, 대화를 잘한다고 착각을 한 것이었다. 나는 나이 사십이 되어 비로소 등록금을 지불하고서 체계적으로 말하는 법을 배웠다.

세 번째는 강의 가운데 '문제 구분, 즉 욕구 부분'을 이해하는 것이 처음에는 너무도 어려웠다. 이해가 잘 되지를 않았다. 왜냐하면 지금까지는 나의 문제뿐만이 아니라 상대방의 문제도 모두 나의 문제인 것으로 생각을 했기 때문이었다. 대부분의 사람들이 대화가 잘 되지 않는 이유는 '나의 문제와 상대방의 문제'를 정확하게 구분 하지 못하기 때문이었다. 대신에 '나의 문제도 나의 문제이고, 상대방의 문제도 나의 문제'로 생각하기 때문에 말을 잘못하게 된다는 것을 처음으로 알게 되었다.

네 번째는 '12가지 걸림돌'을 배우면서 모든 내용이 생활 속에서 내가 자주 사용하고 있는 말이었다. 한 부분에서는 이런 말들을 조심해야 된다고 알고 노력도 했지만 이러한 것들이 심각하게 '걸림돌'인 것을 알지 못했다. 처음에 이것을 배우면서 나의 입에서 나온 말은 "이러한 말을 빼고 나면 할 말이 없겠다"라고 할 정도였다.

다섯 번째는 '반영적 경청'(Active Listening)을 배우면서 이런 개념은 나에게 아주 낯설었다. 왜냐하면 나의 삶 가운데 이러한 말을 쉽게 들어 보지도 않았고, 해 본 적은 더욱 없었기 때문이었다. 말은 나의 생각이나 의견을 말하는 것이지 남의 마음을 읽어주고 받아 주는 것인 줄을 알지 못했기 때문이었다.

여섯 번째는 '나 전달법(I-Message)'을 배우면서 그 개념이 생소하였고 어려웠다. 왜냐하면 그동안 대화에서 나의 느낌과 마음을 전달하는 것은 금기사항으로 여겼기 때문이었다. 옛날 어르신들이 "남자는 태어나서 세 번 운다"는 말씀이 나의 마음속에도 자리를 잡고 있었다. 나의 감정은 최대한 노출하지 않고 숨기려고 했기 때문이었다.

일곱 번째는 '유아를 위한 나-전달법'을 배우면서 너무도 놀라웠다. 그것은 유아는 말을 알아듣지 못하므로 이해하지 못한다고 생각을 했기 때문이었다. 그런데 "유아가 언어를 확실하게 이해하지 못한다고 볼 수 없으며, 부모가 비언어적인 행동과 언어를 결합시켜 말을 하게 되면 감정이 전달이 되며, 유아의 언어 발달을 촉진시켜 준다"라는 강의를 들었다. 더군다나 충격적인 것은 "당신이 싫어하는 아이들의 행동을 체벌 없이도 고칠 수 있다"는 것이었다. 이제 10개월이 된 둘째딸을 둔 아빠로서는 너무도 매력적이고 달콤한 것이었다.

여덟 번째는 '환경을 재구성하기(+, -, c, p)'에서 사실 가정에서의 이해 충돌은 많은 문제점에서 일어나기보다는 문제가 발생하는 것을 미리 막지 못했기 때문인 것을 알게 되었다. 문제가 발생하기 이전에 미리 환경을 재구성(+, -, c, p)해 놓게 되면 많은 문제점들을 싸우거나 화내지 않고서도 해결할 수 있는 것을 배우게 되었다.

아홉 번째는 수료식에서 나는 이렇게 고백을 했다. "나는 이 훈련을 받고보니 지금까지의 대화는 '빵점'(0)이었다. 남편으로서, 아빠로서, 아들로서, 담임목사로서 너무도 부족했고 부끄러웠다. 이 이후로는 지금까지의 부끄러운 삶을 청산하고 배운 대로 살아 보기로 작정해 봅니다"라고 했다.

열 번째는 아내와 버스를 타고 집으로 돌아오면서 "여보! 나는 배운 대로 한 번 살아 보고 싶소. 우리 함께 배운 대로 한번 살아 봅시다"라고 서로 다짐하는 고백을 나누었다.

3. 전문 사역의 실천 현장
목회 패러다임의 변화

　나는 '전도폭발 훈련'을 마치고 신세계를 경험했다. 나의 가슴에는 복음으로 가득 채워졌다. 이 훈련을 통하여 제일 먼저 내 자신이 분명한 구원의 확신을 갖게 되었다. 복음의 풍성함과 능력을 알게 되었다. 동시에 복음의 단순함을 깨달았다. 누구에게나 자신 있게 내가 믿는 복음을 전할 수 있게 되었다. 뿐만 아니라 이웃에게 내가 가진 이 엄청난 비밀을 나눠주고 싶었다. 이 훈련을 마치고 집에 돌아오자 마자 아내와 딸에게 바로 실습을 했다. 온 가족이 영생의 선물을 가지고 있음을 하나님께 감사했다. 이 고백은 성령 하나님께서 도와주지 않으면 되지 않는 신비로운 것을 확신하게 되었다. "그러므로 내가 너희에게 알게 하노니 하나님의 영으로 말하는 자는 누구든지 예수를 저주할 자라 하지 않고 또 성령으로 아니하고는 누구든지 예수를 주시라 할 수 없느니라"(고전12장3절). 또한 그 고백은 하나님께로 왔기 때문에 할 수 있게 된 것을 알게 되었다. "영접하는 자 곧 그 이름을 믿는 자들에게는 하나님의 자녀가 되는 권세를 주셨으니 이는 혈통으로나 육정으로나 사람의 뜻으로 나지 아니하고 오직 하나님께로서 난자들이니라"(요1장 12-13절).

　나는 가을을 맞이하면서 교인들의 가정을 돌아보는 대 심방을 계획했다. 이러한 계획은 다름이 아니라 교회 모든 성도들 각 개인의 구원의 확신을 확인하기 위해서였다. 나는 그동안 성도들이 믿음의 연륜이 있음에도 불구하고 "신앙이 왜 성장하지 못하는지?"에 대하여 생각했다. 그 이유 중의 하나는 믿음의 씨앗이 없으면 아무리 물을 주어도 성장하지 않는 것과 같이 구원의 분명한 확신을 가지지 않았기 때문임을 알게 되었다. 사실 목사는 설교하는 사람 이전에 복음을 전하는 사람이며, 교회를 부흥시키는 사람 이전에 한 영혼에게 분명한 영생을 가질 수 있도록 도움을 주는 사람이다. 또한 목회자는 한 성도가 예수 그리스도의 장성한 분량까지 성장하도록 헌신해야 한다. 하나님께서는 나에게 전도 기술을 배우는 기회를 주셨을 뿐만 아니라 목회의 페러다임을 변화시키셨다.

나는 전도를 위한 대 심방을 실시했다. 하지만 실제적으로 '전도폭발 훈련'에서 배운 질문 1과 질문 2를 기존 성도에게 바로 하기에는 용이하지 않았다. 왜냐하면 오해를 불러일으킬 요소가 있었고, 목사가 자신의 신앙을 무시한다고 생각할 수도 있고 전도를 위한 방문이 아니라 가정을 심방하는 시간이기 때문이었다. 이 훈련에서 배운 복음제시 개요는 처음 교회에 출석한 사람이나 믿지 않는 자들을 중심으로 만들어진 프로그램이기 때문이기도 했다. 나의 결단과 용기가 필요했다. 그래서 기존으로 심방을 가서 하는 방식을 따라 찬송도 하고, 성경 본문을 읽고서 점검함과 동시에 먼저 그들의 일반 생활에 대하여 관심을 가지기로 했다.

나는 교회개척 후 첫 번째 대 심방을 기도하면서 시작했다. 심방 대상 가정에 가서는 일반적으로는 먼저 목사가 말을 하고 예배를 인도 했다. 나는 심방을 가서는 전도폭발 훈련의 서론대로 그들의 일반생활에 대하여 먼저 질문(그들의 교회배경, 우리 교회 등)을 하고서 듣는 시간을 오랫동안 가졌다. 기존으로는 목사가 찬송을 택하여 불렀지만 나는 그 가정이 제일 좋아하는 찬송가를 묻고서 불렀다. 그 다음으로는 복음을 전하기 위한 찬송을 불렀다. 성경은 요한복음 3장 1절에서 21절을 택하여 성경공부를 하는 것처럼 질문 하고 답을 듣는 식으로 했다.

이 심방을 통하여 삼십 명 이상이 분명한 구원의 확신을 가지게 되었다.

뿐만 아니라 우리 교회에 와서 등록하는 모든 분들에게 첫 번째 심방에서는 이 전도폭발 복음 설명을 통하여 구원의 확신과 즉석 양육지도를 했다. 나는 하나님께 감사하기도 했지만 그동안 준비가 되지 않은 점에 대해서 목회자로서 부끄럽고 성도들에게 미안했다. 한 명도 없이 교회를 개척했으므로 교회 출석자의 70%는 내가 전도함으로 교인이 되었다. 내가 복음으로 그들을 낳았으므로 아직도 그들을 잊을 수가 없다.

제자훈련 시작

나는 믿지 않는 가정에서 성장 했다. 그래서 믿음의 뿌리가 견고하지 못했으며, 믿음의 삶도 많이 부족했다. 가정에서의 가정예배와 믿음의 전수에 대하여 알지 못했다. 그래서 나는 먼저 내 자신의 신앙 확립이 필요했다. 그리고 부모가 주님의 제자가 되어야만 자녀들을 믿음의 제자로 만들 수 있을 것으로 생각했다. '리로이 아임스'가 지적한 것처럼 "제자는 태어나는 것이 아니라 훈련으로 되어진다"고 했기 때문이었다. 그 당시만 해도 부모가 자녀에게 모범적인 신앙의 훈련을 시키는 가정은 별로 만나 보지 못했다. 부모들은 교회학교에서 교역자들이 신앙을 가르쳐 준다고 생각했다.

나는 이러한 훈련들이 큰 힘과 경험이 되었다. 그래서 용기를 가지고 '평신도를 깨운다' 제자훈련을 시작했다. 교회 여전도회 제자반, 남전도회 제자반, 신학교 남제자반과 여제자반, 해양대학 제자반, 일반 대학 제자반, 이웃교회에서 훈련을 받고자 하는 분들의 제자반, 새신자 중심으로 한 제자반, 복음간호대학 교수 등 아홉 반을 인도할 때도 있었다. 나의 마음의 스승이신 옥 목사께서도 아홉 반을 인도하셨으므로 이것만이라도 닮고 싶은 심정이었다.

나는 이러한 제자훈련을 하는 가운데 특이한 경험을 했다.

첫째는 B가 송구영신 예배 때에 술에 취해서 참석을 했다. 그는 우리 교회의 P집사의 남동생으로 새해부터 교회에 나오기로 하고서 송구영신예배 때에 참석을 했다. 그는 설계 사무소에 다니고 있었고, 결혼을 하여 아내는 임신 8개월이었다. 그런데 교회에 출석 한지 몇 주가 되지 않아 태아가 태 안에서 죽었다는 비보였다. 나는 처음 당하는 일이기도 했지만 너무도 놀랐다. 이제 예수님을 믿고자 교회를 출석 했는데 이런 일을 당했으니 얼마나 낙심이 되고, 하나님을 원망할 것인가? 를 생각 하니 앞이 막막했다. 그 시어머니는 뭐라고 할지? 할 말이 없었다. 다행스러운 것은 불교 신자인 시어머니께서 마음은 아프셨지만 잘 받아 주셨다. 당사자들은 얼마나 힘들고 고통스럽고 슬플까? 를 생각했지만 생각보다는 잘 인내했다.

그 가운데 우리 교회에 출석하는 C라는 부부와 두 가정이 제자훈련을 시작 했다. 하나님께서 넘치는 은혜를 베풀어 주셨다. 얼마 있지 않아서 두 가정 모두 임신을 하게 되었고, 아기를 잃은 B는 아들을 얻었다. 나에게 이름 짓는 것을 부탁 해서 "하나님께 영광" 이라고, '영광' 이라는 이름을 지어 주었다. 그 이후에 건축사 자격시험에 합격 했다. 하나님이 베풀어 주신 은혜를 감당할 수가 없다고 감격해 하면서, 평신도 선교사 훈련을 받은 후 지금은 뉴질랜드에 가서 선교사로 사역을 하고 있다. 제자훈련의 한 열매임을 간증한다.

둘째는 여성도들만 모이는 여제자반이었다. '평신도를 깨운다' 교재 제4과 하나님은 누구신가? 를 배우는 시간이었다. 내가 강의를 시작하기 전에 도입 부분의 시간으로 "한 주간 동안 어떻게 지내셨습니까?" 라고 물었다. D라는 성도가 "목사님은 아무 일이 없으셨어요?" 라고 되물었다. "나는 별일이 없었습니다" 라고 했더니 D성도는 "어떻게 별일이 없을 수가 있느냐?" 고 반문했다. 그러더니 자기의 고백을 했다. 이번 과제에서 하나님은 누구십니까? 라는 과제를 준비할 때에 "하나님은 전능하신 분이십니다. 하나님은 전지하신 분이십니다. 하나님은 창조주이십니다. 하나님은 무소부재하신 분이십니다" 라는 말씀을 읽었다. 그런데 그 말씀을 준비하는 가운데 "하나님은 무소부재(계시지 않은 곳이 없으신 분) 하신 분인 것이 실제로 느껴졌다" 는 것이었다. "화장실에 가서 옷을 내릴 수가 없었고, 방에서 옷을 갈아입을 수가 없다" 는 것이었다. 왜냐하면 그곳에도 하나님이 계셔서 자기를 보는 것처럼 느껴졌기 때문이었다.

나는 하나님의 임재 앞에서 살아간다는 것이 이와 같은 것임을 D성도로부터 배웠다. 그리고 거기에서 "사람들이 연약하기 때문에 죄를 짓게 되기도 하지만, 더 근원적인 것은 하나님의 임재, 곧 여기에 계신다는 것을 믿지 못하기 때문이다" 라는 것을 알게 되었다. D성도는 그 경험 이후에 삶이 완연히 달라진 것을 잊을 수가 없다. 나는 이 시간을 통하여 하나님의 면전 곧 'CORAM DEO' (하나님 앞에서) 에 대하여 새롭게 인식하게 되었다. 그때는 남편이 예수를 믿지 않고서 술에 취하여 다녔지만 이제는 안수집사로서 주님을 사랑하는 믿음의 사람이 되었다. 딸은 현재 선교사로서 사역을 하고 있다. 모든 것이 하나님의 은혜요 강복이었다.

셋째는 남제자반은 화요일 오후 9시부터 모였다. 왜냐하면 한국의 직장인들의 퇴근 시간이 늦기 때문이었다. 피곤함에도 불구하고 참석하는 분들이 감사하고 고마웠다. 참석자의 반 수 정도는 과제를 제대로 준비 하지 않고 참석 했다. 오후 9시에 시작하는 시간은 있었지만 마치는 시간은 좀 더 자유로웠다. 오후 10시부터는 '밤참' 을 만들어 먹기도 하고, 바닷가에 가서 회를 먹기도 하고, 산에 가서 닭백숙을 먹기도 했기 때문이다. 한 부분에서는 남자들의 고달픈 삶을 위로해 주고, 여유를 갖게 하고 싶었기 때문이었다. 힘든 자들에게는 위로가 되었지만 제자훈련을 제대로 받아 변화하려는 사람에게는 치명적으로 손해가 되었다. 그때 내가 깨달은 것이 있었다. 열심이 있는 자와 게으른 자가 제자훈련을 같이 할 때에는 열심이 있는 사람 편에서 훈련을 진행해야 한다는 것이다. 그리고 열심히 배우려는 사람이 열심히 배우지 못할 때에는 피폐해지는 것을 알게 되었다. 이런 측면에서 남제자반은 나의 무지로 인하여 합당한 열매를 맺지 못했다. 그러나 훈련을 통하여 제자훈련의 우선순위를 터득하게 되었다.

공동체 훈련

제8영도교회의 별명은 '팔도교회'였다. 그때 출석하고 있는 대학생들의 구성원이 전국 팔도에서 왔기 때문이기도 했다. 제주도에서 온 고영일, 문경진, 전라도에서 온 정진영, 박개화, 황문규, 김인귀, 김차근, 홍도에서 온 왕대봉, 서울에서 온 박근오, 경기도에서 온 정우승, 울릉도에서 온 최은식, 최은철, 경남에서 온 윤혜경, 이성규, 박중지, 김문수, 경북에서 온 문정희, 충청도에서 온 황상택 등이었다.

나는 예수를 믿는 것 때문에 집을 나와서 오 집사 집에 6개월 동안 살았다. 나중에 그의 집에서 나오면서 "집사님! 그동안 받은 사랑은 지금 갚을 수 없으나, 내가 갚을 만할 때에 다른 사람에게 사랑으로 갚겠습니다"라고 했었다. 교회는 목회자의 나이에 비례한다는 말이 있듯이 내가 30대 중반이었으므로 청년들이 주류를 이루었다. 그 중에서도 영도 조도에 있는 해양대학에는 학생들이 전국에서 왔다. 나는 내 친구 성경득이 해대 28기였으므로 그들의 학교 선배라고 생각이 되어 한결 친밀감을 느꼈다.

교회가 영도 동삼동에 있었으므로 지척에 학교가 있었다. 그들은 모두 입학을 하면 4년 동안 기숙사 생활을 해야 했다. 금요일 오후에 수업을 마치고 퇴교를 하면 일요일 저녁에는 입교를 해야 했다. 우리 교회에 출석하는 그들은 거의가 제주도, 전라도, 경기도에서 온 학생들이었다. 그래서 집이 멀기 때문에 주말에 각자의 집에 다녀오기가 용이하지를 않았다. 처음에는 몇 명이 되지를 않았지만 후배를 한 명씩만 우리 집에 데리고 오게 했으므로 열두 명이 되었다. 우리 집은 25평 연립 주택으로 방은 3개로 서재와 침실과 딸의 방이 있었다. 공간적으로는 도저히 불가능한 형편이었다. 하지만 아내는 2층 침대까지 마련하여 6년 동안 그들을 기쁨으로 주말과 방학동안 맞이하여 가르치고 대접을 하고 섬기면서 빚을 갚았다.

나는 그들이 졸업 후에는 선박선교사가 되기 때문에 평신도 선교사가 되기 위한 준비가 절실하게 필요하다고 생각을 했다. 먼저 자신이 믿음의 사람이 되기 위한 준비가 필요했고 다른 사람을 가르치기 위한 준비와 선박선교사로서 사역을 감당할 준비가 필요했다. 크게 세 부류로 생각을 했다.

첫째, 자신의 성장을 위한 준비 : 1)평신도를 깨운다 (초급) 2)Cross Ways Bible Study 3)Precept Bible Study 4)매일 Quiet Time 5)신학이론(이론, 실천, 성경, 선교) 공부 6)기도 훈련

둘째, 이웃을 가르치기 위한 준비 : 1)평신도를 깨운다(중급) 2)Precept Bible Study 3)Quiet Time 4)전도폭발(III)훈련 5)성경 연구 및 인도 법 6)신학이론(이론, 실천, 성경, 선교) 공부

셋째, 선박선교사로서의 준비 : 1)평신도를 깨운다 (고급) 2)Precept Bible Study 3)설교 준비 4)설교 실습 5)신앙 상담과 대화법.

그들은 이미 학교에서 사관생으로서 단체 생활을 하고 있었으므로 규

율을 잘 지켰다. 처음에 내가 커피를 끓이고 신발을 가지런히 놓으면 그대로 누군가가 했다. 아내가 밥을 준비하여 먹게 되면 설거지는 서로 돌아가면서 잘했다. 지금도 그들을 만나면 그때의 이야기를 자주한다. 가장 인상이 깊은 것은 아내가 정성스럽게 해주는 집밥이었다. 맛있는 반찬이었다. 아침에 먹던 B&C 양과점의 밤 식빵이었다. 어떤 학생은 "사모님처럼 밥을 해 주는 사람을 아내로 삼아야겠다"고 했다. 그들을 만나게 되면 개중에는 나에게 '은혜를 갚는다' 면서 맛있는 식사를 대접 해주고, 봉투에 성의껏 넣어서 선물을 주는 친구도 있었다. 다행스럽고 감사한 것은 이제는 배를 타는 자들은 없지만 믿음 안에서 가정을 이루어 행복하게 살아가는 것을 보면서 하나님 앞에서 영적인 열매인 것으로 생각 한다. 아직도 그때 배운 제자훈련과 전도폭발 훈련을 가지고 전도하여 자기들이 배운 대로 양육을 하고 있다는 말을 들을 때면 기쁨은 이루 말할 수가 없다. 그 중에는 복무기간 동안은 배를 타고서 공부를 하여 선박 관련 변호사가 되어 유명세를 떨치더니, 전국구로 대통령 후보까지 나왔던 친구가 있다. 한 번은 한 친구를 만났을 때에 "자기도 방 두 칸을 열어 대학생 두 명에게 개방하여 무료로 나처럼 섬긴다" 는 고백을 들었을 때에 감격과 감사의 눈물이 흘렀다. 바울이 고백한 것처럼 이들이 나에게 있어서 기쁨이요, 자랑의 면류관이다.

선박 선교사

신대원의 은사이신 김 교수께서 H라는 형제를 소개해 주면서 제자훈련을 시켜달라고 했다. 그는 해대 29기 졸업생이었으며, 기관장으로 외양상선을 타고 있었다. 현재 휴가 중이며 다음 주간에는 다시 배를 타고 나가야 한다고 했다. 나는 한 부분에서 안타까웠다. 왜냐하면 불과 일주일 후면 승선하기 위하여 떠나야 되었기 때문이었다. 그럼에도 그 당시 나는 열심이 '특심'이었으므로 시작을 했다.

　제일 먼저 구원의 확신을 점검하기 위하여 전도폭발 서론을 시작으로 결신까지를 했다. 바로 즉석양육 부분의 5가지를 설명 했다. 형제가 그동안 교회는 다니고 있었지만 성장하지 못한 이유가 무엇 때문인지를 가르쳤다. 정상적인 신앙생활을 위해서는 우리의 육체가 살아가기 위하여 1)양식 2)호흡 3)안식처 4)교제 5)운동 등이 필요한 것과 같이 영적인 양식은 1)성경 2)기도 3)예배 4)영적인 배움과 교제 5)전도와 봉사와 선교가 필요하다고 했다. 다음 주간 승선하기 전에 세 번을 더 만났다. 나는 Navigator 기초 과정을 교재로 택했다. 1)구원의 확신 2)사죄의 확신 3)기도 응답의 확신 4)승리의 확신 5)인도의 확신. 하지만 세 번 밖에 만나지 못했으므로 3과까지만 가르쳤다. 그리고 4과와 5과는 "내가 강의안을 공책에 적어서 보낼 것이니 하겠느냐?"고 물었더니 "하겠다"고 대답했다. 나는 공책 오른 편에는 문제를 내고 한 장을 넘기면 거기에 대한 설명을 적었다. 대학 노트북 3권 이상을 적어서 우편으로 보내면서 특이한 강의 노트북 제자훈련을 실시했다.

　그는 3개월이 지나자 술을 끊었다는 편지를 나에게 보내왔다. 6개월이 되었을 때에는 담배를 끊었다고 했다. 얼마 후에는 그가 기관실에 있는 선원들과 예배를 드린다고 했다. 그리고 나에게서 배운 교재를 가지고 성경공부를 시작했다고 했다. 그 후에 나에게 장문의 편지를 보내 왔다. 지금 기억으로는, 그때 그의 편지를 읽으면서 "오늘날의 다윗의 시편과 같다"고 탄성을 질렀던 생각이 생생하다. 좋으신 우리 하나님의 성령께서는 이렇게 까지 당신의 백성을 사랑하시는 것을 경험하게 되었다. 놀라운 일이었으며, 나에게는 하나님이 주신 새로운 역사였다.

선교헌금

　나는 신대원 동기인 고신 선교부 남후수 간사의 소개로 두 주간 동안 '바울의 집'에서 있었던 선교훈련을 다녀왔다. 참석을 하게 된 동기는 선교사를 잘 후원할 수 있는 방법을 배우기 위해서였다. 바울의 집은 조동진 목사가 시작한 합동측 선교훈련원이었다.

　나는 크게 세 가지를 배워 실천을 했다. 첫째는 아침 식사가 변화된 부분이다. 선교훈련을 할 때에는 아침은 한식이 아니라 양식이었다. 그 이후 아내에게 하나님과의 조용한 시간인 'Q.T.'(묵상의 시간)를 하게 하고, 나는 아침 테니스를 하기 위해서 내가 앞장서서 빵과 커피와 달걀을 먹자고 제안을 하게 되었다. 그때의 변화로 30년 이상 지금까지 아침에 빵과 커피를 먹고 있다.

　둘째는 선교사를 같은 동역자로 생각하며, 최선을 다하여 배려하고 섬겨야 된다. 그 당시 나의 신대원 동기들 가운데 개척을 다섯 명이 했었다. 모두들 선교후원회를 위하여 같은 마음으로 모였다. 내가 이름을 '한 생명 선교후원회'로 제안을 했고, 그 제안이 결정 되었다. 처음 동기 선교사 후원자로 아프리카 지역을 택한 박 선교사를 선정하였다. 선교후원회에서는 좋은 전례로 담임목회자를 섬기듯이 생일선물과 연말선물까지 보냈다. 그를 위해 1987년 4월 22일(수) 제8영도교회에서 파송식을 가졌다.

　셋째는 최선을 다하여 선교헌금에 동참 했다. 얼마나 열심이었던지 송구영신예배 때에 새해의 선교헌금을 작정 했다. 한 자매는 "일주일에 목욕탕을 두 번 가는데 한 번만 가고 한 번 값을 헌금하겠습니다." 또 다른 자매는 "아침에 좀 더 잠을 자기 위해서 그동안은 직장 버스를 타지 않고 버스를 타고 다녔습니다. 새해에는 피곤하지만 일찍 일어나서 직장 버스를 타고, 버스비를 헌금하겠습니다." 교회적으로는 전 성도들이 슈퍼마켓을 이용 한 후에 영수증을 가지고 오면 10%의 금액을 환불해 주므로 모아서 선교헌금을 했다. 그러므로 거의 모든 성도들이 매주일 선교헌금을 할 정도로 열심이었다.

수요일 무료 교목

교회를 개척 한 후 1986년도 경에 고신대학교 송도캠퍼스가 영도 동삼동 산 위쪽으로 옮겨 왔다. 우리 교회의 위치는 버스에서 내려서 학교로 올라가는 큰 두 길 가운데 한 쪽에 있었다. 내가 무명인이고 교회당이 지하실 임에도 불구하고 단지 고신대학교 선배라고 수요일 예배에 대학생들이 참석을 했다. 나는 후배들이 너무도 고맙고 기특했다. 나는 감사하여 특이한 몇 가지 일을 했다.

제일 먼저 한 것은 학기 개강을 한 첫 수요일과 마지막 수요일은 교회에서 축하의 의미로 자그마한 선물을 준비하여 대접을 했다. 부족하지만 나는 그들의 선배이기 때문에 그들을 섬기기 위해서 그랬다.

둘째는 한 학기에 한 프로그램을 마쳤다. 이것은 부족하지만 후배들에게 내가 가지고 있는 것을 아낌없이 주고 싶었기 때문이었다. 내가 대학 4학년 말쯤에 한 번은 학장께서 부르셔서 나에게 "신대원에 올라가게 되면 학교에 가장 바라는 것이 무엇인가를 말해 달라"고 하셨다. 나는 "대학 4년 동안 경건회 시간을 통해 은혜와 도전과 유익을 얻었습니다. 한 가지 아쉬운 것은 경건회 시간을 통하여 성경을 통으로 설교를 듣게 되면 더 많은 유익이 있으리라 생각이 되었습니다. 만약에 구약 교수는 구약을, 신약 교수는 신약을 한 권씩 설교를 해 주시게 되면 적어도 14권의 성경을 경건회를 통해서 배우고, 이론과 실제를 배우게 되기 때문입니다"라고 진지하게 말씀을 드렸지만 이루어지지 않았다. 하지만 이제는 졸업을 하고서 엄연한 목회자가 되었으므로 내 자신이 실천을 했다. 한 학기에 마치게 된 것은 '빌립보서 강해' (프리셉트) 'Cross Ways Bible Study' '아브라함 강해' '베드로 강해' '엘리야 강해' 그리고 '전도폭발 (III)' 등이었다.

셋째는 그들의 필요를 채워 주었다. 정근두 목사께서 남아프리카 공화국 포체스트롬에서 설교학으로 박사학위를 받으시고, 서울 탄포리교회에서 담임을 하고 계셨다. 많은 학생들은 정 박사께서 고신대학교 교수로 오시기로 열망했지만 학교 이사회에서는 그의 성령론에 대한 입장 차이로 청빙이 되지 않은 상태였다. 나는 이들의 열망을 한 부분이나마 이루어 주기 위하여 그를 우리 교회 부흥회 강사로 모셨다. 우리 교회가 지하실이며 20평 밖에 되지 않았으므로 참석인원 수용을 위하여 특이한 시간을 만들었다. 새벽기도회는 1부로 하고, 저녁예배는 2부로 했다. 그렇게 해야만 많은 학생들이 수업 후에 부흥회에 참석 할 수 있었기 때문이었다. 시간마다 학생들이 인산인해를 이루었다. 3박 4일 집회의 마지막 목요일에는 저녁에 2부로 4시간을 하고서 너무도 강의를 사모하는 자들이 많았으므로 밤 11시부터 공개 강의를 하기로 했다. 열기가 넘쳐서 새벽 4시까지 성령론에 대하여 강의와 질문이 계속 되었다. 30분을 쉬고서 새벽 4시30분에 새벽기도회가 시작이 되었다. 나는 이 날 새벽에 강사가 체험하셨던 그 성령님께서, 그의 말씀을 듣는 가운데 내게 임하셨다. 설교 후 기도 시간에 제8영도교회가 고신대학교를 위하여 무엇을 해야 하는지를 말씀해 주셨다. 나는 두 손을 높이 들고서 하염없는 눈물로 순종하겠노라고 했다.

넷째로 교회개척을 한지 6년 이라는 세월이 지났다. 특별히 자칭 '무료 교목' 이었지만 수요일마다 찾아오는 후배들을 바라보기가 민망하고 부끄러웠다. 선배인 나에게 무엇인가 얻으려고 초롱초롱한 눈망울로 찾아오는데 제대로 영양가가 있는 것을 주지 못함에 대하여 민망했다. 그래서 나는 하나님께서 이미 주신 약속의 말씀을 기억하면서 바로 이 때라는 것을 절감했다. 그래서 제직회 때에, 미리 준비했던 담임목사 사임서를 읽었다. 모두가 반대 의사를 표했다. 그리고 우리 아파트에 와서 모두 드러누웠다. 나는 "그렇다면 일 년을 더 하기로 하겠습니다"라고 약속함으로 이 일을 수습하였다. 하나님은 나의 부족을 깨닫게 하시고, 금식기도 때에 주셨던 약속을 이루게 하셨다.

복음간호대학 협동목사

송길원 목사가 복음 간호대학 교목으로 사역을 할 때에 최 목사와 카나다에서 온 A선교사와 나를 협동목사로 사역할 것을 권유하여 순종했다. 나의 사역은 교수들에게 제자훈련을 하는 것이었다. 하나님께서는 부족한 나를 새로운 영역에서 사역을 할 수 있도록 지경을 넓혀 주셨다. 그 당시에는 목사가 미국 비자를 받기가 어려웠다. 협동목사로 일 년쯤 되었을 때에 카나다에서 온 A라는 선교사가 결혼을 하게 되어 나에게 초대장을 보내왔다. 이미 미 대사관에서 비자 발급을 거부 당했으므로 카나다 비자를 받게 되면 신임을 받기에 좀 더 용이해 보였다. 결혼식 청첩장과 개인 초대장을 카나다 대사관에 접수하여 다행히 비자를 발급 받았다. 이어서 그 신용으로 미 대사관에 비자를 신청하여 받았다. 하나님께서는 관계와 사람을 통해서 인도해 주심을 느꼈다. 또한 적은 것에 주님의 이름으로 최선을 다하면 하나님께서는 약속의 말씀으로 보상해 주심을 체험케 하셨다. "지극히 작은 것에 충성된 자는 큰 것에도 충성되고, 지극히 작은 것

에 불의한 자는 큰 것에도 불의하니라."(누가복음 16:10)

세 번의 권징

목회자가 평생 목회를 해도 교인권징을 한 번 하기가 쉽지를 않은데 나는 30대의 목사로서 세 차례나 권징을 했다. 이것은 결코 나의 무용담이 아니며, 하나님 앞에서 조심스럽게 담임목사로서의 책임을 감당하기 위한 몸부림이었음을 고백한다. 나는 이 일을 통해 세 가지를 새롭게 깨닫게 되었다.

첫 번째는 한 사람의 앞길도 중요하지만 하나님의 교회를 위하여 그리고 그 자신이 범한 죄에 대하여 책임을 감당하지 않고서는 교회 지도자가 되어서는 안 된다고 생각을 했다. 권징을 통하여 교회가 정결케 되는 유익점과 더불어 마음에 상처를 받았던 성도들이 회복 되었다.

두 번째는 예수님께서 친히 말씀해 주신 것을 교회가 앞장서서 지켜 나가야 됨을 알았다. "네 형제가 죄를 범하거든 가서 너와 그 사람과만 상대하여 권고하라. 만일 들으면 네가 네 형제를 얻은 것이요"(마태복음 18:15). 나는 교회에서의 권징은 하나님 나라의 순결을 위하여 필요하며, 성령 하나님께서 기뻐하신다는 것을 깨달았다. 왜냐하면 권징을 받음으로 본인이 남은 생애 동안 하나님 앞에서 자유를 누리면서 살게 되기 때문이었다.

세 번째는 담임목사로서 권징을 위해 당회를 주관하여 성도들의 순결을 위하여 권징을 할 수 있지만, 그 잘못의 책임은 담임목사에게 있다고 생각을 했다. 나는 권징 이후에 담임목회자가 자기의 죄도 아님에도 불구하고 스스로 20일 동안 근신하는 심정으로 철야 기도를 함으로써 주님 앞에서 책임을 감당했다. 성령 하나님께서 성찬식에 친히 임재하셔서 넘치는 은혜를 권징받는 당사자와 참석한 모든 성도들에게 부어 주셨다. 나는 "사람은 외모를 보거니와 나 여호와는 중심을 보느니라"(사무엘상 16:7 하)는 말씀을 가슴에 새기면서 목회를 해야 됨을 배웠다.

경주 서문교회 전도폭발 훈련

김 목사께 받은 사랑은 참으로 지대하다. 탁월하신 분으로서 후배를 세워주고 챙겨주는 배려에 깊은 존경의 마음을 가진다. 그는 나에게 경주 서문교회에 와서 '전도폭발 훈련'을 해 달라고 요청을 했다. 나는 흔쾌히 허락을 하면서 훈련생은 18명으로 한정했다. 왜냐하면 훈련자 한 사람이 두 사람씩 직접 실습을 해야 하기 때문이었다.

나는 집회를 갈 때에 가능하면 나에게 제자훈련을 받고 있는 청년을 한 명 데리고 갔다. 그것은, 제자훈련의 가장 기본적인 것은 보여 주는 것이며 전수하는 것이기 때문이었다. 그래서 내가 부족하지만 "어떻게 설교를 하는지? 어떻게 강의를 진행하는지?"를 보면서 배우도록 하기 위해서였다. 그리고 나 자신을 보호하기 위함도 있었다. 그때 우리 교회는 교회 봉고차가 없었다. 훈련자들이 모두 가정을 가지고 있었으므로 4박 5일 동안 머무를 수도 없었다. 수요일부터 금요일 오전에는 실습이 필요하여 경주 서문교회에서 봉고차가 영도까지 와서 7명의 훈련자들을 태워 경주로 돌아 왔다.

모두들 열심인 가운데 훈련생들은 평생 동안 전도를 하는 것을 본 적이 없는 가운데 직접 전도하는 것을 보게 되었다. 훈련자들이 직접 전도를 떠듬떠듬하면서 했지만 예수님을 믿고, 영생의 선물을 받게 되어 기뻐하는 모습을 보았다. 그러자 훈련생들이 더 감격하고 영적 열매로 인하여 기뻐했다. 전도폭발 훈련에서 말한 대로 "한 사람을 전도하는 것보다 한 사람의 전도자를 훈련하는 것이 더 중요하다"는 것을 보여 주었다.

나는 목요일에 모든 훈련을 마치고 여관으로 돌아와 보니, 나의 속내의와 양말이 세탁되어 걸려 있었다. 나는 같이 갔던 형제에게 "네가 씻었느냐?"고 물었더니 "아니"라고 했다. 사무실에 가서 확인을 했더니 청소를 하는 아주머니가 자주 씻어 놓는다고 했다. 나는 이해가 되지 않았고, 의아하게 생각이 되었다. 왜냐하면 부탁도 하지 않은 세탁이었고, 외간 남자의 내의를 씻는다는 것이 결코 쉬운 일이 아니었기 때문이었다. 나는 속으로 참으로 그 마음이 귀하고 아름답게 생각이 되었다. 나는 감사의 마음을 편지를 써서 전했다. "아름다운 마음씨를 가진 분에게. 오늘도 주어진 일에 열심히 하시느라고 수고가 많으십니다. 저는 104호실에 투숙한 사람입니다. 오늘 방에 들어 와서 많이 놀랐습니다. 왜냐하면 나의 양말과 속옷을 씻어 걸어 두었기 때문입니다. 사무실에 가서 문의를 했더니 '아주머니께서 눈에 보이는 대로 자주 씻어 놓는다'는 말을 들었습니다. 나는 이해가 되지 않았습니다. 왜냐하면 외간 남자의 내의를 씻는다는 것이 결코 쉬운 일이 아니었기 때문이었습니다. 아무튼 당신의 수고와 도움에 깊이 감사를 드립니다. 나는 옆에 있는 서문교회에 강의를 하기 위해서 왔습니다. 이제 내일 금요일 12시까지 강의를 한 후 집으로 돌아갑니다. 나는 당신에게 그 보답으로 이 세상에서 가장 큰 선물을 전해 주고 싶습니다. 가능하시면 내일 오전 10시 서문교회 2층으로 오시길 부탁을 드립니다. 그리고 강사를 위해 준비해 준 과일과 다과를 감사함으로 드리오니 저의 마음을 받아 주시길 바랍니다. 다시금 당신의 배려와 귀한 마음에 감사를 드리고, 내일 오전 10시에 만나기를 고대합니다. 강남중 목사 드림"

금요일 오전 9시부터 마지막 강의 시간이 시작 되었다. 나는 이 일에 대하여 구체적으로 이야기를 참석한 훈련생들에게 했다. 전체 앞에서 "성령님께서 어떻게 역사하시는 지를 보자"고 하면서 중보기도를 요청 했다. 부산에서 우리 교회 훈련자들도 9시 45분이 되자 도착을 했다. 나는 모두에게 복음의 능력과 성령님의 역사로 거듭나는 구원이 이루어지는 것을 보여 달라고 기도했다.

정각 10시에 교회당 뒷문이 조심스럽게 열렸고, 한 자매가 들어 왔다. 모두들 환영의 박수를 쳤다. 나는 앞으로 나오도록 요청을 했다. 그리고 어제 있었던 일에 대하여 감사를 하면서 소개를 했다. 자매는 J성을 가진 50대 무교자였다. 그는 어릴 때 교회 주일학교에 몇 번 다녔고, 그의 아들은 이 교회에 다니고 있었다. 나는 훈련생 전체가 보는 가운데 복음제시 개요를 시범으로 보여 주었다. 성령님의 도우심으로 그는 예수님을 영접하고 구원의 확신을 갖게 되었다. 그녀는 "하나님! 저를 자녀로 불러 주셔서 너무도 감사합니다. 오늘 죽어도 천국 갈 수 있다는 복을 주셔서 감사합니다." 그녀는 감격의 눈물을 흘리며 감사의 말을 했다. 나는 자매님의 손을 잡고서 감사와 축복의 기도를 했다. 모두들 일어나서 기쁨의 박수를 쳤다. 나는 담임목사를 오시게 한 후 그분을 소개 시켰다. 김 목사가 축하를 하자 자매는 이번 주일부터 교회에 나올 것이라고 말하면서 인사했다. 자매가 나가는 동안 모두들 줄을 서서 축하해 주었다. 나는 이 세상에서 가장 귀한 선물을 자매에게 성령 하나님 안에서 줄 수 있어서 너무도 감사하고 기뻤다.

그 자리에 참석한 훈련생들과 훈련자들 모두 성령 안에서 충만함을 경험했다. 예수님은 우리에게 이 영광스러운 일과 성령으로 충만함을 경험하도록 "땅 끝까지 가서 복음을 전하라"고 하셨다. "예수께서 나아와 말씀하여 이르시되 하늘과 땅의 모든 권세를 내게 주셨으니 그러므로 너희는 가서 모든 민족을 제자로 삼아 아버지와 아들과 성령의 이름으로 세례를 베풀고 내가 너희에게 분부한 모든 것을 가르쳐 지키게 하라. 볼지어다 내가 세상 끝날까지 너희와 항상 함께 있으리라 하시니라"(마28:18-20). 주님의 은혜 안에서 훈련을 마쳤다. 그때 경주에서 부산 영도까지 하루에 두 번씩 먼 길을 운전 해 주신 관리집사와 모든 일을 뒤로 미루고 하나님의 나라 확장을 위하여 헌신하신 모든 훈련자들에게 이 자리를 빌어서 감사와 찬사를 전한다. 마지막 날 하나님께서 친히 그들에게 영광스런 생명의 면류관을 주실 것이다.

신학대학원 실천신학회 전도폭발 훈련

신대원 실천신학회 학회장으로부터 두 학기 동안 실천신학 회원들에게 전도폭발 훈련을 무보수로 시켜 달라는 부탁을 받았다. 나는 흔쾌히 허락했다. 후배들이고, 앞으로 목회 전선에서 너무도 필요한 것이기 때문에 열정적으로 가르쳤다. 같은 길을 걸어가는 후배들에게 한 걸음 먼저 걸어가고 있는 선배이므로 최선을 다하여 나누었다. 우리 교회내 잘 훈련된 집사들이 두 전도사를 데리고 용두산공원과 송도 바닷가에 데리고 가서 직접적으로 전도하는 것을 여섯 차례 보여 주었다. 그들이 직접 결신하는 것을 도와줌으로 도전을 주었다. 많은 학생들이 신대원에 다니고 교육전도사의 사역을 하고 있지만 전도를 직접 해 본 적도 없고, 더 나아가 다른 사람이 전도하는 것을 본 적은 더구나 없는 상황이기 때문에 나는 더욱 절실함을 느꼈다. 나 역시도 같은 신대원을 졸업했지만 어느 누구도 이렇게 직접 전도하는 것을 가르쳐 주고, 보여 준 적이 없었다.

내가 미국 유학을 마치고 부산 늘빛교회 담임으로 있을 때에 장례 집례를 인도하기 위해서 병원 장례식장에 갔다. 일찍 도착하여 기다리고 있을 때에 한 젊은 분이 찾아와서 인사 했다. 그리고는 "목사님! 저를 모르겠습니까?"라고 물었다. 본 적은 있었지만 누구인지는 잘 알지 못해서 "죄송합니다만 누구신지요?"라고 했다. "목사님에게서 신학교를 다닐 때에 전도폭발 훈련을 받았습니다"라고 했다. 그는 "그때 훈련을 받을 때에 너무도 큰 충격을 받고, 배우자 마자 제가 맡고 있었던 학생들과 청년들에게 전도폭발을 하게 되어 큰 결실을 맺게 되었습니다"라고 했다. 그리고 "졸업을 한 후 교회를 사임 하고, 목사님이 이전에 한 명도 없이 교회를 개척 했듯이, 저도 그렇게 하기 위하여 교회가 없는 시골 마을에 가서 한 명도 없이 개척을 했습니다"라고 했다. 마을에 있는 한 사람 한 사람에게 '전도폭발' 전도를 하여 지금은 시골에서 자체 교회당을 지어서 섬기고 있으며, 하나님의 나라를 이루어 가고 있다고 했다.

나는 예기치 않은 곳에서의 갑작스런 만남이었지만 그 만남을 잊을 수가 없었다. 나는 훈련을 시키고 까마득하게 잊어버리고 지냈지만 성령안에서 사명감을 받아 구체적으로 복음 전하고, 주님의 피 흘려 세운 교회를 세우고 있음에 뿌듯하고 자랑스러웠다. 바울의 고백처럼 "나의 나 된 것은 전적인 하나님의 은혜입니다." 나는 마지막 날 주님 앞에 갔을 때에 이러한 일이 일어나기를 기대하면서 때를 얻든지 못 얻든지 복음을 전하는 전도자가 되기를 다짐했다. 성령님께서는 예기치 않은 장소에서 영적인 열매를 보게 해 주셨다.

2부 새벽기도회
요즈음 교회에서는 새벽기도회를 대체로 주일과 월요일은 쉬기도 한다. 그 당시만 해도 엄두도 내지 못할 일이었다. 나는 마가복음 1장 21절에서 39절의 말씀을 묵상 하였다. 예수님의 사역일정표가 나오는 이 말씀은 하나님께서 내게 주신 말씀이었다. 왜냐하면 이 말씀을 따라서 목회를 행했기 때문이었다. 나는 이 말씀에서 첫째, 주일은 부정적으로 돈을 사용하지 않는 것으로 만족하지 않고, 긍정적으로 생명을 살리는 일을 해야 된다고 생각했다. 둘째, 예수님께서 밤이 늦도록 사역을 하시고서도, 오히려 새벽 미명에 한적한 곳에 가셔서 새벽기도를 하신 것과 같이 새벽기도를 열심히 하겠다고 다짐했다. 그리고 월요일 새벽기도회 인도는 부교역자에게 맡기는 것이 아니라 담임인 내가 하겠다라고 생각했다. 왜냐하면 주일예배를 인도하고, 설교를 하는 것이 피곤한 것이 아니라 가장 주님 안에서 안식하는 것이고, 사명을 감당하므로 기쁨의 시간이었기 때문이었다. 그리고 새벽기도회에 가는 것은 인도와 설교를 하기 위해서 가는 것이 아니라 주님을 만나 내 자신을 드리기 위하여 가기 때문이었다. 셋째, 예수님께서 기도를 하신 후 제자들의 요청을 듣지 않으시고, "오늘은 다른 마을로 가서 전도를 하자"고 하셨다. 오늘날로 표현을 하면 예수님은 'Q.T.'를 하시고 하나님의 음성을 들으신 후, 예수님을 찾는 자들을 만나는 것이 아니라 오히려 이웃 마을에 전도하시는 것으로 하나님의 음성을 적용하셨다. 나는 목회를 하면서 평생 Q.T.를 하며, 특히 섬기는 교회에서 Q.T.를 하도록 할 것을 다짐했다. 이 덕분에 평생을 목회하면서 무료로 Q.T. 책을 성도들에게 제공을 했다. 하나님께서는 이 말씀으로 나를 진리로 인도해 주셨다.

그때는 성서 유니온에서 나온 '매일 성경'으로 새벽 기도를 인도하고, 성도들에게 Q.T.를 가르쳐서 하게 했다. 장년부는 새벽기도회를 오전 5시에 했다. 잠이 많은 청년들에게는 너무도 이른 시간이었다. 나는 한 때

직장을 다니면서 성경공부나 프로그램에 참석을 하고 싶었지만 할 수가 없었다. 왜냐하면 퇴근 후에는 이미 모든 프로그램을 마쳤기 때문이었다. 그래서 내가 목사가 되면 그들의 시간에 맞추어서 섬길 것이라고 생각을 했었다. 청년들을 위하여서는 오전 6시 30분부터 Q.T. 나눔의 새벽기도회를 인도 했다. 지금 생각 해 보아도 굉장히 앞서가는 일이었다.

"이렇게 기도하지 않는 목사"

"이렇게 기도하지 않는 목사" 라는 말은 나의 목회 가운데 성도로부터 받았던 평가 가운데 최악중의 하나이었다. 앞서서 말한 대로 월요일 새벽기도 인도를 부교역자들에게 맡기지 않고 직접했다. 그때 나이가 30대 후반이었으므로 잠이 깊었다. 내가 부족하여 일어나지를 못하여 일 년에 몇 차례나 새벽기도회 인도를 못한 경우가 있었다. 한 번은 내가 늦잠을 자는 관계로 월요일 새벽기도회를 인도하지 못했다. 내가 출타를 하여 없을 때에 공교롭게도 화요일 새벽기도회를 맡은 전도사도 인도를 못했고, 수요일 아침에도 내가 또 인도를 못하여 3일간이나 연속되었다.

그때 H집사의 아들이 트럭 운전사였는데 주말에 사고를 냈다. 그러자 그는 아들의 건강 문제와 교통사고 해결문제로 월요일 새벽부터 교회에 나와서 기도를 했다. 그런데 공교롭게도 화요일도, 수요일도 새벽기도회 인도자가 없었다. 그러자 속이 탄 그는 한 집사에게 "이렇게 기도하지 않는 목사는 처음 보았다" 고 한 말을 나중에 전해 들었다. 나는 부끄럽고 면목이 없고 입이 열 개라도 할 말이 없었다. 변명의 여지도 없었다. 그럼에도 젊은 나이였으므로 서운한 마음이 들었다. 왜냐하면 나는 그 당시 나름대로 매주 금요일 교회당에서 철야기도를 하고, 40일 철야기도를 연 2회 이상씩 했다. 아내의 별명이 '생과부' 라는 말까지 듣던 때였는데도 나를 이해해 주지 못하고 "이렇게 기도하지 않는 목사"라고 했기 때문이었다. 그렇다고 찾아가서 여기에 대하여 무엇이라고 변명할 형편도 못되었다. 그의 말을 들었던 사람이 나에게 전달했다고 오해를 줄 수 있었기 때문이었다. 더 나아가 그가 그렇게 말을 한 것이 잘못된 말이 아니라 옳았기 때문이었다. 그 이후부터 나는 굳은 각오를 하였다. 교회를 사임하고 미국으로 오기 전까지 한 번도 지각이나 결석을 한 적이 없었다. 나의 잘못에 대한 지적을 통하여 올바른 자세를 가지게 되었다.

그 이후 나는 이민 목회 18년 동안 자체 건물을 가지고 섬길 때에 이 일로 인하여 새벽기도회 인도에 있어서 한 번도 지각이나 결석을 하지 않았다. H집사로 인하여 예방주사를 제대로 맞았기 때문이었다. 이 사건은 한 부분에서 보면 반면교사로 나에게 큰 도움과 유익이 되었다. 나의 연약함과 부족을 넉넉하게 채워 인도해주시는 주님이심을 깨닫게 되었다.

"목사님은 나의 영적인 아버지입니다."

나의 목회 가운데 잊지 못할 분들 가운데 한 분이 유영철집사 부부이시다. 그는 모태신앙이었으며, 제2영도교회에 다니다가 집과 점포 옆에 우리 교회가 세워지므로 교회를 옮겨 오셨다. 우리가 남자 집사를 보내달라고 40일 철야기도를 하고 난 이후에 온 선물이기도 했다. 그는 성격적으로는 꼼꼼하지만 유머가 넘치고 청년들을 좋아했다. 유년주일학교 부장을 맡아 주셔서 담당 교사들과 지도 교역자도 모두 잘 섬기는 인격을 가진 분이었다. 교사 가운데는 학생들과 그 지역에서 '천사 선생님'이라고 소문이 날 정도의 교사도 있었다. 교사 가운데는 집은 밀양이나 경주, 혹은 이리에 있으면서 고신대학을 다니고 있었다. 그들이 얼마나 열심이 특별했던지 구정이나 추석을 맞이하여도 주일 학생들을 가르치기 위하여 자신들의 집을 잠깐 다녀 올 정도였다. 처음에는 지하 20평 교회당에서와 그 다음에는 2층 30평 교회당에 주일학생들이 거의 130명이 모였다. 이러한 결실은 교사들의 열정뿐만 아니라 유 집사 부부의 리더십과 배려와 섬김 덕분이었다.

그는 동삼시장 윗쪽 골목에서 옷 장사를 했다. 부부가 열심히 했지만 자본금이 넉넉하지 못하여 윗돈을 뽑아서 밑돈을 갚고, 신용카드 돈을 돌려서 겨우 장사를 했다. 그러던 어느 날 그는 잘 아는 친구의 수표를 막아야 되는데 막지를 못해 부도 처리가 되었다. 그는 "친구에게 미안하기도 하고, 마누라에게 면목이 없어서 차라리 죽는 것이 낫겠다 싶어서 무작정 동대구로 갔다. 그리고 여인숙을 정해 놓고, 주민등록증을 없애고, 자살할 준비를 했다. 그런데 마누라와 자식 생각이 나지 않고 목사님이 생각이 났다. 그래도 그동안 받은 사랑이 많았는데 전화를 한 통도 하지 않으면 미안해서 죽을 수가 없을 것 같았다"고 했다.

나는 그를 설득하여 만나서는 아무런 꾸지람을 하지 않고 "갚아야 될 빚이 얼마냐?"고 물었다. 나는 "가장 급한 것은 내가 빌려서 오겠고, 그 다음 급한 것은 은행에서 융자를 받을 수 있도록 도와주겠다. 천천히 갚을 것은 열심히 일하면서 갚으면 되겠느냐?"고 했더니 그는 "그러면 한번 해 보겠다"고 했다. 그리고 난 이후에, 과거에 내가 집을 나와서 40일 철야기도를 하면서 받았던 은혜와 만났던 하나님에 대하여 간증을 했다. 그리고 "나와 같이 100일 동안 철야기도를 하자"고 했더니 그는 흔쾌히 승낙을 했다. 나는 한 가지를 더 제안 했다. 시편을 매일 10편 이상 소리를 내어서 기도하는 마음으로 읽으라고 했다.

하나님께서는 놀랍도록 은혜를 베풀어 주셨다. 그는 시편을 읽으면서 울고, 울면서 기도를 했다. 가장 급한 불을 나를 통해서 끄도록 해 주셨다. 그렇게 되니 좀 더 여유를 가지고 기도 응답보다도 주님을 더 찾고 찾았다. 100일 기도가 마치기 전에, '그 다음으로 긴급한 것'은 은행 융자가 나와서 해결을 하게 되었다. 그는 그동안 모태 신앙이었지만 무덤덤하게 신앙생활을 했었는데 이 어려움 가운데 주님을 인격적으로 만났으며, 기도를 응답해 주시는 살아계신 하나님을 체험했다고 말했다. 이제 그는 주님의 든든한 믿음의 사람으로 바뀌어 있었다. 그해 성탄절을 맞이하여 그는 나에게 사과를 한 상자 선물로 보냈다. 나는 아직도 그의 형편이 여의치 않은 것을 잘 알고 있었으므로 부담이 되어 "집사님! 이렇게 큰 선물을 주시니 황감합니다"고 했다. 그는 내게 "목사님은 저를 죽었던 자리에서 살려 주시고, 신앙으로 낳아 주신 아버지 이십니다"고 했다. 그는 나 보다 다섯 살이나 많았는데 그렇게 말을 해 주니 황송했다. 하지만 그의 진심어린 사랑으로 받았다.

'크로스웨이 성경연구' 세미나 (Cross Ways Bible Study)

한 학기는 수요일 기도회 때마다 우리 교회에 출석하는 신학생들과 교수에게 '크로스웨이 성경연구'를 가르쳤다. 그 중에 처음으로 고신대 교수로 오신 이 교수가 계셨다. 댁이 청주이었으므로 우리 교회에 등록을 하여 출석을 하셨다. 동료 교수도 인도하여 오셨다. 한 번은 그가 우리 부부를 초대하여 식사를 대접해 주셨다. 그는 이 학교로 부임을 하셔서 여러 가지 어려움이 있었는데 크로스웨이 성경 강의를 통하여 넉넉하게 이겨 나갈 수 있게 되어서 감사하다고 했다. 지금까지는 모교회만 다녔는데 새로운 지역에서 우리 교회를 통하여 믿음을 새롭게 성장하게 되어서 고맙다고 했다. 나는 그와 같은 학과의 다른 교수들을 모시고 교수실에서 제자훈련을 했다. 그들은 이 시간을 잊을 수가 없다고 했다. 그 이후에 이 교수와 남편 장로께서 미국 로스앤젤레스에 오시게 되어 만나 뵙고 믿음의 교제를 나누었다.

나는 크로스웨이 성경공부 세미나를 해양대 학생들에게 직접 가르쳤다. 왜냐하면 그들은 선박 선교사로 파송을 받아야 되기 때문이었다. 그럴려면 적어도 성경을 처음부터 마지막까지 주제를 파악하고 있어야 된다고 생각했기 때문이었다. 마지막 시험은 일대일로 앉아서 그림 카드를 보면서 창세기부터 요한계시록까지 섬김의 주제로 설명을 하게 하는 것이었다. 그들도 나처럼 "큰 도움과 유익이 되었다" 고 했다.

해양경찰

해양경찰에 들어가기 위하여 준비하는 전라도에서 온 박개화 형제가 있었다. 참으로 믿음이 신실한 형제였다. 다윗이 하나님 보시기에 합당했다고 했듯이 주님 보시기에 귀하고 아름다운 형제였다. 가끔 주말이면 사택에 와서 머물렀다. 인상이 부드러웠고, 항상 얼굴에는 미소가 넘쳤으며 앞장서서 섬기기를 기뻐했다. 한번은 주일예배 때에 특송을 했다. 아직도 그 모습이 눈에 선 할 만큼 인상적이었다. "네가 날 사랑한다면 내 어린 양 먹이라. 울며 일하라 들에서 내 어린 양 먹이라."

그는 총각이었지만 우리 교회에서 훈련을 받았으므로 서리 집사로 임명을 했다. 그는 리로이 아임스의 영향을 받아 제자훈련에 생애를 드리기를 원했다. 그래서 하루는 나에게 찾아 와서 상의를 했다. 지금은 네비게이토선교회 훈련의 초급 단계이므로 우리 교회에 다녔지만 중급반부터는 선교회원들만 모이는 교회에 출석을 해야 된다고 했다. 물론 네비게이토

선교회는 교단이나 지정교회가 없는 선교회이지만 부산에서는 교회와 지도목사가 있었다.

나는 흔쾌히 허락을 했다. 왜냐하면 교회는 우주적인 교회로서 주님 안에서 한 교회이기 때문이었다. 내가 출석하는 교회는 있을지라도 주님이 세우신 교회는 주님이 친히 목자장이 되시고, 세계의 모든 교회는 주님의 교회의 지체로서 존재하기 때문이라고 생각했다. 주일예배 때에 기쁨으로 파송을 선포하고 보냈다.

그는 믿음으로 승리의 삶을 살았다. 네비게이토선교회에서 훈련을 잘 마치고 해경을 하면서 제자사역을 감당했다. 그 뒤에 가족들과 한 번 만났고, 형제가 뉴질랜드를 여행을 했었는데 크로스 시티 (Cross City)라는 곳이 너무도 좋아서 그곳에 가서 살고 싶다고 했다. 이 형제를 통하여 주님의 우주적인 교회를 실현하는 기회가 되었다.

'세상에서 방황할 때'
조 자매는 피아노 렛슨을 하면서 어머니를 모시고 생활을 했다. 성격은 얌전하고 조용했으며 우리 교회에서는 부 반주자로 수고를 했다. 어느 날 어머니가 이상하다고 심방을 원했다. 그녀는 전국의 좋은 사찰마다 이름을 올려 놓을 정도로 극렬한 불교신자였다. 중풍이 와서 6년 동안 수족을 쓰지 못했다. 교회에 다니는 조카가 다녀가면서 복음송인 '세상에서 방황할 때' 가사를 주고 갔었는데 그 가사를 읽으면서 정신이 나간 사람처럼 되었다고 했다.

나는 여러 가지 이야기를 나누고 이 복음송을 불렀다. 그녀는 또다시 눈물을 흘리기 시작 하였다. 나는 성령님께서 딸의 기도를 들으시고 구원의 역사를 이루시는 것으로 보였다. 전도폭발 질문1. "죄송하지만 아주머니께서는 오늘 밤이라도 이 세상을 떠나신다면 극락에 갈 수 있는 분명한 확신이 있습니까?" 라고 물었더니 "없다"고 했다. 질문 2. "그렇게 열심히 절에 다녔는데 왜 극락에 못 들어가느냐?"고 물었더니 "공양이 부족해서 안 된다"고 했다. 나는 복음을 구체적으로 제시를 했다. 그리고 "이해가 되느냐?"고 했더니 "된다"고 했다. "이 영생의 선물을 받기 원하시느냐?"고 물었더니 이 분이 대답도 하기 전에 옆에 있던 과일 장사 할머니가 "나도 받으면 안 되느냐?"고 했다. 나는 할머니는 조금 있다가 하자고 말씀을 드렸다. 다시 그에게 "이 영생의 선물을 받기 원하시느냐?"고 했더니 "받겠다"고 했다. 그 후에 과일장사 할머니와 뒷집 할머니에게 각각 복음을 전하여 한 번에 세 사람이 예수 그리스도를 믿고 영생을 확인하는 최고의 날이 되었다.

그는 그 주일부터 과일장사 할머니와 함께 교회에 출석을 했다. 몸이 무거웠지만 청년이 업고서 지하실 예배당에 와서 예배를 드리고 교회에서 제공하는 점심을 맛있게 먹었다. 한 달간 교회에 출석 하고서 하나님의 부름을 받았다. 천국에서 기쁨으로 그를 볼 것이다. 뒷집에 사신다는 할머니는 우리 교회에 나오는 성도의 시할머니셨다. 연세는 팔순이 넘으셨다. 그는 교회에 다니고 싶은데 며느리가 싫어 하니까 교회에 출석을 하지 않으셨다. 나는 매주 찾아 가서 심방을 했다. 그도 삼 개월이 되지 않아서 소천 했다. 나는 그가 예수 그리스도를 믿는 믿음으로 천국에서 만날 것을 기대한다. 사과 장사 할머니는 옛날에는 교회를 다녔는데 생활에 어려움이 있어서 교회를 쉬고 있었다. 하지만 신앙에 대한 말씀을 배우지 못하여 알지 못했다. 성령 하나님께서는 그 영혼을 사랑하셔서 복음을 듣게 하시고 예수님을 인격적으로 영접하게 되어 하나님의 자녀가 되었다. 육 개월 후에 딸이 모시고 가서 신앙생활을 열심히 한다는 소식을 들었다.

조 자매는 그의 친구를 교회에 인도해 왔다. 그 친구의 어머니가 교통사고로 6년 동안 의식불명으로 누워 계신다고 했다. 나는 그 영혼에 대한 안타까움을 느꼈다. 청년들과 함께 그 집을 주일마다 두 달간 심방을 했다. 첫째 주일에는 함께 찬송을 힘차게 하고서 복음제시의 서론을 했다. 둘째 주일에는 찬송을 하고서 복음의 요소 가운데 은혜와 인간 부분을 그의 손을 잡고서 귀에 대고서 선포했다. 셋째주일에는 하나님과 예수 그리스도, 넷째주일에는 믿음에 대해서 선포를 하고 귀에 대고서 영접 기도를 했다. 그러면서 "내 소리가 들리면 손을 꼭 잡으라"고 했더니 손을 꼭 잡았다. "이 예수님을 믿음으로 믿기를 원하시면 다시 손을 잡으라"고 했더니 그때에도 내 손을 꼭 잡아 주었다. 모두들 너무도 감격스럽고 놀라웠다. 그 딸에게 "그동안 손을 잡는 일이 있었느냐?"고 물었더니 "그런 일이 없었다"고 했다. 딸도 너무도 놀라워했다. 나는 성령님이 우리를 통해서 복음을 듣게 하시고 주님이 택한 영혼은 한 영혼도 빠지지 않으시고 부르심을 확실히 믿었다. 그녀는 3년 동안 더 사신 후에 주님의 부름을 받으셨다는 말을 들었다. 이 일을 감당케 하신 하나님께 영광을 돌려 드렸다.

'효과적인 부모역할 훈련'

나는 너무도 충격으로 와 닿은 '부모역할 훈련'이 작심삼일이 되지 않게 하려고 노력을 했다. 나의 큰 딸이 초등학교 6학년이었다. 그동안 일상적으로 "밥 먹어, 물 좀 갖다 줘. 큐티와 일기는 다 썼어?"라고 '걸림돌'인 명령어를 사용했다. 그것을 "밥 먹자, 물 좀 갖다 줄래, 큐티와 일기는 어떻게 했니?"라고 바꾸어서 말을 시작했다. 이 정도도 쉽게 고쳐

지기가 쉽지 않았다. 습관이 고쳐지지 않아서 "밥 먹어"라고 걸림돌을 사용하면, 즉시로 "미라야! 미안해. 아빠가 잘못 말을 했다." 다시할께 하면서 "밥 먹자"라고 했다. 아내에게도 이렇게 했다. 낯설고 서툴었지만 꼭 고쳐야만 된다고 생각했다. 전에는 말부터 먼저 했지만 이제는 생각을 먼저 하고서 말을 하게 되었다. 또한 전에는 내가 말을 잘 했는지? 못했는지? 말이 맞았는지? 틀렸는지? 를 정확하게 알지를 못했지만 이제는 알게 되었으므로 감사했다. 만약에 말을 하고서 잘못되고, 틀렸으면 사과를 하고서 다시 고쳐서 말을 할 수 있게 되었기 때문에 너무도 좋았다.

한 주간이 지나서 여성 제자훈련 반이 있었다. 거기에는 딸과 가까운 친구인 정혜 어머니가 있었고 우리 교회의 집사였다. 그녀는 대뜸 그의 딸 이야기를 했다. 우리 딸이 자기 딸에게 엽서를 보냈다고 했다. 자기 딸이 보여준 엽서에는 "정혜야! 너는 요즈음 어떻게 지내니? 나는 요즈음 별천지에 산단다. 아빠와 엄마가 사흘 간 어디에 다녀 오셨는데 완전히 이상해져서 오셨다. 내가 천국에는 가보지 못했지만 요즈음 천국과 같은 집에서 살고 있단다"라고 적혀 있었다. 그래서 "목사님 내외께서는 어디에 다녀오셔서 그렇게 되었느냐?"고 질문을 했다.

나는 그 말을 듣는 순간 까무러치게 놀랐다. 왜냐하면 내 딸이 친구에게 엽서를 보냈다는 것 때문이 아니라 딸이 얼마나 힘들고 고통스럽게 살고 있었던 것을 여실히 알게 되었고, 목사의 가정에서 자라고 있었지만 '천국의 그림자'가 아니라 '지옥의 그림자' 같은 가정에서 자라고 있음을 알게 되었기 때문이었다. 나는 집으로 돌아가서 딸에게 진심으로 사과를 하면서 용서를 구했다. "아빠가 그동안 몰라서 그랬으며, 배운것이 그것 밖에 없었기 때문이었다. 앞으로는 우리의 가정이 천국이 되도록 노력하겠다"고 했다. 나는 그때의 충격을 32년이 지났지만 아직도 가슴에 간직하고 있다. 이 사건으로 말미암아 내가 효과적인 대화법에 대하여 관심을 가지고 논문을 쓰고, 나의 비전이 되는 계기가 되었다.

나의 변화된 모습이 일주일 만에 나타나자 제일 먼저 내 자신이 놀랐다. 이 훈련을 통하여 먼저 자신의 모습을 발견하고, 충격과 도전과 놀라움을 깨달은 나는 이 귀하고 좋은 것을 다른 사람에게 알리지 않으면 죄가 된다는 생각이 들었다. 나만이 간직하게 되면 용서받지 못할 것 같은 심정이었다. 아직도 대화법에 대하여 미숙했지만, 아직도 설익고 어설펐지만 내가 받은 충격만이라도 전해 주고 싶었다. 그리고 공식적으로는 6개월 후에 교회를 사임하고 유학을 가려는 계획을 알리지 않고 있었으므로 나의 마음은 더욱 급했다. 한 제자훈련 세미나에 갔을 때에 강사로부터 배웠던 것이 힘과 용기가 되었다. "성도는 배우든지, 아니면 가르쳐야 된다." "지도자는 배울 때에 자신이 배우는 것으로 끝나면 되지 않고, 언제나 나는 어떻게 가르칠까? 를 먼저 생각하면서 배워야 한다." 그래서 나는 이 훈련을 받을 때에도 Work Book에 조심스럽게 기록 했다. 왜냐하면 이 내용을 바로 복사하여 사용하기 위해서였다.

나는 용기를 가지고 대화법을 배울 자들을 모집하였다. 특별히 결혼을 하고, 혹은 결혼을 앞둔자들을 먼저 지원하게 했다. 창원과 진해에 있는 청년들과 교회의 젊은 부부들이 지원하여서 기쁨으로 가르쳤다. 아직도 많이 서툴긴 했지만 이 대화법의 필요성과 중요성을 알므로 열정적으로 가르쳤다. 지금이 아니면 결코 쉽게 배울 수 있는 부분이 아니므로 사명감을 가지고 나누었다. 이들에게 얼마나 유익하고 도움이 되었는지는 알지 못하지만 나에게 준 사명을 다했다는 자부심은 가지게 됐다. 이것이 제

8영도교회를 개척 하고서 마지막으로 가르치고 섬겼던 일이었다.

자랑스러운 사역

처음으로 가족들과 함께 가졌던 카나다와 미국 캘리포니아주에서의 한 달간의 휴가에서의 경험은 나의 목회에 대한 성찰과 한국교회, 특히 내가 섬기던 교회의 예배 형태에 대해 깊이 생각하는 계기가 되었다. 성도들의 생활에서의 진솔한 신앙의 모습과 그들의 삶 속에서 자연스럽게 흘러나오는 생활예배는 내게 큰 울림을 주었다. 어쩌면 나는 "너무 정통에 얽매여 있었던 것은 아닐까? 성도들의 삶과 유리된 예배를 드리고 있었던 것은 아닐까?" 하는 자성이 들었다. 나는 그러한 고민 끝에 새해부터는 주일 오후예배를 완전히 새로운 모습으로 바꾸기로 운영위원회에서 결정했다. 성도들의 삶 속으로 깊숙이 파고드는, 진정한 '생활예배'를 만들고 싶었다. 그래서 시작했던 것이 매주 다채롭게 진행되었던 주일 오후예배였다.

매월 첫째 주일은 각 기관이 중심이 되어 예배를 드렸다. 스스로 예배를 준비하고 참여하는 과정을 통해 공동체 의식을 키우고, 각 기관의 의미를 되새기게 했다. 그리고 탐방한 교회와 기관들에 대한 간증을 나누었다. 둘째 주일에는 인근의 작은 교회들을 찾아 함께 예배를 드리고, 서로의 기도제목을 나누므로 주님의 우주적인 교회를 실현하고, 주님의 몸으로서의 연대감을 느끼도록 했다. 셋째 주일은 몸으로 드리는 예배의 날로 정해, 중고대 S.F.C.와 청년들은 천성재활원에 가서 봉사하고, 남여전도회원들은 노인정과 양로원에 찾아가서 따뜻한 마음으로 필요를 채워주고 1일 친구가 되었다. 분기에 한 번은 시골이나 어촌에서 자란 회원들의 교회나 후원교회를 방문하여 위로의 시간을 가졌다. 특별히 기억에 남는 것은 넷째 주일 오후에 진행했던 신학교 교수 초청 강의였다. 나는 늘 스스로 부족함을 느꼈기에, 우리 성도들에게 더 깊이 있는 신학적 지식을 나누어주고 싶었다. 첫해에는 이상규 교수의 "한국 교회사", 둘째 해에는 한정건 교수의 "종말론"이었다. 감사하게도 이 강의는 우리 교회 성도들 뿐만 아니라, 성도들의 초대로 찾아온 이웃들로 늘 북적였다. 말씀을 향한 뜨거운 열정을 확인하는 귀한 시간이었다. 성도들과 함께 만들어갔던 '삶이 예배가 되는 공동체'의 모습은 지금도 나의 마음속에 자랑스럽게 남아있다.

이 기간 동안 초청을 받아 각 기관 헌신예배 설교 33회, 수련회 인도 21회, 부흥회 인도 6회, 설교 및 특강 24회, 전도폭발 훈련(III) 인도 7회를 하게 됨은 전적으로 하나님의 은혜이며, 개인적으로는 너무도 영광스러운 순간들이었다.

개척한 교회 사임

나는 특별한 일이 있을 때마다 40일 기도를 즐겨했다. 아마도 처음 출발할 때에 그렇게 했기 때문이기도 했다. 40일을 기도하면 주님의 성령을 만난다는 확신을 가지고 있었기 때문이었다. 나는 유학을 가지 않으려고 작정기도를 시작하였다. 왜냐하면 공부를 좋아하지 않았고, 영어가 부족했기 때문이었다. 그 보다 개척 교회사역이 너무도 신나고 재미있고 좋았기 때문이었다. 그럼에도 기도를 시작하게 된 것은 나의 부족함을 보았기 때문이었지만 대학 3학년 진급을 앞두고 단식기도를 할 때에 주의 성령께서 주셨던 말씀을 거역할 수가 없었기 때문이었다. 작정 기도의 마지막 날짜가 다가 옴에도 불구하고, 특별한 영감이 나타나지 않았다. 삼십 구일이 되는 밤이었다. 기도 가운데 대학 1학년 때에 윤종하 총무에게서 들었던 '하나님의 뜻을 발견하려면' 강의의 한 부분이 불현듯이 떠올랐다. "우리는 많은 경우에 하나님의 뜻을 따라 살아가려고 한다. 하지만 하나님의 뜻을 따라 살아가는 것이 아니라 자신의 뜻을 따라 살아간다. 그러므로 많은 경우에 자신이 하기 싫은 일을 결정하는 것이 오히려 하나님의 뜻일 경우가 많다." 나는 이 말을 떠올리자 마자 이것이 분명한 하나님의 뜻인 것을 깨닫게 되었다. 변명의 여지가 없었으며, 이미 내게 말씀해 주신 하나님의 음성임을 확신하게 되어 순종했다. 하나님은 기도를 통하여 하나님의 뜻을 확인시켜 주셨다.

내가 미국 유학을 위하여 사임을 하겠다고 했을 때에 제8영도교회 제직들은 계절학기이므로 개척한 교회를 담임하면서 공부를 하라고 제안 했다. 그렇게까지 마음을 써주어서 감사했다. 하지만 나는 목회자의 양심으로서 그렇게 할 수가 없었다. 왜냐하면 성도들은 일 년에 비행기를 타고서 제주도도 다녀오지 못하는 형편인데 담임목사는 비행기를 타고서 미국까지 공부를 하러 다닌다는 것이 용납이 되지 않았다. 그래서 제직들의 제안에 따라 일 년을 더 사역 한 후, 교회개척을 하여 7년 동안 첫사랑으로 섬겼던 주님의 교회를 사임했다. 참으로 바람직하게 1991년 7월 7일 주일 낮 예배 때에 담임목사의 사임, 오후예배는 후임 목사의 부임예배로 은혜롭게 드렸다.

3. 도미유학 기간과 지속된 학업
나성 삼일교회 협동목사

나는 1992년 1월 1일부터 1993년 4월 30일까지 나성 삼일교회 협동목사로 있었다. 박대근 담임목사는 부산 브니엘고등학교 한 해 선배였으며 Junior Red Cross(J.R.C)의 전임 단장이었다. 그는 나의 아내가 부산 지방 S.F.C. 대학부의 부회장으로 있을 때에 서기로 같은 임원을 했다. 이 역만리 낯선 곳에서 아는 분이 있어서 반갑고 좋았다. 그리고 내가 제자훈련과 전도폭발을 했으므로 먼저 교회의 목회자들에게 훈련을 하고, 구역에 잘 접목이 되어 활성화가 되도록 요청을 받았다. 나는 교역자들에게 제자훈련과 주일 장년 남자반과 한 구역을 담당 했다. 교회에서는 유학을 왔다고 장학금으로 월 1,000달러를 주었다. 유학을 오기 전에 생각한 것보다 생활비가 더 많이 들어갔는데, 나에게는 큰 도움이 되었다. 내가 거주하고 있는 얼바인 집에서 로스앤젤레스 교회당까지는 45마일(70킬로미터)이었다. 나는 공부를 위해서 왔으므로 주일만 봉사를 하겠으며, 한 구역만 맡겠다고 했다. "세상이 넓고도 좁다"는 말이 있듯이 교회에 갔더니 제8영도교회에서 수요기도회에 참석을 했던 김건용 전도사가 있었다. 너무도 반가웠고 좋았다.

김 전도사의 소개 덕분에 남가주 소재 국제신학교(International Theological Seminary)에서 신학석사(Th. M) 과정을 1992년 3월 5일부터 1994년 5월 19일까지 공부하여 졸업을 했다. 이 학교는 김의환 박사가 학장으로 계셨다. 학교 설립 취지는 이 시대에 있어서 선교사로서 교육과 훈련과 그 나라의 언어를 습득하여 파송을 받으면 너무도 큰 출혈을 감당하여야 되었다. 오히려 그 나라의 탁월한 학생을 미국에 오게 하여 장학금으로 교육과 훈련을 받게 하여 파송을 하게 되면 그 나라의 지도자로서 보다 더 선교사의 역할을 잘 할 수 있을 것을 생각하여 학교를 설립하였다. 학교 설립 목적이 참으로 귀하고 아름다웠다. 동남 아시아와 아프리카에서 와서 장학금으로 공부를 하는 학생들이 많았다.

개척교회 시작

중학교에 다니는 큰 딸의 친구의 부모는 제자교회 장로와 집사였다. 딸로 말미암아 가까운 이웃이 되었다. 그 장로는 월남전에 다녀왔고, 응급실 간호사였으며, 그의 아내는 옷 판매점을 운영했다. 그는 내가 제자훈련과 전도폭발 강사인 것에 호감을 가졌다. 마침 제자교회에 담임목사가 공석이었고, 전교인 수련회의 강사로 나를 초청하였다. 수련회 장소는 한국의 기도원과는 차원이 다른 휴양지 같았으며 참으로 아름다웠고 잘 갖추어진 수양관이었다. 하나님께서 긍휼을 베푸셔서 놀라운 은혜를 주셨고, 변화의 역사가 일어났다. 나는 강사로서 참석을 했지만 그들은 후임 목사로 선을 보는 기회도 겸하였다. 특별히 나는 '제자교회'라는 이름에 매력을 느꼈다. 왜냐하면 그동안 모든 사역의 중심이 제자훈련이었기 때문이었으며, 진정으로 주님이 원하시는 '제자훈련을 통하여 세워지는 교회'를 열망하고 있었기 때문이었다. 만약에 담임으로 결정이 된다면 너무도 귀하고 멋진 기회가 되리라고 생각이 되었다.

그 교회는 A장로가 개척을 했으며, 중소기업의 사장으로서 교회의 재정적인 부분에서 꽤나 많은 부분을 감당했다. 그 교회의 중심적인 역할을 감당하는 장로로 있었다. 후임 목회자 선정을 위하여 대다수의 성도들이 나에 대해 찬성을 했다. 그런데 유독 A장로만 반대를 했다고 했다. 그 이유는 "강 목사를 만나보니 사람도 좋아 보였고, 말씀도 좋았다. 그리고 사람들을 이끄는 카리스마가 너무도 강하다. 우리 교회에 오게 되면 얼마 지나지 않아서 나의 편에 있던 성도들이 그의 편이 될 것이다. 그렇다면 왜 내가 그를 청빙하겠는가?"였다. 나는 그 이후에 이 말을 전해 듣고서 참으로 기가 막혔다. 이민교회 현실을 직접적으로 알게 되었다. 100% 가운데 99%가 찬성을 한다고 해도 유력한 자 1%가 반대를 하면 되지 않는 것을 배웠다. 이 일로 인하여 장로부부와 일부 성도들은 교회를 떠났다.

장로부부는 일찍부터 나에게서 제자훈련을 제대로 배우고 싶어 했다. 그래서 제자교회에 출석을 하고 있지 않았다. 고등학교 동기 친구들 몇 가정도 현재 다니는 교회에 적응을 하지 못하고 있었다. 그래서 우리 집에서 장로 가정과 친구 가정으로 총 5가정이 주일예배를 드리기 시작했다. 나는 "현재 유학을 왔다. 고국으로 돌아간다고 약속을 했으며, 기다리는 자들이 있다. 여기에 제자훈련이 필요하다고 하므로 교회가 안정이 될 때까지만 사역을 하겠다"고 그들에게 진솔하게 이야기를 했다. 그 이후에 Buena Park에 있는 감리교회당을 빌려서 사용하기로 결정이 되었다. 그래서 1993년 9월 4일 재미 고신 서부노회 한생명장로교회의 개척 설립예배를 드렸다.

목회학 박사(D. Min.) 과정

이후에 나는 미시시피주에 있는 개혁신학교(Reformed Theological Seminary, Jackson, MS)의 목회학 박사(D. Min.) 과정은 1991년 7월부터 1995년 5월 19일까지 공부하여 4년 만에 졸업을 했다. 이 과정은 계절학기로 운영이 되었다. 총 48학점을 이수해야 했으며, 과목 40학점(10과목)과 논문 8학점이었다. 이 과정은 김의환 교수가 R.T.S.와 협의하여 한인목회자들을 위한 과정을 개설하였다. 강의는 R.T.S. 교수들이 영어로 했지만 전문 통역자를 세워서 바로 동시통역으로 했다. 강의 가운데 몇 가지 도움이 된 것을 정리했다.

첫 째는 통(Dr. Tong)교수의 심리학이었다. 그는 중국계 인도네시아인으로 아시안을 잘 이해 해주었고 겸손하셨고 탁월하신 분이셨다. 신학박사와 철학박사 학위를 받으셨을 정도였다. 그는 "박사 학위를 받지 못하는 사람이 있다. 그 사람은 교만한 사람이다. 자신이 얼마나 많이 알고 있는 것을 보여 주려는 사람이다. 불후의 명작을 남기려는 사람이다. 박사 학위는 모든 것을 다 알기 때문에 받는 것이 아니라 시간과 자료를 주면 과학적으로 검증해 낼 수 있는 사람이다. 목회학 박사 학위는 자신의 논문 주제를 과학적으로 검증했다는 증거이다. 사실 당신이 쓸려는 논문은 이미 도서관에 다 있다는 마음의 자세를 가져야 된다. 그러므로 겸손하게 배우려는 자세를 가지게 되면 소정의 과정을 마칠 수 있을 것이다. 나는 여러분들이 이렇게 계속하여 배우려는 자세를 존경하고 찬사를 보낸다. 많은 사람들은 여러분들이 통역을 통하여 배우므로 무시하려는 사람들이 있다. 나도 이중 언어자로서 공부를 했다. 이중 언어자들은 교수의 강의의 내용을 60%에서 70% 정도로 이해 하면서 공부를 한다. 하지만 여러분들은 동시통역을 통하여 강의를 들으므로 100% 이해를 하면서 배우게 되어 너무도 좋고 그것은 특권이다. 조금도 열등감을 갖지 말고, 기가 죽지 말고 배움에 열중하기를 기대한다"고 했다. 그의 이 말씀은 나에게 큰 힘과 용기를 주었다.

둘째는 통 교수의 강의 중에서 "너와 나의 다른 것은 다를 뿐이지 결코 틀린 것이 아니다"라는 강의를 듣게 되자 나의 눈에서 하염없는 눈물이 흘렀다. 그동안 나는 흑백 논리로 교육을 받았고 그렇게 살아 왔다. 나의 기준과 생각과 다르면 다른것이 아니라 틀린것으로 생각했다. 다른 것을 틀렸다고 생각했기 때문이었다. 한 예로써 나는 30대에 담임목사를 하면서 다른 목회자는 평생을 목회 해도 교회에서 권징을 한 번을 하기가 쉽지 않은데도 3번씩이나 했다. 그때는 정의롭게 잘했다고만 생각을 했지만 틀렸다고만 볼 것이 아니라 다름에 대하여는 전혀 생각을 못했던 것으로 깨닫게 되었다. 그래서 회한의 눈물이 내 눈에서 끊임없이 흘러내렸다. 그의 이 강의 순간은 내 자신을 성찰하는 순간이 되었고 페러다임이 변하는 시간이었다. 또한 내 자신이 얼마나 교만하고 부족한 존재인 것을 새롭게 깨닫게 되었다. 캘리포니아주 로스엔젤레스에서 미시시피주 잭슨까지 비행기로 가서 숙식을 하면서 3주간 공부를 한 비용이 5,000.00 달러 정도였지만 이 내용 하나만으로도 모든 비용보다 더 귀하고 값진 것이었다.

셋째는 왓슨(Dr. Watson) 교수는 '갈등(Conflict)의 문제'를 강의 했다. 한국교회에서만 갈등의 문제가 있는 줄을 알았는데 미국교회에서도 동일한 갈등의 문제가 있었다. 갈등이 생겼을 때에 해결하는 방법에 대하여 강의를 하면서 품위를 유지하면서 갈등을 해결하라고 했다. 그로부터 영향을 받은 것은 그가 강의안을 나누어 줄 때에 학생에게 시킨다든지, 뒤로 돌려서 받게 하지 않고 직접 한 사람 한 사람에게 나눠 주었다. 나는 이 부분에서 문화적인 충격을 받았다. 신학교를 다니면서 어느 교수에게서도 보지 못했던 부분이었기 때문이었다. 그 부분에서 예수님의 섬김의 모습을 떠올렸기 때문이었다. 나는 이 부분이라도 실천하려고 요즘도 강의안을 줄 때에 직접 개인적으로 주려고 노력한다.

그로부터 도전이 된 것은 학과목을 마치고 과제물을 제출했을 때 얼마 후 과제물을 돌려받은 것이다. 내가 신학교를 다닐때에는 한 번도 경험해 보지 못한 것이었다. 제출했던 과제물을 다시 돌려받은 것만으로도 충격이었는데 잘된 부분은 'Good, Excellent', 영어 철자가 틀린것은 고쳐주었고, 의미전달이 부족한 부분은 질문을 기록해 주었다. 나는 저절로 그가 존경스러웠다.

네 번째는 왓슨(Dr. Watson)교수는 나의 논문 지도교수였다. 한 달 동안 책을 읽고서 준비하여 만나면 내가 무엇을 준비해 올 것을 아는 것처럼 느껴졌다. 그의 박식함과 탁월함에 저절로 고개가 숙여졌다. 논문을 마무리 할 때에는 새벽 1시가 넘을 때도 한 두 번이 아니었다. 그리고 놀라운 것은 나의 논문에서 주장하는 부분에 꼭 맞는 의미의 영어단어가 없었다. 그러자 그는 영어단어를 두 개나 만들어 주었다. 마지막 논문 발표를 할 때에 논문 심사 위원들께서 이 부분에 대하여 집중적으로 질문을 하자, 그는 일어나서서 대답을 대신해 주심으로 쉽게 통과를 하게 되었다. 아직도 그의 그 사랑이 나의 가슴에 남아있다. 나는 그를 통하여 왜 교수를 존경하게 되는지를 알게 되었다. 나의 목회 가운데서도 "내가 교수의 인격과 가르침에 존경함으로 머리숙여 표하는 것과 같은 마음을 가진 성도들이 몇 명이나 만나게 될까?" 라는 생각이 들었다.

다섯째는 나의 처음 계획과는 다르게 목회학 박사 학위 논문은 이론신학적인 논문이 아니라 실천신학적인 논문으로 변경 되었다. 그때 설교 외에 나의 최고의 관심과 도전은 대화법이었다. 대화법은 다행스럽게도 변경된 목회학 박사 학위가 추구하는 실천신학적인 부분이었다.

마침 송길원 목사가 한 달간 나의 서재에서 머무르면서 '기독교 상담 연구소' 에 대하여 준비 작업을 하고 있었다. 그의 전적인 배려와 도움을 받아서 두 그룹의 모 집단을 모집하였다. 참석자들에게 강의 전 설문과 10주 강의 후의 설문을 조사하여 변화 된 결과를 도출했다. 통계처리를 위해서 윤석옥 교수의 도움을 받았다. 논문 심사가 끝나고 수정 보완을 한 이후에 학위 논문을 전문적으로 취급하는 곳에서 이차적인 수정을 하여 논문이 발행 되었다. 나의 졸업 학위 논문은 "A STUDY OF THE RESULTS

OF THE PARENT EDUCATION PROGRAM IMPROVING COM-MUNICATION STYLE" (의사소통 방식을 개선하는 부모교육 프로그램의 결과에 대한 연구)이었다. 지도교수는 왓슨(Dr. Watson)교수 였다. 이 지면을 통하여 늦었지만 이 논문이 나올 수 있도록 여러 면에서 도와주신 분들에게 깊이 머리 숙여 감사를 전한다.

4. 전문사역 확장의 시도와 리더십 반발 (Leadership-Backlash)
늘빛교회 청빙

부산 늘빛교회는 1988년 11월에 부산 삼일교회에서 나왔던 김광철 장로 외 10명이 모여 교회를 설립키로 결의하여 시작되었다. 1989년 3월 5일에 강옥길 목사가 초대 담임으로 청빙을 받아 1993년 4월 14일 만 4년 만에 사임을 했다. 그 이후 3년 동안 한진환 목사(신대원 교수)가 설교목사로 있었다.

나는 K장로에게 "왜 저를 담임목사로 청빙하게 되었느냐?"고 물었다. 그는 첫째는 현재 설교목사로 있는 한진환 교수가 제일 먼저 추천을 했다. 둘째는 제6회 늘빛 신앙강좌의 강사로 온 송길원 목사와 처음 개척 당시에 설교목사였던 한정건 교수가 추천을 했다. 셋째는 목회자들 20명이 넘도록 나에 대하여 물었을 때에 모두가 "예, 강 목사는 참 좋습니다. 제가 보증할 수 있습니다"라고 답을 했기때문이라고 했다. 그가 어떻게해서 나와 좋은 관계로 있는 분들에게만 문의를 했는지 신기하기까지 했다. 이것은 전적으로 하나님의 도우심과 인도하심으로 느껴졌다.

이 교회에서는 1996년 1월 7일 첫 주일에 담임목사 청빙을 위한 공동의회를 열어 나의 청빙을 결정하였다. 나는 아직 미국 한생명장로교회 담임으로 있었으므로 시간이 필요하다고 했다. 교회에서는 흔쾌히 허락을 해 주었고, 부임하기 전에 여행을 하면서 쉼도 가지라고 했으며, 이사 비용도 넉넉하게 주겠다고 했다. 그 당시에는 쉽지 않았던, 나의 담임사역 7년째에는 의무적으로 안식년을 허락하며, 미국에 있는 딸들이 계속하여 미국에서 공부를 할 수 있도록 장학금을 주겠다고 했다. 아내도 교회에 지장이 되지 않으면 미국에 자유롭게 왕래할 수 있도록 하겠다고 했다.

나는 미국유학 후에 고국에 와서 다시 교회를 개척하고 싶은 마음을 가지고 있었다. 이 교회는 설립한지가 7년 밖에 되지 않은 개척교회와 같은 곳으로 생각 되었다. 구제와 장학금과 선교를 많이 하는, 부산에서는 열린 교회였다. 하지만 제자훈련이나 전도폭발이나 성령의 역사에 대하여는 많이 부족해 보였다. 무엇보다도 내가 가장 관심 있고 또 준비했던 내용이 필요한 교회로 생각 되었다. 그때에 내 나이가 만 43세로 70세까지 평생을 헌신할 수 있는 교회로 생각 되었다. 나는 1996년 2월 28일부로 재미 고신 서부노회 한생명장로교회를 사임했다.

늘빛교회에서의 나의 청빙은 여러 면에서 특별하였다. 첫째는 이력서를 제출하지 않고 청빙을 받았다. 둘째는 주일 설교와 부흥회를 인도하기는 했지만 선을 보기 위한 면접은 없었다. 오히려 내가 여섯 분의 당회원들과 열네 분의 장립집사들을 둘로 나누어, 그리고 권사 열네 분을 각각 면접을 나누는 시간을 가졌다. 셋째는 나의 개인적인 상황으로 인하여 청빙 허락을 받고서 육 개월이나 지난 1996년 7월 2일에 제 2대 목사로 부임을 하게 되었다. 넷째는 부임은 하지 않았지만 당회에서는 매월 재정 보고를 나에게 보내 주었다.

교회 부지 구입

부흥회가 끝이 나고 현 교회당 부지(남구 용호동 894-3번지, 730여평) 선정과 경매에 대하여 당회와 건축위원회에서, 이미 청빙이 허락된 담임목사라면서, 기도회 인도를 부탁했다. 건축위원회의 경과보고는 "교회 부지로 구입하려고 하는 곳은 현재 신발공장이 있는 곳이다. 공장이 부도가 나서 부산 지방법원의 경매에 나와 있는 것으로 이미 한 차례 유찰이 되었던 곳이다. 지난 번의 가격은 10억이었는데 유찰이 되었으므로 30% 정도 줄여서 7억 정도면 일반적으로 합당한 가격으로 본다"고 했다. 나는 사무엘하 24장 18절 ~ 25절을 본문으로 택하여 세 가지를 나누었다.

첫째는 하나님의 교회이므로 무상으로 가지려고 하지 맙시다.

"아라우나는 다윗 왕이 하나님께 제단을 쌓기 위해서 그리고 백성에게 내리는 재앙을 그치게 하려고 함으로 '왕이 좋게 여기는 대로, 원하는 대로 취하여 여호와께 드리소서' 라고 합니다. 더 나아가 '번제에 대하여는 소가 있고, 땔 나무에 대하여는 마당질 하는 도구와 소의 멍에가 있다' 고까지 헌신적인 고백을 합니다. 얼마나 귀하고 아름다운 장면입니까? 이러한 백성이 있다는 것이 다윗에게는 얼마나 위로가 되었겠습니까? 하지만 다윗은 단호하게 '그렇지 않다' 고 합니다. 다윗은 '내가 값을 주고 네게서 사리라. 값없이는 내 하나님 여호와께 번제를 드리지 아니하리라.' 다윗은 백성이 주는 것으로 공짜로 제단 쌓기를 원하지 않았습니다. '제단' 은 희생물을 잡아서 드리는 곳입니다. 다윗은 자신의 헌신된 희생을 드리기를 원했습니다. 우리는 우리집을 구입하는 것이 아니라 하나님의 교회의 부지를 구입합니다. 다윗의 고백처럼 '내가 값을 주고 네게서 사리라. 값없이는 내 하나님 여호와께 번제를 드리지 아니하리라' 는 심정으로 경매에 동참합시다.

둘째는 하나님의 교회이므로 최대한 값을 치루고 구입합시다.

"다윗은 '은 오십 세겔로 타작마당과 소를 사고, 그 곳에서 여호와를 위하여 제단을 쌓고 번제와 화목제를 드렸습니다.' 그 당시 땅 값이 어느 정도인지는 알지 못합니다. 하지만 하나님 앞에서 이러한 자세와 마음을 가진 다윗이라면 최대한 값을 주었으리라 생각이 됩니다. 그 땅의 가치는 내가 얼마나 지불하는 것과 비례합니다. 그동안 우리가 하나님의 교회 부지를 위하여 기도하면서 준비한 것이 있으리라 생각 됩니다. 우리가 준비한 최대의 것으로 구입 하십시다. 그렇게 되면 이와 같은 역사가 일어 날 것입니다. '이에 여호와께서 그 땅을 위한 기도를 들으시매 이스라엘에게 내리는 재앙이 그쳤더라.' 하나님의 교회에 놀라운 역사가 시작됩니다."

셋째는 하나님의 교회이므로 부도가 난 공장 사장에게 위로가 되도록 합시다.

"자기의 돈과 물건이 귀하지 않은 사람은 없습니다. 신발공장 사장은 이 땅이 경매에 붙이게 되어 얼마나 속이 상하고 아프겠습니까? 처음 경매가 유찰이 되고 얼마나 실망이 되었겠습니까? 만약에 자기의 기대와는 다르게 큰 차이로 손해를 보았다고 합시다. 그러면 그는 공장을 보면서 어떤 생각이 들며, 어떠한 마음이 되겠습니까? 저는 이 부지는 하나님의 교회가 세워지는 곳입니다. 우리 교회가 구입하므로 손해가 적게 되고, 그 사장에게 조금의 위로와 격려가 된다면 1억 아니라 2억이라도 더 주어야 된다고 생각 합니다. 그 위로와 격려로 주님 앞으로 돌아오는 계기가 된다면 천하보다 귀한 생명을 얻게 됩니다. 이 땅을 늘빛교회가 좋은 가격에 구입을 해 주어서 아직도 소망이 있는 세상이라고 한다면 하나님께 영광이 됩니다."

하나님의 음성

나는 미국으로 들어 왔다. 그런데 5월 9일 밤에 놀라운 일이 일어났음을 5월 10일 경매 후에 알게 되었다. 김 장로는 내일 아침이면 건축위원들이 그의 집에 모여서 아침 식사를 같이 하고, 합심기도를 한 후에 경매장으로 나가기로 계획이 되어 있었다. 긴장과 조바심으로 잠을 설치는 가운데 잠이 깨었다. 갑자기 배가 가려워서 긁고 보았더니 '아토피'였다. 그와 동시에 엄청난 고통이 몰려 왔다. 한의원 원장이신 분이셨지만 너무도 고통이 커서 저절로 기도가 나왔다. 그가 기도하는 가운데 너무도 선명하게 "누가 10억 3천을 썼다"는 음성이 분명하게 들렸다. 귀를 의심할 수밖에 없었다. 통증은 그대로였지만 들었던 음성은 너무도 선명하고 분명했다. 건축위원회에서는 함께 기도회를 했을 때에 청빙목사가 하나님의 말씀을 선포한 것을 그대로 순종하여 공장 사장이 위로가 되도록 유찰이 되었던 가격대로 구입하기로 결정을 했다. 그 가격은 10억이었으며 경매장에 참석하는 백 집사가 추가로 3백만원선에서 분위기를 보고서 기록하기로 했었다. 그런데 바로 몇 시간 후면 경매장에 가야만 하는데 건축위원회를 소집할 수 있는 형편도 되지 않았다. 건축위원회가 모였다고 할지라도 "밤에 하나님의 음성을 들었다. 그러니 3천만원을 더 쓰도록 하자"고도 할 수 없는 지경이었다. 그는 고통 가운데서 겸허히 하나님의 음성에 순종하기로 작정 했다. 아침에 모인 건축위원들에게는 아무런 말을 하지 않고 식사를 하고서 기도를 했다. 경매장에 나서는 백 집사를 불러서 그가 3천만원을 개인적으로 헌금을 할 터이니 10억 3천만원과 계획대로 3백만원은 알아서 제출하라고 했다.

그런데 놀라운 일은 밤에 김 장로가 들었던 그대로 요식업을 하려는 분이 경매 가격을 10억 3천을 써서 제출했다는 것이다. 교회가 불과 3백만원을 더 제출을 하여 낙찰이 된 것이었다. 경매 담당자가 "10억 3천이나 되는 경매금액에서 불과 3백만원 차이로 낙찰되는 것은 처음 있는 일이라고 했다." 하나님은 놀라운 일을 행하셨다. 이 간증을 듣고서 건축위원회와 모든 성도들이 기뻐하며 하나님을 찬양했다.

늘빛교회는 하나님의 역사하심에 감사와 찬양을 했지만 용호동에 있었던 한 교회는 큰 시험에 빠졌다고 한 장로로부터 이야기를 전해 들었다. 그 교회는 처음부터 경매에 동참을 했다. 처음에는 의도적으로 유찰이 되도록 했다. 이번에도 처음과 같이 유찰이 될 것으로 생각 했으며, 한번 유찰이 될 때마다 30%씩 가격이 감소가 되므로 세 번째에 두 번째 정도의 가격으로 구입하려고 했었다. 그런데 그들의 생각과는 다르게 그만 두 번째 경매에서 늘빛교회에 낙찰이 되었다. 그러자 그 교회는 큰 시험에 빠져 교회의 존재유무까지 거론이 된다고 했다. 그 교회의 장로가 늘빛교회 장로와 같은 장로 합창단원이므로 만나서 질문을 했다고 했다. "늘빛교회는 처음으로 경매에 동참을 했는데 어떻게 그 가격을 하려고 했습니까?" 그래서 그 장로는 자랑스러운 마음으로 "건축위원회 기도회 때에 청빙 목사가 하나님의 교회이므로 최선의 것으로 구입하며, 공장 사장에게 위로가 되는 금액이면 1억 아니라 2억이라도 더 주자고 해서 순종해서 그렇게 되었다"고 했다. 그랬더니 그 장로가 너무도 부끄러워 했다고 했다. "주라! 그리하면 너희에게 줄 것이니 곧 후히 되어 누르고 흔들어 넘치도록 하여 너희에게 안겨 주리라. 너희가 헤아리는 그 헤아림으로 너희도 헤아림을 도로 받을 것이니라"(눅6:38).

늘빛교회 부임과 심방

늘빛교회에 부임을 한 후에 첫 번째 당회에서 나의 요구사항은 다음과 같았다. 담임목사가 부임을 했으므로 전 교인 심방을 하겠다. 첫 번째 심방이므로 장로와 권사 가정은 심방을 하지 않겠다. 구역별로 하되 신입 교인이나 평신도 가정을 우선적으로 하겠다. 각 가정에서는 심방자들의 건강과 그 가정을 위하여 음식을 한 가지씩만 먹겠다. 각 구역장에게는 시간에 맞추어 차, 과일, 라면, 다과, 기타 등으로 한 가지씩 준비를 해 주길 부탁 했다. 각 가정에서의 심방시간은 두 시간씩이며, 점심식사는 형편이 어려운 가정이나 한 번도 목회자에게 식사를 대접해 보지 못한 가정에서 라면이나 국수를 먹겠다. 가까운 중국집에서 짜장면이나 짬뽕을 시켜 주어도 좋다고 했다.

구역장을 앞세워 심방이 시작 되었다. 교역자로는 담임목사, 부목사, 여전도사, 구역장과 권찰이었다. 첫 집에 갔을 때에 구역장이 전달을 잘 했지만 대 심방을 받는데 나의 말처럼 음식을 한 가지만 내어 놓지 않고 한 상을 차려서 나왔다. 부교역자들과 구역장이 나의 눈치를 보았다. 나는 감사기도를 하고서 약속을 한 대로 한 집에서 똑 같은 것을 한 가지씩만 먹자고 했다. 하루 동안 이렇게 심방을 했더니 다음 날부터는 모두 아예 한 가지씩만 대접해서 서로가 너무 좋았다.

한 평신도가정으로 아내와 사별을 하고 고등학교 다니는 아들을 둔 분이 있었다. 그의 어려운 이야기를 다 들어 주고 복음을 전하여 구원의 확신을 갖게 되었다.

내가 각 집에서의 심방을 두 시간씩을 하게 한 이유가 있다. 그것은 심방은 목회자의 이야기와 설교를 하기 위해서가 아니라, 교인 가정을 좀 더 깊게 알고, 어려움을 파악하고 기도의 제목을 알기 위해서이기 때문이었다. 동시에 각 개인의 영적인 상태와 영적인 성장을 점검하고 도움을 주기 위해서였다. 그때 교회 중직이 아닌 평신도 가정은 80여 가정이 되었다. 나는 거의 한 시간 동안은 교인들의 형편과 사정과 가정식구들에 대하여 이야기를 나누면서 들었다. 그리고서는 참석한 모든 자에게 한 사람씩 '전도폭발(III)'의 두 가지 진단 질문을 했다. 첫 번째 질문은 "당신이 오늘 밤이라도 하나님께서 당신을 불러 가신다면 천국에 들어 갈 수 있는 분명한 확신을 가지고 있습니까?" 두 번째 질문은 "당신이 이 세상을 떠나 하나님 앞에 섰을 때에 하나님께서 내가 너를 나의 천국에 들어오게 해야 할 이유가 무엇이냐? 물으신다면 무엇이라고 대답 하시겠습니까?" 이 질문은 신앙생활에 있어서 너무도 중요한 질문이다. 이 질문을 통하여 자신의 분명한 구원의 확신에 대한 것을 알게 되고 그리고 "그 구원의 근거가 무엇인가?"를 분명하게 보여 주기 때문이다.

나는 처음 부임하여 평신도 가정을 심방하면서 적어도 60명 이상이 구원의 분명한 확신을 갖게 된 것을 보았다. 복음을 전하므로 구원의 확신을 가지게 된 사람들은 48시간 이내에 다시 방문하여 즉석양육을 한 시간 동안 했다. 목회자가 교인들의 가정을 심방하는 것은 요식행위나 인사치레를 하기 위한 것이 결코 아니다. 교인들의 영적인 상태를 보게 하고 하나님의 말씀으로 분명하게 세워 주는 것이다. 정기 심방을 했다는 것이 목적이 아니라 교인 한 사람 한 사람을 주님 앞에 든든하게 세우는 것이 목적이기 때문에 심방일정을 여유롭게 했으며, 다시 찾아 가서 말씀으로 권면 했다. 이 심방 때에 복음을 받아 구원의 확신을 가진 자 가운데 5년 뒤에 여전도회 회장이 된 것을 보았다. 우리 주님께 영광을 돌렸다.

몇 주간의 가정 심방을 하고서 교역자 회의를 가졌다. 모든 부교역자들에게 물었다. "여러분들은 그동안 몇 년 동안 교역자로 있으면서 과연 무엇을 했느냐?" "이번 대 심방에 동참을 하면서 깨닫게 된 것이 무엇이며, 자신의 부족한 부분이 무엇이었는지?" "앞으로 당신들은 어떤 교역자가 되고 싶은지?"를 나누었다. 모두들 미안하게 생각하고 면목이 없다고 했다. 대 심방이 모두 끝나고 세 명의 교역자들을 교회에서 후원을 하여 서울에서 개최되는 전도폭발(III) 지도자 훈련에 다녀왔다. 이 일련의 사역은 나의 목회에서 자랑스러운 것 중의 하나라고 생각되었다.

무기명 건축 작정 헌금

교회에서 교회당 건축을 하든지 아니면 직분자를 세우게 될 때에, '호사다마'라는 말이 있듯이, 어려움이 찾아온다. 그래서 목회자는 기도를 더 열심히 하여야 한다. 하나님의 특별한 간섭하심으로 교회당 부지는 확보를 했으므로 건축을 해야만 했다. 건축위원회에서는 지금 3층으로 된 공장은 리모델링을 하도록 하고, 4층은 예배실로 증축 하기로 했다.

나는 청년시절 모교회를 건축할 때에 마음이 불편한 부분이 있었다. 그것은 "누가 얼마만큼 헌금을 했는지?"가 공공연하게 알려진 것이다. 건축 후에는 교회당에 필요한 물품들을 각자가 정하여 헌금을 하게 하였다. 그때의 나의 생각은 헌금을 많이 한 사람들의 이름은 나타나지만 헌금을 적게 한 사람들의 이름은 보이지 않았다. 교회당의 긴 의자는 김 장로가 책임을 맡아 주어서 너무도 감사한 일이었지만 "이것이 주님이 원하시는 것인가?"에 대하여 회의가 들었다. "생활이 어려워서 헌금을 작게 한 분들은 얼마나 자괴감이 생길까?" 하는 생각이 들었다. 늘빛교회에서도 빈부의 격차가 많아 보였고, 소외되는 분들이 적지 않았다.

제8영도교회를 섬길 때에 우리 집에서 지체장애를 가진 자매가 형편이 여의치 못해 함께 생활을 했던 적이 있었다. 그때 그 자매에게 한 가지 질문을 했다. "자매님은 지금 교회를 출석하면서 가장 어려운 점이 무엇이며, 나에게 부탁할 것은 무엇입니까?"라고 했을 때 그 자매가 "다리가 불편함으로 계단을 다니기가 너무도 고통스럽다. 목사님이 다음에 교회당을 지을 때에는 꼭 장애자들을 위하여 엘리베이터를 만들어 달라"고 했다. 난 꼭 그렇게 하겠다고 말한 것을 기억 했다. 나는 이러한 것을 마음에 두고 있었기 때문에 당회와 건축위원회에 제안을 했다. 첫째는 건축헌금을 무기명으로 하고 싶다. 둘째는 이 이야기를 하면서 장애자들과 노약자들을 위하여 엘리베이터를 설치했으면 좋겠다. 그 당시만 해도 교회당에 엘리베이터를 설치하는 교회는 손으로 헤아릴 정도였다. 감사하게도 나의 두 제안은 그대로 받아들여졌다.

나는 성도 한 사람 한 사람 앞으로 건축헌금의 취지와 무기명 작정에 대하여 편지를 보냈다. 그러면서 편지와 설교에서 "건축헌금을 작정함에 있어서 부부가 마음이 일치하지 않으면 헌금을 하지 말라"고 했다. 그랬더니 두 가지 반응이 나타났다. 한 가지는, 믿지 않고 교회에 출석 하지 않는 남편 분이 내가 보낸 편지를 읽고서 감동이 되어 작정헌금을 보내 왔다. 그 다음은 교회에 출석하는 한 권사께서 새벽기도회 후에 사택으로 찾아 왔다. 그의 말씀은 "목사님! 왜 부부가 마음이 같지 않으면 헌금을 하지 말라고 했습니까? 남편이 교회에 와서 설교를 듣고서 헌금을 적게 하겠다"고 했답니다. 안타깝게도 아들이 불의의 사고로 소천을 하여 받은 보상금을 저의 마음에는 일찍부터 "교회당 건축을 하게 되면 전액을 바치겠다고 작정했었습니다. 그리고 남편에게도 여러 차례 이야기를 해 두었는데 목사님 때문에 틀어지게 되었습니다"라고 말했다. 나는 그에게 "남편은 어느 정도 헌금을 하려고 하느냐?"고 물었다. 그랬더니 "전체 액수의 사분의 일만 하자"고 했다는 것이다. 나는 그에게 "그것도 얼마나 귀한 남편의 마음입니까? 하나님께서는 이미 권사의 마음을 다 받으셨습니다. 그것으로도 하나님께는 넉넉하고 족합니다. 하나님께서는 부부가 서로 선한 일로 인하여 마음이 상하는 것보다 화평하신 것을 더 원하십니다. 그러니 권사께서 오히려 남편에게 가셔서 하나님 나라를 위하여 이 만큼이라도 헌금하려는 믿음이 귀하다고 격려를 해 주라"고 했다. 참으로 감사한 것은 그가 집으로 가서 남편에게 그대로 전했다고 한다. 감사함으로 남편이 원했던 헌금을 부부가 함께 하나님께 드렸다. 얼마 후에 직장에서 남편에게 너무도 좋은 일이 예기치도 않게 일어났다. 그러자 남편이 스스로 아내가 처음에 하나님께 드리기로 한 아들의 목숨값 전액을 헌금하자고 했다. 그러자 그는 다시 새벽기도 후에 사택에 찾아오셔서 하나님이 하시는 놀라운 일을 눈물로 간증 했다. 전적으로 하나님께 영광이었다.

농약 제초제

새벽 2시에 전화벨이 울렸다. 그때는 깊은 밤이라고 해도 전화벨이 세 번 울리기 전에 전화를 받았다. 왜냐하면 그 시간에 걸려 오는 전화는 대부분 위급 전화이기 때문이다. 그래서 나는 그 시간에 전화를 받아도 잠자던 목소리 대신에 밝은 목소리로 받았다. 그래야만 긴급 전화를 한 분이 덜 미안한 마음을 가지도록 하기 위해서였다. 전화를 들고서 "예, 늘빛교회 강남중 목사입니다" 라고 했다. 그랬더니 아주 미안한 마음으로 박 집사라고 했다. 그는 동생이 위독하여 울산에서 백병원으로 실려 오고 있는데 병원에 와 달라는 것이었다. 나는 지체하지 않고 바로 병원으로 가겠다고 했다. 그리고서는 최 강도사에게 전화를 하여 새벽기도회를 부탁했다.

가야 백병원 응급실에 갔다. 응급실에 자리가 없어서 복도 침대에 누워 있었다. 박 집사와 어머니 권찰도 와서 눈물을 흘리고 있었다. 이유인즉 울산에서 유리 샤시 공장을 하다가 부도를 만나 농약으로 자살을 시도했다는 것이었다. 그는 고통은 있었지만 정신은 맑았다. 나는 약을 먹어도 빨리 발견되어 해독을 하면 모두 살아나는 줄로 알았다. 그런데 농약 제초제가 너무도 독하여 위가 모두 녹아 버렸으므로 해독도 할 수 없고, 살릴 수도 없다는 것이었다. 정말 기가 막히는 순간이었다. 자살을 시도한 사람들 가운데 살아 있는 사람을 처음으로 대면하였다. 의사는 8시간 정도 생명이 있을 수 있다고 했다.

나는 복도 침대에 누워 있는 그에게 간절함으로 전도폭발에 나와 있는 복음의 요소를 하나하나 전했다. 이것이 인생에서의 마지막 시간이기 때문이었다. 옆에는 가족과 모친과 누나가 안타까움으로 기도하고 있었다. 복음을 전하고서 지금까지 말씀을 드렸던 것을 다시 간략하게 형제에게 말씀을 확인했다. "그러면 형제에게 다시 한 번 질문을 드려도 될까요?" 그는 "예"라고 답했다. 나는 그에게 물었다: "죄송하지만, 형제가 7시간 후에 이 세상을 떠나게 된다면 그때는 어디에서 눈을 뜰 것 같습니까?" 그가 답했다. "천국에서요." 내가 다시 물었다. "형제가 천국 문 앞에 섰을 때에 하나님께서 형제의 이름을 부르시면서 '네가 이 세상에서 무엇을 했기에 내가 너를 나의 천국에 넣어 줄꼬?' 라고 하시면 이제는 무엇이라고 대답을 하시겠습니까?" 그가 답했다. "나는 공로가 없지만 오직 예수님을 믿는 믿음으로 갈 수 있다고 말을 할 것입니다." 내가 이어서 물었다. "이 시간 예수님을 영접하므로 하나님의 자녀가 되고, 왕의 아들인 왕자가 되고, 오늘 죽어도 천국갈 수 있는 확신을 가지게 되었는데 마음이 어떠하신지요?" 그가 답했다. "너무 좋습니다. 하나님! 죄인인 저를 구원해 주셔서 감사합니다." 그는 옆에 있는 아내와 두 아들과 어머니와 누나에게 자신의 잘못에 대하여 용서를 구했다. 나는 다같이 손을 잡고서 그와 가족들을 위해 기도했다. 그는 의사가 예견했던 시간에 숨을 몰아쉬었다. 그는 마지막 힘을 다해 침대에서 몸을 일으켜 앉았다. 그리고 "하나님! 감사합니다." "목사님! 감사합니다." 그 말을 마친 후 하나님의 부름을 받았다. 나는 천국에서 그를 만날 것을 기대한다.

당회에서의 위기

늘빛교회는 여섯 분의 시무장로가 있었다. 12월 년말까지 교회당 부지로 매입한 곳을 정리 정돈해야 했다. 그곳은 신발 공장을 했던 곳이었다. 공장이 갑자기 부도가 남으로 말미암아 폐쇄가 되어 산업 쓰레기가 엄청나게 많았다. 짧은 기간 동안 남아있는 모든 것을 치워야만 했다. 하루라도 늦어지게 되면 몇 백 만원의 변상을 해야만 되었다. 이 청소를 어떻게 해야 할지에 대한 당회가 열렸다. 나는 직감적으로 담임목사의 첫 번째 시험 문제이구나 라는 생각이 들었다.

1) 제일 큰 문제는 주일에 청소하는 일에 성도들을 동원해야 할지? 동원해서는 안 될지? 에 대한 문제였다.
2) 성도들이 동참을 하면 일은 능동적으로 잘 마칠 수 있지만, 주일성수와 안식을 하도록 가르쳐 왔는데 시험에 들 성도들이 있을 수 있다는 것이었다.
3) 성도들이 동참하지 않으면 변상비가 너무도 많이 들어가게 된다는 것이었다.
4) 장로들의 의견은 반으로 나뉘졌다. 변상을 하더라도 청소를 하지 말자는 쪽과 성도의 귀한 헌금이므로 양해를 구하고 진행하자는 쪽으로 반분되었다. 나는 '솔로몬의 지혜'를 마음속으로 구하였다.

나는 그들의 의견을 존중하면서 코칭 질문을 먼저 했다.
1) 주일 오후에 청소를 하게 되면 어떤 분들이 시험에 들 것 같습니까?
2) 주일 오후에 청소를 해도 시험에 들지 않는 사람은 누구입니까?
3) 그렇다면 시험에 들지 않는 중직들 가운데 자원하는 자들만 동참하게 하면 어떻겠습니까?

그래서 장로와 권사와 안수집사 가운데 자원하는 자들만 주일 오후에 청소에 동참하게 하여 변상금 없이 모든 일을 마쳤다. 일부 서리집사들도 동참을 하여 기쁨으로 모두 일을 마치고 땀으로 범벅이 된 가운데 삼삼오오 모여서 목욕탕으로 달려갔다. 이것이 공동체의 힘이며 아름다움이었다. 솔로몬의 지혜를 주신 하나님께 감사했다.

기공식 예배

교회당 부지(730평)로 구입한 남구 용호동 894-3번지 현장에서 1997년 1월 15일 늘빛교회당 건축 기공예배(용호동 현장)를 드렸다. 나는 설교를 하면서 이렇게 시작 하였다. "한 사람이 이 자리에서 500미터 정도 떨어진 연립주택에 10년 전에 살았습니다. 그의 어머니는 무당이셨습니다. 그는 부모님으로부터 교회를 택할 것인가? 아니면 직장을 택할 것인가? 예수님을 택할 것인가? 아니면 부모를 택할 것인가? 를 선택하라는 말씀을 듣고서 기로에 섰습니다. 그는 사흘 간 금식하면서 기도를 하고 예수님을 택하였습니다. 그는 집을 나오면서 부모께 큰 절을 하고서 "지금은 불효라고 생각을 하시겠지만 자신이 믿는 하나님을 믿게 된다면 가장 큰 효자가 될 것입니다"라고 말씀드리고 집을 나왔습니다. 10년이 지난 지금 그의 어머니는 예수님을 믿게 되었으며 새벽 기도를 열심히 하는 집사가 되셨습니다. 그는 지금 이 자리에 여러분과 함께 하고 있습니다. 그 사람은 누구인지 아십니까?" 참석한 많은 분들이 서로를 쳐다보면서 놀라워했다. 나는 조심스럽게 "바로 저입니다"라고 했다. 그리고서는 "10년 전에는 예수님을 믿는다고 집에서 쫓겨 났지만 이제는 복음의 깃발을 높이 들고 이 자리에 있습니다. 여러분께서도 이 땅을 주신 하나님께 감사와 기쁨이 크시겠지만, 저 또한 이곳에 복음의 기수로 보내 주신 하나님께 무한한 영광을 드립니다"라고 소회를 나누었다. 그 이후 나는 교회에서 40일 작정 철야기도를 하는 가운데 하나님께서 늘빛교회가 감당할 심오한 계획을 두 차례나 구체적으로 보여주시는 것을 보았다.

제자훈련

부임하여 해가 바뀌었고 청빙을 받은 지 일 년이 되었다. 내가 늘빛교회에 오려고 한 목적 가운데 하나는 전교인 제자화를 위해서였다. 나는 당회에서, "이미 부임하기 전에도 말씀을 드렸던 것과 같이, 자원하는 교인들에게 제자훈련을 하려고 합니다. 교회가 제자훈련을 함에 있어서 당회 원들께서도 먼저 훈련을 했으면 합니다. 왜냐하면 그래야만 당회원의 권위가 세워지며, 훈련을 받는 성도들을 격려해 줄 수 있기 때문입니다. 배우기 위한 제자훈련이 아니라 제자훈련 시간을 통하여 당회원들이 말씀 앞에서 서로 나누는 시간이 되었으면 합니다. 제가 아직도 어리고 부족한 부분이 많이 있음으로 이 시간을 통하여 당회원들에게 허심탄회하게 배움을 갖고 싶습니다"라고 목회 포부를 밝혔다. 그러자 모두 허락이 되었다.

당회원 제자훈련 첫 시간이 되었다. 당회원 여섯 분 가운데 다섯 분만 참석 했다. '수 장로' 이신 C장로가 참석을 하지 않았다. 나는 마음이 편치 않았다. 그럼에도 제자훈련을 시작하려고 했다. 그러자 다른 분들이 그가 참석을 하지 않았으니 오늘은 쉬고 다음 주부터 하자고 했다. 나로서는 정말 상상도 못할 일이었다. 그래도 좋은 얼굴로 참았다. 한 주간이 지나고 다음 시간이 되었다. 그런데 또 다른 장로가 한 명 결석을 했다. 그리고는 똑같은 이유를 내어 놓았다. 그리고는 들리는 말로는 "이 나이에 무엇을 배울게 있겠느냐?" "아들뻘 밖에 안 되는 목사에게 어떻게 배우겠느냐?" 등의 힐문이 전해졌다. 그래서 당회원들을 위한 훈련은 잠정 쉬는 것으로 했다.

안수집사는 숫자가 열네 명이 되었다. 그래서 나이가 든 분들과 나이가 좀 작은 분으로 나누어 두 반을 개설하였다. 이 교회에서는 그동안 이러한 훈련이 없었으므로 모두들 열심이었다. 훈련이 한 달 조금 넘게 되자 좋은 소문이 퍼지기 시작하였다. 그것은 안수집사들의 부인들이 결혼을 하여 20년이 넘었는데도 변하지 않던 남편의 행동들이 한 달만에 변했다는 것이다. 어떻게 한 달 만에 사람이 이렇게까지 변할 수 있는지에 대하여 의아하게 생각을 했다. 정말 이제 남편이 믿음의 사람으로 변화 되었다고 자랑이 끝이 없었다. 이러한 소문으로 인하여 여제자반들도 새 힘을 얻기 시작하였다. 하나님께서 나에게는 또 다른 큰 위로로 역사해 주셨다.

전도폭발(III) 훈련

1997년 2월 15일 제1기 전도폭발(III) 훈련이 시작 되었다. 부교역자 가운데 배정희 여전도사는 작년도에 서울에 가서 지도자 훈련을 받고서 왔다. 아내와 고인숙 여전도사도 제8영도교회에서 내게 훈련을 받았으므로 훈련자로 동참을 했다. 교회에는 지난 대 심방 때에 일어났던 역사들을 모두 들어서 알고 있었기 때문에 이 훈련에 대하여 많은 관심과 열심을 가졌다. 훈련자가 4명이었으므로 첫 훈련생으로는 8명만 모집 했다.

전도폭발(III) 훈련을 시작하면 사탄의 반대활동이 내 눈에 보일 정도로 여러 가지 어려운 일들이 일어난다. 왜냐하면 귀신들을 바로 물리치고 하나님의 나라를 세우는 일을 하기 때문이다. 그래서 많은 기도가 필요하며 훈련생 각자에게 두 명씩의 기도 후원자를 두게 된다. 전도폭발(III) 훈련은 16주 동안 매주 훈련이 3시간씩 있었다. 훈련을 시작하고서 7주 후에 내가 사임을 했기 때문에 내가 수료를 시키지 못했다. 이 자리를 빌어서 전도폭발(III) 훈련생으로 참석해 주신 한 분 한 분에게 머리 숙여 용서를 구한다. 그래도 배정희 전도사는 서울에 가서 지도자 훈련을 받았고, 전도폭발(III) 훈련 교사 자격증을 받았기 때문에 한 부분이나마 마음을 놓을 수가 있었다.

담임목사 사임

이제 교회당 건축은 거의 마무리가 되어 갔다. 당회원들이 제자훈련을 하지 않으므로 실망이 컸다. 또한 안수집사들은 개혁을 주도하는 자들과 기존교회를 사수하려는 자들로 나뉘어져 있었다. 그들과 밤을 지새우면서 이야기들을 나눴다. 그 결과 알게 된 것은, 내가 부임하기 전에 당회원들을 만났을 때에 나에게 해 준 말들은 당회원들의 생각이 아니라, 개혁을 주도하는 자들의 이야기를 나에게 해 준 것임을 확인하게 되었다. 나의 판단으로는 나를 오게 하기 위한 방편으로 그들의 생각을 말했던 것 같았다.

또한 미국에서 느꼈던 부분을 당회를 통해서 다시 보면서 회의를 느꼈다. 당회에서는 너무도 좋은 말처럼 나에게 말했다. "목사님은, 초대교회 사도들이 '우리는 전적으로 기도와 말씀만을 맡겠다'고 했듯이, 설교와 심방과 전도만 하십시오. 그리고 원하는 만큼 사례비와 목회활동비를 드리겠습니다. 그 외는 우리 당회가 모든 재정과 행정을 맡아서 하겠습니다." 이것은 굉장히 좋아 보이지만 한마디로 목회자를 직원으로 취급하는 것이었다. 쉬운말로 당회가 교회 운영을 하고 목사는 월급만 받으라는 것과 같다. "담임목사는 수표 한 장 사인을 하지 않는다. 그래도 담임목사로서 교회의 전반적인 사항을 알아야 되지 않느냐?"고 말한 이유가 거기에 있었다. 그때 나의 생각은 내가 좋아서 청빙을 한 것이 아니라 맘껏 휘두를 수 있는 목사라서 청빙을 했던 것 같았다. 나의 외유내강한 부분을 간과한 것으로 느꼈다.

나는 당회에서 당회원들에게 한 가지 부탁을 했다. 그것은 새벽기도회를 참석할 때에 교회의 덕을 위하여 적어도 10분 전에 참석하고, 예배 후에 10분 이상 기도하자고 제안을 했다. 그런데 1-2분 전에 와서는 1-2분 후에 대부분 나갔다. 고신 장로로서 그들의 모습에 나는 실망하였다. 아마도 당회에서는 나를 '얼굴마담'으로 청빙했는데 주제 파악을 못하고 잔소리하는 자로 생각하는 것처럼 느껴졌다.

늘빛교회의 청빙을 허락할 때에, 내가 별도의 교회개척을 하기보다는 교회가 개척된 지 7년 밖에 되지 않은 교회를 맡는 것에 대해서 쉽게 생각했다. 그리고 내가 준비한 훈련과 은사 활용을 볼 때에 이 교회가 필요할 것으로 생각을 했었다. 하지만 나의 생각이 잘못되었음을 뼈저리게 알게 되었다. 첫째는 이 교회에서는 성령의 은사를 통한 영적인 뜨거움에 대한 열망을 이룰 수 없었다. 둘째는 장로들의 말을 믿고 제자훈련을 시작하려고 했었지만 그들의 속마음은 그렇지 않음을 알게 되었다. 셋째는 앞장서서 개척을 시작한 분들의 모교회인 삼일교회에 대한 비교의식과 목회자를 교회 종업원으로 생각하는 당회에 대한 실망감이 컸었다. 넷째는 목사는 자신을 위해서가 아니라 먼저 교회를 위해 존재하는 사람이기에, 곧 새로운 장소로 옮겨지고 교회당 건축이 마무리 되며, 하나님이 예비하신 합당한 목사를 통해 하나님의 나라가 더욱 넓게 확장되기를 기대했다. 다섯째는 무엇보다도 만 44세로서의 나의 자신감과 하늘 높은 줄 몰랐던 교만이었다.

나는 4월 첫 주일예배와 오후 성경공부를 마쳤다. 이어서 열린 당회에서 미리 준비한 사임서를 읽었다. "부족한 사람을 늘빛교회의 위임목사로 세워주신것에 깊이 감사를 드립니다. 위임목사로서 3년이 되지 않는 가운데 있지만, 교회가 원하는 수준의 목회자가 되지를 못하여 이에 사임서를 제출합니다. 목사는 노회 소속이므로 이미 동부산노회에 사임서를 보냈습니다. 4월 둘째 주 월요일 정기노회에서 사임이 처리될 것입니다. 그리고 저는 한 주간 기도원에 다녀오겠습니다." 그리고 1997년 4월 13일 담임목사직을 사임했다.

나는 신학대학원을 입학할 때부터 주님의 교회를 새롭게 세우는 것에 관심을 가졌다. 그래서 제8영도교회에서부터 믿지 않는 자들에게 전도폭발을 통하여 전도를 하여 분명한 구원의 확신을 가지게 했다. 즉석 양육을 통하여 신앙의 기본을 확립하게 하고 제자훈련을 통하여 신앙의 성숙과 또 다른 사람에게 전도를 하여 양육을 시키는 지도자가 되게 하는 것이 꿈이었다. 또한 주님이 나에게 주신 사명이며, 목회 철학으로 생각했다.

나는 미국 유학을 갈 때부터 5년 후에 다시 한국으로 돌아와서 교회개척을 하고싶은 마음이었다. 복음이 아닌 제도나 정치적인 부분에 신경을 쓰는 것보다 개척을 하는 것이 옳다고 생각이 되었다. 그래서 해운대 쪽에 교회건물과 더불어 여러 장소를 다녀 보았다. 1997년부터 경제적인 문제로 I.M.F.가 시작 되었다. 이 문제를 아내와 상의를 했다. 아내는 이렇게 말했다. "지금까지 내가 당신이 결정했을 때에 남편의 권위를 인정하고서 따랐다. 당신이 기도를 하고서 개척을 한다고 하니 따르겠다. 단, 부산이 아닌 곳에 개척교회를 하면 따르겠다. 왜냐하면 당신이 해운대에서 개척을 하게 되면 누가 먼저 찾아서 오겠느냐? 제8영도교회에서 제자훈련을 받았던 자들과 늘빛교회에서 제자훈련의 맛을 본 분들이 오지 않겠느냐? 그렇게 찾아오는 분들은 현재 섬기는 교회에서 중요한 위치에 있지 않겠냐? 그 자리를 박차고 나오면 그 교회는 어떻게 되겠냐? 당신이 시작하는 개척교회가 잘되려고 다른 교회의 중직들이 오게 하는 것이 당신이 말했던 제자훈련이냐? 당신이 '주님의 교회는 전우주적인 교회이므로 너의 교회, 나의 교회가 없이 동등한 교회'라고 했는데 그것을 실천할 수 있느냐?"라고 물었다. 나는 망치로 머리 뒤통수를 맞는 것 같았다. 하늘에 있는 별이 몇 개나 보이는 것 같았다. 아내의 말이 조금도 잘못되거나 틀리지 않았다. 나는 할 말이 없었고 부끄럽고 황송했다. 정신이 번쩍 들었다. I.M.F.로 경제적인 문제가 심각해 질 뿐만 아니라 아내의 조언에 전적으로 동감했다. 하나님께서 아내를 통해서 말씀해 주셨음을 인정하고 내 자신의 모습을 다시 보게 되었다. 나는 즉시 미국으로 귀환했다.

제 5 단계:
전문 사역의 수렴 단계(44-68세)

(미국 귀환, 한생명교회 개척부터 사임: 1997년 5월 – 2021년 12월)

1. 효과적인 사역을 위한 수렴
악을 선으로 바꿔주시는 하나님

나는 바로 미국으로 왔다. 부산 늘빛교회에서 위임을 받고서 3년을 채우지 못했음으로 스스로 근신을 했다. 가끔씩은 은혜기도원에 가서 금식도 하고 성경묵상도 하면서 지냈다. 1997년 7월 1일부터 1999년 12월까지는 풀러신학교(Fuller Theological Seminary, Pasadena. CA)에서 목회학 박사 (D. Min.)과정을 수료했다. 특별히 이 학교에서의 강의가 다양해서 좋았다. 거기에다가 학점을 모두 이수한 자에게는 강의안 비용만 내면 모든 강의를 청강할 수 있었다. 최대한 많은 강의를 들었다. 그 중에서 잊지 못할 강의는 클린턴 박사의 '지도자 평생 개발'(Life Long Development)과 밥 로간(Bob Logan) 교수의 '코칭'(Coaching)이었다.

클린턴 박사의 강의는 나의 인생의 비전을 분명하게 알게 했다. 한 강의가 얼마든지 인생을 바뀌게 할 수 있다는 것을 경험했다. 그는 세계적인 리더십 개발 이론 학자이다. 그는 단순히 리더십의 기술에 대하여 강의를 하는 것이 아니라 리더십의 발전과 개발과 성장을 강의했다. 그는 지도자 가운데 역사적인 인물과 성경에 나오는 인물과 현재 생존하고 있는 인물 가운데 3천명 이상을 연구했다. 그의 결론은 "모든 사람은 태어나서 죽을 때까지 6단계의 시간선을 거치게 된다"는 것이었다. 인생 주기를 잘 정리하게 되면 하나님이 주신 비전을 분명하게 알 수가 있다. 왜냐하면 "비전은 미래에 갑자기 발견되거나 직접적이고 즉각적인 하나님의 음성으로 주어지기 보다, 각자의 살아온 과거의 역사를 면밀히 살펴보게 되면 알게 되고, 이미 하나님은 인생의 여정 가운데 비전의 DNA를 심어 놓으시고, 사람과 환경을 통하여 훈련하시고, 훈육항목에 의한 순종에 따라 발견하게 하시기 때문이다. 그래서 비전을 이루는 사람은 27% 밖에 되지 않는다"고 했다.

나는 이 강의를 들으면서 너무도 놀라웠고, 성령의 만져주심으로 주체할 수 없는 눈물이 흘렀다. 그것은 그가 지적해준 인생 주기에 따른 리더십 개발에서 성경에 나오는 인물과 동등하게 나 자신도 하나님의 도우심과 인도하심을 받아 왔음을 깨닫게 되었기 때문이었다. 이론적으로 혹은 설교 때에 "하나님은 우리와 함께 하십니다. 하나님은 우리를 숨결과 같이 인도하십니다"라는 것을 그의 강의 가운데 직접 손으로 만져 보고 눈으로 보는 것과 같이 경험했기 때문이었다. "하나님은 우리의 인생을 책임지시고 인도하십니다"라는 것이 추상적이고 공중의 '뜬구름'을 잡는 것이 아니라 실제적이고 구체적으로 믿어졌기 때문이었다. 내 자신이 이 강의를 통하여 이러한 충격과 도움과 비전을 발견하게 된 것도 하나님의 인도하심 속에 있었다. 하나님께서는 나를 부르실 때에 '영적인 의사'로 부르셨다. 이 부르심 때문에 나는 마음 한 곳에 영적인 의사로서의 부담감을 가지게 된 이유를 비로소 깨닫게 되었다.

나는 이 강의를 들으면서 나의 부담이 우연이 아니었고, 이 일을 이루기 위하여 이 강의를 듣게 되었음을 확신하게 되었다. 나는 섬겼던 교회에서 김샬롬 박사의 '샬롬 지수'를 모든 성도들이 검사를 받게하고, 개인적으로 하나님의 거룩함을 이루어 가도록 지도를 했다. 필요에 따라 '초점을 맞추는 삶'(Focusing Leader)을 통하여 개인의 비전을 발견하도록 도움을 주었다. 성도들이 이 비전을 발견하기 전의 삶과 발견 후의 삶은 비교가 되지 않을 만큼 놀라운 삶을 살게 되었다. 이런 의미에서 목회자는 설교와 심방과 함께 성도 한 사람 한 사람에게 하나님의 비전을 발견하도록 도와주고 이루도록 협력하는 자라고 생각을 했다.

'초점이 맞춰진 삶' 수련회(Focused Living Retreat)
나는 박동건 목사가 2박 3일 동안 인도하는 테리 B. 월링의 '초점이 맞춰진 삶' 수련회에 참석하여 다음의 것을 발견했다.

〈개인 소명 선언서〉
나의 성경적인 존재 목적은 하나님께 사랑을 입은 자로서 하나님의 인자하심을 전하기 위해 부름을 받은 자이다.

〈나의 핵심적인 가치〉는
- 예배/ 예배의 삶을 위해 부름을 받았으며 매 순간 예배로 살아간다.
- 천국/ 가정과 공동체를 천국의 모형으로 만들어가기 위한 삶을 추구한다.
- 변화/ 말씀과 가르침과 양육과 코칭을 통하여 그리스도를 닮은 삶으로 변화한다.
- 회복과 치유/ 주님의 임재 아래에서 영육의 치유와 회복이 일어나 건강한 자화상을 회복한다.
- 관계/ 모든 관계는 생명의 대화를 기초로 하여 이루어진다.

- 섬김의 리더십/ 필요를 발견하고 분별하여 섬김으로 채워 준다.
- 코칭/ 잠재력을 발견하게 하고 스스로 할 수 있을 때까지 옆에서 격려하고 지켜봐 준다.

〈하나님이 내게 주신 비전〉은
- 나는 매일 최우선적으로 주님과 시간의 십일조를 드려 교제하며 주님의 마음을 본받는다.
- 날마다 하나님이 세우신 가정과 교회 공동체를 통하여 천국의 모형을 이룬다.
- 정기적으로 교회와 이웃의 사람들에게 전도와 양육과 생명의 대화법과 코칭과 치유(예배,찬양,기도,은사)사역을 통하여 주님의 이름으로 섬기며, 그들의 필요를 채워 주고, 건강한 관계를 확립하며, 상한 마음과 깨어진 관계와 육체적인 고통이 치유되고, 주님의 인격으로 변화되고 성숙되며, 거룩하고 풍성하고 만족한 하나님의 자녀의 삶을 누리도록 하게 한다.
- 동시에 주님의 사역을 감당하는 자들을 섬기고 나의 삶을 보여 주고 영향력을 끼치는 12명의 코치를 세우는 것이 나의 비전이다.

초점을 맞추는 삶(Focusing Leaders) 간증문

강남중 목사

나는 '초점을 맞추는 삶'(Focusing Leaders)을 통하여 목회 30년 만에 처음으로 하나님이 내게 주신 분명한 비전을 손에 가질 수가 있었고 성도들이나 어느 누구에게라도 분명하게 제시할 수 있게 되었다. 그동안도 나의 '목회 비전'이나 '목회 철학'이나 '목회의 목표' 등을 가지고 있었다. 그것이 나의 비전이며 하나님께서 내게 원하시는 것으로 생각했었다. 이것

을 배우고 난 이후 지금 생각해 보면 창피하고 얼굴이 붉어진다. 한마디로 그 차이점을 말해 보면 이것을 배우기 이전은 '나의 목회 비전에 대하여' 말한 것이고, 그 이후는 '바로 나의 목회 비전을 말하는 것이다'고 할 수 있다. 그 차이는 이루 말 할 수 없을 정도이다. 초점을 맞추는 삶(Focusing Leaders)을 내가 배우게 된 것은 하나님의 특별한 간섭과 복이었다. 만약 "내가 이것을 배우지 못하였다고 가정 한다면 얼마나 암담했을까?"라고 생각되며 상상도 할 수 없을 만큼 끔찍한 사실이다.

초점을 맞추는 삶을 통하여 하나님이 나의 전 생애를 어떻게 섬세하게 인도하셨는가를 구체적으로 볼 수 있었다. 그 인도 속에서 하나님께서 부여하신 은사를 성장시켜 주시고, 하나님의 사명을 깨닫게 하시며, 어떠한 환경이나 그 어떠한 사람이라도 하나님의 간섭하심을 허락해 주신 것을 생각할 때에 나의 믿음이 더욱 확고해졌으며, 하나님의 분명한 뜻과 나를 향한 의도를 알기 때문에 지치지 아니하고 좌절하지 아니하고 앞만 바라보고 나아가게 되었다. 현재 나의 위치와 하나님께서 무엇을 훈련하시기 원하시는 것을 알게 되니 두려움이 없어진다.

더 귀한 것은 앞으로 다가올 세대를 바라보면서 살아가는 것이 아니라 이미 모든 세대를 살고 난 이후에 인생을 돌아보며 살아가는 것과 같은 마음으로 살아가게 되었다. 목회적인 측면에서 모든 것을 잘해야 된다고 생각했던 것에서 주님이 나에게 훈련시켜 주시고, 나에게 분명하게 하라고 하신 비전을 충성스럽게 감당하겠다고 생각하게 되었다. 그러자 매사에 풍성함과 만족함이 넘치며 행복한 목회를 하게 되었다. 더 나아가 목회자는 영적인 의사가 되어야 한다고 생각해 왔는데 성도들을 만나 상담을 하게 되면 "이 성도는 지금 어떤 단계에 무엇을 하나님께서 훈련하고 계신다"는 것을 진단할 수 있게 되어 성도들의 필요를 분명하게 알고 가르치며, 채워줄 수가 있게 되어 목회자로서의 큰 보람을 느끼게 된다. 한 영혼 한 영혼에 대한 새로운 경각심을 가지게 되며, 초점을 맞춘 삶을 추구하다 보니 자유로우며, 기쁨이 넘치는 삶을 영위하게 되었다.

세 번째 개척교회 시작

남가주 지역에 있는 은혜금식기도원에 가끔씩 올라가서 앞으로의 사역을 위하여 기도를 하는 가운데 "네가 알지 않느냐?"라고 주님의 성령께서 말씀해 주셨다. 1998년 2월부터 나와 아내는 성도가 한 명도 없이 세 번째로 개척교회를 설립했다. 2월 18일 '은혜와진리장로교회'로 주 정부와 미국 연방 세무서 (I.R.S.)에 우리 집 주소로 등록을 했다. 미국에서는 이것이 가능하기 때문이었다. 그러던 가운데 5월 30일 교회당을 참으로 신기하게 구입하게 되었다. 왜냐하면 교인은 한 명도 없이 교회당 (336 E. Truslow Ave., Fullerton, CA 92832) 부터 생겼기 때문이었다. 처조카들의 도움과 배려로 건물을 구입했다. 루마니아인들이 사용한 교회당이었는데 아내와 나는 6월 1일부터 7월 25일까지 두 달 동안 하루도 쉬지 않고서 일을 하여 두 팔을 움직일 수 없을 정도가 되었다. 교회당 안의 물건을 버리기 위하여 4톤 트럭 두 대나 실어 날랐을 정도였다. 교인이 없었기 때문에 아내와 둘이서 모든 일을 겨우 마치고 설립 예배를 드렸다.

1998년 7월 26일(주일) 재미한인 예수교 장로회(고신) 은혜와진리장로교회를 개척하여 설립예배를 드렸다. 제일 먼저 찾아 온 분은 나성 삼일교회에서 함께 했던 오 집사 가정과 강 집사 가정으로서 우리 교회에 출석했다. 풀러신학교에 다니면서 알게 된 정 목사 가정과 제8영도교회에서 4년 동안 반주자로 수고해 주었던 분이 사모가 되어서 남편이 유학으로 오게 되어 그 가정이 출석을 했다. 나는 그의 남편인 나 목사를 협동목사로 임명하여 함께 사역 했다. 그의 친구인 이 목사 가정도 출석을 했다. 졸지에 평신도보다 목회자가 더 많은 특이한 교회가 되었다. 한 달에 한 주는, 참석하는 목사들이 돌아가면서 설교를 했다. 목회자가 네 명이므로 주별로 특강을 하도록 했으며, 다섯 째 주는 내가 담당했다. 나로서는 예상도 하지 못한 가운데 너무도 소박하고 알찬 교회의 모습으로 변모되었다.

1999년 7월 19일 교회명칭을 '한생명장로교회'로 변경을 했다. 나에게 있어서 교회 이름은 바로 나의 가치관이며 목회철학이며 사명이었다. '한 생명'이라는 이름은 "나는 목회를 하면서 한 생명을 위하여 나의 생명을 내어 줄 수 있다"는 고백과 같았다.

새 교회당 매입

2002년 3월 4일(월) 허 목사께서 아침에 전화로 만나자고 하셨다. 그는 은퇴를 일 년 앞서서 하시게 되었고, 그동안 이 교회당을 빌려서 사용했던 두 교회에 우선권을 주어서 매각을 하고 싶다고 했다. 그 말씀을 듣자 그날 새벽에 선명하게 꾼 꿈이 생각이 났다. "조그마한 호수가 였다. 천둥오리가 나의 손에다 알을 하나 주었고, 날아가기 전에 따뜻한 알을 하나 더 낳아 주고서 날아갔다. 나는 신기하여 눈을 떠보니 꿈이었다." 나는 그동안 이 교회당을 위하여 기도한 응답이라고 생각되었다. 그런데 알을 한 개 받았으면 좋았을 터인데 두 개이므로 생각이 복잡했다. 그런데 그는 이 교회당 부지와 붙어서 있는 건너편 주택이 교회 것이라고 했다. 나는 꿈을 생각하면서 먼저 교회당을 구입 하고서 여유가 될 때에 주택을 구입하려고 했다. 2002년 3월 17일(주일) 긴급 공동의회에서 현 교회당을 매각하고 새 교회당을 매입하기로 결정 했다. 감사하게도 7월 5일 교회당이 매각이 되었다. 약 2개월 동안은 풀러턴 재능학원(김 권사 소유)을 빌려서 예배를 드렸다.

나는 기도하면서 여러 가지 여건을 생각해 보았다. 현재 사용하고 있는 교회당 보다는 월 납입금은 배가 더 되는 가격이었다. 그럼에도 그동안 기도를 해 왔기 때문에 주님께서 길을 열어 주실 것을 믿었다. 월 납입금을 위하여 한국의 지인들에게 개인적으로 교회당 구입을 위하여 2년 동안만 후원해 달라고 편지를 보냈다. 어려운 가운데서도 후원에 동참해 준 분들은 다음과 같다. 강인순, 강정순, 권수연, 김경숙, 김문수와 김말예, 김진우, 박경구와 최화성, 박계화와 이미숙, 박근오와 정경숙, 박상규와 여명희, 박종군과 고인숙, 배진영과 공옥희, 배향미, 안신영과 박봉란, 유영철과 이계화, 이승찬과 강은숙, 이천석과 박용주, 정진영과 조경희, 정화윤과 김태희, 제8영도교회, 천복동과 이장희, 황상택과 현정임 등 이었다(가나다 순, 직분 생략). 한국에서의 후원금을 모아서 보내 주는 담당자를 고인숙 전도사로 세웠고, 2년 동안 주님의 이름으로 큰 수고를 해 주었다. 이 지면을 통해서 다시금 주님의 이름으로 깊이 감사를 드린다.

이제 융자를 해 줄 은행이 문제였다. 로스앤젤레스에 있는 W 은행의 본사 융자담당자를 만났다. 현 교회의 사정으로는 융자에 여러 가지 결격사유로 인하여 거절을 당했다. 아내가 "오늘 신문에 부에나 팍의 U 은행이 개점한 기념으로 융자를 준다는 광고가 났다"고 했다. 담당자와 예약을 하지 않았기 때문에 그곳 은행의 의자에 앉아서 기다리고 있었다. 한참이나 앉아 있는 가운데 중후한 신사 한 분이 지나가면서 나에게 "어떻게 오셨습니까?" 라고 물었다. 나는 "교회 융자 건으로 왔습니다" 라고 대답했다. 그리고 융자 담당자와 상담을 했는데 참으로 친절하게 안내를 해 주었다. 그러면서 그가 나에게 "조금 전에 지나간 분을 아느냐?"고 물었다. 나는 "알지 못한다"고 답했다. 그는 "그분은 은행의 D 전무이사이신데 사무실에 가서 자기에게 전화를 해서 나에게 꼭 융자가 나오도록 해 주라"고 했다는 것이었다. 그 다음날 두 분이 교회를 찾아 왔다. D라는 전무이사께서 더 놀라운 말씀을 해 주셨다. 자기는 모 교회 장로라고 했다. 그날 나에게 "무슨 일로 왔느냐?"고 묻고서 사무실에 들어가는데 "성령님께서 저 목사에게 융자를 해 줘 라고 직접 말씀해 주셨다"는 것이다. 그래서 담당자에게 전화를 했고, 내가 어떤 사람이기에 성령 하나님께서 자기를 통해서 말씀하시는지를 보려고 찾아 왔다고 했다. 나는 그동안의 일들을 간증을 하듯이 자세하게 말씀 드렸다. 할렐루야! 주님이 응답해 주시고 이루시는 것을 보면서 나는 소리 내어 감격의 눈물을 흘렸다.

2002년 9월 13일 새 교회당(8302 Artesia Blvd., Buena Park, CA 90621)을 매입했다. 9월 15일 새 교회당에서 첫 예배를 드렸다. 교회당을 구입하고서 또 리모델링을 했다. 교회당이 오래되어서 건물 외벽만 두고서 모두 고쳤으며 교육관은 완전히 새롭게 지었다. 9월 15일부터 11월 25일까지 70일 동안 공사를 했으며, 아내와 나는 하루도 쉬지를 않고서 일했다. 평일에는 성도들이 시간을 내지 못하므로 주일예배 후에 일을 했고, 나머지는 아내와 나의 몫이었다. 나는 물건을 구입하기 위하여 어떤 날은 하루에 홈디포 공구점(Home Depot)을 다섯 차례 이상이나 다닌 적도 있었다. 어느 주일 아침에 집에서 교회로 가는 고속도로에서 차가 멈춰 서서 큰일을 당할 뻔도 했다. 이 차로 물건을 사다 나른 거리만 4천마일이 넘었다. 연중 동원된 인원은 400명 정도 되었다. 이 일을 하라고 중고 밴 자동차를 제공해 준 이 집사 부부와 두 번씩이나 교회당 건물 수리를 맡아 준 호집사 부부에게 이 지면을 통해서나마 깊이 감사를 드린다.

교회당 리모델링을 하면서 한 건의 사고가 있었다. 한 성도의 남편이 나무를 자르는 일을 도우려고 왔다. 그는 쉽게 일을 하려다가 방심하여 자동으로 된 칼날에 왼 팔의 한 부분이 다치게 되었다. 응급 처치를 한 후 내 차에 태워서 가까이에 있는 병원에 갔더니 종합병원으로 가라고 해서 얼마나 심각한지를 알게 되었다. 다행히 교회용 사고 보험에 들어 있었다. 정말 감사하고 다행스러웠던 것은 동맥과 큰 정맥이 크게 다치지 않았다는 것이었다. 그는 교회에 책임을 돌리지 않았고, 자신의 실수였다고 오히려 "미안하다"고 말해서 고마웠다. 지금 그 일을 생각만 해도 전율을 느끼며 머리가 삐쭉 서는 것 같다.

40대초 가장들의 죽음

오 집사의 단짝 친구인 40대 초반인 황씨 성을 가진 분이 있었다. 그는 백혈병으로 인하여 선한 사마리아 병원에 입원을 하고 있었다. 그는 서울 명동에서 2인자로 있다가 로스앤젤레스에 와서 사업을 하고 있었다. 그는 무예가 모두 합치면 17단이나 되었다. 그럼에도 병으로 꼼짝없이 누워 있게 되었다. 그나마 100% 골수가 맞는 분이 있어서 희망을 가지고 있었다. 내가 병실을 찾아가서 그에게 복음을 전하자 그는 구원의 확신을 얻게 되었다. 나는 그의 손을 잡고서 감사의 기도를 간절히 드렸다. 그와 그 자리에 함께 있던 자들이 감격의 눈물을 흘렸다. 그는 바로 화장실에 들어가서는 5분이 지나고 10분이 지나도 나오지를 않았다. 오 집사가 "아마도 처음 당하는 것이라 부끄럽고 당혹스러워서 그럴 것이라"고 하여서 그에게 인사도 하지 못하고 병실에서 나왔다. 나는 전화와 이슬비전도지를 몇 개월이나 보냈지만 전화도 받지 않고, 응답도 없었다. 그러던 어느 날 데니스 식당 (Denny's)에서 우연히 만나게 되었다. 나는 너무도 반갑고 좋았다. 그는 "다른 사람 앞에서 처음으로 눈물을 보였기 때문에 부끄럽고 창피해서 화장실에 들어갔다"고 했다. 그러면서 식당 의자에서 벌떡 일어서더니 나에게 큰 소리로 "형님으로 모시겠습니다"라고 했다. 엉겁결에 그 시간 이후부터 내가 '조폭' 형님이 되었다.

그 이후에 그의 아내와 초등학교에 다니는 아들과 함께 교회에 출석을 했다. 아내에게도 전도를 하였더니 그도 분명한 구원의 확신을 가졌다. 황씨 부부는 한생명장로교회의 첫 세례교인들이 되었다. 그의 큰 형 부부에게도 전도를 하여 그들이 예수를 믿게 되었다. 그는 골수 이식 수술이 성공적으로 끝나게 되어 퇴원을 하게 되었다. 병 치료로 인하여 몸이 너무도 약해 있었으므로 건강 회복을 위하여 내가 테니스를 가르쳐 주면서 그와 함께 너무도 좋은 시간들을 보냈다. 온 가족들도 너무 좋아했다. 꿈같은 시간을 보내던 가운데 누군가가 한국의 풍토병(病)을 황씨에게 옮기게 되므로 병원체에 약한 그는 급사했다.

남편의 갑작스런 죽음 앞에서 그를 끔찍하게 사랑했던 아내는 황망한 마음이었다. 병원 침대에 누워 있는 남편에게서 떠나지 않았다. 그 가운데 하나님이 그 영혼을 사랑하셔서 비몽사몽간에 "남편이 두 천사와 빛나는 흰 옷을 입고서 올라가는 것을 보게 해 주셨다"고 했다. 그러자 그녀는 큰 위로와 소망을 가지고 새로운 힘을 얻게 되었다. 장례식을 마치고 가족 위로예배에서 나는 이렇게 말을 했다. "그는 살아 있을 때에 집에서 매일 목욕을 하면 두 세 시간을 한다고 했다. 하늘나라는 하루가 천년 같고 천년이 하루 같으므로 시간을 계산해 보면 우리가 30년 혹은 40년을 더 살고 간다고 할지라도 아마 남편은 목욕을 하고 있을 것이라고 했다." 아내는 그 자리에서 "하나님이 주신 꿈으로 너무도 큰 위로가 되었다. 만약에 그런 꿈이 없었다면 살아갈 목적을 잃게 되었을 것이라"고 했다. "남편이 천국에서 행하는 목욕이 끝나기 전에 가 보고 싶다"고 했다.

췌장암 말기인 오 집사도 40대 초반에 발병 6개월이 되지 못한 가운데 먼저 소천을 했다. 그는 초등학교에 다니는 아들과 딸을 두고 있었다. 주일예배 후에 전 교인이 가서 기도하고 교회당에서 그를 위하여 철야기도를 했지만 하나님께서 그를 데리고 가셨다. 졸지에 교회 식구들도 얼마 되지 않은 가운데 40대 초반의 두 과부를 둔 교회의 담임목사가 되었다. 나는 이 두 과부의 자녀들을 위하여 영적인 아버지가 되기로 마음속으로 작정을 했다. 그래서 월 일회 정도는 그들과 함께 시간을 보내고 좋아하는 음식도 사 주고 볼링도 같이 하고 테니스도 가르쳐 주었다. 나의 딸들은 그들의 교사로서 최선을 다하여 돌아보고 가르치며 사랑해 주었다. 자녀들은 교사인 딸을 무척 잘 따르고 좋아했다. 그나마 오 집사와 황씨는 절친한 관계로 그들이 떠나가도 생활에 어려움이 없도록 로스앤젤레스에 사업체를 열어서 동업을 하고 있어서 감사하고 다행스러웠다.

바나바의 방문

부산 자성대교회 이종영 목사께서 갑자기 미국까지 찾아 오셨다. 나는 예기치 않은 그의 방문에 너무도 놀랐다. 왜냐하면 그 어르신께서 직접 찾아오리라고는 상상도 하지 않았기 때문이었다. 내가 부산노회에서 목사 안수를 받고, 유학을 오기 전에 부산노회에 소속으로 있었지만 개인적으로 연락을 취한 적도 없었기 때문이었다. 어르신께서는 "물고기를 잡으려면 고기가 많은 곳에 그물을 던져야 되는데 여기서 무엇을 하느냐? 지금 성도가 800명 정도 모이는 부산노회 D교회에 임시 당회장으로 있다. 그 교회 당회에서는 나에게 후임자 선정에 있어서 전권을 맡겼다. 그래서 강 목사가 생각이 나서 그 교회에서 마련해 준 항공편으로 왔다. 그러므로 이유를 불문하고 당장 가자"고 권유하셨다. 나는 그 말씀을 듣게 되자 감격의 눈물을 흘렸다. 신약성경에서 바나바가 다소에 있는 사울을 찾아 온 것 같았다. 아직도 나를 잊지 않고서 기억해 주는 분이 있음에 감격하였고, 바나바와 같은 분이 직접 태평양을 건너 찾아오심에 감동하였다.

어르신께서 이곳까지 오셨으므로 "내일 다시 뵙고 말씀을 드리겠다"고 했다. 나는 "목사님! 이곳까지 저를 찾아 주심에 너무도 큰 감동입니다. 하지만 저는 얼마 전에 이곳에 교회당을 구입 했으며, 40대 초반의 두 과부가 세 자녀들과 함께 교회에 출석을 하고 있습니다. 이들을 이곳에 남겨두고 갈 수가 없습니다. 고기가 많은 곳에 그물을 던지는 것이 맞습니다만 여기서 몇 마리라도 잡는 것도 하나님 나라에 있어서는 동등한 가치라고 생각을 합니다." 이곳까지 찾아와 주신 그분께 늦었지만 진심으로 지면으로나마 감사와 경애를 표한다.

교회 구성원

한 통계에 의하면 미국 이민교회에 출석하게 되는 동기는 "첫째가 친구나 가까운 지인이 있을 때, 둘째는 자녀들을 위한 교육 체계가 좋을 때, 셋째가 부담이 없고 편안하게 교회에 출석할 수 있을 때"라고 한다. 나는 담임목사로서 자체 교회당을 구입할 때에 몇 가지 이유가 있었다. 첫째는 성도들이 주일만이라도 교회당에 와서 여러 면에서 안식을 누릴 수 있도록 하기 위해서 였다. 둘째는 새벽기도와 철야기도를 마음껏 하기 위해서 였다. 셋째는 이민자로서 교회에 주인의식을 가지게 하기 위해서였다.

이민자로서 이민 교회를 섬긴다는 것이 결코 쉽지 않으며, 이민자로서 여러 가지 제약을 받게 된다. 자체 건물을 구입하고서 열린 마음으로 받아들이고, 주 일회 이상 정기적으로 전도지를 들고 나갔지만 자발적으로 교회에 찾아오는 분은 일 년에 손가락 수보다 적었다. 친척이나 가족과 함께 교회를 시작해도 어려움이 있지만, 친척이나 지인과 함께 시작을 하지 않아도 다른 어려움이 존재한다. 졸지에 교회에 젊은 가장들이 소천을 하고 그 부인들만 남았다. 새로운 부부가 처음으로 교회에 방문을 하여 전체 분위기를 보고서는 정착을 꺼려했다. 한 부분에는 사별이나 이혼 등으로 혼자서 사는 분들은 그나마 정착을 하게 되었지만 얼마 되지 않은 교인 수 전체를 보게 되면 불균형이 되었다.

　새해가 되고서 이제 두 과부의 자녀가 중학교로 진학을 하게 되었다. 그러자 나에게 찾아와서는 자녀들의 친구들이 이 교회에는 없으므로 친구들이 다니는 교회로 옮기겠다고 했다. 나는 목회를 시작하면서 성도가 다른 교회로 옮긴다고 할 때에 붙잡지 않겠다고 생각을 했다. 왜냐하면 하나님의 교회는 주님이 머리되시는 우주적인 교회이며, 주님의 몸된 교회이기 때문이었다. 내가 부족하므로 더 귀한 목회자에게 가서 배우고 섬기겠다고 하는데 나의 성도가 아니라 주님의 성도로 대할 뿐이다. 이 세상 마지막 날에 그 성도에 대한 나의 책임을 면할 수 있지 않을까 생각한다. 그리고 여기서 만났듯이, 천국에서도 같이 살 것이기 때문에 "교회를 떠날 때에는 인사를 하고 축복을 받고 떠나라"고 권면했다. 지금까지 이렇게 해서 목회를 해 왔었지만 이번에는 마음이 쓰리고 아팠다. "나는 당신들을 위하여 이렇게까지 했었는데 당신들은 어떻게 이럴 수가 있느냐?"고 원망을 할 수도 없었다. 속으로 눈물을 삼키고 모든 교인들에게 인사를 시키고 모두들 축복해 주면서 보냈다. 이것이 목회자의 삶의 한 부분이었다.

2. 교회의 중점 사역
맞춤 예배

나는 교회에서 '맞춤 예배'를 시작했다. 왜냐하면 교회에 출석하는 모 여집사가 식당에서 주 5일 근무였지만 주말에는 쉴 수가 없었고 주 중에 이틀을 쉬어야 했다. 식당뿐만이 아니라 전문직이 아니면 이민자로서 선택의 여지가 없이 주말에는 일을 해야만 했다. 그래서 주일을 성수하고 싶은데 그렇지 못하는 성도들이 많이 있기 때문이었다. 주일 오후나 저녁, 혹은 월요일이나 화요일이든지 주 중 언제라도 예배를 드리기 원하는 분의 원하는 시간에 맞추어서 예배를 인도하겠다는 것이었다. "사랑은 내가 가지고 있는 것을 주는 것이 아니라 상대방의 필요를 채워주는 것"임을 실현하고 싶었다.

한 번은 주일 낮 예배를 마치고 오후 시간에 친교를 하고 있는데 전화가 걸려왔다. "주일 저녁예배가 있느냐?"는 것이었다. 나는 "몇 시면 예배에 올 수 있느냐?"고 물었더니 "오후 7시면 되겠다"고 했다. 그래서 내가 "그 시간에 교회에 오면 저녁준비를 해 둘 테니까 와서 식사를 하고서 예배를 드리자"고 했다. 그 시간에 맞춰서 30대 초반의 부부가 한 아이를 데리고 왔다. 그들은 시장하여서 준비해둔 저녁을 맛있게 먹었다. 그들은 장로 가정의 자녀들이었다. 아내는 한국에서는 간호사 자격자로서 일을 했지만 여기서는 아직 간호사 자격증을 갖지 못한 상태였다. 그래서 토요일과 주일에만 로스앤젤레스에 있는 어느 병원에 가서 일을 했다. 남편은 주말에만 열리는 '벼룩시장'(Swap Meet)에서 장사를 했다. 그동안 다니던 대형교회가 있었지만 주일 저녁에는 예배가 없어서 우리 교회에 전화를 하게 되었다고 했다. 저녁예배를 인도해 주어서 감사하다고 했다. 가끔은 내 아내가 저녁까지 기다렸다가 저녁도 챙겨 주고, 편안하게 예배를 드리라고 아이도 돌봐 주었다. 가끔 고국에 계시던 부모가 와서 섹스폰 찬양도 하고, 대표기도도 하고, 자녀가 이렇게라도 주일을 성수하게 되어 너무도 감사하다고 격려도 해 주었다.

간호사인 그의 아내는 감사하게도 자격증을 얻게 되었고 신분의 문제도 해결이 되었다. 3년 이라는 세월 동안 자녀도 세 명이 되었다. 그렇게 힘들고 어렵고 피곤한 가운데서도 3년 동안 저녁 예배에 빠지지 않고 예배를 드리는 그들이 귀하고 사랑스러웠다. 교회에서 그 부부를 서리집사로 임명 했다. 나는 교회에 부목사가 있음에도 내가 교회에 있을 때에는 그에게 주일 저녁 설교를 부탁한 적이 없다. 왜냐하면 저녁 예배에 참석하는 이들이 혹시라도 부담스러워 하며, 내가 피곤하여 부목사에게 예배를 맡겼다고 오해를 할까 봐 걱정이 되었기 때문이었다. 그는 간호사 시험에 합격을 하여 자격증을 얻게 되자 이제 정식 간호사가 되어 주중에 근무를 하게 되었다. 이제 낮 예배에 참석하게 되어 그들만을 위한 저녁 맞춤 예배가 필요 없게 되었다.

그해 연말에 그 부부가 찾아 왔다. 아이가 세 명이 되므로 주일예배를 드리기가 어렵다고 했다. 교회에서 예배를 드리는데 부목사 사모가 아이를 봐 주는데 미안해서 안 되겠다고 했다. 그래서 새해부터는, 집 이웃에 있는 대형교회에서는 예배시간에 아이를 돌봐 주는 유아실이 있어서, 그 교회로 옮기겠다고 했다. 나와 우리 교회는 기쁨으로 그들을 축복하며 보냈다. 그들을 축복하여 보냈으므로 지금도 지나치다가 한 번씩 보게 되어도 서먹하지 않고 반갑게 인사를 하고 지낸다.

천하보다 귀한 생명

교회당 리모델링을 할 때에 이중 창문으로 교체를 했다. 공사를 모두 마치고 그 담당자가 우리 교회에 출석을 하게 되었다. 리모델링 덕분에 한 영혼이 교회에 출석하게 되었다. 그는 아주 신사적이며 사교적이며 장교 출신으로 매사에 깔끔했다. 교회에서는 앞장서서 청소를 하고 섬김에 있어서도 주일 식당의 설거지를 자원하여 했다.

나는 금요일 새벽기도회에 오면 하루 종일 교회에 있다가 철야기도를 하고서 토요일 새벽기도회 후에 집으로 돌아갔다. 어느 금요일 밤이었다. 밤 자정이 되었는데 누군가 교회당 문을 두들겼다. 문을 열었더니 그였다. 밥을 먹지 않았다고 해서 식당에서 라면을 직접 끓여주었다. 내가 조심스럽게 "어려움이 있어 보이는데 이야기를 하라"고 했다. 그는 "오늘 유리 창문 계약금을 받았는데 도둑을 만났다"고 했다. "만약에 내일 오전까지 돈을 회사 사무실에 납입을 하지 않으면 어려움을 겪게 된다"고 했다. "여러 가지 방법으로 돈을 알아보고, 빌리려고 했지만 그것도 되지를 않았다. 그래서 나쁜 마음까지 먹게 되어 운전을 하고서 가다가 목사님이 생각이 났었다"고 했다. 그리고는 "하나님께 기도를 하면서 주사위를 던졌다"고 했다. "만약에 내가 지금 교회에 가서 강 목사가 있으면 나쁜 마음을 먹지 않고, 없으면 나쁜 마음을 먹은 대로 행동을 하려고 했다"고 털어놓았다. 그런데 "목사님이 있었다"는 것이었다.

나는 그의 긴 이야기를 들었을 때에 여러 가지 생각을 했다. 하지만 한 사람의 생명을 살리는 것이 급선무인 것은 분명했다. 나는 더 이상 이유를 묻지 않고 그의 이야기를 그대로 받아들이기로 했다. "얼마가 필요하냐?"고 물었다. 그는 얼마의 액수를 말했다. 나는 알았다고 하고서 "내일 오전 10시까지 준비해서 주겠다"고 했다. 약속한 시간에 만나서 주었다. 그는 차용증서를 쓰고서 어떻게 돈을 갚을 것을 상세하게 기록해서 나에게 주어서 받았다. 그는 그 약속대로 빈틈없이 돈을 모두 갚았다. 그 이후에 그는 나에게 '생명의 은인'이라고 하고서 좋은 관계를 유지했다. 그는 몇 년 동안 지냈지만 안타깝게도 신분의 문제가 해결이 되지 않았다. 고국에 어머님이 몸이 편찮으시다는 전갈을 받고 이민자의 삶을 포기 하고서 귀국했다. 여기서 수리공으로 가지고 있었던 많은 연장들을 나에게 맡겼다. 아직도 우리 집에는 그의 연장들이 주인을 기다리고 있다. 그는 현재 고등학교 교사로 재직하고 있다.

그 후 그가 보내 온 카카오 톡 메시지이다. "목사님! 그동안 평안 가운데 강건하셨는지요? 미국 생활 절반이 목사님과 함께 한 시간이었음을 늘 상기해 봅니다. 평안과 화평을 주신 기억은 어디 비유될 수 없는 행복한 체험이었습니다. 정신없이 바쁘게 지내는 활동 가운데서도 목사님께서 평안을 주셨던 기억을 회고합니다. 어머님께선 올 해 92세로 작년에 비해 조금은 핼쓱하여 졌으며, 육체와 정신은 삶에서의 빈자리를 예약하듯이 시간이 흘러갑니다. 오늘은 그 뒷모습을 보다가 슬픈 마음이 들어서 눈물이 났습니다. 지금은 어머니가 계셔서 그나마 저의 빈 마음자리를 채워주셔서 든든하고 좋습니다. 하지만 빈자리의 모습을 돌이키며, 이제 무슨 보람으로 인생을 보내지? 내 마음을 즐거움과 내 마음의 위안과 기쁨이었는데, 그 빈자리는 얼마나 허무하고 공허가 자리하겠는가? 라고 생각이 들면 먹먹하기도 합니다. 그 가운데 목사님과 함께 했던 위로와 평안과 기쁨을 회상하면서 인사를 드리게 되었습니다. 목사님 내외분을 만났던 그때부터 지금까지 흐른 세월속에 두 분의 가호는 어떠하실까? 내내 건강하실지? 내내 화평하실지? 내내 평안 하실지? 걱정을 해 봅니다. 함께했던 따뜻한분들의 나눔을 기억삼고, 어머님의 빈자리에 대한 위로에 대해 추억속의 두 분을 기억하게 되었습니다. 언제 어디서든지 늘 강건하시길 기도합니다.

올해 새로운 학교로 출근하게 되어 감사에 감사로 또 한해에 접어들었습니다. 함께 하던 예배와 동행과 운동과 나눔의 그 시간 속으로 보내 주심 더욱 감사한 자리이겠지만, 은혜와 사랑과 배려와 감사를 기억할 수 있어 감사하고 고맙습니다. 아직도 어머님이 살아 계시기에 동행하며 함께 하다가, 그 빈자리에 위안과 위로가 하나님께서 채워 주시겠지만, 인간의 육신으로 다가오는 빈자리에 목사님과 함께 했던 사랑의 기억으로 거듭 매끄럽게 묻혀 갑니다. 늘 건강하시고 하나님의 강복하심으로 충만해져 가시길 다시 한 번 기도합니다."

축구 선교사

우리 교회에 출석을 하는 김 형제로부터 김 집사를 소개 받았다. 그는 Y대학 축구선수 출신이었으며, 그의 아버지는 국가대표 출신 감독이었고, 그의 형 또한 국가대표선수 출신이었다. 한마디로 뼈 속까지 축구선수이었다. 그는 대학 때에 예수 그리스도를 인격적으로 만나 주님을 섬겼으며, 그때부터 기타를 치며 찬양을 인도했고 미국 이민을 왔어도 대형교회에서 찬양인도를 했다. 그는 교회 찬양사역을 쉬고 있었지만 축구팀을 몇 개나 만들어 운영하고 있었다. 김 형제는 그에게 우리 교회와 나를 소개했다. 나는 그를 처음으로 만났을 때 아주 신사적으로 생겼으며 인격적인 사람으로 보였다.

그의 찬양과 축구에 대한 역사와 열정과 꿈에 대한 간증을 들었다. 나는 한 부분에서 도움과 섬김을 줄 수 있다고 했다. 그 중에서 그가 생각을 하는 찬양에 대한 생각과 나의 생각이 같았다. 찬양은 결코 예배를 준비하기 위한 수단이나 방법이 아니라 찬양 그 자체가 예배인 것이다. 주일 예배 시에 처음 20분은 찬양 인도자의 시간으로 주었다. 그는 전도를 하여 축구를 같이 하는 자들 가운데 다른 연주자들 세 명을 데리고 왔다. 교회에 출석하고 있는 한 청년에게 드럼을 가르쳐서 하게 했다. 아내는 피아노, 큰 딸은 전자 올갠, 작은 딸은 바이올린을 연주하므로 갑자기 찬양팀이 결성 되었다. 토요일 저녁마다 찬양 준비를 위하여 모이면 나의 아내는 그들 모두에게 식사를 대접했다. 그가 운영하는 축구팀도 교회에 몇 차례 초청하여 식사 대접을 하고서 전도의 기회로 삼았다. 그는 섬기기를 기뻐하여 그가 운영하던 복사와 인쇄를 하던 사업체에서 교회 성도들을 위하여 찬양집을 무료로 제공했다. 새해를 맞이하면 월력과 작은 공책을 전교인들에게 만들어 주기도 했다. 아직도 나는 그가 만들어 준 작은 공책을 세미나에 참석 할 때에 들고가서 사용한다.

그에게는 큰 아들과 둘째 아들이 있었다. 둘째 아들은 입양을 하여 양육을 했다. 그의 부인집사도 참으로 귀한 믿음과 더불어 마음이 천사처럼 아름다웠다. 남편이 축구 선교단을 하기 원하므로 사업체 일도 도맡아서 감당했다. 그렇게 아름다운 부부인데 그의 큰 아들이 학교에서 적응을 잘 하지를 못하여 성적이 좋지 못했다. 아내와 나는 두 주간에 한 번씩 그들과 함께 두 시간씩 만나 코칭을 일 년 이상 했다. 그의 아들은 감사하게도 대학에 입학했다. 그들은 우리에게 "목사님과 사모님 덕분에 우리 아들이 대학에 가게 되었습니다" 라고 말을 해 주어서 목회자로서 뿌듯함을 느꼈다.

그는 한국에 있을 때부터 대형교회에서 찬양인도를 했으며, 제자훈련을 이미 받았다. 그래서 교회 안수집사로 있었다. 나는 그와 특별하게 제자훈련을 했다. 그는 일 년 이상 코칭을 받는 가운데 코칭의 필요성과 유익과 능력을 경험했다. 그래서 그가 직원을 모집 할 때에 나를 면접관으로 초대 했다. 내가 면접을 30분 정도 하게 되면 면접 대상자의 과거와 현재와 미래를 간략하게나마 알 수 있게 되었다. 그의 장점과 약점을 파악 할 수 있기 때문이었다. 내가 면접을 하게 되면 그는 옆에서 지켜보고서 파악 하여 직원을 선정하게 되었다.

제자훈련을 할 때에 교재 없이 그의 질문을 받거나, 내가 문제를 제시하여 서로 대화를 통하여 기독교적 가치관으로 무장했다. 그에게서 들었던 최고의 말은 "제가 지금까지 제자훈련을 받았지만 거기에서 알고 배운 것보다, 교재는 없었지만 목사님을 통하여 더 깊게 알게 되고 배웠습니다. 대학 때부터 대형교회에서 찬양 인도자로 지금까지 지내 왔지만 목회자로부터 받은 것보다 제가 준 것이 많았습니다. 하지만 목사님에게는 준 것보다 처음으로 받은 것이 많습니다" 라는 것이었다.

나는 그를 위하여 함께 최병철 교수의 '음악 치료법' 이라는 강의도 수강했다. 그는 그 강의를 듣고서 "목사님이 왜 예배의 시작 20분을 저에게 맡긴 것을 비로소 알게 되었습니다" 라고 했다. 나는 그가 앞으로 축구선교회를 꿈꾸기 때문에 우리 교회에서 장로 직분을 받으라고 했다. 선교회를 이끌기 위해서는 교회 직분이 필요하기 때문이었다. 교회 직분은 사역을 위하여 필수적이기 때문이었다. 그럼에도 그는 직분을 고사했다. 그리고 북미주 개혁교단(C.R.C.N.A)에서는 특수 목회를 위하여 '전도목사' (Commissioned Pastor) 제도가 있었다. 신학 전공자가 아니라도 평신도로서 일정한 강의와 과정을 이수하고 노회에서 시취를 받으면 전도목사로 인정을 받을 수 있었다. 나는 그에게 너무도 필요한 직책이라고 생각이 되어 주위에 있는 담당자를 같이 찾아 가기도 했다. 그러나 사업체가 어려워서 그 과정을 이수하지 않았다. 나는 많은 아쉬움을 가졌다.

여 건축사

나의 고등학교 동기가 나에게 한 분을 소개해 주면서 그녀에게 전도를 해 줄 것을 부탁했다. 현재 그는 당뇨로 시력을 잃고서 낙심 가운데 있으므로 타인 기피 현상이 있다고 했다. 그 동기의 딸과 그분의 딸이 같은 학교에 다니므로 아는 사이라고 했다. 겨우 허락을 받아서 어렵게 그의 집을 방문했다. 그녀는 장로 가정에서 자랐으며 중학교 3학년부터 교회를 다니지 않았다고 했다. 그 당시에는 여성으로서 쉽지 않은 건축학과를 졸업했다. 공사장을 다니다 보니 교회와는 더욱 멀어졌다. 남편도 설계사로서 일을 하고 있었다.

나는 그의 일반적인 사정과 종교에 대한 대화를 먼저 나누고 당뇨로 인하여 힘들고 고통스러운 생활을 공감하면서 위로를 했다. 그리고서 "나는 오늘이라도 죽는다면 천국에 들어 갈 수 있다"는 분명한 간증을 했다. 그리고 옆에 함께 갔던 동기에게 "천국에 갈 수 있는 확신이 있느냐?"고 물었더니 분명하게 "있다"고 대답했다. 다시 그녀에게 "만약에 하나님께서 오늘 밤이라도 자매님을 데리고 가신다면 천국에 들어 갈 수 있는 확신이 있느냐?"고 물었다. 그녀는 분명하게 "못 들어갑니다"라고 대답했다. 나는 "왜 천국에 들어가지 못한다고 생각을 하십니까?"라고 물었더니 "믿음의 생활을 하지 않고 교회를 다니지 않아서"라고 대답 했다.

나는 영혼을 사랑하는 마음으로 전도폭발에서 나오는 복음의 요소를 구체적으로 전했다. 그리고 "이해가 되느냐?"고 물었더니 "이해가 된다"고 답했다. 그녀를 위로하고 안정을 주기 위하여 이미 믿음의 가정에서 유아세례를 받았고, 중학교 2학년까지는 교회에 다녔기 때문에 예수님을 영접 했지만 잘 알지 못했을 수도 있다. 자매님의 분명한 확신을 위해서 질문을 하겠다고 했다. "하나님께서 이 영생을 선물로 주시기 원하시는데 받으시기 원하느냐?"고 물었더니 "받겠다"고 했다. 하나님의 말씀에 따라 예수님을 영접하게 했다(계3:20). "영접한다"는 의미에 대해서 구체적으로 설명을 했다. 그리고 영접 기도를 따라 하도록 했다. 기도 후에 "예수님이 지금 어디 계시느냐?"고 물었더니 "저의 마음에 계십니다"라고 했다. "어떻게 해서 그것을 아느냐?"고 했더니 "하나님의 말씀에 영접을 하면 마음에 들어오신다"는 성경을 믿기 때문이라고 했다.

나는 요한복음 1장 12절을 따라 읽게 하고 "영접하는 자는 하나님의 자녀가 되었다." "하나님의 자녀가 되는 유일한 방법은 예수님을 구주로 영접하는 것이다"고 했다. "하나님은 주님을 영접하는 자에게 너무도 큰 복을 주신다"고 말하고서 요한복음 5장 24절을 따라서 하게 했다. "내가 진실로 진실로 너희에게 이르노니 내 말을 듣고 또 나 보내신 이를 믿는 자는 영생을 얻었고 심판에 이르지 아니하나니 사망에서 생명으로 옮겼느니라." 그리고 '너희' 대신에 그녀의 이름을 넣어서 따라 하게 했다. 또한 요한복음 6장 47절을 따라서 하게 했다. "진실로 진실로 너희에게 이르노니 믿는 자는 영생을 가졌나니." 또 다시 '너희' 대신에 그녀의 이름을 넣어서 따라 하게 했다.

나는 첫 번째 질문을 다시 했다. "만약에 오늘 밤이라도 자매님을 하나님이 데리고 가신다면 이제는 어디에서 눈을 뜨겠습니까?"라고 했더니

"천국에서요." 나는 "조금 전에는 못 간다고 했었는데 어떻게 이제는 갈 수 있다고 합니까?"라고 했더니 "나는 공로는 없지만 예수님을 믿는 믿음으로 갈 수 있습니다"라고 했다. 할렐루야! 옆에 있는 친구에게 기도를 하게 하여 모두 하나님의 자녀로 확신하게 된 것을 축하했다. 모두들 감사의 찬양으로 '나 같은 죄인 살리신'을 불렀다. 그녀는 눈물을 흘리면서 두 손을 높이 들고서 목이 터져라 찬양했다. 하나님의 성령께서 하시는 놀라운 일이었다. 그동안 고등학교에 다니는 그의 딸도 교회에 가지 못하게 하고, 집에서 찬송을 부르지 말라고 했던 그였다. 성령께서 하시면 그 순간 기적과 표적이 나타났다. 한 주간 뒤에 다시 만나기로 하고, 주님께 모든 영광을 돌리고 집으로 돌아 왔다.

한 주간이 될 즈음에 나의 동기로부터 연락이 왔다. 그녀가 "방문을 원하지 않는다"고 했다. 단, 그의 딸은 교회에 가도 된다고 허락을 하여 우리 교회에 출석을 했다. 마침 큰 딸과 같은 학년이어서 서로 친구가 되었다. 그는 몇 달의 시간이 지나고 나서 그의 동기에게 다시 전화를 하여 방문을 원했다. 나는 기쁨으로 병원 입원실을 찾아 갔다. 그녀는 병이 악화되어서 응급실에 실려 왔다. 다시 의식을 회복 하고서 제일 먼저 나를 찾았다고 했다. 그리고 처음 만남 후 한 주간 뒤에 방문을 거절하게 된 것은 자신을 돌아보니 너무도 창피하고 부끄러워서 피했다고 했다. 그녀의 고민은 "이제라도 자신이 죽으면 천국에 갈 수 있느냐?"는 것이었다. 그리고 믿는다고 하고서 믿음의 행동을 하지 못했고, 교회도 가지 않았기 때문에 천국에 갈 수 없다고 생각이 든 모양이었다. 나는 "예수 그리스도를 영접하게 되면 하나님의 자녀가 되었다. 하나님은 나의 아버지가 되시고, 나는 하나님의 자녀가 되는 관계 (Relationship)가 형성되었다. 우리와 부모의 사이에서 잘못하고 사이가 좋지 못하다고 해도 부모와 자식의 관계가 변하지 않는 것과 같다. 만약에 부모에게 잘못을 하게 되면 부모와 자식의 관계는 변함이 없지만 친교(Fellowship) 곧 친밀감에는 차이가 생긴다. 친교에 차이가 났다고 해서 부모와 자식의 관계에는 변함이 생기는 것은 아니다. 만약에 부모에게 잘못을 하게 되면 회개하고 용서를 구하면 즉각적으로 친밀감이 생기는 것과 같이 하나님께 회개를 하면 즉각적으로 용서해 주신다." "만일 우리가 우리 죄를 자백하면 그는 미쁘시고 의로우사 우리 죄를 사하시며 우리를 모든 불의에서 깨끗하게 하실 것이요"(요한1서 1:9).

회개(悔改, 잘못을 뉘우치고 고친다)의 큰 두 가지 의미는 첫째는 성령 안에서 거듭나는 것(요3:3)과 둘째는 하나님 아버지의 용서의 품으로 돌아오는 것이다.(사44:22) 첫째는 하나님과의 관계를 위한 회개라고 한다면, 둘째는 하나님과의 친교를 위한 것이다. 그러므로 "자매님은 예수 그리스도를 믿음으로 하나님과의 관계는 변함이 없습니다. 그동안 하나님과의 친교에 문제가 생겼으므로 회개를 하시면 됩니다. 그러면 앞서서 저에게 질문을 하셨는데 자매님이 대답을 해 보시지요?"라고 요청했다. 그랬더니 그 자매는 "그러면, 그럼에도 불구하고 저는 천국에 갈 수 있네요." 그런 후에 그녀는 다시 구원의 기쁨의 자리에서 하나님을 찬양했다.

그 이후부터는 나는 매 주일 오후에 병원에 찾아가서 그녀와 함께 병상에서 주일예배를 드렸다. 어느 날 오후에 그녀는 자신의 깊은 곳의 상처를 고백했다. 그녀가 그동안 교회에 출석 하지 않고 반감을 가지게 된 것은 그의 부모와 교회 중직들의 이중적인 모습을 보았기 때문이었다. 그녀가 중 2학년때에 집에 교회의 성도들이 모였다. 사과를 깎아서 손님들에게 주려고 방에 들어갔다. 방에서는 담임목사를 내어 보내려는 의견들을 나누고 있었다. 어린 나이였지만 담임목사 앞에서는 모두들 천사와 같은 모습을 하고서는 뒤에 와서는 쫓아내려고 하는 이중적인 모습에 환멸을 느끼게 되었다. 그 이후로부터 교회에 출석을 하지 않았고 의도적으로 방탕적인 생활을 했다. 그 부모들이 미국 동부에 살고 있었지만 연락도 하지 않고, 왕래도 하지 않고 지낸다고 했다.

얼마간의 시간이 지나서 나는 그녀에게 입교식 (유아세례를 받고서 십대 중반이 되어 자신의 신앙고백을 하고서 성찬에 동참하고, 교회의 세례교인이 되는 예식)을 하자고 했다. 그녀는 흔쾌히 허락을 했다. 그 날은 몇몇 교회 중직들과 같이 가서 예배를 인도했다. 그의 남편도 참석 했다. 그녀를 위한 입교식과 성찬을 나누었다. 참석한 모두는 감사하고 감격했다. 모두 마치고 자리를 떠나려고 할 때에 그녀는 눈이 보이지 않으므로 남편에게 미리 준비한 것을 달라고 했다. 남편은 화장지 박스에서 흰 봉투를 내어서 나의 아내에게 건네 주었고 아내는 나에게 전달했다. 나는 "무엇이냐?"고 물었더니 "하나님의 은혜에 너무도 감사하여 드리는 적은 감사헌금이라"고 했다. 그의 봉투에는 "하나님 구원해 주셔서 감사합니다"라는 글이 쓰여져 있었다.

3개월 후에 그녀는 주님의 부름을 받아 2002년 8월 10일(토) 로즈힐스 공동묘지(Rose Hills Memorial Park)에 묻혔다. 나는 그녀의 장례식을 집례 했다. 그의 부모와 형제가 모두 참석했다. 장례식 후에 식당에서 식사를 하는 가운데 그의 부친과 모친이 나를 찾아 왔다. 그리고는 머리를 깊게 숙이고서 "목사님 감사합니다. 딸이 우리하고는 말도 하지 않고 지냈으며, 오랫동안 교회에 나가지 않았는데 어떻게 교회에 나가게 되었습니까? 목사님께 너무도 고맙고 감사하다"고 했다. 나는 천국에서 이 자매를 만날 것을 확신한다. 그의 딸은 우리 교회에 출석을 했으며, 그녀의 남편은 친구가 다니는 교회에 다니기로 했다.

"효과적인 대화법 훈련"
　김 권사가 교회에 출석 하면서 대화법 강의의 필요성을 가졌다. 그의 이력은 특별했으며 주님을 사랑함에 있어서 열심이 특별했다. 그는 먼저 6.25 전쟁때의 역사적인 사건인 흥남부두에서 어린나이에 배를 타고 오신 분이다. 나의 어머니보다 열 살이 적었다. 서울에서 양장점을 운영했으며, 이민을 떠나게 되는 한 주일전에 아들의 전도로 교회에 처음으로 출석을 하게 되었는데 특이하게 바로 세례를 받았다고 한다. 아르헨티나와 브라질에서 옷 장사를 잘하다가 자녀들의 장래를 위하여 미국으로 건너왔다. 어느 개척교회에서 앞장서서 섬기다가 담임목사가 한국으로 청빙을 받아 가자 실망이 되어 어려움을 겪었다. 그 이후 대형교회를 다니다가 적응이 되지 않아서 얼마간 교회를 쉬었다고 한다. 이전에 다녔던 교회 부목사에게 어느 한 교회를 소개받아 찾아가다가 찾지를 못하고 도로변에 있던 우리 교회가 보여서 주일예배에 참석하게 되었다. 주일예배를 마치고 식사를 하고 떠날 때에 전송을 하던 나의 아내에게 "새벽기도회가 있는가?"고 물었고 나의 아내가 친절하게 답변과 더불어 전송 인사를 하므로 그는 그 다음 날인 월요일 새벽기도회에 왔다. 그는 새벽기도회를 거의 빠지지 않고 참석했다. 배우려는 의지가 대단했으며, 섬기는 열정도 넘쳤고 목회자를 배려하고 섬기는데 있어서 내가 40년 목회를 하는 가운데 열 손가락 안에 들어가는 분이었다.

　김 권사는 5일째 새벽기도에 참석 하고서 나에게 상담을 요청했다. 그는 "나흘째(어제) 새벽기도회에 참석하여 하나님께서 주신 말씀에 큰 찔

림과 은혜와 감동을 받게 되었다. 그동안의 자신의 잘못을 주님께 눈물로 회개하고서 앞으로는 성도들을 위로하고 돌아보는 사역을 감당하겠다고 서원했다"고 했다. 나는 그를 여러 가지로 위로와 격려를 하고서 두 가지 질문을 통하여 복음을 전함으로 분명한 구원의 확신을 갖게 되었다. 그러자 그동안의 잘못된 믿음 생활에 대하여 고백했다. 동시에 "이제는 분명한 복음의 진리를 알게 되고 영생의 확신을 갖게 되자 날아갈듯이 좋다"고 했다. 새벽기도회에 참석하면 마친 후에 일대일 성경공부를 몇 시간씩 하기도 하였다.

나는 그에게 "'하나님께서 권사님에게 성도들을 돌아보고 위로하고 격려하라고 말씀 하셨다' 고 하는데, 위로하고 격려하는 말을 할 줄 아십니까?"라고 질문 했다. 그는 매우 놀라워하고, 어리둥절해 하면서 나의 얼굴을 빤히 쳐다보았다. 왜냐하면 그가 기대하는 것과는 다르게 내가 너무도 당황스러운 말을 했기 때문이었다. 한참이나 서로 얼굴만 쳐다보았다. 나는 다시 그에게 "위로하고 격려하는 말은 어떻게 하는 것입니까?"라고 다시 물었다. 그는 '일상적으로 위로하고 격려하는 말' 이라고 했었는데 내가 정중하게 물으므로 그는 할 말을 잃었다. 나는 또 다시 "혹시 말하는 법을 배우신 적이 있습니까?" 라고 물었더니 "어릴 때부터 그냥 배우는 것 아니냐?"고 답했다. "예, 권사님! 맞습니다. 하지만 태어나서 그냥 습득해서 하는 말과, 배워서 하는 말은 차이가 있습니다. 저는 3박 4일 동안 5십만원을 주고서 10년 전에 배웠습니다. 저에게 있어서는 배우기 전과 배운 후의 말과 삶은 완전히 달라졌습니다. 말을 한다고 다 말이 아니며, 위로한다고 하지만 위로가 되지 않을 수도 있기 때문입니다. 나는 격려를 한다고 격려를 했지만 오히려 상대방에게 상처를 줄 수 있기 때문입니다. 그래서 제가 무례하게 권사님께 질문을 드렸다"고 했다. 그는 나의 말을 듣고서 많은 고민과 생각을 했다. 그런 후에 "목사님의 말을 듣고서 정신이 번쩍 들었으며, 나의 문제가 여기에 있는 것을 알게 되었습니다"라고 말했다.

그는 처음 나와 상담을 할 때에는 몰랐지만 나의 이야기를 듣고 보니 이해가 되고, 다른 목회자와는 다르다는 것을 알게 되어 우리 교회에 정착을 하게 되었다고 했다. 그는 많은 목회자에게 다음과 같은 사항을 가지고 상담을 했다. "나는 지옥에 들어간다고 할지라도 며느리와 사위를 용서할 수 없다. 왜냐하면 나에게 하나 밖에 없는 아들에게 이렇게까지 하는 며느리이기 때문에 도저히 용서를 할 수 없다. 사위는 하나 밖에 없는 딸에게 너무도 어렵고 힘들게 했기 때문에 주님이 원수를 사랑하라고 하셨지만 용서를 할 수가 없다." 이렇게 말을 했을 때 많은 경우 목회자는 "권사님! 아무리 고통스러워도 권사님이 지옥에 간다고 말씀을 하시면 됩니까?" "권사님! 기도도 많이 하시고 주님을 사랑하시는 권사님이시니 참고 인내하셔야지요." "권사님! 용서하지 않으시면 기도가 막힙니다. 기도가 막히지 않기 위하여 용서하시지요." 등등으로 일반적인 답을 주면서 위로를 하려고 했다. 나는 그의 그 말씀을 듣고서 "권사님! 그 정도로 마음이 아프시고 힘이 드셨네요."라고 했다. 그랬더니 그 말을 듣자 말자 그는 주체할 수 없는 눈물과 소리를 내면서 우셨다. 그리고서는 내가 그렇게 자신의 말을 공감해 주자 비로소 "그동안에 가슴에 맺혔던 응어리가 툭하고 떨어지는 것을 느꼈다"는 것이었다. 그는 이런 직접적인 경험을 했으므로 잘 모르긴 했지만 '대화법'을 배우기 원하는 마음이 간절했다.

그는 계속하여 나에게 독촉을 했지만 이러한 일이 있은 후 3개월이 지나서야 제1기 효과적인 대화법 강의를 시작했다. 참석자들은 김조안, 김현숙, 김성은 3명이었다. 물론 내 자신이 놀라운 변화를 경험했음에도 불구하고 이 강의를 시작할 때만 해도 이렇게 놀라운 일이 일어 날 것을 생각하지 못했다. 그래서 목회자로서 성경공부를 인도하고 설교를 해야지 대화법 강의는 몇 차례 지도자에게 가르치고 그들이 강의를 하도록 하려고 했다.

김 권사의 변화는 눈에 띄게 일어났다. 한마디로 하면 매 과정을 배울 때마다 확실한 간증이 있을 정도였다. 제1과에서 "너와 나의 다른 것은 다를 뿐이지 결코 틀린 것이 아니다"를 가르쳤다. 그는 첫 시간부터 펑펑 울었다. 왜냐하면 그동안 "며느리가 잘못되었다"고 생각 했는데 이제 보니 자신이 잘못되었다는 것을 알게 되었다는 것이다. 그는 오랫동안 미국생활을 했으므로 한국에서 갓 시집을 온 며느리에게 여러 가지를 가르쳤다. 어느 날 주방에 대해서 이야기를 하는 가운데 며느리가 듣지를 않고 방에 들어가버려 화가 났다. 옛날 생각을 하면 도저히 이해도, 용납도 되지 않은 상태였다. 그래서 시어머니로서 화를 내고 잔소리를 했다. 그 후에 관계가 소원하여 말도 하지 않고 지낸다고 했다. 나는 한 가지 제안을 했고 그는 실행에 옮겼다. 그는 마침 며느리의 생일을 맞이하여 그를 조용한 식당에 초대를 하고, 선물도 준비했다. 서먹서먹했지만 내가 가르쳐 준대로 "너와 나의 다른 것은 다를 뿐인데 내가 틀렸다고 생각하여 너에게 화를 내고 큰 소리를 쳤다. 잘못했다. 용서를 해 다오"라고 정중하게 사과를 했다. 그랬더니 오히려 며느리가 자기가 더 어머니에게 잘못했다고 사과 했다. 그리하여 새로운 관계로 회복되고 딸보다 더 가까운 사이가 되었다. 그는 말하기를 "이렇게 하면 천국의 생활을 하게 되는데 그것을 몰라서 지옥의 생활을 한 것이 너무도 억울하다"고 했다. 한참 후에 며느리도 친구들을 다섯 명을 데리고 와서 이 훈련을 받았다.

또 한 번은 "잔소리는 천만 번해도 변하지 않지만 마음을 전달하면 변한다"는 강의를 했다. 그는 딸과 함께 생활했다. 딸에게는 세 자녀가 있었다. 늦게 퇴근을 하고서 집에 와서 저녁을 먹고서는 설거지를 하지 않고 그대로 두고 잠자리에 들어갔다. 그는 그러한 모습이 마음이 불편하고 상하여 한마디 했다. 그랬더니 딸이 "엄마! 너무도 피곤하여 설거지를 못하고 올라갔지만, 아침에는 해 놓지 않았느냐?"고 쏘아 붙였다. 그는 나에게 딸의 잘못을 지적한 것에 대하여 위안을 받고 싶어 했다. 그래서 내가 아무리 내가 옳다고 할지라도 상대방에게 '걸림돌'인 잔소리를 하게 되면 되돌려 받게 된다고 했다. 그러면서 '나-전달법'의 기술로 예쁜 카드에 기록하여 그 다음날 아침에 출근하는 딸의 가방에 넣어 주도록 그에게 제안했다. "사랑하는 딸에게! 어제 너에게 잔소리를 한 것에 대하여 용서를 구한다. 왜냐하면 나는 내 생각만 하고서 너의 피곤을 생각하지 않은 것을 알게 되었기 때문이다. 네가 아침에 일어나서 설거지를 함에도 불구하고 나의 고정관념에 빠져 있었기 때문이다. 네가 출근하는 아침부터 내가 말을 하므로 하루 종일 너의 기분을 상하게 하는 못난 엄마가 되었기 때문이다." 딸이 출근을 한 후 카드를 읽고서 엄마에게 전화를 했다. 오히려 자기가 미안하다고, 그리고 앞으로는 엄마의 마음이 상하지 않게 하겠다고, 그러면서 "이제 보니 우리 엄마가 너무 유식하고 멋쟁이야"라고 했다고 한다. 그는 너무도 좋아서 강의 시간에 주체하지 못할 만큼 감격하여 고백했다. 그의 변화된 모습과 권면으로 인하여 내가 비전을 발견하고 이 사역을 아직도 감당하고 있다. 그는 나에게 "목사님! 저의 변화된 모습을 보십시오. 하나님께서 목사님께 특별한 은사를 주셨습니다"라고 했다. 나에게 이 권면은 그를 통해 하나님의 비전의 이중적인 확인이 되었다.

대화법 훈련을 통한 부부의 변화

김 집사의 시어머니는 우리 교회 권사였다. 하지만 그의 부부는 다른 교회에 출석을 했다. 가정에는 성장한 전처의 아들 둘과 자신의 어린 아들 둘이 있었다. 그는 재미 교포 1.5세대로서 초등학교 교사였다. 시어머니의 권유로 대화법 훈련에 동참했다. 그는 학교 교사이기도 하고 네 명의 아들을 둔 엄마로서 이 훈련을 잘 받기를 열망했다. 그래서 배운대로 그대로 집에서 실천했다. 실천을 하면서 제일 먼저 알게 된 것은 지금까지는 남편과 아들들의 문제라고 생각을 했었는데 자신이 문제라는 것을 절실하게 깨달았다. 거기서부터 자신에게 먼저 변화가 일어났다. 훈련에서 배운대로 '너와 나의 다른 것은 다를 뿐이지 결코 틀린 것이 아닌 것' 인데, 그는 지금까지 다른 것을 틀렸다고 생각 했으므로 잔소리 하고 큰소리를 지르고 판단을 했다. 이것 하나만으로도 그는 많은 문제에서 해방될 수 있었다. 시어머니를 이해하게 되고, 남편을 수용하게 되고, 아들들을 용납하게 되었다. 자신이 먼저 변하니까 그렇게 소리를 지르고 잔소리를 해도 변하지 않더니 각자 스스로 변하기 시작했다. 훈련 시간에 나는 "잔소리 천만번을 해도 남편은 변하지 않는다. 남편의 마음을 읽어 주고 경청 해 주면 변한다"고 가르쳤는데 그는 삶의 현장에서 그대로 체험하게 되었다. "시어머니와 남편과 아들들이 놀랄 뿐만 아니라 자신도 놀랐다"고 했다. 이제는 집에서나 학교 교실에서 큰 소리를 칠 일이 없어졌다. 그동안 서먹서먹했던 아들들과의 관계는 서로 인정을 해 주다보니 친밀한 관계가 되었다. 훈련에서 "사람은 강압적으로 해야만 순종하고 따르는 것이 아니라, 감동이 될 때에 순종하고 따른다" 는 것을 가르쳤는데 그는 그의 가정생활에서 절감하게 되었다. 그러자 시어머니는 교회에 오면 며느리 자랑을 하느라 신이 났다.

8주차가 되자 수료를 하게 되었다. 나는 처음부터 이 훈련을 광고 하지 않고 훈련을 받았던 자들이 직접 소개를 하게 하여 모집했다. 왜냐하면 변화된 자신이 소개하므로 광고 효과가 좋았고, 너무도 값진 보물을 발견했으므로 그들이 가장 가까운 자들에게 소개를 하기 때문이었다. 수료를 위해서는 한 명 이상 입학 시켜야 하며, 입학자는 수료식에 참석을 해야만 입학을 할 수 있었다. 훈련자에게는 수료식이 되고, 입학자에게는 입학식을 하므로 동시에 하도록 했다. 수료자에게는 모두 규정에 맞는 간증문을 제출해야만 수료 할 수 있었다. 제출을 하면 내가 직접 모두 검증하여 수정을 해 준 뒤에 그것을 수료식에서 발표하게 했다. 입학자들은 입학과 동시에 수료생들이 그동안 어떠한 변화와 놀라운 일들을 경험한 것을 들으므로 훈련에 대한 기대와 열망을 가지게 되었다.

김 집사는 누구보다도 남편이 이 훈련에 참석하기를 원했다. 나와 그는 남편이 참석하도록 의논 했다. 남편에게 강압적으로 하지 말고, 조용할 때에 지나가는 말로 "내가 훈련받은 대화법 수료식이 있는데 당신의 축하를 받고 싶다. 나는 이 훈련을 통하여 너무도 큰 유익을 받았으므로 당신도 원하면 훈련을 받아서 우리 가정이 더욱 행복했으면 좋겠다"고 하라고 했다.

그는 아내의 수료식에 참석했다. 아내와 다른 사람들의 간증을 모두 들었다. 간증에는 입학을 하는 자들에게는 어떻게 참석하게 되었으며, 수료식에서 느낀 점을 이야기 하도록 했다. 그의 남편은 "나는 결혼 생활을 하면서 제일 싫어하는 것 중에 하나는 아내가 집에서 소리를 지르는 것이었다. 아내는 학교 선생이고 집에는 네 명의 아들만 있으므로 소리를 질렀다. 정말 듣기에 불편했고, 하나님께 아내가 소리 지르지 않도록 기도를 몇 년 동안 했다. 그런데 응답이 없었는데 대화법 8주 훈련을 통해 기도가 응답이 되었다. 아내는 요즈음 집에서 소리 지르는 것을 볼 수가 없었다"

고 하자 참석한 모두가 웃었다. 또한 그가 자신이 이 훈련에 참석하려는 이유는 "집에서 위기감을 느꼈기 때문이라"고 했다. "아내가 훈련을 받기 전에는 아들들이 자기를 좋아했고, 엄마는 잔소리를 하는데 자기는 하지 않으므로 아들들과 친밀한 관계를 가졌다. 그런데 요즘은 완전히 달라져서 엄마와 속닥속닥 하면서 지내고, 엄마가 뭐라고 하지 않은데도 불구하고 스스로 알아서 하므로 자기편이 한 명도 없어서 위기의식을 느껴서 참석하게 되었다"고 했다.

그 남편이 훈련에 참석을 했다. 훈련시간은 세 시간이지만 한 시간은 숙제를 구체적이고 실제적으로 점검을 한다. 한 시간은 이론 강의를 듣는다. 그 다음 시간은 이론에 대한 워크숍을 한다. 3주차가 되었는데 나를 찾아왔다. 대뜸 나에게 "목사님! 제가 다음 시간에 참석이 어떻게 될지 모르겠습니다. 왜냐하면 현재 제 자신과 싸우고 있습니다. 내 자신을 내려놓으면 참석을 하겠지만 자신을 내려놓지 못하면 참석을 하지 않을 것입니다"고 했다. 나는 속으로 쾌재를 불렀다. 왜냐하면 자신과의 싸움이 일어나는 것은 정상적이며, 그래야만 변화가 시작되기 때문이었다. 그는 "그 다음 주에 어떻게 되었을까요?" 참석을 했다. 그는 대형교회 고등부 교사로 있었다. 훈련이 한 달이 지났을 때에 교회 고등부 부장 선생님이 자신을 부르더니 "선생님! 어떻게 한 달 만에 이렇게 변할 수 있습니까?"고 물으면서 "교회에서 간증을 해 달라"고 했다는 것이었다. 나는 그에게 "간증을 지금하지 말고 수료를 하고서 하라"고 했다. 그는 훈련 수료를 마치고 출석교회에서 자기의 변화를 보고서 "강의를 해 달라"고 부탁을 한다고 해서 나는 "돌파리 의사가 제일 무섭습니다. 적어도 3단계 훈련까지 마치고 하시지요"라고 했다. 그는 나의 말에 순종하지 않았다. 그는 지금은 중국 선교사로 사역을 하고 있다.

열두 사모 대화법

우리 교회 부목사 사모와 그의 친구 남 사모라는 분이 나를 만나러 교회에 왔다. 그녀는 모 교회의 부목사인 남편과 두 아들과 한 명의 딸을 두고 있었다. 그는 친구의 가정이 대화법 훈련을 통하여 변화가 되어 딸들과의 문제가 많이 해결된 것을 보았다. 친구 가정에 대하여 이미 잘 알고 있던 가운데 직접 변화를 보게 되니 부러움과 관심이 생겼다고 했다. 그래서 주위에 있는 사모들 중심으로 훈련을 개설해 달라고 했다. 나는 흔쾌히 허락을 하여 훈련을 시작했다. 모두들 열심이어서 변화가 급속도로 일어났으며, 매주간 각자의 가정에서 새로운 역사를 보게 된 것을 간증했다. 그들은 거의 나이가 비슷했고, 환경도 비슷하고 자녀들도 나이가 비슷하여 서로 반면교사가 되어 효과가 배가 되었다. 지금까지 훈련을 한 가운데 특별하고 오래 기억이 되는 참가자들이었다.

1단계가 끝이 나자 그들은 이구동성으로 제안을 했다. 그것은 "남편들이 꼭 이 훈련을 받게 해 달라"는 것이었다. 나는 그들에게 "남편에게는 어떤 경우에도 강요를 하지 말라. 수료식에 자녀들과 함께 꽃다발을 준비하여 오게 하라. 수료식 때에 할 간증문을 제출하면 내가 잘 수정하여 줄 것이며, 남편들이 자원하여서 오도록 해보겠다"고 했다.

제 1단계 수료식 날이었다. 열두 명의 사모들이 차례로 준비한 간증문을 읽었다. 거의 대부분 그들이 깨달은 것은 그동안 가정에서의 잘못은 남편이나 자녀가 아니라 자신들이었다는 것을 고백했다. 8주 동안에 무엇을 배웠으며, 개인적으로 그리고 가정적으로 어떠한 유익과 변화가 일어났는지를 구체적으로 고백했다. 거의 모든 사모들이 눈물로 남편과 자녀들 앞에서 잘못을 고백하고 용서를 구했다. 그리고 하나같이 희망사항은 "남편도 이 훈련을 받아서 주님이 원하는 거룩한 행복을 누리는 가정이 되며, 교회 성도들을 잘 섬기는 목회자가 되기를 기대한다"고 했다. 분위기는 한껏 충만해 있었다. 남편들과 가족들이 수료를 하는 아내와 엄마에게 꽃다발을 전달하는 순서를 가졌다. 마지막 순서로는 남편들이 나와서 아내와 수료자들의 간증을 듣고서 느낀 점에 대하여 말해보라고 권유했다. 처음 나온 남편이 "8주 동안 아내가 놀랍도록 변하는 모습을 보았다. 나도 아내가 희망하는 이 훈련을 받겠다"고 했다. 그 다음 분들도 하나같이 "결혼을 하여 10년 이상 동안 변한 것 보다 이 기간에 더 많은 변화를 했다"고 하면서 "훈련에 참석하겠다"고 스스로 고백을 했다. 그래서 전무후무하게 남편 열두 명이 그 다음 훈련조로 들어와서 그들도 동등하게 수료를 했다.

그 사모조는 제 2단계 훈련을 받았다. 제 2단계 훈련은 먼저 제 1단계 훈련에 참석하여 참관을 하는 것이다. 배울 때에는 정신이 없었지만 수료를 했으므로 여유를 가지고 다시 복습을 한다. 누군가의 말처럼 "교육은 반복이다"라고 말했듯이 다시 참관하여 배움을 극대화 시킨다. 여기서 중요한 부분은 첫째로 성경 본문을 그 주간의 훈련내용과 같은 것을 가지고 묵상 일기를 써서 오도록 한다. 이 훈련의 내용이 강의의 내용일 뿐 아니라 바로 "하나님께서 하라"고 하신 말씀인 것을 확실하게 알게 한다. 자신이 스스로 하나님의 말씀에 순종하는 삶인 것을 깨닫게 한다. 둘째로 대화법 훈련을 긴장하여 받고 나면 3개월은 가정에서 천국과 같은 생활을 하게 된다. 아내에게도 자녀들에게도 성도들은 말할 것도 없이 천사와 같이 말을 한다. 그 이후에는 많은 사람들이 다시 옛 모습으로 회귀하게 되는 것을 경험했다. 그나마 이것을 더욱 길게 지속할 수 있는 방법은 '내재 과거아'를 성숙시키는 것이었다. 그 가운데 자신이 가진 열등감의 치료와 내적인 문제의 치유가 일어나도록 한다. 셋째는 클린턴 박사의 '인생 여정표'(Life Long Development)와 '초점을 맞추는 삶'(Focus Leaders)을 통하여 자신의 성장과 훈련과 만남을 통하여 하나님이 주신 구체적인 비전을 발견하게 한다. 이것을 통하여 자신의 존재를 확인하고 자존감으로 살아가야 됨을 깨닫게 된다. 비전을 발견하게 되면 새로운 인생을 보게 된다.

제 3단계에서는 제 1단계와 2단계에서 배우지 못한 성경적인 칭찬과 격려와 사과하는 법을 배우게 된다. 그리고 대화만으로 풀 수 없는 더 깊은 문제를 해결하기 위하여 코칭법을 배우게 된다. 나로서는 적어도 이 정도로 훈련을 받게 되면 언제 어디에서 누구를 만난다고 해도 상대방의 마음을 경청해 주고, 나의 마음을 정확하게 전달하여 진정한 믿음의 교제가 이루어지리라고 기대한다. 사모팀은 이 모든 과정을 처음으로 모두 수료를 했다. 지금까지 이 사모팀만큼 열성적이고 충직한 팀은 만나 보지를 못했다. 사모 가운데 현재는 선교지에서 코칭 사역을 하는 분이 있어서 감사했다.

대화법을 통한 가정의 변화
손 목사는 개척교회를 10년 동안 하고서 안정이 된 교회를 함께 사역하던 부목사에게 미련 없이 이양했다. 그리고 처음으로 안식년을 가지면서 새로운 도전을 준비했다. 그는 나의 사랑하는 후배인 이 목사와 가까운 사이라서 알게 되었다. 그리고 같은 고향이고 성격도 많이 비슷해서 가까이 지냈다. 우리 교회에 출석을 하고 있었다. 그는 1남 2녀를 두고 있었다. 마침 큰 딸이 학교 회장을 한 후 고등학교를 졸업했다. 그는 조지워싱턴대학교(The George Washing University)에 5년 동안 장학금을 받는 조건속에 입학을 하게 되었다. 그의 꿈은 국제연합 (U. N.) 기구에 가서 전 세계인에게 도움을 주고 싶어 했다. 나는 그의 가족들을 위한 대화법을 개설하여 대학 입학선물로 주고 싶었다. 왜냐하면 그 일을 위해서는 상대방의 의견을 존중하고 이해를 시키는 일이 필요하기 때문이었다.

첫째와 둘째 딸들은 재미 교포 1.3세대였으므로 고국 언어에 어려움이 없었지만, 막내아들은 1.5세대였으므로 조금 어려움이 있었다. 세 주간 훈련은 잘 진행되었다. 그런데 넷째 시간이 되자 딸들이 그동안 억눌렸던 감정을 부모에게 이야기했다. "강 목사님은 자녀들을 이해하고, 경청하고 '나-전달법'으로 대화를 하므로 좋은 관계속에 있는 것을 보았어요. 아빠와 엄마는 우리에게 무조건 말을 하지 못하게 하고서, 성경은 이렇게 되어 있다고 하면서 우리의 의견을 듣지도 않고 묵살시켰어요. 부모님께서도 대화에 있어서 무엇이 잘못된 것인가를 알아주시고, 앞으로는 우리의 의견을 들어 주면 좋겠습니다"라고 말씀드렸다고 한다. 나는 참으로 난감하기도 하고 어려웠다. 그런데 두 가지 반응이 나왔다. 손 목사는 "그래, 이제 보니 너희들의 말이 맞구나. 내가 부족했다. 앞으로는 잘 해 볼게"라고 했고, 사모는 남다르게 자녀들을 사랑하고 가르쳤는데 이런 말을 듣게 되니 속이 상하고, 상처가 되어서 다음 시간부터는 참석을 하지 않았다. 사모는 가족들이 아닌 다른 팀에서 수료를 했다.

큰 딸이 훈련 가운데 다음과 같은 질문을 했다. "목사님! 강의실에서나 회의에서 토론(Debate)을 하게 될 때에 어떻게 하면 되나요?" 나는 그에게 "일단은 다른 사람의 의견을 잘 들어야 하며, 그 의견에 경청을 해 주어야 한다. 경청은 상대의 말에 공감을 해 준다는 것이지 결코 동의한다거나 인정하는 것이 아니다. 그리고 자신의 의견과 생각을 '나-전달법'

으로 겸손하게 말을 해야 한다. 그리고 앞서서 의견을 낸 것에 대하여 구체적이고 선명하게 무엇이 부족한지, 잘못 되었는지를 지적하고 판단한 것에 대하여 설명을 해야 한다. 설득을 하기 위해서가 아니라 이해를 시키려는 마음이어야 한다. 사람은 설득을 당할 때에 가장 마음이 상하게 되기 때문이다. '예로서, 당신은 그렇게 생각을 하셨군요. 그 부분에 있어서 어떤 학자는 반대의 말을 했으므로 부족하게 보입니다. 저는 그래서 이렇게 생각 합니다.' 왜냐하면 그 이유를 구체적으로 3가지 이상 논증해서 해야 된다"고 했다.

그는 한 학기를 마칠 때에 그의 학교에서 나에게 전화를 했다. "목사님!" 하는 인사 목소리를 들으니 매우 반갑고 기분이 좋아 보였다. 그는 "목사님! 너무도 감사합니다. 이번에 학급에서 토론을 했었는데 제가 일등을 했습니다. 목사님이 가르쳐 주신 것을 기억하고서 그대로 했습니다. 그리고 한 학기 동안 제일 많이 성장한 자에게 주는 교수상을 받게 되어서 감사하여 전화를 했습니다"고 했다. 나는 참으로 기쁘고 감사하고 흐뭇했다. 내가 처음에 생각한 대로 "대학 입학 선물을 그에게 제대로 주었다"고 생각되었다.

또한 감사한 것은 손 목사에게는 가족반 훈련으로 시작된 훈련과정이 엄청난 충격이었던 것 같았다. 그리고 대화법의 놀라운 능력과 그리스도인으로서 필수 과정이라는 것을 단번에 깨달았다. 그는 일 년 남짓 동안 우리 교회에서 협동목사로 있으면서 대화법을 몇 차례 참석하여 배우고서는 현재는 유튜브 동영상으로 세계적인 대화법 강사가 되었다. 그의 강의에서 자주 첫 훈련을 받았을 때에 받았던 유익과 충격을 말하곤 했다. 그는 남가주 오렌지카운티 목사회의 회장으로 수고를 하면서 오렌지카운티 목사회원들을 위한 두 차례 대화법 훈련을 하게 했다. 손 목사가 회장을 할 때에 목회자들에게 좋은 영향력을 끼쳤다. 그때 대화법을 배워서 큰 도움을 받았던 분들은 "손 목사로 말미암아 훈련이 개설이 되었다"고 감사를 표했다. 스승의 가장 큰 기쁨은 제자가 스승보다 더 탁월해 지는 것이므로, 그는 나의 큰 기쁨이다.

선교사 부부의 변화

주일예배에 새로운 선교사 부부가 정 집사를 만나기 위해서 참석했다. 부부는 한 달 후 선교지를 떠나기 전에 그를 만나 인사를 하고, 선교 후원을 요청하기 위해서였다. 그리고 부부는 나를 만나기 원했다. "식사 후인 오후 2시부터는 대화법 훈련이 있어서 어떻게 하면 좋겠느냐?"고 물었더니 "참관을 하고서 만나겠다"고 했다. 나는 그동안 훈련을 할 때에 참관을 시키지 않았지만 선교지를 떠나는 특수한 사정으로 허락을 했다.

훈련 후에 교회 새 가족실에서 부부를 만났다. 선교에 대하여 여러가지 이야기를 나눴다. 그리고 교수 요원으로 왔다가 학위를 받고서 돌아가려고 하는 가운데 하나님의 은혜를 입고서 선교사로 헌신했다고 했다. 참으로 귀하고 아름다웠다. 그러던 중에 사모가 갑자기 "당신! 하나님께서 우리를 오늘 이곳에 오게 한 것은 하나님의 뜻이다. 나는 이 대화법을 배우지 않고서는 선교지에 갈 수가 없다. 그대로 가게 되면 내가 복장이 터져 죽을 것만 같다. 우리 하나님 앞에서 그리고 목사님 앞에서 수술을 받자"고 당혹스러운 말을 했다. 나는 예기치 않은 분위기로 인하여 당황스러워서 "그러면 일단 두 분께서 대화를 하시고 난 이후에 저를 만나시지요"라고 하고서 그 자리에서 나왔다. 10분 가까이 되었을 때에 그 남편이 나를 불러서 들어갔다. 그들의 그동안 가진 아픈 부분을 나에게 이야기했다.

대부분 그의 아내가 눈물을 흘리며 말했다. 먼저는 그동안 남편에게 받았던 깊은 상처와 아픔과 서운함과 잘못에 대하여 이야기 했다. 둘째는 아들이 동부에 가서 대학과 대학원을 졸업하고 학위까지 받았지만 연락을 하지 않고 지내고 있다고 한다. 그 이유는 그가 아빠에게 받았던 충격 때문이었다. 셋째는 딸과의 관계도 어려움이 있다고 했다. 오늘 나의 강의를 듣는 가운데 "지금 이 어려움을 해결하지 않고 선교지로 출발하면 자신이 죽을 것만 같고, 다른 사람은 구원을 하면서 우리 가족은 멸망의 길로 갈 것 같아서 용기를 가지고 부탁을 한다"고 했다. 또한 "하나님께서 우리에게 주신 마지막 기회라는 생각이 들었다"라고 말했다. 그러면서 남편에게 "여보! 우리 부끄러움을 무릅쓰고 벌거벗은 몸으로 수술을 받자"고 제안했다. 나는 그렇게까지 절규를 하는데 다른 선택의 여지가 없었다.

그들의 일정에 대하여 물었다. "한 달 후에 선교지로 떠나게 되며, 그 동안에는 여기 가까운 지역뿐만 아니라 장거리와 타주에 있는 교회에 가서 인사와 후원금을 모금해야 한다"고 했다. 나는 "이 훈련을 위해서는 24시간이 필요하다"고 말하고서 "최대한 두 분의 시간에 맞추어서 강의를 하겠다"고 약속했다. 주의 성령께서 사모의 간절함을 들으시고 첫 강의부터 역사하기 시작했다. 강의 가운데 그녀는 쌓였던 고통으로 주체할 수 없는 눈물과 아픔을 남편에게 쏟아 내었다. 나는 남편에게 "다른 말은 하지 말고 '당신이 그렇게 아팠구나.' '당신이 그 정도로 힘들었구나' 하고서 이유를 달지말고 '미안하다,' '잘못했다,' '용서해 줘' 라는 말만 하라"고 부탁하고서 자리를 피해 주었다. 이런 경우가 두 번 더 있었다. 한 번은 오후 한 시에 훈련을 시작하여 그 다음 날 새벽 1시에 훈련을 마친 적도 있었다. 감사하게도 그녀는 다시 마음의 회복을 얻고 새로운 용기를 가지게 되었다.

훈련이 마쳐갈 즈음에 도움을 요청했다. 그들이 선교사 파송식 예배를 드릴 때에 "아들이 참석하게 된다" 는 것이었다. "그동안 연락도 없이 지냈는데 사귀는 여자친구가 생겨서 인사차 온다"고 했다. 그리고 "딸과의 관계도 회복이 되도록 도움을 달라"고 나에게 부탁했다. 나는 "그동안 아들에게 구체적으로 잘못 한 것을 생각나는 대로 편지로 적어서 오라"고 했다. 그러면 "내가 편지 내용을 모두 고쳐 주겠다"고 했다. 그랬더니 그가 나에게 "그동안 아빠로서 아들에게 크게 잘못한 것이 있었습니다. 하지만 저는 아빠로서 그렇게 잘못한 것으로 생각을 하지 않고 있었고, 그래서 제 아내가 나의 잘못을 말해도 듣지 않게 되어 결국 이런 관계까지 오게 된 것 같습니다" 라고 나에게 말했다.

아직까지 나의 기억에 남아 있는 것을 중심으로 몇가지 적는다. 첫째는 아들은 중학교 졸업식에서 대통령상을 받게 되었다. 아들은 우쭐한 마음에 졸업식에 참석을 할 때에 연미복을 입게 해 달라고 했다. 아빠는 그 말을 무시하고 "졸업식에 멋 부리러 가느냐?"고 아들에게 상처가 되는 말을 했다. 그러자 아들은 졸업식에 참석하지 않았다. 둘째는 고등학교 2학년 때에 한 번은 아들이 주일예배에 결석 했다. 그 이유는 토요일에 게임을 하고 놀다가 늦게 잠을 자게 되었다. 늦게 일어나게 되었고 월요일에 가지고 갈 프로젝트를 마치기 위해서는 교회에 출석 할 수가 없어서 결석을 했다. 그의 아내의 말로는 "집에 돌아 온 남편이 아들에게 이유를 묻지도 않고서 주일예배에 빠졌다고 복싱을 했다"고 했다. 셋째는 아들이 동부에 대학을 가고서는 아예 교회를 가지도 않고, 집에 연락도 하지 않고 몇 년간을 그렇게 보냈다는 것이었다. 넷째는 아내가 아들 편을 든다고 아들 앞에서 아내를 힘들고 고통스럽게 하여 아들의 마음에 씻을 수 없는 상처를 준 일 등등 이었다.

나는 그가 쓴 편지의 내용을 보고서 "먼저 구체적으로 용서를 구할 것을 찾아라. 잘못을 인정할 때에도 왜 잘못했는지에 대하여 고백하라. 또한 아빠로서 부족한 부분이 무엇이었는지에 대하여 용서를 구하라. 그리고 예쁜 종이에 정성껏 손으로 기록하여 만날 때에 무릎을 꿇고서 주라"고 부탁했다. 또한 아들의 여자친구가 오므로 예쁜 봉투에 식사비를 넣어서 "아빠로서 대접을 하고 싶다"고 하라고 했다. 그리고서 내가 그 남편에게 "이대로 할 수 있겠느냐?"고 물었더니 "하겠다"고 대답했다.

그 후에 만나서 너무도 아름다운 고백을 듣게 되었다. 그렇게 무릎을 꿇고서 편지를 주면서 아들에게 "아빠가 너의 마음을 알지 못하고 상처를 주어서 잘못했다. 이렇게 용서를 구한다"고 했는데도 아들은 "너무도 덤덤하게 있었다"고 했다. 그래도 화를 내지 않고 "여기에 나의 마음을 적어 두었으니 읽어 보렴. 여자친구가 왔으니 식사를 대접하려고 준비했다" 하고서 두개의 봉투를 전했다. 며칠이 지나서 그들은 다시 아들을 만났다. 그때는 오히려 아들이 "아빠에게 잘못했다고 무릎을 꿇고서 용서를 구하고 서로 부둥켜 안고서 울었다"고 했다. 그 이후에 아들은 결혼을 했으며, 아빠와 아들이 서로 "아빠인 것이, 아들인 것이 자랑스럽다"고 서로 말을 하는 사이가 되었다"고 그는 자랑스럽게 말을 했다. 선교사로부터 그 말을 들었을 때에 하나님이 우리에게 주신 말의 능력을 보면서 감사하고 좋았다. "만약에 내가 이 대화법을 배우지 않았다면 목회를 어떻게 했을까? 그리고 이 대화법을 배우지 않은 목회자는 과연 목회를 어떻게 할까?"라는 생각이 들었다.

문제는 자녀가 아니라 부모
나는 나의 딸들에게 결혼을 하기 전에 내가 그동안 배우고 값진 것 가운데 다섯 가지를 주고 싶었다. 그 중의 하나가 대화법이었다. 나의 교회에는 재미 교포 1.5세대로서 나의 두 딸과 세 명의 청년이 참석을 했다. 내가 한국어로 강의를 하고 전달이 잘 되지 않는 부분은 큰 딸이 도움을 주었다. 나는 훈련을 하면서 부모들은 자녀가 문제라고 말하지만 사실 문제는 자녀가 아니라 부모가 문제라는 것을 더욱 깨닫게 되었다. 그들은 학교 선생님으로부터 최고로 인정을 받으며 인격적인 대접을 받으면서 교육을 받는데 집에 오면 그렇지 못하기 때문에 정체성의 문제를 가지게 되어 문제아처럼 되는 경우가 많다. 학교에서는 선생님이 자신의 어떤 의견이라도 경청을 해주지만 부모들은 그렇지 못하기 때문에 그들이 힘들어 한다. 그들과의 시간들은 오히려 내 자신을 돌아 보는 시간이었다. 두 딸에게 내 마음의 약속을 지킬 수 있어서 뿌듯하고 행복했다. 이 훈련을 받은 훈련생 가운데 이 훈련이 끝나고서 '그 달의 세일즈 맨' 상을 받게 되어 기쁨이 더 했다.

3. 교회를 통한 땅끝 사역
북미주 개혁교회(Christian Reformed Church, CRC) 교단 가입

2006년 7월 2일(주일) 임시 공동의회에서 '한생명장로교회' 를 '한생명교회' 로 명칭을 변경했다. 7월 16일(주일) 임시공동의회에서 북미주 개혁교회 교단에 가입하기로 결정을 했다. 9월 12일(화) 동 교단에 가입을 위한 고시를 통과하고 허락을 받았다.

40년 동안 몸담고 있던 재미 고신교단에서 C.R.C. 교단으로 교적을 옮겼다. 재미 고신 서부노회에서 일어난 일련의 일들을 보면서 실망을 많이 했다. 고인이 되신 이근삼 총장께서 노회에서 그렇게 하나님의 말씀을 근거로 정결과 치리를 강조했음에도 정치적인 바람에 그것이 솜방망이가 되는 것을 보면서 환멸을 느꼈다. 그리고 C.R.C. 교단의 한인사역 담당 박 목사로부터 앞으로 교단에서 할 사역에 대한 제안과 후세들을 위하여 미국 주류 교단에 가입해야 될 것을 생각하고서 옮겼다. 교단을 옮기는 자로서 어떠한 변명과 구실도 필요가 없겠지만 그동안 소속되어 있던 고신 서부노회 서기에게 교단 탈퇴서를 보냈다.

교회 성도들에게는 다음과 같은 편지를 개별적으로 보내고 결정을 했다.

_____ 님께.

좋으신 우리 하나님의 사랑과 평강이 가정과 직장과 사업체 위에 항상 넘치시길 빕니다. 요즈음 경제적으로도 어렵고, 날씨도 무더워서 무척 힘이 들고 수고가 많으시겠습니다. 그 가운데서도 최선을 다하여 주님을 사랑하시고, 주님의 피 흘려 사신 교회로 인정하여 자원함으로 섬겨 주셔서 이 지면을 통하여 깊이 감사를 드립니다. 교회 빈 공터에 텃밭을 이름도 없이 일구어 심어 놓은 상추, 깻잎, 고추, 호박, 오이, 가지, 토마토 등을 가지고 주일마다 기쁨으로 나누어 먹게 되어 얼마나 감사하고 기쁜지 모른답니다. 한 분 한 분의 정성들이 모여서 아름다운 공동체의 모습을 가꾸어 가게 되어 감사를 드립니다.

저희 교회는 여러분들께서 아시는 것 처럼 1998년 7월 26일 강 남중 목사 가정이 기도를 하고 설립예배를 드림으로 시작이 되었습니다. 하지만 개척에 협력하여 시작한 가정은 한 가정도 없었습니다. 얼마 후에 지인들이 찾아 와서 교인들이 몇 가정이 되었습니다. 그 가운데 40대 암 환자와 백혈병 환자가 계셨습니다. 많은 기도를 했지만 하나님께서 두 분을 3년 6개월 안에 모두 데리고 가셨습니다. 많이도 울었으며, 너무도 힘든 시간이었습니다. 그 후 6개월이 지난 2002년 9월 15일 하나님께서 현 교회당을 장년성도가 20명 남짓 되는 저희들에게 주셨습니다. 여러

분들의 힘에 진한 헌신적인 헌금과 하나님의 위로하심으로 지금까지 잘 감당하고 있습니다.

어느 덧 세월이 8년이 지났습니다. 이유야 어떻든지 개척한 년 수에 비하여 양적인 측면에서 솔직히 여러분께 부끄럽고 면목이 없습니다. 모두가 저의 부족함인 줄로 압니다. 그 가운데서도 함께 주님의 나라를 이루기 위하여 참석해 주시고, 자녀들을 위한 교역자와 시설과 여건이 열악함에도 불구하고 주인의식을 가져 주셔서 감사할 따름입니다.

주님의 존귀한 성도가 되신 여러분!

2005년 11월 24일 정기 제직회에서는 우리 교회가 현재 소속되어 있는 재미 예수교 장로회 고신교단을 떠나 북미주 개혁 교회(Christian Reformed Church) 교단으로 다음과 같은 이유로 인하여 감히 옮기기로 결정을 하였습니다.

첫째, 우리와 같은 신앙노선을 가졌으며, 우리들 자녀들의 신앙과 교육을 위함입니다. 이 교단은 150년 전에 신앙을 지키기 위하여 네델란드에서 이곳에 온 우리와 같은 이민자들이 세운 교단입니다. 현재 미국 내에서 동 교단에 가입해 있는 미국교회는 1,000여 교회가 되며, 가입된 한인 교회는 100여 교회가 됩니다. 아직도 이 교단은 신앙의 순결과 하나님의 나라 확장을 위하여 애쓰고 있는 교단입니다. 이 교단은 한국의 고신교단 및 합동측 교단과 아주 밀접한 관계를 유지하고 있으며 그들의 교단이 세워지는데 큰 영향을 끼친 교단입니다. 한국 신학교의 교수님들도 이 학교 출신들이 많이 있습니다. 그러므로 우리 한국 장로교회의 뿌리이며, 같은 신앙노선을 가지고 있습니다. 동시에 우리가 이민을 와서 이곳에 정착하여 살기로 하는 한 한국에 속하여 사는 것이 아니라 미국에 속하여 살게 됩니다. 그렇다면 우리와 우리의 자손들이 더욱 더 뿌리를 내려 신앙생활을 할 수 있도록 이민 1세대인 우리가 준비하여야 된다고 생각했습니다. 현재 북미주 개혁교단에서 발행되는 주일학교 공과와 교육은 어느 교단에 뒤떨어 지지 않는 우수한 것입니다. 모두들 인정을 해 주고 있답니다. 교단에서는 앞으로의 세대를 위하여 얼마나 많이 연구하고 준비하고 있는지 모른답니다.

둘째, 이민교회와 새로운 시대에 부합한 교회 정치입니다. 우리는 주위 교회에서 많은 경우에 지도자(목사, 장로)의 자질 문제와 당회와 당회장의 문제와 당회와 제직회의 갈등으로 인하여 교회가 어려움에 처하기도 하며, 어떤 때는 교회가 나눠지는 것을 보아 왔습니다. 일련의 이러한 일들은 교회 제도와 정치의 문제점에서 오는 것으로 생각됩니다. 불완전한 교회들이 모여있음으로 완전한 정치와 완전한 제도는 있을 수 없지만 그래도 보다 나은 제도와 정치는 있다고 생각이 되어졌습니다. 그 가운데 저와 제직들은 북미주 개혁 교회가 합당한 교단으로 판단을 하였습니다.

셋째, 교회 확장과 목회자들의 성장을 위한 관심과 배려입니다. 북미주 개혁 교회 교단은 지도자가 훌륭하게 양성되어야만 하나님의 교회가 건강하게 성장할 수 있다고 굳게 믿고 나아갑니다. 그래서 칼빈 신학교를 세계적인 신학교로 운영하고 있습니다. 또한 목회자들이 성장할 수 있도록 다양한 프로그램과 후원을 아끼지 않고 있습니다. 동시에 교회가 계속하여 성장할 수 있도록 맨토와 후원자를 세워 협력과 도움을 주도록 하고 있습니다. 지교회의 지속적인 성장을 위하여 계속적인 후원을 아끼지 않습니다. 북미주 개혁교회 교단에서는 저를 앞으로 교단 목회자들을 가르치고, 섬길 수 있도록 허락을 해 주었습니다. 동봉한 교단 사역을 위한 안내장을 보시면 얼마나 전 세계적으로 많은 사역을 감당하고 있는 것을 보게 될 것입니다. 동시에 우리도 교단의 사역에 동참하면 바로 세계선교를 감당하는 것과 직결되는 것을 알게 될 것입니다.

넷째, 교회 건축을 위한 융자 혜택입니다. 북미주 개혁 교회 교단은 하나님의 나라 확장을 위하여 여러 가지 실제적인 프로그램을 운영하고 있습니다. 그 중에 한 가지가 교회당을 건축할 때에 합당한 자격이 되면 교단에서 저리의 융자를 해 줍니다. 앞으로 우리 교회도 교회당을 건축하게 될 때에 이러한 혜택을 받을 수 있게 될 것입니다. 현재 우리가 사용하고 있는 교회당을 위한 융자를 낼 때에 여간 힘들지 않았습니다. 월 $10,000.00 이상 되는 두 사람의 서명을 받아 오라는 것이었습니다. 은행에서 볼 때는 교회는 주인이 없기 때문에 그렇지 않으면 안 된다는 것입니다. 지금 생각해 보아도 암담했던 시간들이 기억이 납니다. 그리고 주위에서 보면 교회당을 신축할 때에 연대 보증을 위한 서명으로 인하여 많은 문제들이 생기는 것을 볼 때에 성도님들에게 짐을 지우고 싶지 않습니다.

다섯째, 목회자를 위한 연금제도입니다. 한생명장로교회를 개척한지가 엊그제 같은데 벌써 8년이라는 시간이 흘렀습니다. 교회당 납입금을 위하여 온통 신경이 쓰이기도 했습니다. 처음 얼마간은 사례비를 받지도 않았습니다. 지금은 교회에서 사례비를 받으며, 목회비와 교육비와 많은 부분을 지원해 줍니다. 얼마나 감사한지 모른답니다. 지난 6월부터는 처음으로 가족을 위한 의료 보험비도 주셨습니다. 여러분 모두에게 감사를 드립니다. 우리 교회가 북미주 개혁 교회 교단에 가입하게 되면 매 년 교단에 연금을 내어야 합니다. 성도인원이 150명 이하는 약 $5,000.00을 내어야 합니다. 인원이 많은 교회는 더 많은 연금을 냅니다. 하지만 은퇴를 하게 될 때에는 연금을 교회에서 많이 부담했던지, 않았든지 상관하지 않고 연금을 낸 연수에 따라 동등하게 지불을 받게 됩니다. 얼마나 귀한 사역인지 모른 답니다. 우리의 주위에서 평생을 한 교회에서 섬기다가 은퇴를 했는데 은퇴금으로 인하여 마음이 상하고 서로 싸우는 모습을 방송을 통하여 접할 때 마다 마음이 아팠습니다. 지금은 많이도 부담이 되겠지만 복지사회를 살아가는 방편 가운데 하나이므로 제직들께서 너무도 좋아 했습니다. 다른 것은 몰라도 이것만으로도 북미주 개혁 교회 교단으로 옮겨도 되겠다고 했습니다. 저를 돈 밝히는 목사로 볼까봐 걱정이 됩니다.

주님의 존귀하신 이름을 함께 부르는 성도 여러분!
이상의 것들을 살펴보시고 2006년 7월 16일 주일 낮 예배 시간 후에 있을 임시공동의회에서 여러분의 의견을 기도하시는 마음으로 잘 표현해 주시길 부탁을 드립니다.

귀한 여러분들과 함께 하나님의 나라를 이루어 나가게 되어 행복하며 새로운 힘이 솟아 오릅니다. 좋으신 하나님께서 일마다 때마다 복과 평강을 주시길 원합니다. 감사합니다.

2006년 7월 12일
한생명장로교회 강남중 목사 드림

교단 가입과 위임 축하예배

2006년 9월 24일(주일)에는 한생명교회의 북미주 개혁 교회 교단 가입 및 강남중 목사 교단 위임 축하예배를 드렸다.

교회성장을 위한 모임

교회 설립 10주년을 맞이 하면서 각자에게 다음과 같이 서신을 보냈다.

_____ 님께.

2008년을 맞이하여 좋으신 우리 하나님의 사랑과 평강과 위로가 항상 넘치시길 빕니다. 저는 주님의 피 흘려 세우신 주님의 교회의 사역자인 제직들과 팀장님과 함께 앞장서서 섬기게 되어 기쁩니다. 여러 가지 어려운 여건 가운데서도 주님의 교회로 인정하여 섬겨 주셔서 감사를 드립니다.

오는 주일(2월 24일) 저녁 오후 5시 30분에 처음으로 각 팀별로 감당해야 할 새해 계획을 논의하기 위하여 모이려고 합니다. 한 주간 동안 지치고 피곤하신 분들을 더욱 힘들게 해드려 송구합니다. 오후 8시까지는 마치려고 합니다. 양지해 주시길 바랍니다.

사랑하는 한생명공동체 사역자님!

우리 교회가 설립한지가 10년이 되어 갑니다. 처음에 한명도 없이 시작했다고 하지만 이제 와서는 그것이 전혀 이유가 되지 않음을 압니다. 오히려 저의 부족과 실력 없음과 열심 없음과 그리고 무능으로 인하여 오늘에 이르렀습니다. 그 가운데서도 사역자님들께서 우리 교회를 주님의 교회로 받아들이고, 앞장서서 섬겨 주셔서 뭐라고 감사를 드려야 될지를 모르겠습니다. 2008년에는 16분의 제직과 3분의 안수집사님과 2분의 권사님, 3분의 은퇴 권사님, 13분의 팀장들이 계셔서 매우 든든합니다. 우리 모두 함께 손에 손을 마주 잡고 주님의 교회를 섬겨 봅시다. 각 사역자님의 수고와 애씀을 통하여 교회 공동체가 더욱 행복하고 만족했으면 좋겠습니다.

사랑하는 한생명공동체 사역자님!

교회는 예배의 공동체입니다. 교회는 예수 그리스도를 구주로 믿는 자들이 모여 예배하는 공동체입니다. 외람되지만 조심스럽게 한 말씀을 드리고 싶습니다. 저는 담임목사로서 우리 교회 성도님들의 가정이 정말 만족하고 행복하기를 소원합니다. 일마다 때마다 주께서 복주시기를 원합니다. 새 해의 계획이 주 안에서 이루어지길 기대합니다. 우리 교회 성도님들이 주일성수와 매일 경건의 시간을 갖는 일에 각별한 열심을 다하기를 원합니다. 주일예배 시간에 10분 20분 일찍 오셔서 교회도 돌아보고 주님께 더 깊은 마음을 드리기를 기대합니다. 찬양과 기도를 더 뜨겁게 드리기를 열망합니다. 각 자 시간이 허락되는 대로 저녁시간에 조용히 개인적으로 주님과 더 깊은 교제의 시간을 갖기를 소망합니다. 하나님께서 기업으로 허락하신 부분에서 십일조 헌금과 헌물을 드리며, 생활 가운데 시간의 십일조를 매일 드리며 살기를 원합니다. 신앙이 날로 성숙하며 주님의 인격으로 닮아 가기를 원합니다. 이웃 사람들에게 칭찬을 받는 진정한 그리스도인이 되기를 소망합니다. 부족한 담임목사를 위하여 기도해 주시고 잘 할 때는 신나게 위로와 격려와 칭찬을 해 주시고 잘 못할 때는 조심스럽게 권면과 건의로 타일러 주시길 부탁 드립니다. 함께 주님의 아름다운 공동체를 이루어 가십시다. 저는 사랑하는 공동체 여러분이 계셔서 든든하며, 행복한 목회자입니다. 주님의 평강이 넘치소서! 샬롬.

2008년 2월 19일

담임 강남중 목사 드림

교회 성장을 위한 모임의 결과

다음과 같이 교회 성장을 위한 결과를 제직과 팀장 각자에게 서신을 보냈다.

한생명교회 제직과 팀장님께.

2008년 새 해를 맞이한지가 엊그제 같은데 벌써 2월이 지나고 3월이 되었습니다. 자동차 기름값은 하늘 높은 줄 모르고 치솟으며, 올라간 기름 값은 내려올 줄을 모릅니다. 우리는 불경기라는 말을 끄집어내기도 민망한 시기에 살고 있습니다. 이민생활을 영위하시느라고 얼마나 노고가 많으십니까? 봄은 왔는데 먼 산 위의 눈으로 인하여 추위를 느끼게 되는 것이 우리의 현실생활과 같음을 느낍니다. 아무쪼록 환절기에 건강에 더욱 유의하셔서 어려움이 없기를 바랍니다. 동시에 우리의 자녀와 가정과 직장과 사업체 위에 좋으신 하나님께서 일마다 때마다 족한 은혜로 복 주시길 소원합니다.

지난 2월 24일 주일 저녁에 함께 식사를 나누고, 함께 교회 발전을 위하여 좋은 말씀들을 주셔서 얼마나 감사하고 고마웠는지 모른답니다. 주일 오후 내내 수고하여 저녁을 준비해 주신 분들께 지면을 통하여 먼저 감사를 드립니다. 자원하셔서 맛있는 갈비를 풍성하게 제공해 주신 분께도 감사를 드리며, 연기를 맡아가며 기쁨으로 고기를 구워주신 분들께도 감사를 드리며, 수고에 보답하듯이 맛있게 잡수신 분들께도 동등한 감사를 드립니다. 주일 저녁에 피곤하신 가운데서도 참석하신 분들과 귀한 시간을 나누게 되어 감사를 드립니다. 마음은 원했지만 여러 가지 형편으로 참석하지 못하신 분들께는 송구한 마음이 있습니다.

지난 모임 가운데서 3월 12일(수) 오후 7시 30분부터 수요기도회와 3월 9일(주일) 오후 1시50분부터 3시까지 여성들을 위한 성경공부를 시작하게 되어 너무도 기쁩니다. 매주 교제를 위한 모임(구역모임?)을 시작하기를 원하시고 모일 수 있는 가정을 제공하시겠다는 분이 계셔서 얼마나 아름다운 교회의 모습이었는지 모른답니다. 이러한 모습이 우리 교회의 잠재력이라고 생각이 되어 졌습니다. 큰 소망이 생깁니다.

지난 모임에서 말씀드린 대로 2월 26일과 29일 풀러턴 시청의 담당자와 상담을 했습니다. 걱정과 우려와는 다르게 아주 적극적으로 후원해 주겠다고 말했으며, 제가 말씀드린 대로 70% 이상 가능성이 보였습니다. 그래서 임시 제직회의와 팀장회의를 3월 2일(주일) 오후 1시에 우리가 구입하기를 원하는 빌딩 주차장에서 하기로 합니다. 모두가 직접 보셔야 결정을 할 수 있을 것 같으며, 결정에 따라 추진해야 되기 때문입니다. 이 날은 빌딩 주인의 형편상 실내에는 들어 갈 수 없어서 아쉽게 되었습니다. 갑작스럽게 임시 회의를 소집하게 되어 송구하오며, 돌아오는 주일에는 실내에 들어 갈 수 있도록 하겠습니다.

주님의 교회를 사랑하시는 제직원들과 팀장님들께서는 이 일을 위하여 기도해 주시길 부탁을 드립니다. 첨부한 위치로 직접 차를 가지고 오시든지 삼삼오오 모여서 함께 오시길 바랍니다. 하나님께서는 환경을 통하여 우리를 인도하시는 것을 믿습니다. 지금 우리 교회에 있어서 여러 가지 환경적인 요인들로 인하여 어려움이 있습니다. 이러한 요인들이 하나님의 새로운 뜻을 발견해야 될 때가 아닌가 생각하고 기도하면서 이 일을 진행하고자 합니다. 하나님의 뜻을 간구하는 현장에 제직분들과 팀장님들께서는 꼭 참석해 주실 것을 부탁을 드립니다. 오후 1시 30분까지는 마치겠습니다. 시간엄수를 바랍니다.

2008년 3월 1일
한생명교회 담임 강남중 목사 드림

후손을 위한 투자

다음과 같이 후손들을 위한 새 교회당 구입을 위한 공청회를 위하여 각 성도들에게 편지를 보냈다.

_____ 님께.

주님의 고난과 은혜를 기억하는 사순절을 맞이하여 크신 주님의 사랑이 넘치길 빕니다. 먼저 지난주일 광고가 빠진 것을 말씀드리고자 합니다. 오는 주일인 3월 9일은 섬머 타임이 시작 되는 날입니다. 토요일 주무실 때에 한 시간을 더 가게 하셔서 주무셔야 됩니다. 예로써 만약에 10시에 주무실 때에 11시로 해 두고서 주무시면 되겠습니다.

먼저 여러분의 관심과 특별한 기도 제목이 있어서 편지를 드립니다. 지난주일(3월 2일) 오후에는 임시 제직회와 팀장회의가 있었습니다. 이 모임에서는 우리 교회에서 2Km 떨어진 곳에 좋은 빌딩을 구입하기로 결정을 하였습니다. 주소는 1912 W. Commonwealth Ave., Fullerton, CA. 92833 입니다. 대지의 크기는 37,000 평방 피트 입니다. 현재 우리 교회당의 땅보다 7,000 평방 피트가 큽니다. 건물은 18,0000 평방 피트입니다. 현재 우리 교회당(2,600 평방 피트)의 7배가 더 큽니다. 우리가 사용할 수 있는 공간은 11,000 평방 피트가 됩니다. 큰 예배실과 자녀들을 위한 여러 개의 교실과 강의실, 친교실 그리고 탁구실, 게임 실등 다채로운 환경이 준비되어 자녀들의 교육에 더욱 유익하리라 생각이 됩니다. 현재 이 건물에는 활을 판매하고 활 쏘는 것을 연습하는 전문점과 21 아카데미 학원과 그리고 안경점이 있습니다. 현재에 구입 가격은 $3, 650.000입니다. 만약에 빌딩을 구입하게 되면 빌딩에서 월 $13,000 정도씩 월세가 들어오게 됩니다. 현 시점에서 간략하게 생각하면 우리 교회당을 팔고, 융자를 얻어 구입할 수만 있다면 현재 우리가 감당하고 있는 월 $6,100의 융자 불입금의 절반으로도 감당할 수 있으리라 생각이 되어집니다. 다가오는 주일인 3월 9일 오후 1시 10분에서 40분까지 30분간 내부에 들어 갈 수 있도록 준비 되어 있습니다. 우리 모두 기쁨으로 다녀오십시다. (뒷장의 약도 참조를 바랍니다)

둘째로는 한 가지 기도 제목과 부탁의 말씀이 있습니다. 현재 건물에는 교회가 사용할 수 있는 허가가 없는 상태입니다. 그래서 공청회를 통과해야 하기 때문에 여러분의 적극적인 기도가 필요합니다. 시청에 가서 담당자를 만난 결과 법적인 부분에서의 문제는 없는 듯 보이지만 시 위원 7명이 어떻게 요건을 갖추어야 된다고 할지 모르기 때문에 기도가 절실합니다. 기억하시고 꼭 기도해 주시길 요청합니다. 동시에 공청회에 신청을 하기 위해서는 여러 가지 서류와 요건을 맞추어야 하며 여간 까다롭지가 않습니다. 우선 신청비와 각종확인과 준비를 위하여 $8,500.00 정도의 경비가 있어야 합니다. 지난주일 제직회와 팀장회의에서는 우리 교회의 문제이며, 보다 발전된 방향으로 가기 위한 기회이므로 무기명 특별헌금으로 경비를 충당하기로 결정을 하였습니다. 교회당 불입금을 위한 월정액을 정한 것이 얼마 되지 않아 또 헌금을 하게 되어 송구하기 짝이 없습니다.

주님과 주님의 교회를 사랑하시는 성도 여러분!
어렵지만 우리 모두 하나님께서 주신 기회인 줄로 믿고 모두 힘써서 동참 합시다. 주님께서 우리에게 맡기신 일에 헌신을 드려 봅시다. 과부의 두 렙돈의 헌금이 하나님께 영광이 된 것처럼 최선을 다하도록 합시다. 공청회를 위한 신청을 하루

빨리 하기 위하여 3월 16일(주일)에 모두 헌금을 하기로 했습니다. 기억하시고 동참해 주시길 부탁을 드립니다. 갑작스럽게 요청을 하여 많이도 부담이 되시겠습니다. 우리의 후손을 위한 투자라고 생각해 주시길 원합니다. 동시에 이 작정 헌금으로 인하여 주님의 십자가의 고난에 동참을 느껴 보는 사순절이 되기를 원합니다.

2008년 3월 3일 사순절에
한생명교회 강남중 목사 드림

3. 국내외 일반 집회 및 생명의 대화법 훈련 인도
일산사랑의교회 집회 초청

최석범 목사의 초청으로 일산사랑의교회에서 '새가족 초청집회' 강사로 초청을 받았다. 하나님께서는 나의 생명의 대화법 훈련 사역의 부족한 부분을 채워주기 위하여 한국에서 코칭을 전문적으로 훈련하는 조 협동 목사와 김 간사를 만나서 아내와 같이 코칭을 배웠다. 그들의 만남은 하나님의 간섭하심이었다.

병원선교회 집회 인도 2번

김진동 목사의 초청으로 전국 병원선교회와 부경병원선교회 집회 강사로 갔다. 하나님께서 사역자들을 사랑하셔서 한 분 외에는 허리 디스크를 가진 모든 사역자들에게 치유를 직접 경험하게 하셨다. 하나님께서는 그들이 병원 사역자들로서 치유를 체험하게 하심으로 환자들을 위하여 믿음으로 기도하게 하셨다.

호주 샬롬교회 집회 인도

김호남 목사의 초청으로 호주 샬롬교회 집회 인도를 했다. 비행기 좌석 건으로 하나님의 말씀을 경험하게 하시고, 집회 가운데 70년동안 모태

신앙으로만 살아온 분에게 하나님의 구원의 능력이 임했다.

피닉스한인장로교회 전교인 수련회 인도

윤원환 목사의 초청으로 피닉스한인장로교회의 전교인 수련회를 피닉스 인근 수양관에서 인도했다. 하나님께서 인도하는 나에게 더 큰 은혜와 성령의 기름 부으심을 허락하셨다.

올림픽장로교회

같은 교단인 정 목사는 로스앤젤레스 올림픽장로교회 담임으로 있었다. 그는 컴퓨터 디자인 전공자로서 유학을 와서 예수 그리스도를 믿고 그 은혜에 감동이 되어 신학대학원을 마친 후 목사가 되었다. 그의 성품은 온유하고, 겸손했으며 기도에 열심이었고 영성이 탁월했다. 그가 교단의 후원으로 진행했던 목회자들을 위한 '피어 그룹'(Peer Group)에서 코디네이터로 섬기고, 내가 회계를 맡으므로 가깝게 지냈다. 그에게는 담임목사로서 한 가지 어려움이 있었다. 그것은 그가 예술가(Artist)이므로 설교를 하는 것은 좋았지만 개인적으로 만나 대화를 나누고 상담을 하는 것이 쉽지 않았다. 그래서 나에게 대화법 훈련을 요청했다. 훈련을 받고서 너무도 좋아서 교회 성도들에게 나누어 주고 싶어 했다. 2개월 동안 수요일 예배시간을 할애하여 2시간 30분씩 훈련을 하였다. 나로서도 새로운 경험이었다.

그 이후에는 지도자들을 위하여 8주 동안 코칭에 대하여 가르쳤다. 그는 개인적으로 이 코칭을 배우면서 완전히 새로운 사람이 되었다. 왜냐하면 코칭을 배우기 전에는 개인을 만나서 대화를 하고 상담을 하는 것이 너무도 어려웠는데 이제는 사람을 만나는 것이 너무도 좋아졌기 때문이었다. 사람을 만나 대화를 하고 목회를 하는 것이 예전에는 이렇게 좋고 행복한 줄을 몰랐었다고 했다. 그래서 여덟 분의 장로들을 매주 개인적으로 만나서 대화하고 그들의 어려운 점을 코칭하면서 행복한 목회를 하게 되었다. 그는 이제 목회에서 자유하게 되었다고 고백했다.

그는 나에게 몇 가지 조언으로 도움을 주었다. 첫째는 '효과적인 대화법'이라는 단어가 너무 딱딱하게 느껴진다. 둘째는 훈련 내용의 순서에서 결론 부분을 제일 먼저 시작하면 훈련생들이 더 많은 관심을 가질 수 있겠다. 셋째는 대화법에 있어서 자기가 '기질 세미나'(Deference Seminar)를 들었는데 그것을 참조하게 되면 도움이 되겠다는 제안이었다. 나는 그의 귀한 조언으로 '생명의 대화법'으로 바꾸었으며, 마지막 부분에 나오는 '말의 필요성'을 제일 먼저 다루게 되었다. 기질 세미나에 참석하여 배우므로 나의 훈련의 1단계와 2단계와 3단계를 어느 정도 보완할 수 있었다. 여기서 "가르치는 것이 곧 배우는 것이다"라는 사실을 깨달았다. 그의 진정한 도움에 깊이 감사를 드린다.

오렌지 카운티 목회자

남가주지역 오렌지카운티 목사회 회장인 손 목사의 요청으로 두 번의 훈련을 우리 교회에서 실시했다. 주 1회로 3시간씩 8번을 했다. 목회자로서는 쉽지 않은 일정이었지만 필요를 느끼는 목회자들에게는 큰 도전과 유익이 되었다. 어떤 의미에서는 목회자는 '말'을 가지고 사는 자들인데 '말' 하는 것을 제대로 알지 못하는 상황이 참으로 안타까워서 기꺼이 훈련을 했다. 목회자 한 사람이 변하면 자신과 가정과 교회에 거룩한 행복이 찾아오기 때문이었다.

아리조나 한인 목사회

아리조나 한인 목사회 주관 '생명의 대화 특화 훈련' 을 목사 협의회 회장인 윤원환 목사의 초청 덕분으로 피닉스 지역 한인 동포들과 지역교회를 위하여 세 번 다녀왔다. 그는 우리 교회에서 협력 목사로 있을 때에 생명의 대화법을 알게 된 것을 계기로 나를 초청 해 주었다. 훈련 중에 만났던 한 장로님의 격려의 말씀은 잊을 수가 없다. "내가 이 훈련을 받고서 보니 목사님은 여기 계시면 되지를 않고 우리나라 교육부 장관으로 가셔야 됩니다. 운전면허증을 갖지 않으면 운전을 할 수 없는 것과 같이 이 훈련을 받지 않고 교사가 되면 학생들에게 상처를 주며, 결혼을 하게 되면 온전한 가정을 이룰 수가 없습니다." 참으로 격려가 되었을 뿐만 아니라 한 사람의 변화가 세상을 변화 시킬 수 있음을 확신하게 되었다.

CRC 교단 목회자 모임

CRC 교단 목회자 모임에서 생명의 대화법 훈련을 짧은 시간 동안 한 적이 있다. 점심 시간에 한 분이 찾아 왔다. 자신을 소개하면서 심리학 박사라고 했다. 나는 무슨 말을 할지 긴장하면서 귀를 기울였다. 그는 나의 강의에 감사를 하고서 "사실 자신은 '나-전달법' (I-Message)과 '반영적 경청' (Active listening)을 강의 하고 있지만 언제 어디에 사용하는 것을 알지 못했는데 확실하게 알게 되어 감사하다" 고 말해서 놀랐다. 청중 가운데 어떤 분이 있을지를 모르므로 더욱 강의 준비에 최선을 다해야 함을 배웠다.

쉐마초등학교

고국의 안병만 목사 초청으로 수지 열방교회와 쉐마초등학교 교사와 학부형을 위한 대화법 훈련을 세 차례 인도 했다. 그는 "아무리 학생들에게 교육을 잘해도 거기에 따른 부모의 역할을 감당하지 못하면 교육의 효과가 나타나지 않는다" 는 것을 알고 있었다. 참으로 귀하고 중요한 생각이었다. 오전에는 학생들의 어머니, 오후에는 아버지들을 훈련 했다. 모두들 바쁜 삶 가운데 있었지만 자녀와 가정의 평화를 위한 몸부림이 존경스럽기까지 했다. 하지만 말은 인격의 변화로부터 시작이 되는데 짧은 훈련 시간으로 인하여 생명의 대화에 대한 맛만 보여 주고 소기의 목적을 달성해 주지 못해 죄송했다. 토마스 박사는 "문제의 행동을 하는 자녀에게 화를 내지도 때리지 않고도 양육할 수 있다" 고 가르치고 있다.

'목회자 양육 컨퍼런스'

고국의 김명군 목사의 초청으로 대화법 강의를 세 차례 인도했다. 그는 오랫 동안 전국 목회자들을 위하여 목회자 양육 컨퍼런스를 인도하고 있다. 그 가운데 목회자들에게 대화법에 대한 필요성을 느끼고 부족한 나를 세워 주었다. 한 부분에서 그들에게 유익이 되었지만 훈련이 아니라 강의를 하므로 아쉬움이 컸었다. 그럼에도 불구하고 말에 대한 중요성과 위험성에 대한 도전은 되었으리라 생각이 든다.

대전 한밭교회

2017년 4월 대전 한밭교회 목자와 부목자 훈련에서 '대화와 칭찬과 질문의 기술' 을 훈련했다.

고신 선교사 훈련자

이정건 고신총회 세계선교회 본부장과 남후수 훈련원장의 초청으로 '선교사 훈련자를 위한 생명의 대화법 훈련' 을 했다. 그들은 마지막 선교사 훈련을 받고 있었다. 나는 기쁨과 감사함으로 감당했다. 왜냐하면 선교지에서도 꼭 필요한 부분이고, 먼저 가정에서부터 필요한 것이기 때문이었다. 또한 선교 편지로 후원자들에게 은혜와 감동이 되게 하고 싶은 마음이 있었기 때문이었다. 훈련을 하는 가운데 자신은 사명감으로 선교사로 가려고 하지만 보내는 부모님과의 갈등으로 어려워하는 문제가 있었는데 이번 강의를 통해서 해결 할 수 있게 되었다는 간증을 듣고 감사했다. 내가 훈련생이 자신의 삶을 간증 한 것을 듣고 그 내용으로 그 간증을 했을 때에 무엇이 다르며, 어떻게 다르며, 어떻게 간증을 해야 하는지를 실제적으로 보여 주었다. 훈련생 가운데 두 가정은 "선교지에 가서 먼저 대화법으로 전도를 시작 해야 겠다" 라고 말했다. 예기치 않은 기회를 하나님께서 허락해 주셔서 기쁨과 영광이었다.

학장소망교회

미국에서 이 훈련을 받았던 윤 목사 부부가 대화법의 중요성을 깨닫고 주위의 목회자 부부를 초청하여 학장소망교회에서 훈련을 가졌다.

제자 부부들 초청 대화법 훈련

제8영도교회에서 신앙생활을 했던 몇 몇 제자들 부부를 초청하여 대화법 훈련을 가졌다.

필리핀 세부선교협의회

2019년 4월에는 남후수 선교사 내외의 도움으로 필리핀 세부선교사 협의회에서 개최한 생명의 대화법 훈련을 3박 4일 동안 실시했다. 선교지에 나와 있다고 해서 저절로 부부의 문제와 자녀들과의 문제가 해결되지 않는다. 오히려 긴장과 낯선 곳에서의 선교의 삶으로 인하여 더욱 신경이 곤두세워져서 문제가 야기될 수 있다. 그들은 이 부분을 잘 알기 때문에 먼저 부부들이 대화를 통하여 불통이 소통이 되기 위하여 초청을 해 주었다. 첫 시간부터 너무도 놀랍게 변화의 역사가 일어났다. 한 선교사의 고백처럼 "그렇게 말을 듣지 않던 손자가 첫 시간에 배운대로 말을 했더니 금방 달라졌다." "40년 결혼 생활에서 처음으로 남편에게 사과의 말을 들었다"면서 기적이 일어났다고 좋아했다.

중국 목회자

2019년 5월 28일부터 31일까지 중국 선교를 20년 이상 진행하고 있는 곽 목사의 소개로 중국에서 온 동포 목회자들에게 이 훈련을 했다. 곽 목사는 중국에서의 언어가 너무도 거칠고 듣기가 민망하여 필요성을 느끼고 나에게 요청을 했다. 나 또한 인간의 욕구가 채워지면 자연스럽게 언어의 문제가 대두되기 때문에 기꺼이 수락 했다. 그들은 첫 시간부터 놀라움과 충격을 고백했다. 그들은 "말이 이렇게 중요하고 무서운 것임을 알게 되었다. 내가 알지 못하고 한 이 말들이 상대방에게 상처와 고통을 준 것을 비로소 알게 되었다. 꼭 배운대로 가서 실천하여 예수님의 모습을 보여 주겠다"고 했다.

4. 세계 선교지 방문과 탐방

CRC 교단 한인 총회에서는 2년에 한 번씩은 해외에서 총회를 가지므로 교제도 하고 여행을 하는 기회로 삼았다. 그 덕분에 몇 차례나 선교지 방문과 성경 속의 역사와 신앙의 유산을 돌아보는 기회를 가졌다. 2007년 5월 21일부터 25일까지 캐나다 캘거리와 록키산맥을 4박 5일 동안 여행했다. 2008년 9월 21일부터 10월 3일까지 출애굽 여정에 따른 이집트와 요르단과 이스라엘 여행을 13박 14일 동안 진행했다. 2015년 4월 20일부터 4월 28일까지 필리핀 교단 교회 방문과 중국 심양과 장백산 여행을 8박 9

일 동안 했다. 중국 오지 교회 주일 방문 설교 및 치유 사역을 감당했다.

2016년 9월 4일부터 17일까지 소아시아 7교회(터어키, 밧모섬, 그리이스, 이탈리아)를 13박 14일 동안 탐방했다. 그리고 2019년 9월 1일부터 14일까지 종교개혁 500주년 기념 탐방으로 독일, 프랑스, 스위스, 이탈리아를 13박 14일 동안 여행했다.

5. 섬김의 리더십

나는 내가 속한 북미주 개혁교회의 후원으로 진행된 'Good Servant' 피어그룹과 'B.C.' 피어그룹, 그리고 '유종의 미' 피어 그룹에서 자원하여 회계로 7년간 기쁨으로 섬겼다. '피어그룹' 프로그램은 CRC 교단에서 동료간 학습을 통하여 목회자 개인의 발전과 성숙과 교제를 하도록 운영비를 제공해 주는 것이다. 매월 한 차례씩 만나서 과제에 대하여 토론하며, 발표 한다. 그리고 1년에 한 차례 3박 4일 동안 수련회를 개최하고 부부가 참석하여 쉼과 배움과 사귐을 가지는 유익하고 소중한 시간을 가졌다. 특별히 유익되고 잊지 못할 부분은 신학교 때에 책 제목만 배웠던 것을 윤원환 박사의 인도와 도움으로 고전의 책들을 직접 접하고 배웠다. 성 어거스틴의 〈하나님의 도성〉, 플라톤의 〈플라톤의 국가론〉, 토마스 모어의 〈유토피아〉, 조너선 스위프트의 〈걸리버 여행기〉, 마크 웨인의 〈허클베리 핀의 모험〉, 조지 오웰의 〈1984년〉, 또한 최근에야 완역되어 출간된 헤르만 바빙크의 〈개혁 교의학 1권, 2권, 3권, 4권〉, 아브라함 카이퍼의 〈영역 주권〉, 빈센트 바코프의 〈아브라함 카이퍼의 공공신학과 성령〉, 크리스토퍼 라이트의 〈하나님의 선교〉와 〈하나님의 백성의 선교〉 등의 책들을 통하여 고전과 전문서적을 읽어야 할 이유를 뒤늦게 깨닫게 되었고 그동안 그러지 못했던 것이 후회스러웠다. 이제라도 이 책들을 읽게 해 준 윤 박사에게 지면을 통하여 깊이 고마움을 전한다.

부족한 사람이라 생각지도 않았는데 주위에 있는 동역자들의 권고와 도움으로 내가 속한 북미주 개혁교회 코암노회 서기(Stated Clerk)로 2019년 9월에 선출되어 2022년 9월까지 3년간 섬겼다. 나는 이민자로서 이민교회를 섬기는 것은 또 다른 선교지임을 알았다. 그래서 "노회원들의 위로와 격려와 기쁨이 되는 노회가 되도록 하겠다"고 약속을 했다. 나는 이민 1세대이므로 1세대로서 그들을 만나고 섬기고 교제하도록 노력했다. 부족했지만 3년간 주님의 이름으로 기쁨으로 섬김의 리더십을 실천했다. 노회 후임 서기는 다음과 같은 '감사패'를 증정해 주었다.

감 사 패

강 남 중 목사

목사님께서는 2019년 9월부터 2022년 9월까지 3년간

코암노회의 서기로서 막중한 책임을 맡으시고

서기로서의 재임기간 노회원들간의 돈독한 친교와

노회 행정의 탁월한 리더십을 발휘하시어

노회 발전에 크게 기여하셨는 바

코암노회 모든 회원교회와 회원들은 목사님의 섬김을 기리면서

이에 감사패를 증정합니다.

주후 2023년 9월 26일

북미주 개혁교회 코암노회

서기 윤 원환 목사 외 노회원 일동 드림

현재는 코암노회 지역 자문목사(Regional Pastor)로 임명되어 섬기고 있다. '지역 자문목사'의 역할과 임무는 다음과 같다: 1)상처받은 목사와

교회를 위하여 돕는다. 2)목사-교회 관계를 강화하기 위해 교육적인 사업을 하는데 돕는다. 3)목사-교회 관계위원회를 세우고, 이들 위원회의 자문으로서 섬기며, 위원회 회원들을 훈련하는 일을 통해서 지역교회들을 섬긴다. 4)목사-교회 관계위원회의 책임자가 새로 안수 받은 목사들을 위한 조언자들을 선출하는 일에 돕는다. 5)지역 자문목사는 이상과 같은 임무가 있으므로 목사의 어려움이나 교회의 갈등 문제가 있을 시에는 지역 자문목사의 도움을 요청한다."

나는 처음 CRC 교단에 대하여 소개를 받으면서 '지역 자문목사'가 있다는 것을 알고서 나의 비전과 같아서 담당하고 싶었다. 왜냐하면 대화법과 코칭을 통하여 목회자들에게 힘과 용기와 소망을 나누고 싶었기 때문이었다. 하나님께서는 신실하셔서 내 마음의 고백을 이루어 주셨다.

6. 이민 목회의 쓴 맛
차용금 약속

자체 교회당을 위한 월 납입금($4,700.00)에 대한 부담이 상당했다. 몇 년째 사례비를 받지 않고서 월 납입금만 지불해도 빠듯했다. 하나님의 교회라도 3개월만 체납이 되면 차압을 당함으로 하나님의 영광이 가리워질까봐 신경이 곤두섰다. 새로운 길이 필요함을 느꼈다. 교회에 든든한 장로도 없으며, 사업체를 가진 성도도 없으며 함께하는 친척도 없었다. 마침 1마일 정도 떨어진 곳에 건물이 나왔다. 미국에서 제일 큰 양궁 사업체가 있는 건물로서 양궁과 연습장, 안경점과 학원, 다른 사업체도 있었다. 건물은 4백 3십 만 불($)이었다. 현재 있는 교회당을 2백 만 불($)에 매각을 하고서, C.R.C. 교단의 싼 이자의 융자금과 은행의 융자를 얻게 된다면 월 납입금($2,100.00)이 반 정도로 줄어들게 되었다.

먼저 교회 운영 위원회를 소집하여 의논을 하고, 모두 가서 건물을 둘러보고 진행하기로 결정 했다. 나로서는 엄청난 모험이고 도전이었다. 하지만 할 수만 있으면 진행해 보고 싶었다. 그 이유는 첫째는 현재 교회당은 차량이 많이 다니지 않는 외진 곳인 반면에 새 예배당은 차량이 많이 다니는 길목이므로 입지 조건이 좋았다. 둘째는 그 건물 바로 앞에는 현재 경비행장으로 사용하고 있지만 앞으로는 그 경비행장이 옮겨 간다는 계획이 있다고 하니 그럴 경우 그곳이 주택부지로 될 것을 감안하여 이사를 갔으면 했다. 셋째는 다음 세대의 목회자가 와서 목회를 하기 위해서는 4백만 불($) 가치의 건물을 준비해 두는 것이 좋겠다는 생각이 들었기 때문이었다.

이러한 계획은 세웠지만 손에는 아무 것도 없고, 당장 도안 설계비용도 없었다. 우리 교회에 한국에서 가족 이민으로 온 집사가 있었다. 내가 아는 은행에 '양도성 예금 증서'(Certificate of Deposit, CD)를 소개해 주므로 다른 은행보다는 더 많은 이자를 받게 해 주었다. 그러자 기한이 끝이 났고, 집에서 가까운 곳으로 옮기려고 할 참이었다. 그 집사는 운영위원인 장인으로부터 교회 상황에 대하여 알게 되었다. 그러자 나에게 와서 CD에 넣어 둔 돈을 다른 은행으로 옮기려고 했는데 교회가 원하면 은행 이자로 사용하라고 제안을 했다. 나는 조심스러웠지만 다음과 같은 차용 계약서를 먼저 써서 주었다. 왜냐하면 교회와 목사가 교인과의 돈 거래는 덕이 되지 않으며, 시험이 들기 쉽기 때문이었다. 나는 첨부와 같이 차용증을 작성하여 주었다.

차 용 증

일금 : $20,000.00(貳萬 $)

상기 금액을 한생명교회(Buena Park 소재)의 이전 준비와 월 납입금을 위하여

차용했음을 정히 증명합니다. 한생명교회에서는 선 이자로$1,200.00(월$300.00)
을 드리며 2010년 2월 8일까지 변제할 것을
약속드립니다. 만약 교회가 매각되어 일찍이 변제할지라도
이자에 대해서는 반환하지 않기로 합니다.
차용해 주셔서 깊이 고마움과 감사를 드립니다.

2009년 10월 8일
한생명교회 담임목사 강 남 중
(전화/714-392-2122)

    나는 이 교회당을 매입할 때에도 은행에서는 연 수입이 $100,000.00 이상이 되는 보증인을 2명을 세우라고 했지만 하지 않았다. 그래서 얼바인에 있던 우리 집을 저당 잡고서 융자를 얻었다.
    도안 설계는 다행스럽게 시청 도시 계획과에서 허락이 되었다. 그런데 경기 침체로 인하여 매물 값이 점점 떨어졌다. 처음 계획으로 2백만 불($)을 예상 했었는데 1백 8십만 불($)에서 나중에는 1백 2십만 불($)도 쉽지 않게 되었다. 건물 소유주와의 계약은 우선적으로 이 교회당이 매각이 되면 매입을 하겠다는 전제를 했기 때문에 벌금은 없었다. 차용금 약속의 시간이 임박했지만 매각도 되지 않고 다른 융자를 알아보다가 다음과 같은 약속 증서를 그 집사에게 주었다.

    집사님 내외분께
    좋으신 하나님의 사랑과 은혜가 항상 넘치길 빕니다. 그동안도 공부하시느라고 수고가 많으셨지요?
    작년도에 저희교회를 위하여 집사님 내외분께서 베풀어 주신 사랑의 배려를 기

억하고 있습니다.

  오늘 이렇게 먼저 편지를 드리는 것은 그 사랑의 배려에 조금이라도 보답하기 위해서입니다.

  2008년 11월부터 교회융자를 위하여 백방으로 노력하고 있습니다. 사실은 융자가 예전과 같지 않아서 무척 어려운 형편에 있습니다. 그 중에서 2009년 1월 말에 와서야 한 곳과 겨우 진행이 되고 있습니다.

  하지만 아직도 확정이 되지를 않아서 불안합니다. "만약에 약속을 지키지 못하면 어떻게 하나?" 하고서 온통 신경을 곤두세우고 있습니다. 귀한 마음으로 주셨기 때문에 약속을 꼭 지켜야 된다는 것을 잘 알고 힘을 다하여 노력하고 있습니다. 아무튼 약속을 드렸던 날짜를 지키도록 노력을 다해 보겠습니다. 하지만 지금 상황으로는 융자건이 확정이 되고 정상대로 융자가 나오려면 최소 6주간이 필요하다고 하여 아무래도 약속 시간을 넘기게 될 것 같습니다. 죄송하고 면목이 없습니다. 양지해 주시길 바랍니다.

  융자가 확정이 되는대로 다시금 연락을 드리도록 하겠습니다.

2009년 2월 24일
한생명교회 강남중 목사 드림

  교회당이 매각 되면 차용금을 상환하기로 했지만 매각이 되지 않았다. 그때 경기 침체로 인하여 $1.00 을 환전을 할 때에 1천 4백원 정도 하던 것이 2천 400원 정도까지 올라가게 되었다. 교회당이 매각 되지 않아서 차용금 약속의 시간이 꽤나 지나자 "돈을 갚으라"고 그들이 새벽마다 사무실에 찾아 왔다. 나는 교인이 교회 일로 인하여 시험을 받지 않도록 그에게 "먼저 어떻게 해 주기를 원하느냐?"고 물었다. 그는 "월 이자로 3부씩으로 해주고, 예정대로 돈을 받았으면 환전을 하여 갑절이나 이익을 얻었을 터인데 그렇지 못했기 때문에 그 손실을 다 보상 해 달라"고 했다. 나는 운영위원회를 열어서 그 집사의 요구사항을 전달했다. 나는 운영위원들에게 "한 사람의 영혼을 잃지 않도록 교회가 매각이 되면 그가 원하는 대로 주자"고 했다. 나는 그를 만나서 현재 상황을 이야기 하고서 "두 가지 제안 가운데 하나를 결정하라"고 했다. "첫째는 교회가 매각 되도록 기다리면 원하는 대로 월 3부 이자와 환전으로 인하여 발생된 이익금까지 주겠다. 둘째는 한 달 안에 돈을 갚을 경우에는 3부 이자만 주겠다." 우리의 제안에 그는 "한 달 안에 주도록 하고, 환전으로 인하여 발생된 이익금까지 달라"고 했다. 그는 너무도 완강하게 제안을 하므로 나는 교회의 덕을 위하여 경비가 들어도 어쩔 수 없이 전문 변호사를 선임을 했다. 내 아내가 한국에 나가서 돈을 빌려 와서는 한 달 안에 변호사를 통하여 갚았다. 전문 변호사는 그에게 "아무리 그런 상황이 되었다고 할지라도 여기서 3부 이자를 받는 것은 잘못이며, 더구나 환전으로 인한 이익을 계산해 달라고 하는 것은 어떤 경우에도 있을 수 없는 일이라"고 말했다. 그럼에도 불구하고 담임목사로서 교회일로 인하여 그들에게 힘들게 하고 마음에 상처를 주게 된 것이 송구하고 부끄러웠다. 이 지면으로나마 다시 사과를 드린다. 이민 목회의 쓴 맛을 보았다.

간접적인 권징

김 집사 댁에서 구역 예배가 있었다. 어른들은 윗층에서 예배를 드리고 자녀들은 아래층에서 게임을 하고 놀았다. 부목사의 두 딸(초등1, 3)과 B집사의 아들의 딸(초등 2)과 김 집사의 아들(초등2)과 한국에서 갓 온 A집사의 아들(초등6)이 방학이라 부모와 같이 온 김에 게임을 하고 놀았다. 그런데 A집사의 아들로 인하여 게임을 하다가 좋지 않은 일이 생겼다. 지금까지 목회를 하면서 이런 일은 처음이었다. 나는 간접적인 권징 사항을 교회앞에 공지함으로써 후일 이 사안으로 교회의 덕과 공적으로 필요할 경우 교회법으로 권징을 했다는 증거를 제시하려고 했다. A집사에게 같은 이야기를 해 주었더니 아들의 잘못이고, 만약을 대처하기 위해서였으므로 흔쾌히 허락을 했다. 그래서 주일에 공적으로 간접 권징사항을 공지하고 주보에 무명으로 그 사실을 적시했다. 그리고 나와 A집사는 40일 동안 교회당에서 같이 철야기도를 하기로 했다. 그런데 A집사가 그의 부모와 매형 가족에게 이와 관련된 일을 모두 이야기했다. 그러자 그들은 그의 아들과 처남을 권징했다고 하여 그 다음 주일부터 모든 식구들이 교회를 떠났다. 나의 목회에서 처음 일어난 사건이었다.

그의 부모들은 딸이 초청을 하여 들어 와 있었지만 딸의 신용등급이 충분하지 못하여 영주권을 받지 못하고 있었다. 누군가 연 $100,000.00 이상 수입이 되는 자가 보증을 해 주어야만 영주권을 받을 수 있었다. 나의 아내가 나의 큰 딸에게 그 일을 부탁하여 그 부모들은 영주권을 받게 되었다. 이민 목회에서 경험하는 것은 "백 번 잘해 주어도 한 번이라도 자존심을 상하게 되면 뒤를 돌아보지 않고 떠난다"는 것을 경험했다. 나의 큰 딸도 마음에 상처가 되어 "다시는 이런 부탁을 하지 말라"고 해서 면목이 없었다.

교회당 매각

교회 재정의 어려움으로 인하여 면목이 없었지만 교회당을 매각하기로 결정 했다. 매월 납입해야 할 융자금의 납입금이 누구의 말처럼 '잠도 없고, 병도 없이 찾아오므로' 너무도 벅차고 어려웠다. 이웃과 친구들에게 차용한다는 것도 한 두 번이지 지속적으로 어려워서 결국 결단을 했다. 이러한 문제를 가지고 40일 작정 철야기도를 혼자서 시작 했다. 여러 일들이 있었지만 진행이 되다가도 마무리가 되지 않았다. 40일이 80일이 되고 120일 되어 갔다. 그 날 '생명의 삶' 본문은 사도행전 27장 1절-26절이었다. 사도 바울이 로마로 잡혀 가는 가운데 유라굴로라는 광풍을 만나게 되어서 사경을 헤매고 있었다. 열나흘이나 먹지도 못하고 고통을 당하고 있었다. 그때에 바울이 섬기던 하나님의 사자가 밤에 사도 바울에게 말씀을 전해 주었다. "'바울아! 두려워하지 말라. 네가 가이사 앞에 서야 하겠고 또 하나님께서 너와 함께 항해하는 자를 다 네게 주셨다' 하였으니, 그러므로 여러분이여! 안심하라! 나는 내게 말씀하신 그대로 되리라고 하나님을 믿노라. 그런즉 우리가 반드시 한 섬에 걸리리라 하더라"(27:23-26). 이 본문을 읽는 순간 하나님께서 기도의 응답으로 나에게 주시는 음성으로 들렸다. 그리고 "한 섬에 걸리리라"는 말씀에서 나의 마음에 하나님이 주시는 평화가 임했다.

아내와 나는 교회당이 다른 종교기관에 팔리지 않게 해 달라고 간구했다. 자주 찾아오는 사람들이 모슬렘과 불교도였기 때문이었다. "하나님의 교회이므로 우리도 더 많이 받지 않고 정한 가격으로 팔며, 가격을 깎지 않고 바로 매입하려는 사람에게 매각을 하겠다"고 했다. 놀라운 것은 그날 금요일 오전에 한 권사가 찾아 왔다. "우리 교회 앞을 자주 지나다녔는데 매각을 한다는 소식을 듣고서 찾아 왔다"고 했다. 우리의 이야기를 듣고서 자신의 담임목사와 상의해서 다시 오겠다고 했다. 그들은 주일 오후에 "교회가 정한 가격대로 매입을 하겠다"고 연락이 왔다. 한 가지 요구 사항은 "개척교회이므로 열흘안에 교회당을 비워달라"고 했다. 하나님께서는 천사를 통하여 바울에게 "한 섬에 걸리리라"(행7:26) 고 말씀하시고, "멜리데 섬"(행28:1)에 상륙하게 하셨던 것과 동일하게 나에게도 분명하게 이 성경 말씀을 통하여 말씀하시고 매각이 되게 하셨다.

매각은 끝이 났지만 경기 침체로 기대했던 값을 받지 못하여 누군가는 감당해야 될 부채는 2십만 불($)이 되었다. 교인들이 모두 어려운 생활을 했고, 한국과 여러 곳에서 돈을 차용해 온 사람은 아내와 나였기 때문이었다. 나는 "이 모든 것의 책임은 담임목사가 기꺼이 져야 된다"고 생각했다. 마침 고인이 되셨지만 나의 장인이신 장로께서 나의 아내에게 유산으로 준 '자투리' 땅을 팔았더니 정확하게 2십만 불($)의 빚을 갚게 되었다. 나는 꽤나 오랫동안 빚진 자의 삶을 살았는데 마침내 자유의 몸이 되었다.

사실 교회 융자금을 낼 때에 교회자체에는 책임을 물을 수 없기 때문에, 대신 성도들 가운데 연 1십 만 불($) 이상 수입이 되는 두 사람의 연대 보증자가 필요했다. 나는 성도들에게 그런 부담감과 족쇄를 주고 싶지 않았다. 그래서 얼바인에 있는 나의 집을 담보로 하고서 융자금을 받게 되었다. 만약에 집이 담보에 잡혀 있지 않았으면 형편이 어려워서 아마도 열 번은 더 팔았으리라 생각이 되었다. 비록 여러 가지로 힘들고 어려워도 담보로 묶여 있어 팔수가 없게 되었고 결국 우리가 가지고 있게 되었다. 아내와 나는 담임 목회자로서 책임을 다하여야 된다고 생각하고서 기꺼이 감당을 했다. 그런데 하나님께서는 그 집을 통하여 갑절의 복으로 채워 주셨다. "할렐루야! 주님의 위대하심을 찬양합니다."

나는 교회 매각 소식과 선한목자교회와의 연합을 성도 한 사람 한 사람에게 편지를 보냈다. 교회가 공동체이지만 목회자의 개인적인 서신으로 인하여 좀 더 친근하고 존중을 표하기 위해 나는 다음과 같이 자주 목회 서신을 보냈다.

_____ 님께.

좋으신 우리 주님의 사랑과 은혜와 평강이 날마다 넘치길 빕니다. 힘겨운 이민 생활 가운데서 오늘도 수고가 많으시지요. 오늘의 수고와 고생이 앞날에 양약이 되며, 현재의 아픔과 어려움이 미래의 기쁨이 되길 기도합니다.

지난 주일에 있었던 임시 공동의회에서 우리 교회와 선한목자교회(박장호목사)가 연합함에 있어서 기꺼이 허락하여 주심에 깊은 감사를 드립니다. 우리 교회가 이곳에 교회당을 구입하여 온 지도 9월 15일자로 만 11년이 되었습니다. 전적인 저의 부족함으로 인하여 이 시점에서 교회당을 매각하게 되어 송구하고 면목이 없습니다. 그동안 성도님 한 분 한 분께서 여러 가지 넉넉하지 않은 상황에서도 주님의 교회인줄 알고 이름도 없이 빛도 없이 섬겨 주시고, 주님의 나라 확장을 위하여 헌신해 주시고, 아낌없는 지지와 격려를 해 주셔서 깊은 감사를 드립니다.

일전에 말씀을 드린 대로 한 교회(Global Harvest Church)가 우리 교회당을 매입하기로 오늘 오전에 계약을 했습니다. 이 교회는 얼마 전에 개척을 하여 예배 처소가 마땅하지 않아 급하게 예배 처소가 필요하고, 우리는 다음 달 은행 융자 납입금이 부담이 되어 2013년 9월 27일(금)에 계약금을 받는 동시에 교회당을 비워주기로 했습니다. 여러 가지 정황이 있었다고 할지라도 공적인 일을 이렇게 밖에 처리를 하지 못하여 면목이 없습니다. 급하게 매각이 진행되어 갑작스럽게 편지로 먼저 말씀을 드리게 됨을 양지해 주시고 용서해 주시길 바랍니다.

교회당 매각이 이렇게 까지 급속히 진행이 될 것을 알지 못하고 9월 29일(마지막 주일)에 선한목자교회와 연합예배를 우리 교회당에서 드리기로 했었는데 이번 주일(9월 22일)에 연합예배로 우리 교회당에서 드리려고 합니다. 상세한 내용은 이번 주일 교회에서 말씀을 드리도록 하겠습니다. 그리고 우리 교회의 재정 결산을 해야겠기에 긴급 공동의회를 이번 주일 낮 예배 후에 교회당에서 개최하기로 합니다. 모두 동참해 주시길 부탁을 드립니다.

한 가정도 없는 가운데 한생명교회를 시작하여 지난 15년 동안 다사다난 했지만 저는 행복했으며 여러분과 함께 하므로 인하여 풍성했습니다. 앞으로 두 교회가 연합하여 살아가기가 결코 쉽지만은 않을 것입니다. 하지만 주님의 뜻 안에서 한 몸을 이루어 가는 인내를 배워 봅시다. 우리에게 맡기신 주님의 선하신 뜻을 동역하면서 함께 이루어 봅시다. 모든 것이 합력하여 선을 이루신다고 말씀해 주신 주님의 음성에 귀기우려 봅시다.

좋으신 우리 주님께서 일마다 때마다 평강 주시길 원합니다.

2013년 9월 18일(수) 오후
담임목사 강남중 드림

선한목자교회와의 연합

2013년 9월 22일 주일에 한생명교회당에서 선한목자교회와 연합예배를 드렸다. 박 목사는 2006년부터 담임을 했다. 그와는 1992년부터 국제신학교(International Theological Seminary)에서 신학석사(Th. M.)와 신학박사(Th. D.)과정을 같이 수학을 했으며, 좋은 관계를 가졌다. 비록 나 보다는 나이가 8살이 적었지만 친구로서 지냈으며, 테니스대회에 출전할 때는 파트너로 나갈 정도였다. 우리 교회가 융자금 납입금 일로 어려울 때에 그가 유일하게 유력자를 소개해 주기도 했다. 그의 교회는 미국 애나하임 시에 있는 교회당(Anaheim C.R.C.)을 빌려서 사용하고 있었다. 우리가 그 교회로 들어갔으므로 먼저 박 목사가 담임목사로 1년 동안 봉사하고, 그 다음에는 내가 하고, 그래서 번갈아 가면서 하자고 제안을 했다. 그리고 주일마다 설교와 예배인도도 번갈아 가면서 하자고 했다. 연합하여 섬기지만 만약에 각자에게 청빙이 있으면 자유롭게 하기로 했다. 사례비는 똑같이 받기로 했다. 한 교회를 섬기지만 현재 교인들을 구역과 같이 책임을 더 갖도록 했다. "한 달에 한 번씩은 부부 동반을 하여 나들이를 가며, 서로 깊은 대화들을 어려움 없이 나누자"고 했다. 이러한 사항은 교회 연합을 하기 전에 3박 4일 동안 할로마 비치(Jaloma Beach)에서 캠핑을 하면서, 기도하는 가운데 이미 정했었다. 얼마후 2014년 5월 11일에 박 목사는 워싱턴 주 타코마(Tacoma) 한인장로교회의 청빙을 받아서 사임을 했다.

처음 제출한 청빙서류

2015년 5월 3일(주일) 밤부터 29일까지 휴가를 얻어 고국을 방문했다. 나와 아내는 만약에 고국에 나가서 합당한 사역지가 있으면 목회의 은퇴를 앞두고 마지막으로 감당을 하자는 마음을 처음으로 가졌다. 그리고 "만약에 허락이 된다면 교회를 위하여 친구들이 섬기는 4개 교회에서 6개월씩 돌아가면서 생명의 대화법을 훈련을 하고 싶다"고 상의해 보기로 했다.

아내와 밤 11시 50분에 인천행 대항항공을 타려고 대합실에서 기다리고 있는데 박 장로께서 다음과 같은 내용으로 전화가 걸려 왔다. "한 교회가 있는데 담임목사가 5월 마지막 주일에 사임을 하게 되었습니다. 그 교회에 성도들이 제자훈련을 받고 싶어 합니다. 그래서 제자훈련에 주특기가 있는 강 목사님이 생각이 났습니다. 이 교회는 특수한 교회이기 때문에 지금 맡고 계신 한생명교회도 섬기고, 이곳 교회도 맡아서 하셔도 좋을 것 같습니다. 이 교회가 원하는 것은 충분한 사례비를 드리지 못하기 때문에 두 교회를 섬겨도 좋습니다"라고 한다. 그의 이야기를 듣고서 "아무튼 기억해 주어서 감사합니다. 지금 한국에 집회 인도와 휴가를 떠나기 위해서 엘에이공항에 있습니다. 일단 제가 5월 29일(금)에 돌아오므로,

주일을 지나고 6월 1일(월) 오후에 그분들도 나를 보고 나도 그들을 보고서 이야기를 하면 좋겠습니다"라고 의견을 모았다.

한국의 열방교회에서 운영하는 쉐마초등학교 교사와 학부모들을 위한 생명의 대화법을 강의했다. 부산 환희교회에서 주일 설교를 했다. 고신 총회 선교부에서 파송을 위한 마지막 훈련과정 가운데 3박 4일 동안 27명을 훈련했다. 그때에 섬긴 이 본부장과 남 훈련원장이 모두 나의 동기들이었다. 그리고 그들 부부 모두 미국에 와서 생명의 대화법 훈련을 받았으므로 나를 초청했다. 훈련을 마치고 마지막 날에 대전에 있는 곽 목사 부부가 모두를 초대하여 큰 대접을 해 주었다. 저녁 식사를 마치고 그의 교회 장로가 운영하는 카페에 갔다. 남 훈련원장이 찢어 온 신문 광고를 펼쳐 보였다. 그러면서 " '나도 담임목사 청빙 공고에 한번 응시해 보아야겠다'고 했다. 그러면서 "이것은 아무래도 강 목사를 위해서 주어진 기회인 것 같다. 왜냐하면 '담임목사 청빙 나이는 50대만 되어도 늦은데 이 교회는 만 62세 이하'라고 한다. 이제 미국에서 나와서 한국교회를 위하여 마지막 심혈을 기울였으면 좋겠다"고 했다. 카페에 모인 세 명의 동기들 모두가 하나같이 "그렇게 하라"고 권유했다.

그 교회는 부산에 있는 교회였다. "전임 목사는 젊은 목사로서 사역을 했는데 문제가 있어서 사임을 하게 되었으므로 이번에는 교회의 문제를 수습하려고 담임목사 후보의 나이를 만 62세까지로 했을 것이다"라고 한 동기가 나에게 말했다. 남 훈련원장이 "강 목사를 위해서 신문을 찢어서 왔다"고 나에게 주었다. 청빙 자격 중에 특이한 것은 10년 이상 담임목사를 한 경력이 있는 자, 고신 신대원 졸업자, 제출서류는 이력서, 가족사진, 신대원 성적증명서와 졸업증명서, 목사안수 증명서와 목회 계획서, 그리고 목사 부부 건강 진단서와 설교 두 편이었다. 제출일은 5월 30일까지였다. 그 날이 5월 21일이었으므로 10일도 남지 않았다. 나는 결정을 제대로 하지 못했는데 이 본부장은 고신의료원 원목실장인 윤 목사에게 전화를 하여 "강 목사가 병원에 갈 터이니 잘 안내를 하라"고 했다. 남 훈련원장은 내가 생각했던 "친구들 교회에 6개월씩 순회하는 것은 위험부담이 크기 때문에 안된다"고 했다. "이 나이에 잘못하게 되면 친구가 아니라 적이 될 수 있다"고 했다.

나와 아내는 주님이 주신 기회라고 생각을 했다. 나는 지금까지 교회에 이력서를 내어 본 적이 없었다. 모두 개척교회를 했기 때문이었고, 청빙을 받았을 때에도 그렇게 하지 않았기 때문이었다. "하나님께서 이 부분까지도 낮추시려고 하시나 보다" 하는 마음으로 처음으로 청빙을 위한 서류를 작성했다. 설교 두 편은 이미 설교를 했던 열방교회와 환희교회에 부탁을 하여 준비 했다. 학교와 노회 서류 건은 이 본부장이 연락을 해 주어서 편리하게 준비 했다. 고신의료원에 가서 윤 원목실장을 찾아갔다. 황감하게도 간호사 한 명에게 부탁하여 나와 아내를 직접 안내해 주었다. 그의 도움 덕분에 일사천리로 모든 서류를 준비하여 속달 우편으로 겨우 정한 마감일에 도착되도록 보냈다.

계획했던 대로 다시 미국으로 귀국했다. 한국에 청빙 서류를 제출 했지만 어떻게 될지를 알 수는 없었다. 약속을 했던대로 월요일 박 장로를 만나서 교회를 찾아 갔다. 교회 이름은 '만남의교회'였으며 50개 정도 점포가 있는 '실내 벼룩시장'(Indoor Swap Meet) 안에 있었다. 그 가운데 한인들의 점포는 12개였다. 이곳에서 27년 동안 전체 관리인으로 있으며, 한인과 히스패닉계 인종을 위한 교회를 섬기고 있는 도 집사와 신 집사를 만났다. 신 집사는 만나자 말자 눈물을 보였다. 그들의 교회 형편에 대하여 듣고서 박 장로로부터 전화를 받고 한국에 나가서 있었던 일들을 빠지지 않고서 이야기 했다. 한국 모 교회의 청빙이 있어서 서류를 제출하고 왔다고도 했다.

일단 이번 주일인 6월 첫 주일부터 2개월만 설교를 맡기로 했다. 이곳은 오전 8시 30분에 주일예배를 드렸다. 한 시간 동안 예배를 드리고 식사를 하면 9시 50분이 되었다. 그리고 내가 시무하는 본 교회로 돌아가면 11시가 되었다. 본 교회는 12시 30분에 예배를 드렸기 때문에 가능했다. 6월 7일 첫 주일에 예배를 인도하고서 왔다. 예수님의 제자들과 같이 열두 명이 참석을 했다. 옛날 부산에서 개척을 했던 제8영도교회가 떠올랐다. 그래도 건물 이층에 예배 처소가 깨끗하게 마련되어 있어서 불편함이 없었다. 주님을 사랑하는 모습이 아름다웠다. 집에서 교회까지는 60마일(약100킬로미터)이 되었다. 부산과 경주간의 거리보다 멀었지만 여기서는 고속도로가 잘 되어 있으므로 문제로 여겨지지 않았다.

본 교회 주일예배를 마치고서 운영위원회를 개최하였다. 안건은 주성선교교회와의 합병을 위한 것이었다. 나는 현재 섬기고 있는 교회를 합병을 한 후에 새롭게 마지막 목회사역을 하고 싶었다. 부산에 있는 교회에 청빙을 받든지 아니면 페리스 만남의교회에서 청빙을 받고 싶었다. 6월 21일 주성선교교회와 연합예배를 그 교회에서 드리고, 28일에는 교회를 합병하기로 결정 했다.

한국의 청빙교회에서 "서류 전형으로 60여명 가운데 5명을 뽑았는데 그중에 한 사람으로 목사님이 뽑혔습니다" 라고 연락이 왔다. 그리고 "다섯 분 모두에게 설교를 직접 듣고서 결정을 하기로 했으므로 다가 오는 주일 낮 예배 설교를 해 주십시오" 라고 했다. 그리고 "목사님이 현재 미국에 거주하고 있지만 항공료와 한국 체류 경비는 지불할 수 없습니다" 라고 했다. 그런 요청은 처음으로 당해 보는 일로서 그 교회의 무례함과 '갑질' 행위를 절실하게 느꼈다.

나는 이렇게나 빨리 진행이 될 줄은 알지 못했음으로 도 집사에게 진행사항과 죄송함을 전했다. 나는 급하게 미국에서 다시 부산 누님 댁으로 가서 머물렀다. 35년 이상 목회를 하면서 처음으로 청빙 대상자로서의 주일 설교를 했다. 그 교회는 한 때는 600명 이상 모였던 교회였지만 교회 내부 문제로 인하여 그 날은 200명 정도가 참석을 했다. 예배 후에 식당에서 청빙 위원들과 함께 점심을 먹었다. 식사 후에 바로 그 자리에서 면접을 했다. 청빙위원들이 나의 가족관계와 그동안의 공부와 사역과 현 교회의 문제점에 대한 해결책에 대하여 질문을 했다. 그 외에 영적인 은사에 대한 문제를 질문했다. 나는 무당의 아들이었다. 아내와 함께 기도하고서 귀신을 쫓아낸 후 나의 어머니는 예수님을 믿고서 권사로서 소천을 하셨다. 나는 신학적인 차원에서만 아니라 나의 경험적인 부분을 더하여 오늘날에도 귀신의 존재와 활동이 있음과 더불어 성령님의 역사하심도 제한해서는 안된다고 답변했다.

공동의회 청빙부결

청빙위원회 서기로부터 연락이 왔다. 그 내용은 다섯분의 설교를 최종적으로 듣고 평가를 하였는 바 청빙위원들이 모여서 최고의 점수를 나에게 주었다는 것과, 6월 말에 담임목사 청빙을 위한 공동의회를 열게 된다는 것이었다. 그런데 나중에 그 교회내 안수집사 그룹에서 나의 현재 교단 소속에 대하여 문제를 삼았다는 말을 들었다. 그리고 직접 나에게도 전화를 걸어 왔다. 그 내용은 "목사님에 대하여 배경조사를 했는데 문제점은 보이지 않았습니다. 그러나 현재 교단 소속이 고신이 아니고, 미국 C.R.C.(북미주 개혁교회) 이기 때문에 서류를 제출한 것 자체부터 잘못되었으니 자진 철회를 하십시오" 라고 압력을 가하는 것이었다. 계속해서 "왜냐하면 우리의 청빙자격 공고에는 고신교단 소속으로 되어 있는 바 목사님은 그렇지 못하기 때문입니다" 라고 말했다. 그 교회 임시당회장은 이 부분에 대해서 법적인 근거를 파악하기 위해 신학대학원 교수회에 질의를 했다. 그 답변은 "강 목사는 고신대학과 동 대학교 신학대학원 출신이다. 부산노회에서 목사 안수를 받았다. 유학을 갔을 경우에는 교단 소속에 대하여 문제가 되지를 않는다" 라는 것이었다. 그럼에도 불구하고 그들은 이것을 가지고 계속 문제를 부풀려서 논쟁화 했다. 그 다음에는 "강 목사의 현재 소속이 고신이 아니다" 라는 것을 가지고 문제화 했다. 그들은 계속해서 말하기를 "만약 강 목사가 고신소속이 되어 있으면 수용을 하겠다" 라는 것이다. 하지만 그들의 요구사항대로 경기 동부노회 박 목사께서 시무하는 교회에서 나를 전도목사로 청빙을 해 주었고, 그 교회당에서 임시노회를 8월 28일 금요일에 개최하여 허락을 해 주었음에도 그들은 반대를 위한 반대를 하는 가운데 공동의회가 열렸다.

그 후에 청빙위원회 서기가 전화로 짧게 나에게 "공동의회에서 통과되지 못했습니다" 라는 통지를 전한 후 전화를 끊었다. 나는 할 말을 잃었다. 왜냐하면 그동안 청빙위원회에서 여러 차례 좋은 소식을 들려주었고, 공동의회에서의 결과가 호의적으로 나올 것으로 말해 주었기 때문에 더욱 충격이었다.

연락을 받고서 나는 두 가지 생각이 떠올랐다. 첫째는 내가 부족하여 청빙하는 그 교회에 합당치 않았음을 생각했다. 하나님은 언제나 선하신 분이심으로 더 합당한 자를 허락하신 줄 안다. 한 부분에서는 목회 마지막 7년을 나의 출신교단과 부산에서 받은 사랑을 갚고 마무리를 하고 싶었었는데 아쉬웠다. 둘째로 떠오른 것은 동기 친구에 대한 미안함이었다. 그 동기는 신대원을 졸업을 하고서 계속 어느 기관에서 재직을 하고 있었다. 그는 목사로서 그 기관이 아니라 마지막에는 주님이 세우신 지역교회에서 목회를 하고 싶었다. 마음속으로 이 교회에 청빙 서류를 넣으려고 준비를 하고 있었다. 그런데 졸지에 내가 서류를 넣는다는 것을 다른 동기를 통해 알게 되었다. 그는 "어떻게 이 나이에 동기와 함께 경쟁을 하겠느냐?"고 생각을 하고서 서류 제출을 포기했다. 그는 나에게 부담을 주기 위해서가 아니라 내가 꼭 청빙을 받아 그 교회 문제도 해결을 하고 잘 섬기도록 하기 위해 격려의 차원에서 말을 했다. 나는 그때 "동기를 생각하면서 동기 몫까지 갑절로 섬기겠다"고 약속을 했었다. 그렇게 희생을 자처한 그 친구에게 너무도 미안하고 황송했다. 내가 아니었으면 그 동기가 마지막으로 교회를 섬길 수 있었을 지도 모르는 일이었는데 면목이 없었다. 하루가 지나고 나서 그에게 전화를 걸어서 "내가 부족하여 약속을 지키지 못해 미안하다"고 했다. 이러한 일로 인하여 그 동기와는 더 깊은 만남과 교제와 사랑을 나누게 되었다. 모든 것은 선하신 주님이 주관하심을 믿었다. 다시 지면으로 그에게 사과를 전한다.

7. 마지막 목회 사역
특수한 목회

하나님은 신실하셔서 나에게 남가주 페리스지역 '만남의교회'를 미리 예비해 두셨다. 한국교회 청빙관련의 사실을 알리기 위해 그 다음날인 8

월 31일 오전에 도 집사에게 전화했다. 도 집사는 성도들이 모두 교회당에서 모인 그날 저녁에 임시 공동회의를 소집하였고 성도들은 나를 담임목사로 흔쾌히 청빙결정을 했다. 그리고서 교회는 9월 1일에 나에게 담임목사 청빙 허락을 전해 주었다. 참으로 놀랍고 신실하신 하나님을 찬양했다. 내가 이렇게 부족함에도 불구하고 선하게 인도해 주셨다. 이 일로 인하여 선한목자교회를 자연스럽게 사임하게 되었다. 나의 부족함을 보게 되었다. 하나님께서 나를 부르시고 "끝까지 책임져 주시겠다"고 하신 말씀을 이루어 주심에 감사했다.

만남의교회는 특수한 교회로 페리스 시의 실내 벼룩시장(Perris Indoor Swap Meet)에서 개척한지가 2년 반 밖에 되지 않았다. 그곳의 총 매니저로 계신 도명관 안수집사가 1.5세대 김 목사와 같이 개척한 교회였다. 도 집사는 김 목사가 남미에서 왔으므로 이곳에서 장사를 하는 히스패닉계 인종과 한인 상인들을 위하여 개척을 했었다. 그런데 그는 선교사역을 위하여 사임을 했다. 점포의 수는 50개 정도 되었으며 처음에는 반 이상이 한인들이었지만 불경기로 인하여 12점포만 한인들이 장사를 했다. 지금까지도 목회에 있어서 숫자가 아니라 영혼 구원이며, 성숙한 그리스도인으로 훈련하는 것이 목회자의 사명인 것으로 여겨 왔으므로 나에게는 너무도 아름다운 교회였다. 도 집사는 그동안 아침마다 상인들과 말씀 묵상을 나누고, 커피를 대접하고 그들의 필요를 채워 주는 일을 했으므로 오늘의 사도 바울과 같았다.

6월 첫째 주일부터 설교목사로 있다가 9월 6일 첫 주일에 정식으로 담임목사로 청빙을 받고 부임했다. 도 집사는 나를 소개하면서 "하나님께 강 목사님을 담임목사로 모실까요?" 라고 기도를 했더니 "하나님께서 사랑하는 자"라고 해서 "임시 공동의회에서 모두 강 목사님을 담임목사로 청빙하기로 했습니다"라고 말했다. 나는 하나님의 인도하심과 도우심이 너무도 놀랍고 감사하고 감격했다. 그 말을 듣는 순간 나의 눈에는 하나님의 신실하심이 느껴져서 눈물이 맺혔다.

앞에서도 이야기를 했지만 이 교회는 특수하고 특별한 교회였다. 주위 30마일 반경에도 이와 같은 실내 벼룩시장이 몇 개나 있었지만 자체 교회가 있는 곳은 유일무이였기 때문이었다. 믿음의 사람 도 집사가 헌신적으로 있었기 때문에 가능한 것이었다. 그의 부부는 은퇴 후에 선교지에 가서 선교사들을 돌보아 주는 일을 하고 싶어 했다. 그들은 나에게 나의 목회 40년 동안에 열 손가락 안에 드는 귀한 믿음의 분들이었다.

도 집사는 한 목사로부터 전도를 받았다. 교회 출석을 하고서 얼마 되지 않았는데 회계를 맡으라고 했다. 교인들도 얼마 되지 않아서 어림잡아도 교회 재정이 부족하게 보여서 맡지 않으려고 했다. 그때 그 목사가 "만약에 교회 재정이 부족하게 되면 그때부터는 교회에 다니지 않아도 된다"고 말했다고 한다. 그는 "한 달만 우선 해 보겠다"고 답하고서 매 주일마다 도넛을 사서 출석 했다. 한 달이 지났을 때 분명히 재정이 부족해야만 되는데 그렇지가 않았다. 너무도 놀랍고 신기했다. 몇 달이 되었는데도 재정은 부족하지 않았다. 그 가운데 하나님께서 은혜를 베풀어 주셔서 예수님을 인격적으로 만나 구원의 확신을 가지게 되었다. 담임목사가 예수전도단에 가서 훈련을 받게 해서 '독수리훈련'을 받고서 영적으로 무장을 하게 되었다. 내가 볼 때 그는 큰 믿음의 은사를 가진 분이다. 그의 특별함은 이곳에서 장사를 하다가 되지 않아서 문을 닫고 나가는 사업체를 직접 몇 개월 동안 운영을 한다. 그러면 충분히 생활이 될 정도로 장사가 확장이 되면 필요한 사람들에게 장사를 하게 하여 생활이 되도록 했다. 그는 말로만 전도를 하는 분이 아니라 삶으로 전도를 하는 자였다. 나는 그에게 "굳이 선교지에 가서 선교를 하지 않으셔도 지금도 넉넉한 선교를 하고 있습니다" 라고 했다.

이곳을 이용하는 고객들은 거의가 다 히스패닉계 사람들이다. 그래서 만남의교회에서 사역비를 주고서 별도의 스페인 언어 사용 사역자를 세워서 그 교회를 섬기게 했다. 출석하는 교인들이 20-30명이 되었다. 그 교회는 자체적으로 운영하도록 했다. 부활절과 성탄절에는 한인교회와 히스패닉 교회가 연합으로 음식을 준비하여 전 상인들을 초청하여 풍성하게 대접했다. 한 지붕 아래에 두 교회가 있는 국제적인 교회(International Church)였다.

거의 모든 실내 벼룩시장은 화요일이 쉬는 날이었다. 나는 처음에 이 사실도 알지 못했다. 고신 교단 교회를 중학교 때부터 다녔으므로 철저한 주일 성수를 하면서 살았다. 이 교회에 설교 목사로 왔을 때부터 나는 이러한 생각을 했었다. 한국에서 김신조 간첩이 넘어 오고 난 이후에 군대에서는 북한의 도발을 막기 위하여 요일을 변경하면서 쉬었던 적이 있었다. 그래서 처음에는 언젠가 믿음이 성숙하게 되면 주일뿐만 아니라 화요일에 온전한 '주일 성수'를 하고 싶은 마음이었다.

이곳에서 장사를 하는 분들은 이민자로서 쉽지 않은 삶을 살았다. 이 교회에 부임한 후 처음 2년 동안은 주일에는 예배를 드리고 목요일 저녁에는 원하는 자들과 성경공부를 했다. 2년이 지나고 나서는 오히려 내가 목요 성경공부를 하지 말자고 했다. 왜냐하면 대부분의 사람들은 주 7일 가운데 하루도 제대로 쉬지 못했다. 화요일은 공식적으로 쉬는 날이므로 문을 열지 않았다. 그 날은 로스앤젤레스로 올라가 물건을 구입하기 위해 시장을 다녀와야만 했고 병원이나 밀린 일들을 처리해야만 했다. 혹 어떤 분들은 부부가 장사를 하므로 남편이 혼자서 다녀 올 수 있으면 화요일은 쉬기도 했다. 오전 10시에 나와서 오후 7시까지 장사를 하는 형편속에 있는 분들에게 너무도 무리하다는 생각이 되었기 때문이었다. 그래서 원하는 자들은 "내가 금요일 오전 10시부터 올 터이니 상점에서 일대일로 말씀을 나누자"고 했다. 내 아내는 이런 자들을 배려하여, 주일 아침을 위해도 집사의 부인은 밥과 국을 준비해서 오게하고, 반찬은 내 아내가 정성껏 준비하여 대접을 했다. 아마도 그들 중의 대부분 사람들에게는 일주일 가운데 제일 따뜻하고 준비된 식사가 된 줄 안다.

그곳에 처음에 가서 내가 쉽게 용납이 되지 않는 일을 만났다. 교회가 목회자의 사례금을 일정액으로 주는 것이 아니라 "월 헌금 액수의 70%를 드리겠습니다"라고 했다. 이유는 "교회가 재정이 부족하게 되면 회계가 감당하기 쉽지 않고 재정으로 인하여 교회운영의 부담을 갖고 싶지 않기 때문이라"고 했다. 나의 고민은 "이런 방식이 현실적 문제는 쉽게 해결을 해 주지만 성경적으로 합당한 것인가?"에 대한 답을 찾기가 쉽지 않았다. 그래서 한 교수에게 상의를 해 보기도 했다. 나의 마지막 결론은 내가 일정한 사례나 돈을 위하여 목회를 하지 않는다면, 교회가 원하고 안전하게 생각하는 것을 따르는 것도 나쁘지 않겠다는 것이었다. 그 후 3년이 지난 어느 날 회계를 담당했던 신 집사가 "목사님! 목사님은 하나님이 참으로 사랑하시는 분이신가 봅니다. 왜냐하면 지금은 장사를 그만두고 나갔지만, 처음에는 교인들이 지금보다 배가 더 많았습니다. 그때에도 헌금은 요즘보다 훨씬 더 적었습니다"라고 했다. 하나님께서 족한 은혜를 베풀어 주셨음을 알게 되었다.

  나는 열 두 한인들의 점포를 일주일에 두 번씩 방문해서 인사를 나눴다. 이들 모두가 우리 교인들이 아니었고, 다른 교회에 다니는 분이 있고, 천주교회, 혹은 교회에 다니다가 다니지 않는 분들도 있었다. 나는 같은 실내 벼룩시장에 속하여 장사를 하므로 그들을 우리 교회 식구로 생각했다. 주일예배 후에는 집집마다 주보를 전해 주었다. 도 집사는 커피와 빵을 전해 주었다. 금요일 심방을 할 때에도 한 사업체도 빠지지 않고 찾아가서 문안과 대화를 나눴다. 절기나 성탄절이나 특별한 날에는 선물과 김밥과 간식을 전했다. 주정부와의 법적관계에서 교회 인허 문제로 인하여 공동의회에서 '한생명교회'로 명칭을 변경했다. 나는 지난 교회에서 이미 합병을 했음으로 내가 개척했던 교회의 이름에 대하여 연연하지 않았다. 그런데 이곳에서 교회의 법적 인증서가 필요하게 되어 요긴하게 이 교회명을 사용하게 되었고, 나에게는 믿음의 고백과 같은 교회 이름을 다시 사용하게 되어서 감사하고 기뻤다. 만 60이 넘으면서 건강관리를 위하여 10km를 딸들과 함께 뛰고, 그 다음해인 만 62세에 '1/2 마라톤'을 2시간 20분에 완주했다.

"하나님께서 친히 하신다"

  '몽이'라는 예쁜 애완견을 가진 도 집사의 큰 조카가 있었다. 전에는 교회를 다녔지만 지금은 교회를 다니지 않았다. 3년이 지났을 때에 내가 개를 좋아하므로 안고서 다른 집에 심방을 하기도 했다. 그러던 어느 날 갔더니 '몽이'가 많이 아프다고 했다. 밥을 제대로 먹지 않고 배를 만졌더니 너무도 굳어 있었다. 내가 "기도를 해 줄까요?" 했더 "좋지요"라고 했다. 나는 '몽이'의 배에 손을 얹고서 기도했다. 그 후 3주간 동안 나는 한국과 필리핀에 집회와 휴가를 다녀왔다. 주일에 교회를 갔었는데 그가 교회 의자에 앉아서 눈물을 흘리고 있었다. 나는 너무도 반갑고 좋아서 인사를 하고서 예배를 마쳤다. 도 집사가 그동안의 형편에 대하여 이야기 해 주었다. 몽이가 아파서 자기에게 와서는 처음으로 기도를 요청했다고 한다. "그는 결혼도 하지 않고 몽이와 18년 동안이나 함께 했었는데 지난 주간에 무지개다리를 건너게 되었다"고 나에게 말했다. 그래서 도 집사가 여러 가지 이야기를 나눠 주었더니 마음 문을 열고서 교회에 나왔다고 했다. 그는 도 집사가 초청하여 군 제대 후에 바로 미국에 들어 왔으며 캘리포니아 주립대학교 리버사이드 캠퍼스(U.C. Riverside)에서 컴퓨터 디자인을 전공했다. 처음에는 도 집사 댁에서 생활을 하다가 이제는 독립하여 살고 있었다. 그의 나이는 40대 초반이었다.

그를 통하여 분명하게 볼 수 있었던 것은 "하나님께서 친히 하신다"는 것이었다. 그는 몽이가 떠나간 이후에 하나님께서 주시는 영으로 채워졌다. 나는 제일 먼저 금요일에 그가 운영하는 상점에 심방하여 전도폭발 복음내용을 전했다. 왜냐하면 분명한 구원의 확신과 구원의 근거를 가져야만 신앙이 성장할 수 있고, 믿음으로 살아 갈 수 있기 때문이었다. 그는 놀랍게도 군대에서 '초코파이'를 먹으려고 교회에 나갔으며, 이미 세례를 받았었다. 처음에 미국에 들어와서 삼촌이신 도 집사 댁에 있으면서는 가정예배를 드렸고, 교회도 다녔다. 하지만 여러 가지 실망스러운 일들로 인하여서 '가나안교인'이 되었다. 그래서 나는 요한복음 3장 1절에서 16절까지를 펴서 읽게 했다. 나의 생각은 객관적인 믿음이 아니라 성령께서 말씀을 통하여 주시는 깨달음으로 스스로 알기를 원했다. 성경에서 직접적으로 나타나는 부분과 자신이 생각하여 답을 할 수 있는 부분을 질문했다. 그래야만 그가 무엇을 알고 있고, 어떠한 부분이 부족한 것인가를 깨닿게 할 수 있었기 때문이었다. 많은 경우에 교회에 다니지만 하나님의 말씀을 정확하게 알지 못하기 때문에 '가나안교인'이 되며, 좌절하게 되기 때문이었다. 나는 본문을 통하여 복음을 전했다. 그는 성령의 도우심으로 구원의 확신을 갖게 되었다.

나는 "형제님! 이 시간 영생의 선물을 받게 된 것을 축하합니다" 하고 서 두 손을 잡고 기도했더니 그는 하나님께 감사의 눈물을 흘렸다. 나는 그 형제에게 "하나님께 감사의 말을 한마디 하라"고 했다. "하나님! 저를 구원해 주서서 감사합니다. 그동안 믿지 못한 것 용서해 주세요. 이제는 하나님의 말씀을 열심히 배우겠습니다." 나는 성령 하나님의 인도하심과 도우심을 감사하고 찬양했다. 그동안 행한 그의 삼촌과 숙모의 기도가 응답되게 해 주신 것을 인하여 감사했다.

그 형제는 구원의 확신을 가지게 되자마자 하루가 다르게 변하기 시작했다. 금요일마다 거의 두세 시간은 그를 위해 일대일 양육을 했다. 신앙의 성장을 위한 성경 읽기와 매일 말씀 묵상하기, 구원의 확신, 기도 응답의 확신, 승리의 확신, 인도의 확신, 하나님의 구원 계획, Cross Ways Bible Study, 생명의 대화법 등을 훈련했다. 그 형제는 굉장히 지적이고 말씀을 묵상하며 연구하는데 있어서 탁월했다. 내가 보아도 너무 지나치다고 할 만큼 열심히 말씀을 사랑하고 기도했다. 옆에 있는 그의 사촌이 말을 해 주길 "저 애는 신학교에 가려고 하는가?"라고 할 정도였다. 스폰지가 물을 빨아들이 듯이 주의 영이 임하니 하나님의 말씀에 대한 갈증으로 충만하였다. 나는 형제에게 경험담으로 "이렇게 말씀이 좋고, 주님을 사랑하고 몰두하는 것이 항상 있는 것이 아니므로 은혜가 임할 때에 후회 없이 하라"고 했다.

그 다음 해에 그는 서리집사로 임명 받았다. 내가 40년을 목회하면서 그 만큼 신실하게 재정을 담당하는 자를 처음 보았다. 그는 헌금 봉투의 겉장 부분을 일일이 오려서 보관 했다. 내가 "왜 그렇게까지 하느냐?"고 물었더니 그는 "군대에서 회계를 본 적이 있는데 이러한 증거가 없어서 큰 어려움을 겪었기 때문이라"고 답했다. 나는 그에게 교회의 재정을 맡으려고 하면 몇 가지를 주의하라고 했다.

첫째는, 교회에서 재정사무를 아무에게나 쉽게 맡기지 않는다. 왜냐하면 그 일로 인하여 시험에 들기 쉽기 때문이다. 헌금을 정리하다가 보면 다른 사람의 속옷을 보는 것과 같이 그 사람의 형편을 보게 되고 판단을 하기가 쉽기 때문이다. 예로서 십일조를 하지 않는다든지, 많이 한다든지, 헌금의 액수가 많을 때나 적을 때에 시험이 들기 때문이다. 자신도 모르게 비교하게 되고 판단을 하기 때문이다.

둘째는, 교회의 재정은 '내 것'이 아니라 하나님의 것임을 깊게 명심해야 한다. 자신도 모르게 자기가 헌금을 정리하고, 자기가 모든 재정의 지출을 감당하기 때문에 자칫 자기의 것으로 생각하기 쉽다.

셋째는 하나님의 일을 신실하게 3년만 감당하면 놀라운 하나님의 복을 받게 될 것이다.

하나님은 신실한 그에게 놀라운 두 개의 복을 한꺼번에 주셨다. 한 가지는 28년 동안 실내 벼룩시장 총책임자로 운영을 해 왔던 그의 삼촌이 그에게 무상으로 그 직책을 맡겼다. 둘째는 특수학교 교사이며 재미 교포 2세인 믿음의 자매와 결혼을 하게 되었다. 나는 영적 혼수감을 위한 24시간의 강의를 하고서 2021년 8월 29일에 결혼식 주례를 기쁨으로 했다. 그는 나의 목회에 큰 기쁨이며, 자랑이며 면류관이었다.

특수한 목회에서의 주안점

나는 실내 벼룩시장이라는 특수한 장소에서 목회를 하므로 은퇴를 할 때까지 몇 가지를 하고 싶었다. 첫째는 그동안 주님의 이름으로 모범적으로 교회를 섬기는 도 집사 내외에게 장로와 권사의 직분을 주었으면 했다. 왜냐하면 일반적으로 장로교 헌법에는 지역교회에 세례 교인이 30명이 될 때에 장로를 한 명 세울 수가 있었다. 이 법에 의하면 이들은 그 어떤 장로와 권사보다도 귀한 믿음과 섬김과 모범의 삶을 살고 있지만 특수 교회이므로 그 법을 이룰 수가 없었기 때문이었다. 하지만 C.R.C.에서는 이웃 교회의 카운슬의 도움으로 가능해지기 때문에 할 수 있었다. 그리고 교회에 출석하는 한 집사가 "교회의 중심을 위하여 장로가 꼭 필요하다"는 요청을 하기도 했다. 나는 세 차례나 도 집사에게 이 건을 가지고 상의했다. 하지만 그는 안수집사로서 족하다고 하면서 극구 반대를 했다. 그 이유는 "주위에 교회 장로들을 보면서 실망이 되고, 덕이되지 않는 모습을 보면서 그럴 바에는 안수집사로 있는 것이 하나님의 영광을 가리지 않는다"고 생각이 되기 때문이라고 했다. 그의 부인도 같은 생각으로 "권사를 하지 않겠다"고 했다. 안타깝게도 나의 기도와 계획은 이루어지지 않았다.

둘째는 도 집사는 빨리 은퇴를 하고서 선교지에 가서 선교사들을 돕고 싶다고 했다. 도 집사 부부는 한 번은 코스타리카에 선교 여행을 다녀 온 적이 있었다. 그때 은퇴를 하고서 선교지에 와서 선교사님들이 자립하여 선교를 할 수 있도록 도와야겠다고 작정을 했다. 왜냐하면 자기의 눈에는 사역으로 할 일들이 많이 보이는데 선교사님들은 그 일을 못하고 있었다. 가축을 키우든지 농사를 짓든지 건축을 하든지 할 일이 너무도 많이 보였는데 그렇지 못하므로 이 일을 자기가 하고자 했다.

나는 그 일도 귀하므로 해야 하지만 직접 복음을 전할 수 있고, 그들을 말씀으로 양육할 수는 있어야 된다고 했다. 그래서 부부에게 전도폭발(III) 국제무장사역 훈련을 받으라고 했다. 남편은 힘이 들지만 시작을 하려고 했다. 그런데 부인의 어머니이신 권사께서 몸이 불편하셔서 이 훈련을 하다가 중단했다.

도 집사는 북한 선교와 '굿 네이버스' 후원단체에도 앞장서서 섬겼다. 나의 생각은 직분은 과시하기 위해서가 아니라 사역을 하기 위해서라는 생각을 가졌다. 안수집사로서 할 일이 있는가 하면, 장로가 되어야만 할 일이 있기 때문이었다. 다시 말하면 장로가 되지 못하면 공적인 사역에 있어서 감당할 수 없는 일이 있기 때문이었다. 나의 목회에서 두 분을 평신도 사역자로 세우려는 꿈을 가지고 최선을 다했었는데 전혀 그렇지를 못했다. 그들에게 '생명의 대화법 훈련'을 했지만 나의 부족으로 기대한 만큼 변화와 결실을 보지 못했다.

셋째는 사역을 시작한지 3년이 되는 연말을 맞이했다. 금요일 심방을 한 시간 일찍 교회에와서 교회와 이곳의 상인들을 위하여 기도를 했다. 우리 교회에서 반경 30마일 내에는 이와 같은 사업체가 세 개가 더 있었다. 우리 교회가 모교회로서 이들의 영혼을 가슴에 품고 기도하고 전도해야 됨을 깨달았다. 모든 실내 벼룩시장을 찾아 가서 둘러보았다. 전도지를 직접 만들어 분기에 한 차례씩 혼자서 전도를 나갔다. 그러면서 드는 생각은 은퇴한 목회자들이, 우리 교회에서 기름 값을 후원해 주면서, 하나의 실내 벼룩시장을 맡아서 전도를 하게 하고 싶었다. 그러다가 한 사람이라도 예배를 원하면 그곳에서 예배를 드리는 교회가 되었으면 했다. 이것도 생각뿐이었고 이루지를 못했다. 그나마 이곳에서 장사를 하던 두 분이 다른 곳에 있는 실내 벼룩시장에 점포를 내게 되었다. 그래서 정기적으로 심방도 하고 절기에는 선물도 전달했다.

넷째는 몽이를 키웠던 형제가 서리집사가 되었다. 그에게 아들처럼 나의 모든 것을 다 주고 싶었다. 기쁜 것 중 하나는 얼마나 서로 깊게 만나서 공부와 사귐을 가지게 되어 내가 질문하는 방식과 같이 그가 닮아 갔다. 언어에 탁월함이 있어서 "독학으로 히브리어를 공부하는 것이 너무도 재미있어 성경을 원어로 보고 싶다"고 했다. 이 집사 덕분에 이곳에서 자전거 상점을 하는 히스패닉 형제를 알게 되었다. 그 형제만 일주일에 한 번씩 만나자고 했더니 아내와 자녀 둘을 데리고 아침에 양육을 받으러 왔다. 그의 통역 덕분에 8주간 동안 복음 전도와 신앙 성숙을 위한 시간을 가졌다. 나에게는 새로운 경험이었다. 한때는 교회에서 히스패닉 사역자를 모시고, 사례비는 우리 교회가 부담을 하면서, 히스패닉 인종에게 사역을 하도록 했었는데 지금은 적당한 사역자를 만나지 못해 계속하지 못해 안타까웠다.

다섯째는 교회에 칠순이 넘으신 집사님이 계셨다. 그는 모태신앙이었다. 이곳에서 상점을 제일 크게 운영하고 있었다. 언제나 그의 연세에 나와서 일을 할 수 있는 건강과 사업체가 있는 것에 대하여 감사가 넘쳤다. 히스패닉 사람들과도 아주 좋은 관계를 유지하면서 밝고 친절하게 장사를 잘했다. 오전 10시부터 오후 7시까지 하루종일 일을 하므로 힘들고 어려웠다. 일주일에 하루 쉬는 화요일에는 로스앤젤레스까지 올라가서 물건을 구입하고 돌아와야만 했다. 그러니 일주일에 하루도 쉬는 날이 없었다.

이곳에서 문을 여는 시간은 오전 10시이다. 교회는 오전 8시 30분에 예배를 시작하여 정확하게 9시 30분에 마친다. 그래야만 교회에서 20-25분 동안 아침식사를 하고서 상점 문을 열어야 했다. 교회 예배에 참석 하기 위해서는 보통 날보다도 1시간 30분이나 일찍 도착해야만 했다. 그래도 모든 분들이 주님을 사랑하는 마음으로 참석했다. 그런데 유독 이 분만 20-30분 정도 늦게 도착을 했다. 한 집사는 나에게 "직접 좀 권면을 하라"고 했다. 나는 한 번도 짜증이나 불편하게 생각을 하지 않았다. 연세가 있으시지만 일찍 예배에 참석을 하면 좋겠지만 그나마 주일을 기억하고서 예배에 빠지지 않는 것만으로 감사하고 기특했다. 그래서 내 아내와 함께 기도했다. "하나님 이 분이 정시에 예배에 참석 할 때에 제가 은퇴하게 하옵소서." 나와 아내는 이 기도를 응답을 받지 못한 채 나는 본래의 계획 보다 2년 일찍 은퇴를 했다.

앞당긴 은퇴

처음 계획보다 2년 앞당겨 은퇴를 생각하게 된 것은 몇 가지 이유가 있었다. 첫째는 나는 주보의 글자 중에 오자가 나오는 것을 견딜 수 없어 했다. 왜냐하면 이것은 목회자로서 성도에 대한 예의이고 마음이라고 생각했기 때문이었다. 어느 날 보았더니 교회 소식란에도, 설교 요약 부분에도 오자가 보였다. 나로서는 오자를 수정 한다고 했었는데 수정이 되지 않고 그대로 나왔다. 둘째는 설교를 하는데 생각과는 다르게 입으로 말이 다르게 나왔다. 특히 이름을 이야기 할 때에 '요셉'이라고 해야 하는데 '모세'가 나오는 실수를 보게 되었다. 셋째는 나는 클린턴 박사를 통하여 목사직 자체가 비전이 아님을 배웠다. 주위에 많은 경우에 목회자가 은퇴를 하고나면 '뒷방 영감'이 되는 경우가 많다. 왜냐하면 목회직 자체가 비전이라고 생각했기 때문에 은퇴 후에는 할 일이 없어져 버리고 동시에 비전도 끝나버렸기 때문이었다. 한번은 김형석 교수의 〈백세가 되어보니〉

라는 책을 읽었다. 그 책에서 우리의 인생에서 60세에서 75세가 가장 황금기라는 것을 보았다. 나는 본래의 계획보다 2년 정도 일찍 은퇴를 하면서 그동안 늘 말만 해 오던 것을 마지막으로 이루고 싶었다. 내 아내가 자주 들려준 말처럼 "제발 은퇴 후에는 껄떡거리지 말라"는 말을 실현하고 싶어서였다.

나는 페리스시 실내 벼룩시장안에 있는 만남의교회를 2015년 6월 4일 첫 주일부터 2021년 12월 26일 마지막 주일까지 6년 7개월 동안 섬겼다. 2016년 한생명교회로 이름을 변경하였다. 집에서 교회당까지는 60마일로 왕복 120마일이었다. 매주 두 차례 다녔으므로 240마일이었으며 총 82,080마일을 다녔다. 지구의 둘레가 24,900마일이 되므로 그동안 지구를 3.3 바퀴 돌았다. 그 가운데 유독 한 번은 주일예배를 마치고 아내와 함께 집으로 돌아오기 위해서 고속도로를 달리고 있었다. 차의 왼편 뒤쪽 타이어 고무 중간부분이 달아난 아찔한 일 외에는 그 어떤 교통사고나 교통위반 티켓도 받지 않도록 안전을 책임져 주신 좋으신 하나님께 감사를 드린다.

나는 공적인 목회의 마무리를 이 교회에서 한 것이 자랑스럽다. 왜냐하면 이 교회만큼 아름다운 교회도 드물다고 생각이 되었고, 주일 낮 예배 시간에 본문에 대한 질문과 답을 받고서 나누면서 함께 하나님께 예배를 드렸기 때문이었다. 미래의 가정교회의 한 모습이 될 것이기 때문에 자랑스럽고 자부심이 생겼다. 장래 비전완성을 위하여 혼자서 3개월 동안 금요일마다 교회당에서 기도를 한 후 처음 계획보다는 2년 앞선 2021년 12월 26일 주일예배를 끝으로 전격적으로 사임을 했다.

나의 사임을 제직들은 모두 잘 수용해 주었다. 특별히 도 집사는 믿음과 기도의 사람임으로 하나님의 뜻 앞에서 전적으로 순종하는 분이었기 때문이었다. 목회자가 기도하고서 사임을 함에 있어서 거부할 수 없다고 생각하기 때문이었다. 거창한 목회 은퇴식을 갖는 것이 아닌 조촐한 목회 사임으로 마쳤다. 그럼에도 그동안 정이 들었던 상인들 중에 한 가정 외에는 모두 와서 함께 예배를 드리고 송별회를 가지게 되어 고맙고 감사했다. 나의 정식 목회 은퇴식은 이 책의 출판 감사와 함께 하려고 계획했다.

이제 나는 1978년 3월 신학대학을 입학하여 2021년 12월 공적으로 44년간의 목회사역에서 은퇴했다. 나는 신학교에 다닐 때에 70세에 은퇴하시는 선배 목사님들이 부럽고 존경스러웠다. 사도바울의 고백처럼 "나는 선한 싸움을 싸우고 나의 달려갈 길을 마치고 믿음을 지키며"(딤후 4:7) 정년 은퇴를 하게 됨이 너무도 감사하다. 우리가 가장 건강할 때는 몸에 어떠한 현상이 나타나지 않고 어려움이 없을 때인 것처럼 나는 하나님의 전적인 인도와 간섭과 도움과 은혜로 목회 가운데 어려움이나 구설수에 오르지 않고 끝까지 완주한 건강하고 만족하고 풍성한 목회자였다. 내가 주의 길로 들어섰을 때에 하나님께서 "현세에서 백배의 축복을 주신다"는 약속의 말씀 그대로 그 복을 누리며 목회할 수 있어서 나는 행복을 누리는 목회자이다.

제 6 단계:
은퇴 이후 회고 단계(68-71세)
(황혼 살림, 위로의 시간, 비전 사역: 2022년 1월 – 2024년 12월)

1. 황혼 살림
안식과 격리

2021년 12월부터 준비하여 2022년 2월 24일 네바다 주(Nevada State) 핸더슨 시(Henderson City)로 황혼 살림을 위하여 2년의 기한을 정하고서 이사를 했다. 사위와 딸의 도움으로 55세 이상 시니어만 살 수 있는 집을 빌리고, 밴에 이삿짐을 싣고서 두 차례 옮겼다. 집은 처음으로 살아보는 야산에 있었으며, 커튼을 걷으면 바로 앞에 펼쳐지는 광야가 사진의 한 장면과 같은 곳이었다. 방과 화장실과 샤워실은 두 개씩 있어서 여러 면으로 사용하기가 편리했다. 테이블과 서재가 있어야 되므로 내가 큰 방을 사용하고 아내는 작은 방을 사용했다. 은퇴 전까지는 분방하지 않도록 했지만 은퇴 후에는 아내에게 좀 더 유익하게 하기 위하여 각 방을 사용했다. 왜냐하면 내가 코를 많이 곪기 때문에 아내가 잠을 설치게 되고, 아내는 중간에 잠을 깨게 되면 잠을 이루기가 더욱 어려워졌기 때문이었다. 아침에 새들을 위하여 모이를 주면 수 십 마리가 날아 오는 곳이었다. 조깅 길에서는 토끼도 보고 그곳에 있을 동안 초원 이리(Coyote)를 가까이에서 서른 번 이상을 보았다.

목회 은퇴를 하고서 이사를 결정한 것은 몇 가지 이유가 있었다. 그동안 캘리포니아주 얼바인 시에서 30년을 살았으므로 너무 익숙하여 도전이 생기지 않았고, 큰 딸이 결혼하여 새 가정을 가지게 되어서 살았던 집을 주었기 때문이었다. 무엇보다도 2년 일찍 은퇴를 한 것은 그동안의 삶을, 아는 사람이 없는 곳에서 격리되어 집중해서 나의 삶을 정리하고 싶었기 때문이었다. 또한 44년 동안의 목회 기간동안에 안식년을 가지지 못했음으로 안식의 의미도 있었다.

나는 2년 동안 다섯가지 목표를 세웠다. 첫째는 성경을 프리셉트 성경 연구 방식으로 열 번 읽는다. 둘째는 황혼 살림 일지를 빠지지 않고 매일 기록한다. 셋째는 인생 여정표를 중심으로 한 〈여명에서 황혼까지〉 라는 제목의 책을 쓴다. 넷째는 〈생명의 대화 특화 훈련〉 이라는 강의안의 해설집을 쓴다. 다섯째는 아내와 함께 여행이나 병원에 갔을 때에 소통의 불편함이 없도록 영어회화 훈련을 한다.

황혼 살림 생활
아내와 하루의 시작은 각자 일어나서 개인 기도를 하고서 4마일을 1시간 10분 동안 걷는 것으로 시작을 했다. 아침 식사를 빵과 커피와 요구르트와 사과를 먹는 것으로 했다. 식사 후에 아내는 '성서학당' 을 통해 성경공부를 하고 성경을 읽었다. 나는 오전은 성경을 20장 이상을 읽었다. 점심은 아내가 매일 영양가에 맞추어서 다르게 만찬을 만들어 주었다. 두 주간 동안 같은 반찬이 반복해서 나오지 않을 정도로 준비했다. 나의 건강의 한 부분은 아내의 이러한 배려와 사랑 덕분이었다. 오후에는 책을 쓰는 일에 집중하였다. 저녁은 5시에 최대한 간단하게 먹고서 뉴스와 필요한 프로그램을 같이 시청했다. 그리고서 '황혼 살림 일지' 를 쓰고서 밤 10시에는 취침을 하였다.

한 달 가운데 8일에서 9일은 딸 집에 와서 머물었다. 왜냐하면 내가 속한 교단내 프로그램인 목회자 피어그룹이 매월 1회 만남을 가지므로 참석을 해야 했고, 가끔 설교 요청과 교회 탐방이 있었기 때문이었다. 2년 차에는 외손자가 태어나서 돌봐주게 되어 10일 동안을 머물게 되었다. 아내는 그 일 뿐만 아니라 딸을 위하여 화단 정리와 식사 준비를 하고, 나는 청소와 잔디관리를 했다.

나머지 기간은 거의 같은 일정으로 보내게 되었다. 2년 동안 24번을 다녔다. 캘리포니아 주에서 네바다 주까지는 결코 짧은 거리가 아니다. 편도가 270마일이므로 부산에서 서울까지의 거리와 비슷했다. 운전을 한 시간은 왕복으로 9시간에서 10시간이었으므로 200시간 이상이었으며, 총 운전한 거리는 12,960마일로 부산과 서울을 25번 왕복으로 운전을 할 동안 아내와 함께 있었다. 아내는 나의 안전운전을 위하여 옆에서 졸지도 않고 자지도 않고 돌봐 주었다. 그동안 안전을 지켜 주시고 보호해 주신 주님께 감사했다.

성경 읽기

은퇴 이후 2년의 기간 동안 값진 것 가운데 하나는 마음껏 성경을 읽었던 것이다. 40년 이상을 매일 큐티 교재를 가지고 아침마다 묵상을 하고 나눴다. 매일 한 본문을 집중적으로 묵상 한 것은 좋았지만 전체를 보는데는 부족했다. 그래서 성경의 한 권을 전체로 읽고서 묵상했다. 새로운 의미를 깨닫고 전체를 통하여 주시는 하나님의 음성을 듣는 기회가 되었다. 또한 프리셉트 성경 연구에서 성경공부를 하듯이 반복되는 단어, 특별한 주제, 여호와의 이름, 그리고 나에게 주는 교훈 등을 정리하면서 읽었다. 마지막 두 번은 말, 대화, 소리, 그리고 음성이라는 주제로 읽으면서 정리 했다. 은퇴 후에 늦은 감은 있지만 주님이 부르실 때까지 제일 먼저 최선을 다해야 할 것이 하나님의 말씀을 사랑하는 것임을 깨닫고 매년 다독을 하기로 작정 했다.

책 쓰기

"사람은 죽어서 이름을 남기고 호랑이는 죽어서 가죽을 남긴다" 고 했듯이 전적인 하나님의 은혜로 태어나고 부름을 받고 44년의 목회 사명을 끝까지 완주하게 되었다. 그래서 오직 하나님의 이름이 존귀케 되며, 오늘도 살아 역사하시며 나의 일생을 순간순간마다 책임져 주셨음을 빚진 자의 마음으로 정리하고 싶었다.

〈여명(黎明)에서 황혼(黃昏)까지〉 라는 책의 제목은 태양이 하루동안 위치 변화를 할 때에 부르는 이름을 사용했다. 해가 뜨기 전을 '미명' (未明), '여명' (黎明), 해가 수평선 위로 뜰 때를 '일출' (日出), 해가 중앙에 올 때를 '남중' (南中), 해가 수평선 아래로 질 때를 '일몰' (日沒), 해가 지고 밤이 오기 직전까지를 '황혼' (黃昏)이라고 한다. 태양이 뜨기 전에 미명이 있듯이 사람이 이 세상에 태어나기 전에 엄마의 뱃속에서 10개월 동안 있은 후에 태어난다. 태양이 뜨고서 하늘 중앙에 오게 될 때에 남중 (南中)이라고 하는데 나의 한글 이름과는 같지만 한문으로는 남중(男重)으로 뜻은 서로 아니지만 '말장난' (Wordplay)으로 의미를 부여하고 싶었다. 해가 지는 것을 '일몰' (日沒)이라고 하지만 그 이후에 밤이 아니라 황혼(黃昏)이라는 시간이 주어진다. 그래서 내가 태어나기 이전에 여명(黎明)이 있었던 것처럼 일몰(日沒) 곧 공적으로 은퇴 이후에 주님이 부르는 시간이 오기 전에 소중하고 의미가 있는 황혼(黃昏)의 시간이 있음을 보여 주고 싶었다. 황혼에는 해가 기울어지는 각도에 따라 시민박명(Civil Twilight), 항해박명(Nautical Twilight), 천문박명(Astronomical Twilight)

으로 세 부분으로 구분이 되며 각 시간은 30-40분 정도가 된다. 하루의 시간으로 보면 90-120분이 되며, 인생의 나이를 80-100세로 기준으로 하면 적어도 6년 6개월-8년 4개월의 시간이 주어진다. 그래서 황혼의 시기에 그동안 하나님에 의하여 각자에게 부여하신 고유한 인생사에 대하여 유종의 미를 거두기 위해서는 하나님께서 각자에게 주신 비전의 성취를 위해 촛점을 맞추어야 됨을 이 책을 통해서 미력하나마 알리고 싶었다.

〈생명의 대화 특화 훈련〉

나는 〈생명의 대화 기술 훈련〉이라는 훈련 교재(Workbook)와 강의를 위한 영상 슬라이드 (PPT)를 가지고 있었다. 한국 집회를 갔을 때에 하진목 집사가 "훈련을 통하여 가정이 새롭게 되었다"고 말하면서 나의 훈련 교재를 새롭게 121페이지 분량으로 만들어 주었다. 그것을 가지고 좀 더 보완을 하여 150페이지 훈련 교재를 만들었다. 훈련에 참석한 한 분이 "목사님! '기술' 이라는 단어가 어울리지 않습니다. 목사님의 훈련은 '특화' 입니다" 라고 했다. 그래서 급기야 '생명의 대화 특화 훈련' 으로 제목이 바뀌었다. 뿐만 아니라 훈련 교재를 위한 강의안을 작성하니 #12호로 A4 용지에 총 250페이지가 되며 글자수는 526,250가 되었다. 〈생명의 대화 특화 훈련〉 강의안 해설을 위한 책의 초안을 쓰게 되었다.

'황혼 살림 일지'

내가 '황혼 살림 일지' 라고 정한 것은 결혼을 하여 새 가정을 이루면 '신혼살림' 이라고 하므로 은퇴 후의 생활이 새롭게 시작 되었으므로 그렇게 정했다. 내가 이것을 쓰게 된 동기는 김형석교수의 〈백세 일기〉와 〈백년을 살아 보니〉 책을 읽고서 큰 도전이 되었기 때문이었다. '백세가 되어 살아 보니' 깨닫게 되는 것이 있는 것처럼, '70세가 되어 보니' 비로소 알게 되고 깨닫게 되는 것이 있음을 기록해 보고 싶었기 때문이었다. 70세가 되기 전에 일상적인 메모와 단편적인 묵상 일기를 써봤지만 제대로 빠지지 않고 일기를 쓰지 못했으므로 70세가 되는 기념으로 나 자신과의 약속을 지키고 싶었기 때문이었다.

나름대로 새로운 부분은 그날 일어난 일들을 간략하게 기록하였다. 읽은 성경을 관찰하고 묵상하여 기록하였다. 하루에 세가지씩 감사를 기록하면서 하나님께 대한 한 가지 감사와 아내에 대한 한 가지 감사와 나 자신과 이웃과 생활에 대한 한 가지 감사를 기록하였다.

나는 최대한 스스로 노력을 하여 2년 동안 총 기록한 것이 #12 호로 A4 용지로 총 501페이지 였으며, 글자의 수로는 863,863였다. 만약에 책으로 만든다면 1천 페이지는 족히 되는 분량이 되었다. "천리 길도 한 걸음부터"라고 하듯이 매일 굳건한 마음으로 적다보니 이만한 분량을 적게 되어 내 자신에게도 뿌듯하였다.

하루의 일상

2022년 한 해의 마지막 날이 되었다. 새벽에 사사기를 두 번째 읽었다. 사사기의 주제 말씀이 확연히 보였다. "백성이 여호수아가 사는 날 동안과 여호수아 뒤에 생존한 장로들 곧 여호와께서 이스라엘을 위하여 행하신 모든 큰일을 본 자들이 사는 날 동안에 여호와를 섬겼더라"(2:7). "그 때에 이스라엘에 왕이 없으므로 사람이 각기 자기의 소견에 옳은 대로 행하였더라"(17:6, 21:25). 이 말씀을 읽으면서 하나님께서 부르시는 그날까지 건강하게 잘 살아야될 이유가 하나 더 생겼다. 그것은 후손들이 믿음 안에서 더 길게 머무를 수 있도록 하기 위함이다.

아침에는 '유럽 메추라기' 새 (Common Quail) 두 마리만 왔으며 점심 시간에는 거의 오지를 않았다. 왜냐하면 주위 사람들의 반대로 사흘째에 모이를 주지 않았기 때문이었다. 조깅을 하면서 어제 다른곳에 주었던 모이를 확인했더니 다행스럽게 모두 와서 먹어서 좋았다. 오늘도 모이를 주고서 빨리 돌아와서 누가 와서 먹는지를 확인을 했다. 새들은 내가 모이를 주는지를 알고서 세 마리 식구들과 멧비둘기들이 모이를 주는 곳과 울타리에 사이좋게 앉아서 쳐다보았다. 모이를 준 곳에는 메추라기 네 마리 식구들과 멧비둘기 열 마리 남짓 와서 먹었다. 눈을 감고 '아옹' 하는 기분이었다.

조깅을 하면서 한 해 동안에 감사한 10가지와 마음의 시를 생각했다:
1. 좋으신 하나님께서 임마누엘이 되시고, 여호와 닛시가 되시고, 여호와 샬롬이 되어 주심에 무한 감사합니다.
2. 캘리포니아까지 10번을 왕복하고, 한 해 동안 11,374마일을 안전 운행하게 하심을 감사합니다.
3. 아내와 함께 하루 종일 함께 있고, 하루 세끼 먹는 것을 위하여 지극 정성으로 섬겨주고 사랑해 주는 아내가 있고 건강을 관리하게 하심을 감사합니다.
4. 부모를 존경하고 필요할 때마다 도움을 주는 사위들과 자녀들이 있음을 감사합니다.
5. 사위와 큰 딸에게 기도를 응답해 주시고, 외손자를 잉태하게 해주셔서 기쁨과 위로를 주심에 감사합니다.
6. 네바다 주로 이사하여 황혼 살림을 잘 적응하며, 부부가 아팠던 다리가 회복되고 건강하게 하심을 감사합니다.
7. 43일 동안 고국 방문과 여행을 하게 하시고, 모든 일들을 주님의 은혜 안에서 정리하게 하심을 감사합니다.

8. 이 목사 부부에게 비전을 실천하게 하시고, 몇몇 교회를 방문하게 하심을 감사합니다.
9. 여기서 하고 싶었던 성경읽기(5번)가 순조롭게 진행되었고, 황혼살림일지(265페이지), 인생 여정표(174페이지)를 쓰게 되어 감사합니다.
10. 동역자들과 주위의 지인들과 한국에 있는 사랑하는 분들과 교제하며 서로 섬기고 사랑할 수 있는 분들이 있음을 감사합니다.

점심에는 갈비 김치찌개(두부, 버섯, 콩나물)와 머위 나물을 먹었다. 간식으로는 귤과 단감을 먹었다. 저녁은 감자 빵과 흑마늘과 바나나를 먹었다. 몸무게는 164.6파운드, 혈압은 120에 83이었다.
- 하나님께서 사사기를 주시고, 두 번째 읽게 되어 감사합니다.
- 아내가 갈비 김치찌개(두부, 버섯, 콩나물)와 머위 나물을 만들어 주어서 감사합니다.
- 이 달에 1,850마일을 안전하게 운전하게 됨을 감사합니다.

'이토록 아름다운 세상'
무명
"나에게 주어진 하루가 있음을 감사하렵니다.
밥과 몇 가지 반찬 풍성한 식탁은 아니어도
오늘 내가 허기를 달랠 수 있는 한 끼 식사를
할 수 있음을 감사하렵니다.

누군가 나에게 경우에 맞지 않게 행동할지라도
그 사람으로 인하여 나 자신을
되돌아 볼 수 있음을 감사하렵니다.

태양의 따스한 손길을 감사하고

바람의 싱그러운 속삭임을 감사하고

나의 마음을 풀어 한 편의 시를 쓸 수 있음을

또한 감사하렵니다.

오늘 하루도 감사하는 마음으로 살아가겠습니다.

이토록 아름다운 세상에 태어났음을

커다란 복으로 여기고

가느다란 별 빛 하나 소소한 빗방울 하나에서도

눈물겨운 감동과 환희를 느낄 수 있는

맑은 영혼의 내가 되어야겠습니다."

2. 은퇴 후 위로의 시간
고국 방문에서 만난 자

44년간의 공적인 목회 사역을 마치고 새해를 맞이하여 2개월 동안 고국을 방문했다. 사위 덕분에 처음으로 어메리칸 항공의 'Polaris Class'를 경험했다. 코로나-19 전염병으로 인하여 한국 도착 후 10일 동안 격리된 시간을 가졌다. 그나마 부산 게스트 하우스에서 지낼 수가 있어서 다행이었다. 아내의 눈 검사를 위해 동행했다가 오히려 나의 왼쪽 눈 백내장 수술을 했다. 목회에서의 은퇴를 감사하는 마음으로 김 선교사 부부와 전라도 쪽을 한 주간 여행했다. 증도, 신안 천사도, 문준경 전도사 순교기념관, 여수, 만리포, 최근에 개통된 태안반도 고령의 해저터널을 통해 다녀왔으며, 맛집도 다녔다. 평생동안 병원 선교사역을 하시고 은퇴를 한 후에도 기독교 사회복지 가은원을 섬기시는 김진동 목사 내외분을 찾아 뵙고 며칠간 머물면서 사랑의 교제를 가졌다. 경부 병원선교회 대표이신 윤 목사 부부와 일찍 은퇴를 한 김 목사 부부를 만나 교제하며 큰 섬김을 받았다. 대전 고신 총회 세계 선교회 본부장인 이 선교사와 훈련원장인 남 선교사 내외분과 나눔교회 나 목사 부부를 오랜만에 만나 사랑의 교제 시간을 가졌다.

그 다음 해에는 '생명의 대화 특화 훈련' 요청으로 3개월 동안 고국을 다시 방문했다. 그 가운데서 김 선교사 부부와 욕지도를 다녀 왔으며, 하고 싶었던 선상 낚시도 했다. 신대원 동기인 김 목사 부부 및 윤 목사 부부와 같이 여수와 목포를 다녀 왔다. 윤 목사 부부와는 경주와 포항과 울진을 다녀 왔다. 고국의 아름다움과 동기들의 배려와 친절로 큰 위로의 시간이 되었다. 목회기간 동안에는 가져보지 못한 여유롭고 좋은 교제의 시간이 되었으며 나와 아내에게는 큰 위로와 감사의 시간이었으며 계획했던 일도 은혜 가운데 잘 정리가 되어 감사했다.

목회의 위로와 기쁨

내가 사랑하는 천 집사 부부와 제자인 배 장로 부부가 나의 은퇴를 기념하여 거제도 이수도와 충무와 창원을 구경시켜 주었다.

천 집사는 수산직 공무원으로 9급에서 출발하여 현재는 5급 공무원으로 통영시청에서 근무를 하고 있었다. 나는 그에게 잘해준 것이 없었는데 그는 우리에게 넘치는 사랑과 섬김을 아낌없이 해 주었다. 한국에 나가서 방문할 때마다 몇 차례나 최고급 호텔과 활어회와 맛있는 음식 대접을 극진히 해 주었다. 선물 가방에 잔멸치, 통영 특산품, 김, 딸들이 좋아하는 쥐포, 등등 이루 말할 수가 없을 정도였다. 오래전에 어머니와 누나와 나의 딸들이 함께 방문했을 때에도 넘치게 대접과 선물을 해 주었다. 그로인하여 어머니께서는 큰 위로와 기쁨을 누리셨다. 누나는 "너희가 얼마나 잘 했으면 아직도 저렇게까지 정성과 사랑으로 대접해 주는지를 알 것 같다.

저분이 얼마나 귀하고 좋은 분인가를 보게 된다"고 하셨다. 나는 그를 통하여 뿌듯함을 느꼈고, 그는 나의 목회의 기쁨이며 자랑의 면류관이었다.

2022년도에 통영으로 찾아 갔을 때에도 그의 아내 권사가 얼마나 지극 정성으로 대접해 주어서 몸 둘 바를 알지 못할 정도였다. 그의 아내는 현재 보건소 간호과장으로 수고를 하고 있다. 이번에는 내가 지금껏 다른 사람에게서 받은 선물 가운데 최고로 비싼 것을 받았다. 정관장 제품인 '천녹톤'(정성스럽게 담은 녹용)이었다. 나는 그의 사랑에 몸둘바를 몰랐다. 그의 어머니도 계시는데 얼마나 큰 사랑과 마음으로 이것을 준비해 주었는지를 생각하니 너무도 황감했다. 나는 다윗이 아둘람 굴에서 목말라 할 때에 세 장수가 적진을 물리치고서 예루살렘의 우물물을 길어서 오자 '이것은 너희들의 피'이므로 마시지 않고서, 여호와께 부어 드렸던 것을 기억했다(사무엘 하 23:15-17). 나는 평생을 병원선교와 복음화를 위하여 섬기시고, 지금은 청도에서 기독교 사회복지 가은원을 섬기는 김 목사 내외분을 생각하고서 그분에게 직접 갖다 드렸다. 왜냐하면 차마 내가 먹을 수가 없었고, 내 아내도 흔쾌히 동의를 해주었기 때문이었다. 내외분은 너무도 황송하게 받아 주셨다. 이것이 받는 것보다 주는 것이 더 큰 기쁨이었다. 그와의 만남은 신적인 것이었다.

배 장로와의 만남은 참으로 긴 세월 동안 이어졌다. 그가 중학교 때부터 만나서 지냈기 때문이었다. 아버지를 일찍 여의고 믿음의 어머니 아래서 신실하게 성장 했으며, 효심이 지극했다. 군 제대를 하고서 창원에서 직장 생활을 하면서도 영도까지 교회에 출석했다. 그는 열심히 공부하여 소방 설비에 대한 자격증을 수없이 많이 가졌고 현재 교회 장로로 경창소방 이엔지(주) 대표이사로 있다.

지금은 배 장로의 아내가 된 공 자매가 교회에 출석을 했다. 그는 영도 해동병원에서 보조 간호사로 일을 했다. 그에게 심방을 가서 전도폭발 내용을 전했다. 신앙적으로 열심이 있고 주님을 사랑하는 마음은 많았지만 '행위 구원'을 강조하는 교단에서 신앙생활을 했었다. 그는 나의 심방때에 전도폭발 질문 1과 2에 대하여 큰 충격을 받았다. 새벽기도와 철야 기도회에 열심을 다하였다. 제자훈련과 전도폭발에 앞장서서 배우고 섬겼다. 특별히 영혼을 사랑하는 마음을 가졌고, 전도폭발 훈련 후에는 주님의 마음으로 앞장서서 전도도하며 섬기며 언제나 밝은 미소로 상대방을 기쁘게 해 주었다. 병원에서도 구김살 없이 너무도 희생적으로 봉사 했다. 한 번은 내가 필리핀 선교를 다녀오고 난 이후에 청년집회에 갔었다. 내가 새벽기도를 인도하다 강대상에서 정신을 잃고서 쓰러졌다. 바로 공자매에게 부탁을 하여 병원에 가서 입원을 하여 큰 도움을 받고서 완쾌되었다. 이전에 내 아내가 둘째를 낳게 되었을 때에 그의 도움으로 해동병원에서 잘 순산하게 되었다. 간호사로서 '백의의 천사'로 대표적인 인물을 뽑으라고 한다면 그를 기꺼이 소개하고 싶다. 나의 목회 가운데 특별한 인물 가운데 한 명이었다.

그들은 내가 섬겼던 제8영도교회 출신으로 열심이 특심이었다. 나는 여러 면을 보면서 내가 사랑하는 배 형제의 짝으로 생각을 하고서 기도했다. 어느 날 두 사람을 집으로 불러서 "결혼을 했으면 한다"고 했더니 극과 극이 통하듯이 나만 몰랐지 둘이서는 이미 결혼을 약속하고 사귀고 있었다. 너무도 감사하고 좋았다. 그들은 1990년 2월 3일에 제8영도교회 제1호로 결혼식을 가졌으며, 나 역시도 처음으로 주례를 했었다. 개척교회였으므로 성도들도 모두 자기 가족처럼 축하와 축복을 했다. 요즈음 주례를 할 때에는 24시간 동안 '영적 혼수감 준비' 훈련을 하고서 보내지만 그 당시에는 내가 부족하여 아무런 도움을 주지 못하여 이 자리를 빌어 사과를 한다.

내가 미국에 들어 왔다가 부산 늘빛교회에 청빙을 받아 갔을 때에도 그 교회에 찾아 왔다. 내가 다시 미국으로 들어가므로 큰 상처를 주어서 미안했다. 그 이후에 대양제일교회에서 2015년 4월 29일 같은 날 배 집사는 장로로 장립을 받았고, 그 아내는 권사로 취임을 했다. 영광스럽게도 나에게 축사의 기회를 주었다. 그래서 축사를 예쁜 종이에 양면으로 코팅을 하여 기념할 수 있도록 만들어 주었다. 그들의 집을 방문했을 때에 그것을 침대에 붙여 놓아서 기뻤다. 그들은 나에게 바울에게 있었던 브리스길라와 아굴라와 같은 자들이었다.

그들은 장립과 취임을 감사하고 우리 내외가 왔다고 충무에 있는 리조트를 예약하고 함께 여행을 했다. 나는 주책없이 밤 12시가 되도록 직분자를 위한 특강을 진하게 했었다. 그래도 사랑과 존경의 마음으로 받아 주어서 황감했다. 그 이후에도 고국을 방문하기만 하면 그들은 휴가를 내어서 우리를 태워 경주와 포항도 함께 다녀왔다. 작년에는 거제도 이수도 둥지안채 숙소에서 믿음의 교제를 했다. 이번에도 나의 은퇴 위로와 고희 축하를 위하여 거제도와 충무 지역으로 여행을 함께 하고 정성을 다하여 우리를 섬기고 대접해 주었다. 그들은 나의 목회의 기쁨이며 자랑이며 면류관이다.

미국 여행

천 집사 부부와 배 장로 부부를 2023년 9월 10박 11일 동안 미국으로 초대하여 서부지역 몇 곳을 함께 여행을 했다. 왜냐하면 그들의 배려와 사랑에 조금이나마 보답하기 위해서 였다. 로스앤젤레스 공항에서 출발하여 라스베가스, 자이언스캐년, 브라이스캐년, 그리고 그랜드캐년의 남북부지역을 한 주간 동안 둘러 보았다. 캘리포니아로 다시와서 닉슨대통령기념관, 게티센터와 사이언스박물관 그리고 장미가든과 헌팅턴도서관 및 샌디에고지역을 4일간 여행했다. 나의 큰 딸이 그들이 한국에서 베풀어 준 대접과 사랑을 기억하고서 최선을 다하여 정성껏 대접을 해줌으로 우리에게는 부모로서 큰 기쁨이 되었고, 그들도 너무도 감사하고 좋아했다. 그들과 함께 내가 운전한 거리가 2,222마일(3,555km)이었다.

이번 여행을 하면서 서로를 더 깊게 알게 되고, 믿음의 교제가 얼마나 값진 것임을 더욱 알게 되었다. 그동안 서로가 서로에게 영향을 주고 영향을 받음을 보았다. 천 집사는 그가 대학교에 다닐 때에 내가 했던 말을 기억하고 있었으며 그의 삶의 가치관이 되어 그대로 살게 되었다고 고백하여 놀라웠다. 그들 모두가 내가 그들에게 "일찍 한번 미국을 왔다 가라"고 했던 말의 의미를 "이제야 실감을 했다"라고 했다. 함께 여행하면서 차 안에서도 많이 웃고, 즐겁고 기쁘고 행복한 여정을 가졌다. 하나님께서 서로를 만나게 하시고 이 험난한 세상에서 동역자로서 서로 위로하며 살게 해 주심에 깊이 감사했다.

고인숙 집사

고 집사는 믿지않는 가정에서 교회에 출석하였으며 산업전선에서 공부를 하였다. 그는 여동생과 함께 제8영도교회에 출석했다. 나는 전도폭발을 통해 복음을 그에게 전했다. 그는 대단히 성실했으며, 제자훈련과 전도폭발 훈련을 탁월하게 감당했다. 어린이전도협회 훈련도 받고서 가정에서 아이들을 양육했다. 주일학교 교사로서 모범을 보였다. 청년들을 돌아보며 어려운 자들을 잘 도와 주었다. 하나님께서 주신 지식과 지혜와 권위와 교사와 섬김의 은사를 가졌다. 주님의 사역을 하도록 여자신학원에 입학하기를 소개하여 졸업을 했다. 나는 그가 우리 교회에 나오는 한 형제와 결혼하기를 원했다. 형제는 거부했지만 그녀는 "영적 지도자가 권유하시면 주님의 뜻 인줄로 알고 순종하겠다"고 했다. 그는 후에 결혼을 해서 쌍둥이 아들을 얻었지만 내가 그를 위하여 직접 배우자를 소개해 주지 못해 송구했다.

내가 미국에서 교회를 개척하여 교회당을 구입하게 되었다. 내가 한국에 있는 지인들에게 후원금을 요청한 일로 그들이 2년 동안 나에게 후원금을 보내왔는데 중간에서 그가 착실하게 송금업무를 감당해 주었다. 그는 '한번 스승은 영원한 스승' 인 것처럼 나를 존대해 주었다. 일전에 내가 잠시 부산 늘빛교회에 청빙을 받아 왔을 때에도 함께 주님의 교회를 섬기기 위하여 헌신해 주는 열성을 가졌다. 그는 주어진 곳에서 하나님 나라 확장을 위하여 최선의 노력을 다하고 있다. 나는 그의 도움과 배려를 잊을 수가 없다. 그는 나의 목회에 있어서 마치 사도바울에게 있었던 뵈뵈와 같은 자였다.

이번에 갔을 때에 그들이 "새로운 사업체를 인수하여 운영을 한다"고 해서 심방을 했었다. 심방을 통하여 그의 남편으로부터 귀한 고백을 듣게 되어 참으로 감사했고, 아내의 기도가 응답됨을 보게 되었다. 남편과 함께 기쁨으로 열심히 일을 하고 있는 모습이 귀하고 아름다웠다. 3일 동안 배 장로부부와 함께 생명의 대화 특화 훈련을 했다. 여전히 열심이 특심이어서 즉각적인 반응과 열매가 있어서 좋았다.

배향미 집사

지하실 교회당으로 옮기고 얼마되지 않아서 새벽기도회에 새로운 분이 참석을 했다. 기도훈련을 얼마나 잘 받았던지 뜨겁고 간절하게 했다. 얼마 지나지않아 주일학교 학생인 남매가 교회당에 매일 아침 기도를 하러 왔다. 자녀를 일찍부터 믿음의 사람으로 양육을 했다. 남편은 장교로 제대를 했으며 삼천포 예비군 중대장으로 계셨다. 그의 부모님의 집이 교회 바로 뒤쪽에 있었으므로 전역 후에 이사를 왔다. 그 당시만 해도 우리 교회 출석을 하는 성도들 가운데는 자기 집을 가진 분이 아무도 없었는데 처음으로 집을 가진 분이었다.

배 집사는 성격이 활달했으며, 음식 요리도 맛있게 잘했다. 섬김의 은사로 누구보다 잘 섬겼으며 선교에 앞장을 서고 청년들을 잘 도와주었다. 나의 둘째 딸이 태어났을 때에는 앞장서서 돌보아 주었다. 내 아내가 몸이 약해서, 교회당이 언덕길에 있었으므로, 내가 대신 물건을 들고가면 내 아내를 나무라기까지 했었다. 그의 아들이 중학교 2학년이 되었을 때 갑자기 나에게 "제가 결혼을 하게 되면 목사님께 주례를 받고 싶습니다" 라고 했다. 그가 장성하여 그 말을 지키려고 미국에 있는 나에게 연락을 했었다. 나는 오직 그 결혼식을 주례하기 위하여 한국에 화요일 아침에 도착을 해서 토요일 결혼식을 마치고 미국으로 돌아와서 주일예배를 인도했던 적이 있었다. 나의 결혼 주례 조건은 예외없이 24시간 동안 '영적 혼수감 준비 훈련' 을 받는 것이었으므로 저녁마다 불러서 호텔에서 강의를 했다. 시간이 부족하였으므로 미리 과제를 보내어 주고, 나머지는 만나서 사명을 가지고 훈련을 시켰다. 왜냐하면 자동차를 운전하기 위해서는 자격증을 따는 것과 같이 인생을 항해해 나가려고 하면 자격증을 따서 가야 된다는 생각을 가지고 있었기 때문이었다. 물론 운전면허증을 가지고 있다고 사고가 나지 않는 것은 아니지만 많은 위험을 미리 방지할 수 있기 때문이었다. 나 같은 경우에는 35년 이상을 운전하여 지구를 열 번 이상을 돌았지만 사고를 내지 않았다.

그때 배 집사는 나에게 "목사님! 우리 아들하고 며느리를 너무 울리지 마세요. 강의 시간에 너무 많이 울게 해서 결혼식에 얼굴이 부어서 나오겠습니다" 라고 했다. 나로서는 기쁨과 영광으로 주례를 했다. 이러한 사실을 결혼식에서 이야기했고 그들은 각각 서로에게 주는 약속을 10가지씩 고백하게 했다. 이들은 믿음 안에서 거룩한 가정을 이루며 살아가며, 감사하게도 건축사 자격증을 취득하여 부모님을 모시고 잘 살아간다. 배 집사와의 만남은 신적인 만남이며 나의 목회에 있어서 사르밧의 과부와 같은 특별한 분이다. 이번에도 그는 우리 부부를 만나기 위하여 억척같이 김해에서 전철과 버스를 타고와서 식사 대접을 해 주고 선물까지 주었다. 자주 만나지 못하지만 기도로 영교하므로 어제 만난 것처럼 친밀감을 느꼈다. 그에게 받은 사랑을 주께서 보답해 주시길 원한다.

장화윤 집사

그는 창신동에서 의상실을 운영했으며, 아내가 그의 부인과의 친분으로 처음 만났다. 무신론자였지만 복음을 듣고서 예수님을 영접했다. 1년간 카페에서 성경공부를 함께했고, 제 8영도교회에서 세례를 받았다. 신동아를 즐겨 읽던 그는 복음을 받은 후 책에 흥미를 잃고, 6개월만에 담배도 끊었다. 이후 아내의 교회로 옮겨 안수집사로 믿음으로 섬기고 있다. 그는 말이 적고 말수가 적고 온유하며 진솔하며, 이번 방문 때도 기쁘게 맞이해 따뜻한 대접과 정을 나누었다.

새 황혼 살림

핸더슨에서 2년을 계획대로 보내고서 딸 집과 가까이에 있는 시니어 모빌 홈을 구입했다. 이미 고인이 되신 장인 장로의 유산 덕분에 노년 황혼 살림집을 마련하게 되어 감사했다. 하나님께서 나에게 베풀어 주신 은혜가 끝이 없듯이 부모님께서 남겨주신 사랑도 헤아릴 수가 없다.

새 황혼 살림에서 특별하게 변화를 가지게 된 것은 삼식(三食)이가 이식(二食)이가 되었다. 지난 5월에 한의사이신 장 선교사를 만나 치료를 받고 건강식에 대하여 가르침을 받았다. 먼저 40년 이상 동안 아침마다 먹었던 커피를 끊었다. 45년 넘게 아내에게 식사를 대접 받았는데 이제 아침 한 끼라도 아내를 섬기고 싶었다. 그의 가르침은 숫자적으로 할 수 있어서 나에게는 적격이었다. 당근, 양파, 브로컬리, 그리고 양배추를 각각 100그람씩 하여 8분 동안 끓여서 믹서기에 갈아서 주스를 만드는 것이었다. 그리고 달걀 4개를 11분 동안 반숙이 되도록 삶고, 요플렛과 사과를 깎고 통밀 빵 한 조각을 구워서 차리는 밥상이었다. 전체를 준비하는데 불과 30분도 걸리지 않는다. 이 노년에 아내를 섬기는 밥상을 차리게 됨이 감사하고 기쁘다.

　나의 친구이며 목사이며 한의학 박사의 영향으로 건강에 관심을 가지며 노력을 하고 있다. 그는 "60이 넘은 나이에는 밥 한 끼를 먹어도 영양을 생각해서 먹어야 되며, 하나님 다음으로 건강에 집중해야 된다. 왜냐하면 오래 살기 위해서가 아니라 하나님이 주신 몸을 끝까지 관리를 잘하기 위해서"라고 했다. 그는 70이 다 되었지만 건강 나이로는 40대 초반을 유지하고 있으며, 일 년에 몇 달 동안은 해외의 오지에 가서 침술로 선교를 하고 있다. 또 다른 친구가 유튜브 동영상 내용인 '노년에 아끼지 말아야 될 것 4가지'를 보내왔다. "첫째는 건강한 음식에 돈을 아끼지 말라. 둘째는 운동하는데 시간을 아끼지 말라. 셋째는 잠자는데 시간을 아끼지 말라. 넷째는 독서하는데 시간을 아끼지 말라." 나는 이러한 것을 지키려고 아내와 같이 매일 노력을 한다.

　나와 아내는 아침에 일어나서 각자 기도를 하고서 매일 아침과 저녁에

40분씩 조깅을 한다. 아침 식사는 내가 만든 주스 건강식을 하고, 점심과 저녁 식사도 신경을 써서 절제하면서 먹는다. 매일 아침에 일어나서 몸무게를 확인하고 일주일에 한 번 혈압을 측정한다. 감사하게도 아내는 콜레스테롤 약을 약하게 복용하고, 나는 아직 복용하는 약이 없다. 일주일에 두 차례 친구들과 만나 좋아하는 운동을 하고, 운동센터에 가서 근력운동을 세 차례 한다. 아내는 나의 건강을 위하여 자신보다 더욱 챙겨주므로 몸둘 바를 모를 정도이다. 내 아내는 큰 딸이 늦게 결혼을 하게되어 아직 외손자가 두 살이 되지 않아서 일주일에 몇 차례씩 가서 돌보아 준다. 아내는 외손자의 성탄 선물을 위하여 3천 조각의 퍼즐을 혼자서 3개월 목표로 시작하여 놀랍게 달성했다. 친구인 김 목사 부부가 우리가 새집으로 이사를 했다고 방문하여 그동안 아내가 완성한 5천 조각의 천지창조와 3천 조각 2개, 2천 조각 5개를 보고서는 놀라워했다. 그는 "이렇게 완성된 큰 퍼즐을 처음으로 보았으며, 형수님이 어떻게 이민목회와 이민생활을 30년 이상하게 되었는지 그 숨은 비결을 이제 알겠다"고 했다.

나는 작년도에 그리고 아내는 올해에 고희(古稀)가 되었다. 사위들은 우리가 고희를 맞이했으므로 축하해 주기 위하여 7박 8일 동안 하와이 빅아일랜드(Big Island)와 카우아이(Kauai) 섬을 다녀오는 계획을 세운 일로, 온 가족들이 처음으로 함께 여행을 했다. 자녀를 둔 부모의 기쁨과 행복을 만끽했다. 하지만 나의 부모님과 아내의 부모님께는 이러한 축하와 대접을 해 드리지 못했음에 송구하고 숙연해졌다.

2년 동안 〈여명에서 황혼까지〉 책 초안을 작성했던 것을 윤원환 박사와 일 년 동안 20번의 코칭과 큰 도움을 받으며 나의 만 72세 생일을 맞이하기 이전에 출판하기 위하여 마무리를 하였다.

3. 지속되는 비전 사역에의 공헌
고국에서의 초청 전화

낯선 곳에서 황혼 살림을 시작한 지 9개월이 되는 2022년 9월 20일 화요일, 예기치 않게 고국의 J로부터 전화가 왔다. 그는 오랜만에 나를 향해 묻어 두었던 마음 중심의 이야기를 해 주었다. "작년도부터 목사님을 위하여 기도를 했습니다. 목사님께 '이례 선생님' 이라고 별명을 지어준 것은 그냥 이름이 아니고, 그동안 함께 하면서 느낀 목사님에 대한 인상이었습니다. 저는 하나를 배워서 열 개를 써먹는다고 한다면 목사님은 백 개를 배워서 열 개도 사용하지 않으시는 것 같습니다. 그래서 요즈음은 한국에서는 '은퇴 목사' 라고 하면 누구도 관심을 가지지 않으므로 '순회 선교사' 라는 직함으로 목사님을 제가 섬기는 교회에서 파송하고 싶습니다. 왜냐하면 국내와 전 세계적으로 나가서 마음껏 복음과 대화법과 그동안 준비한 것을 섬기고 나눠줄 수 있도록 하고 싶습니다. 저와 연관이 있는 기관과 교회와 아는 곳만 소개해도 많이 있습니다. 그러니 내년부터 시작할 수 있도록 한국으로 나오십시오" 라고 나에게 요청했다.

나는 그의 말을 듣고 참으로 그가 고맙고 눈물겹도록 감사했다. 부족하고 보잘 것 없는 나를 그렇게까지 생각해 주는 그가 있다는 것이 황감했다. 내가 그에게 해 준 것과 관심은 너무도 적었기 때문에 부끄럽고 몸 둘 바를 몰랐다. 나는 그에게 "교회에서 6개월만이래도 협동목사로서 섬길 수 있도록 해 주는 것만으로 감지덕지 하다" 고 했다. 그의 진언을 들으면서 하나님께서는 나의 작은 신음에도 귀 기울여 응답하시고 친히 행하심을 느꼈다.

10월 2일과 22일과 11월 8일 그와의 통화를 통해 나는 그가 섬기는 교회의 교인들을 대상으로 하고 싶었는데 그는 주변의 목회자들을 섬기고 싶은 의도를 알게 되었다. 그는 "교회 운영위원회에서 '생명의 대화법 훈련'을 위하여 모임을 가졌는데 요즈음은 집에서 쉬는 사람이 없다. 젊은 이들은 말할 것도 없고 나이가 들어 은퇴를 했음에도 운전이나, 케어를 위해서 일을 한다. 그래서 낮 시간을 마련하기가 쉽지 않다. 유아를 둔 분들만 몇 명이 있다"는 말을 전해왔다. 나는 그와 통화를 통해서 그는 나에게 기회를 주고 싶고, 그런 필요를 느끼지만 교회에서는 형편이 여의치 않음을 느끼게 되었다. 그럼에도 나에게 J의 전화는 '엘리야가 갈멜산 꼭대기로 올라가서 땅에 꿇어 엎드려 그의 얼굴을 무릎사이에 넣고 일곱 번 기도할 때에 나타난 손 만한 작은 구름'(왕상 18:42-44)과 같은 기폭제가 되었다. 주님이 하실 일을 기대하면서 2023년 3월 3일(금)에 어메리칸 항공으로 출발하여 5월 27일(토)에 미국으로 돌아오는 86일간의 일정을 계획하고, 일단 11월 10일에 항공표를 예약했다.

나는 11월 30일에 동기인 안 목사, 최 목사, 그리고 김 목사에게 다음과 같이 이메일을 보냈다.
"11월 마지막을 맞이하여 그동안도 안전하고 건강하게 잘 지냈는지 문안을 전한다. 다사다난 했던 한 해 동안도 여러면으로 수고가 많았다. 나와 아내는 작년 연말에 은퇴후에 조용한 곳에 와서 그동안의 사역과 삶을 돌이켜 보면서 정리의 시간을 보내고 있다. 나는 이곳에 있으면서 부끄럽고 면목이 없게도 너희들을 제대로 한번 초청도 하지 못했다. 이 시간에 용서를 구한다. 그럼에도 너희는 부족하고 못난 나를 몇 차례나 불러서 설교와 강의와 집회를 인도하도록 자리를 만들어 주었다. 참으로 고맙고 감사했다.
나와 아내는 내년 3월 4일 토요일에 나가서 5월 27일 토요일에 돌아오려고 비행기표를 이미 예약을 했다. 첫째는 너희들에게 나의 책 출판에 대한 고견을 듣고 싶다. 둘째는 염치없지만 너희가 원하고 허락이 되면 섬기는 교회에서 주어진 시간

만큼 '생명의 대화법 훈련' 으로 재능기부를 하듯이 섬기고 싶다. 셋째는 나머지 모든 시간은 은퇴를 했으므로 아내와 이곳저곳에 여행을 하려고 한다.

먼저 나의 무례한 제안에 대하여 너희가 허심탄회하게 이야기를 해 주면 좋겠다. 코비드 전염병 이후 요즈음은 더욱 더 나이에 상관없이 모두들 대면하여 시간을 내기가 쉽지 않을 것이다. 배우는 것에 대한 열의도 상상이 되지 않을 정도로 좋지 않을 것이다. 더구나 내가 나이가 70이고, '노틀' 이고 지명도도 전혀 없기 때문에 쉽지 않을 것이다. 미국에서 그곳으로 가기 때문에 숙박의 문제도 해결하기가 힘들 것이다. 여러 가지가 총체적으로 어렵기 때문에 솔직하게 이야기를 해 주길 바란다. 앞서서 이야기를 한 것처럼 나는 훈련만을 위하여 나가는 것이 아니기 때문이다. 백의 하나라도 도움이 되고 유익하다고 생각이 되고 더 나아가 형편이 가능하면 허락해 주길 바란다. 내가 나의 의견을 제시한 것처럼 너희도 가부간 괜찮으니 결정이 되는대로 연락을 부탁한다. 그래야만 방문 스케줄을 계획할 수가 있기 때문이다. 이 나이에 이렇게 부담이 되는 부탁을 드려 송구하기 짝이 없다. 강건하길. 샬롬"

안 목사는 즉각적으로 답을 보내 왔다. "먼저 친구 얼굴을 내년에 볼 수 있게 된다는 것이 최고로 좋은 소식이다. 너무 어렵게 생각하지 말고 편하게 와서 우리 교회와 김 목사의 교회에서 설교와 강의 한 번씩 한다고 생각하고 오너라. 이 나이에 공식적인 것 보다는 비공식적으로 편하게 대하면 된다. 너의 일정에 맞추어 김 목사하고 계획을 짜 볼게. 무엇보다 건강이 최고니라. 나는 좀 바쁘게 잘 지내고 있다. 고맙다. 남중아!"

김 목사는 "튀르키예 여행 중 5명이 코로나에 걸리고, 계속해서 확진자들이 생기고, 나도 엊그제 해제는 되었는데 후유증 땜에 계속 병원에 다니고, 어리버리 상태라 제대로 연락도 못하고 많이 많이 미안하고 죄송하다. 용서를 바란다. 세계 선교사 연합집회도, 목회자 양육세미나도 있고, 대림절도 있고, 할 일이 태산인데~ 강 박사! 錦衣還鄕이다. 꿈을 안고 태평양을 건너가 교회를 개척해서 멋지게 목회하고, 공부해서 박사도 되고, 은퇴를 하고, 정든 고국에 오시는데 우리가 열렬히 환영하고 잘 모셔야 하는데~~~^^"

"내가 이리저리 바쁘고 정신이 없어서 너의 일정에 대해 소홀한 것 같아 대단히 미안하고 죄송하다. 일단, 3월 4일 공항에는 내가가서 모시도록 할게. 그리고 3월 5일(주일) 예배는 우리 교회에서 말씀을 전해주면 좋겠는데, 설교는 1부(09:30분)와 2부(11:10분) 두번 하면된다. 숙소도 내가 잡아 놓도록 할게, 걱정 말고, 몸이나 성하게 해서 오도록 해라. 12일 주일도 일정을 잡아 놓을게. 3월 6일(월)-7일(화)는 MLC '제76차 목회자 양육세미나'를 우리 교회에서 09:30-17:00까지 이틀 동안 하는 날이다. 강화도에 좋은 곳이 참 많다. 가서 며칠 쉬도록 하자. 내가 잡아 놓을게. 일단 여기까지 하고 나머지 일정은 내가 잡아 놓을 테니 걱정하지 말고 오이라. 미안하다."

최 목사는 나의 '생명의 대화 특화 훈련'에 대한 소개와 교회에서 진행하는데 있어서 일정에 대하여 이메일을 보내어 달라고 해서 보냈다.

비전 기도 응답

나는 은퇴 후 2년 차에 전적으로 하나님의 인도하심을 바라보면서 아브라함이 갈 바를 알지 못하고 고향을 떠난 것과 같이 나를 초대한다던 J와는 아무런 확정된 계획 없이 3개월 동안 고국을 방문했다. 처음 계획과는 전혀 다르게 전적인 하나님의 방법으로 비전을 이루도록 하셨다. 클린턴 박사가 "비전을 이루기 위해서는 자신을 죽여야 된다"는 것을 실제적으로 경험 했다. 상상을 할 수 없을 정도로 고국 방문 86일 가운데 40일 이상을 아침 9시부터 저녁 10시까지 13시간씩 훈련을 진행하게 하셨다. 요즈음 부흥회도 4일간 하기가 쉽지 않은데 처음 만난 H 목사와 세 시간 동안 이야기를 하는 가운데 "하나님이 저를 위하여 목사님을 보내 주셨습니다" 라고 말하면서 '생명의 대화 기술 훈련' 을 원했다. "만약 교회에서 허락이 되지 않으면 개인적으로라도 배우겠다"고 했다. 교회에서 허락이 되어 그곳에서 나는 처음으로 16박 17일 동안 훈련을 했다. 주중의 훈련반은 월요일부터 목요일까지 오전반(9-12시)과 오후반(2-5시)과 저녁반(6-9시)으로 나누었다. 총 8번으로 24시간이었다. 주말반은 토요반으로 오전 9시부터 오후 6시까지 2번으로 총 18시간이었다.

H 목사는 나를 만나고서 S 목사를 자기 교회 훈련에 초대를 했다. 나는 너무도 당혹스럽고 부담이 되었다. 왜냐하면 H 목사는 나를 제대로 알지를 못하고, 나의 훈련을 받은 적도 없는데 초대를 받은 S 목사가 실망 할까봐 걱정이 되었기 때문이었다. S 목사는 두 주간 동안 겸허히 다른 훈련생들과 함께 훈련을 받았다. 그는 "교회에서 제자훈련을 몇 년을 해도 잘 변하지 않는데 어떻게 두 주간 만에 이렇게 변하는지 놀라웠고, 무엇보다도 아내가 자신이 변한 것을 알게 되었다"고 했다. 그리고서는 자기가 훈련을 받아 보았더니 너무 좋아서 자기 교회에서도 17박 18일 동안 해 달라고 했다. "왜냐하면 토요일 반이 두 번으로 마치는 것이 아쉬웠고, 주일 만 시간을 낼 수 있는 분들을 위하여 주일 오후반을 개설하고 세 번을 만날 수 있도록 하기 위함이다" 라고 했다. 참으로 그의 제안과 고백은 엄청났으며 놀라웠다. 나는 "어떻게 이런 일이! 정말 주님이 하십니다" 라고 고백 할 수 밖에 없었다.

오래 전에 나에게 훈련을 받았던 구 집사 부부에게서 연락이 왔다. "지금 출석하는 교회에 너무도 대화법 훈련이 필요합니다. 특별히 개척교회이고 아이들을 둔 젊은 부모가 많으므로 담임목사께 목사님의 이야기를 하여 허락이 되었습니다. 꼭 시간이 주어지는 만큼 만이라도 훈련을 해 주십시오" 라고 요청했다. 하나님께서는 참으로 놀랍게 인도해 주셨다. 그 교회에서는 5박 6일 동안 오전반과 오후반과 저녁반으로 나누어 훈련을 진행했다.

H 목사는 또 자기가 잘 아는 이 선생 부부를 원주에서 토요일반에 참석하여 훈련을 받도록 초청을 했다. 그들은 토요일에 열심히 참석을 했다. 그리고서는 자기들이 너무도 큰 도움을 받았고, 간절히 바라던 강의였으므로 자기들만을 위하여 8박 9일 동안 원주로 초청을 했다. 그들은 우리가 있을 동안에 너무나 극진한 대접과 섬김에 우리가 황송하여 3박 4일 동안으로 줄여서 섬겼다.

나에게 훈련을 받았던 미국의 김 목사가 카카오 톡 메신저로 연락이 왔다. "제가 아끼는 후배가 서울에서 건축설계사 본부장으로 있는데 고등학교 때에 미국에 와서 공부를 하고서 귀국했습니다. 그런데 소통의 문제가 심각하므로 꼭 도움을 주시기를 원합니다"라고 부탁했다. 나는 기꺼이 그만을 위하여 3박 4일 동안 서울에 가서 훈련을 진행했다. 나는 생명과 같은 시간을 주기 위해서 갔지만 그는 직장에서 너무도 바빠서 원하는 만큼의 성과를 내지 못하여 안타까웠다.

내가 사랑하는 배 장로 집에서 두 주간을 머물렀다. 사랑하는 사람에게는 필요를 채워 주고 싶은 마음이 생겨서 "이 훈련을 하자"고 제안 했다. 그들은 회사의 대표이고 교회의 장로이며 권사로서 말의 덕이 필요하기 때문이었다. 마침 멀지 않은 곳에 고 집사가 있어서 그도 초청을 했다. 2박 3일 동안 전 과정을 세 명을 앉혀 놓고 3천 명이 모여있는 것과 같은 열정으로 나누어 주었다.

새해에도 한국에서 훈련 요청이 왔다. 부경병원선교회 사역자들을 위한 생명의 대화 특화 훈련을 4박 5일 동안 인도를 했다. 대표이신 윤 목사께서 미국에 왔을 때에 그 부부가 나에게 이 훈련을 받고서 사역자들에게도 필요를 느끼고 초청을 해 주어 기쁨과 감사함으로 섬겼다.

미국에서는 오렌지소망교회에서 세 그룹에게 매주 2시간씩 15번 생명의 대화 특화 훈련을 가졌다. 그동안 훈련을 받지 못한 분들을 위한 훈련을 요청했다. 김 목사, 이 목사, 그리고 S 목사에게는 한 주간 혹은 두 주간에 개인적으로 만나 6개월에서 1년간 코칭을 했다. 김 선교사와는 아직도 개인과 사역을 위한 코칭을 1년 6개월 이상 계속하고 있다.

4. 비전 사역을 통한 훈련생들의 반응(Feedback)
'생명의 대화 특화 훈련 수료자 질문지에 대한 답변'
- 훈련생: LSO

1. 생명의 대화법을 배우기 이전에는 저는 한마디로 (자기중심적인) 사람이었습니다. 왜냐하면,
    1) 상대방의 기분을 파악하기도 전에 당장 제가 궁금한 일을 물을 때가 많았습니다.
    2) 아이들을 양육한답시고 명령, 충고, 설교 등의 말들을 많이 했습니다.
    3) 상대방이 묻는 말의 의미를 파악하지 못하고 저의 생각대로 대답하는 일이 많았습니다.

2. 나는 이 훈련을 하는 동안 나에게는 다음과 같은 부분이 새로웠고, 충격이었으며, 또한 유익이었습니다.

1) 상대방의 말에 내가 상처를 받는 것은 나의 욕구로 반응한다는 것이 새롭게 들렸습니다.
　　2) 저는 자녀들에게 친절하고 상냥하게 말을 했다고 생각했지만 그 안에 '걸림돌'이 너무 많았다는 것을 알고 충격이었습니다.
　　3) 제가 하고 싶은 말을 하기 전에 상대방의 말을 잘 듣기 위해 경청하는 습관이 생기고 걸림돌들을 사용하지 않기 위해 생각하게 되고, 필요 없는 말은 줄이게 되는 것이 유익했습니다.

3. 나는 이 훈련을 받는 동안 실천해보았더니 이런 부분은 이렇게 좋아졌습니다. 예를 들자면,
　　1) 숙제를 하면서 제 말에 걸림돌이 많았다는 것을 깨닫고 아이들에게 직접 사과할 수 있어서 좋았습니다.
　　2) 자녀가 아침에 일어나 피곤한 얼굴로 "왜 학교에 가야하지?"라고 말을 했을 때에 "응~ 네가 어젯밤 늦게 자서 피곤하구나"라고 마음을 읽어 주고 공감해 주는 말을 할 수 있게 되었습니다.
　　3) 둘째 아이가 '길거리 캐스팅' 제안을 받았다는 말을 들었는데 예전 같으면 속마음과는 다르게 "네가? 헐!! 어떻게 이런 일이!!"라고 말했을 텐데 이제는 눈을 마주보고 엄지 손가락을 치켜 세우면서 "오~ 대단한데! 네가 자랑스럽다."라고 말을 해 주면서 아들의 자존감을 높여 주었습니다.

4. 나는 이런 목적과 기대를 가지고 참석을 했는데, 이러한 유익과 도움을 얻게 되었습니다.
　　1) 제 안에 있는 부정적인 생각과 말들을 끊고 싶은 목적이 컷습니다. 생명의 대화법을 잘 배워서 남편과 자녀와의 행복한 대화를

하고 싶은 기대가 있었습니다.
   2) 훈련을 받으면서 그동안 남편이 저의 말에 불만이었던 부분이 눈에 보이기 시작했습니다.
   3) 아이들의 표정과 말에 마음이 아팠는데 문제는 아이들이 아니라 제 자신이었다는 것을 알게 되었습니다.
   4) 생명의 대화법을 통해 저도 아이들의 표정과 말투에 더 이상 상처 받지 않고, 아이들에게 말 한마디를 하더라도 충고나 설교, 명령 같은 걸림돌의 말들이 점점 줄어 들고 있습니다.
   5) 상대의 말을 경청하려는 습관이 생기기 시작했고, 경청하는 습관을 통해 상대의 마음을 공감해주고, 내가 하고 싶은 말이 아니라 상대방이 듣고 싶은 말을 할 수 있는 인격으로 변화되고 있습니다. 하지만 실생활에서 실제로 실천하는 과정에서 아직도 더 많은 훈련과 배움이 필요함을 느낍니다.

5. 이 훈련 가운데 이러한 부분은 아쉬웠고, 이해와 용납이 되지 않았습니다.
   1) 2 주간의 훈련으로 마치게 되어 아쉬웠습니다.
   2) "이 훈련은 3번 이상 해야만 자기것이 된다" 는 말을 이해하게 되었습니다.
   3) "교회에서는 거룩한 행복을 누리도록 하는 이러한 훈련을 그동안은 왜 하지 않았을까?" 라는 질문이 생기면서 안타까움이 생겼습니다.

6. 나는 생명의 대화 기술 훈련을 마치면서 다음과 같이 다짐해 봅니다.
   1) 남의 문제도 나의 문제로 가져와서 더 이상 상처받지 않겠습니다.

2) 나와 생각이 다르더라도 그 사람이 틀렸다는 인식을 버리고 나와 다르다는 인식을 갖겠습니다.

3) 다른 사람의 말을 더 경청하여 그 사람의 마음을 공감해 주고 때에 맞는 말을 하는 사람이 되겠습니다.

• 훈련생: PSA

1. 생명의 대화법을 배우기 이전에는 저는 한마디로 (교만하고 걸림돌의 전문가 같은) 사람이었습니다. 왜냐하면,
    1) 명령, 경고, 훈계, 충고, 설득
    2) 비평, 치켜세움, 욕설, 분석 그리고
    3) 동정, 캐묻기, 빈정거림…. 등이 대화의 전부였기 때문입니다.

2. 생명의 대화법을 배우는 가운데 저에게는 이러한 부분이 새로웠고 도전이었으며 충격이었고 그리고 유익이었습니다
    1) 말을 바꾸려면 생각이 먼저 바뀌어야 한다.
    2) 부단한 노력과 훈련이 요구되며
    3) 주인을 주님으로 바뀌어야 한다는 것, 매 순간 주님이 주인이 되어야 하는 것.

3. 생명의 대화 기술 훈련 가운데 저는 다짐을 하고서 실천해보았더니 이런 부분은 이렇게 좋아졌습니다. 예를 들자면,
    1) 상대방이 틀린 것이 아니라 다른 것이라는 생각을 하게 되었습니다.
    2) 상대의 장점을 보기 위해 관점을 바꾸게 되었습니다.
    3) 원망과 불평이 아니라 감사한 부분을 표현했습니다. 사위에게 행

동과 성품과 영적인 부분으로 나누어 표현하니 풍성한 감사가 되었습니다.

4. 저는 아직도 이러한 부분은 변화되지 않아서 실망이 되고 힘이 들지만 노력을 합니다.
    1) 반영적 경청이 쉽지 않고 자꾸 내 생각을 성급하게 주입시키려고 하는 것과
    2) 나 전달법(I - message)도 원활히 되지 않고
    3) 걸림돌을 습관적으로 쓰고 있는 것.

5. 저는 생명의 대화 기술 훈련 수료를 통하여 다음과 같이 다짐해 봅니다.
    1) 말의 주인이 주님이 되시게 하자.
    2) 칭찬에 인색하지 말자.
    3) 반영적 경청에 힘쓰자.

6. 제 2 단계인 생명의 대화법 중급반에서 계속하여 훈련을 받고 싶은 이유는 무엇입니까?
    1) 칭찬법에 대해 더 배우고 싶습니다.
    2) 훈련이 습관이 되도록 연습하고 싶습니다.
    3) 경청훈련, 나 전달법(I - message)을 더 배우고 싶습니다.

- 훈련생: WKS
1. 생명의 대화법을 배우기 이전에는 저는 한마디로 (자기 주장이 강한) 사람이었습니다. 왜냐하면,

1) 맏딸로 태어나서 9살에 아빠는 천국 가시고 제가 가장으로서 결정을 하다 보니 자기 주장이 강한 사람이 되었습니다.
2) 내 기준에서 대화를 했습니다.
3) 사람의 단면만 보았습니다.

2. 나는 이 훈련을 하는 동안 나에게는 이러한 부분이 새로웠고, 충격이 었고, 유익이었습니다.
1) 모든 말에는 의미가 있다는 것과
2) 나의 말에는 걸림돌이 많았던 것이 충격이었습니다.
3) 상대의 마음을 알아주는 마음이 생겼습니다.

3. 나는 이 훈련을 받는 동안 실천해보았더니 이런 부분은 이렇게 좋아졌습니다. 예를 들자면,
1) 무슨 말이든지 신중하게 하려고 합니다. 남편이 말을 할 때에 조심스럽게 듣고서 경청을 해 주었더니 남편이 좋아했습니다.
2) 남편과 아이들에게 명령을 하지 않고 "이렇게 좀 해 줄래?"라고 부탁을 하게 되었습니다.
3) 상대의 마음을 알아 거기에 맞는 말을 하도록 노력합니다. 그랬더니 아이들 태도가 금방 달라졌습니다.

4. 나는 이런 목적과 기대를 가지고 참석을 했는데, 이러한 유익과 도움을 얻게 되었습니다.
1) 처음에는 목사님께서 하라고 하셔서 순종을 하려고 했으며, 나 자신보다 오히려 담임목사님께서 변화하기를 바라면서 참석을 했습니다.

2) 제가 마음이 변하고 상대 마음을 먼저 알려고 하는 자세로 변해 가는 것을 느꼈습니다.

3) 그동안은 아이들의 잘못이라고 생각을 했었는데 이제보니 나의 잘못인 것을 깨닫게 되니 많은 부분이 좋아졌습니다. 내가 먼저 변화가 되니 남편의 말도 변화가 되어 눈에 보이게 좋아졌습니다.

5. 이 훈련 가운데 이러한 부분은 아쉬웠고, 이해와 용납이 되지 않았습니다.
   1) 내 안에 쓴 뿌리까지 없애 주셨으면 했는데 훈련기간이 짧아 아쉬웠습니다.
   2) 강사님이 "이 훈련은 세 번은 받아야 된다" 는 의미를 이해하게 되었습니다.
   3) 오래된 습관도 고칠 수 있도록 좀 더 구체적인 훈련이 필요해 보입니다.

6. 나는 생명의 대화 기술 훈련을 마치면서 다음과 같이 다짐해 봅니다.
   1) 말할 때에 신중하게 생각하면서 하며, 상대방을 공감하면서 말하겠습니다.
   2) 상대방에게 걸림돌을 사용하지 않고 상황에 맞게 디딤돌이 되도록 말을 하겠습니다.
   3) 예수님의 사랑의 눈과 맘으로 상대의 마음을 보면서 말하겠습니다.
*강남중 목사님을 보내주신 하나님께 감사드립니다.
*목사님께서 주신 카드, 소중히 간직 하겠습니다.
*아는 것과 실생활에 활용하는 것은 '천냥지차' 이므로 부단히 노력하고 습관화하겠습니다.

훈련생들의 간증문

• 훈련자: PSA

저는 결혼한 지 34년이 되었습니다. 그동안 말로 상처를 주고받는 일상이 반복될 때마다 원인이 상대방에게 있다고 단정하고 마음의 문을 닫곤 했었습니다.

지금 생각해보니 저는 한마디로 '교만한 걸림돌 전문가'였습니다. 저는 늘 상대방에게 명령과 경고, 충고와 설득, 비평하기를 좋아하며 조롱과 분석, 캐묻기와 빈정거림 등으로 상대에게 제 의견을 강요했습니다. 그것은 좋은 의도로 시작하지만 대화의 걸림돌이 된다는 사실을 배웠을 때, 정말 부끄러움을 금할 수 없었습니다. 말을 잘하기 원했으나 그 방법을 배운적이 없었는데 이번 강의 내용처럼, 말을 잘하기 위해 우선 생각과 관점이 바뀌어야 하고 부단한 노력과 훈련이 있어야 하며 무엇보다 주님이 삶의 생각과 말의 주인이 되어야 함에 적극적으로 동의 했습니다.

생명의 대화 기술 훈련을 통해서 변화된 것은 상대방이 틀린 것이 아니라 다른 것이라는 생각을 하게 되었고 상대의 단점보다는 장점을 보기 위해 관점을 바꾸어야 함을 알게 되었습니다. 그리고 상대방의 마음을 읽어주는 법을 몰랐었는데 공감하고 이해하면서 듣는 반영적 경청이 얼마나 중요한지 깨달았습니다. '...구나법'을 사용하여 상대의 마음을 알아주기에 힘쓰겠습니다. 또한 나 전달법(I- message)을 할 때, 행동과 감정, 그리고 구체적 영향으로 나누어 연습해보니 훨씬 쉽게 할 수 있어서 좋았습니다. 또한 감사에 인색했고 감사 표현에 미숙했는데 이번 훈련을 통해 지지, 격려, 인정을 할 때 구체적 사실과 내면적 성품, 그리고 영적인 부분으로 나누어 표현하니 훨씬 풍성한 감사가 되어 제 마음이 흡족했습니다.

성령님의 도우심 없이는 생명의 대화를 할 수 없고, 좋은 대화를 하기 위해서는 부단히 자기를 부인하고 주님을 주인으로 모시는 일이 선행되어야 함을 알기에 아침마다 주님을 새롭게 만나고 인정하는 일에 게을리 하지 않겠습니다.

그동안 열정적인 강의로 미련한 자들을 깨우쳐주신 목사님과 사랑으로 섬겨주신 사모님께 깊은 감사를 드립니다. 조건 없이, 풍성히 베푸시는 두 분의 사랑에 얼마나 마음이 따뜻해지는지요! 저희들도 그렇게 섬기며 베풀며 살아가겠습니다. 좋으신 하나님께서 두 분으로 인해 크게 기뻐하시며, 모든 필요를 풍성히 채우시길 소망합니다. 더욱 빛나고 존귀한 사역 되시길 기도하며 다시 한번 감사를 드립니다. 고맙습니다.

• 훈련자: CMS

저는 안식년을 맞아 안식하던 중에 아내를 따라 엉겁결에 처음 들어본 대화법 훈련에 참여하게 되었습니다. 대화법이란 말 자체가 너무 생소했고 수십 년 동안 누구보다도 많은 대화를 하며 살아왔던 저에게는 참으로 어색한 말이었습니다.

그러나 생명의 대화법을 배우는 첫 시간부터 이것이 저에게는 너무나 충격적이었습니다. 왜냐하면 저는 그동안 너무나 잘못된 대화들로 많은 사람들에게 상처를 주었던 것과, 또한 주변의 사람들에게 칭찬하는 것에 인색했던 것이 생각났기 때문입니다.

처음에는 자괴감마저 들었지만 탁월하신 강사님을 통해 수업을 진행해 나가는 동안 점점 어두움이 사라지고 광명의 빛이 찾아오기 시작했습니다. 저는 그동안 너무나 불필요한 말들을 많이 하며 살아왔었고 뿐만아니라 마땅히 해야 할 말들을 제대로 하지 못하고 살아왔었지만 강의를 통해서 이제부터라도 새롭게 대화법을 잘 배울수만 있다면 달라질 수 있다는 가능성이 생기게 되어 마음속에 큰 희망을 가지게 되었습니다.

생명의 대화 기술 훈련을 받는 동안 저에게는 점점 변화가 생기기 시작했습니다. 예전에는 별 생각 없이 말을 할 때가 많았었지만 이제는 대화를 할 때마다 아직은 많이 어색하지만 배운것을 생각하며 말하게 됨으로 상처를 주는 일이 줄어들게 되었습니다. 예전에는 대화를 할 때 상대방의 말을 바로 받아서 말하였었지만 이제는 다시 한 번 더 생각하고 말함으로 갈등이 줄어들게 되었습니다. 또한 예전에는 사람들에게 카카오 톡 메신저로 메시지를 보낼 때 간단명료하게 제가 하고 싶은 메시지만 전달했었지만 이제는 좀 더 상대방을 배려하여 훨씬 더 품위 있게 보낼 수 있었습니다.

그러나 저는 아직도 이러한 부분은 변화되지 않아서 실망이 되고 힘이 들지만 앞으로는 더욱 더 노력하기를 원합니다. 그동안 상대방을 비하하는 듯한, 즉흥적으로 사용했던 유머를 상대방을 고려하여 사용하려 합니다. 또한 감사와 칭찬의 말을 해야 하는 것이 어렵지만 잘 훈련하겠습니다. 뿐만 아니라 말을 많이 하기보다 듣기를 노력하여 더 성숙한 관계들을 이루며 살기를 원합니다. 마지막으로 저는 이 좋은 생명의 대화법을 널리 전파하는데 힘쓰며 살도록 다짐해봅니다. 정말 감사합니다.

훈련생들의 삼행시(강남중, 이진순)
강/ 강한 듯 보이지만 여린 마음이 매력적인

남/ 남자 중의 남자
중/ 중이 오빠~ FORGET ME NOT!!! 잊지 않으실 거죠?
이/ 이렇게 아름다운 사모의 모델이 되어 주신
진/ 진순이 언니~
순/ 순전한 모습 속에 인내와 사랑으로 오늘의 중이 오빠를 만들어 내신 언니, 사랑합니다.

강/ 강하게 말하면
남/ 남들이 더 잘 들어주는 줄 알았습니다.
중/ 중요한 것은 마음을 읽어 주는 사랑하는 관점입니다.
이/ 이제야 만나다니
진/ 진짜가 나타났습니다.
순/ 순종하는 마음과 겸손한 자세로 변화의 주인공이 되고 싶습니다.

강/ 강력한 이 시대의 리더십
남/ 남을 나보다 낫게 여기는 섬김의 리더십
중/ 중대한 사명의 도구로 사용되시는 생명의 대화법 코치님, 강남중 목사님, 사랑합니다.

강/ 강물보다 바다보다 더 시원하게 더 넓고 깊게 생명의 대화 훈련을 가르쳐 주신 코치님
남/ 남다르고 타고난 말솜씨로 하나님의 도구가 되시어
중/ 중요한 이 시대에 생명 대화법으로 거룩한 행복을 누리게 해 주셔서 감사드립니다.

강/ 강한 말 한 마디 보다 남을 배려하고 다름을 인정하도록 가르쳐 주신 목사님을 통해

남/ 남자의 묵혀두고 보지 않았던 마음을 꺼낼 수 있었습니다.

중/ 중요한 것이 무엇인지 알려주셔서 내 자신이 변하고 생명의 언어로 가정 천국 만들어 주심에 감사합니다. 그렇게 살겠습니다. 생명의 말을 전함과 더불어 나를 살려주신 강의 감사드립니다.

강/ 강하고 담대 하라. 내가 너와 함께 함이라.

남/ 남들과 다른 것은 틀린 것이 아닙니다. 하나님의 도우심으로 생명의 언어를 전하십니다.

중/ 중요한 것은 코치님을 통해 세상이 변하고 있다는 것입니다. 주님께 하듯 말을 하겠습니다.

훈련생들의 감사 카드

• 훈련생: KTA

존경하는 강남중 목사님께. 먼저 생명의 대화 훈련을 통해 거룩한 행복을 누리며 사는 법을 가르쳐 주심에 감사드립니다. 우리는 정보의 홍수 속에 많은 것을 보고 듣지만 이렇게 구체적인 생명의 대화법이 있는 줄도 모르고 상상도 못한 무지함이 제게 있었습니다. 내 한마디 말 속에 가족과 내 이웃의 마음을 아프게 하고, 기쁨과 슬픔을 잘 공감해 주지 못한 부분을 깨닫게 되었습니다. 먼 미국에서 우리 교회까지 오신 것은 우리 교회를 향한 하나님의 큰 선물입니다. 날마다 하는 수많은 말에 생명을 불어 넣는 이 대화법을 잘하도록 노력하겠습니다. 이 훈련을 통해서 내 주위에 좋은 영향력을 끼치는 사람이 되도록 노력하겠습니다. 목사님께서 아침부터 저녁까지 열강하시는 모습과 사모님의 늘 중보기도 하시는 모습 속

에 예수님의 마음이 느껴집니다. 다시 한번 머리 숙여 감사드립니다. 목사님의 가정 위에 하나님의 무한하신 특별한 축복이 임하시길 기도드립니다.

- 훈련생: LMJ(청년)

"많은 일을 하기보다 소중한 한 사람에게 집중하게 하옵소서." 목사님께서 저녁까지 강의를 해 주시는 모습을 볼 때, 저는 힘을 얻고 감사한 마음이 듭니다. 왜냐하면 진액을 짜내 고민하고 공부하셨던 삶의 비밀들을 가르쳐 주시며 섬기시는 분이심을 보았고, 섬김을 넘어 아버지의 마음으로 품어주시려는 목사님의 마음이 느껴졌기 때문입니다. 더 나아가 말 만이 아닌, 몸소 이웃 사랑을 실천하시는 모습을 볼 때 예수님이 실제 살아 계신다면 이렇게 섬기지 않으셨을까? 하는 생각도 듭니다. 내가 변하면 가정이, 가정이 변하면 사회가, 사회가 변하면 우리나라가 변한다는 말처럼 목사님의 섬김으로 인해 공동체의 엄청난 변화가 기대됩니다. 배운 기법들 잘 적용해서 행복한 삶 누리며 살겠습니다. 그동안 정말 감사했습니다. 생각날 때마다 목사님의 사역과 건강을 위해 기도하겠습니다.

"지혜는 그 얻는 자에게 생명나무라 지혜를 가진 자는 복되도다"(잠 3:18). 사모님을 처음 뵌 날, 저희들을 위로하여 주셨을 때 저는 마음이 후련하고 또 감사했습니다. 왜냐하면 같은 길을 밟아 오신 사모님의 위로는 특별했고, 따뜻한 마음으로 보이지 않는 아픔을 위로해 주시려는 사모님의 마음이 느껴졌습니다. 더 나아가 아무에게도 말하지 못했는데 저희의 아픔에 함께 아파하시는 사모님을 통해 하나님의 위로를 전달받았고, 사모님께서도 하나님께 얼마나 헌신된 분이신지를 느꼈습니다. 사모님, 그 모습이 참으로 아름다우십니다. 사랑합니다.

• 훈련생: NSH

강남중 강사님께. 2주가 넘는 시간 동안 열정적인 모습으로 강의해 주시고 코치해 주시는 모습을 볼 때 저는 정말 감사했고 또 든든했습니다. 또 저 자신조차도 인지하지 못했던 감정과 마음을 읽어 주시고 또 코치해 주셔서 더 감사합니다. 왜냐하면, 적지 않은 연세에도 불구하고 지치지 않는 노익장을 보여주셨고 또 강사님께서 누리고 계신 거룩한 행복을 우리도 함께 누리기를 원하시는 모습을 보았기 때문입니다. 하나님 아버지와 같은 마음으로 많은 영혼을 섬기기 위해 끝까지 사역을 감당하는 모습이 너무나 아름답습니다. 예수님과 같이 12명의 생명의 대화법 제자들이 꼭 세워지기를 기도하겠습니다. 강사님, 정말 감사했습니다.

• 훈련생: KNK

강남중 목사님께! 목사님께서 강의하실 때 보여주시는 열정이 너무도 빛나고 아름다우셨습니다. 담임목사님께서 목사님을 통하여 좋은 기회인 생명의 대화법을 열어 주셔서 제가 바뀌고 가정이 변화될 수 있는 계기가 되었습니다. 훈련을 통해 말씀이 선포될 때 사랑과 인자하심과 부드러운 카리스마가 매시간 넘치셨습니다. 많은 영혼들을 살리시고 하나님 나라 확장하시는 역할 감당하시고 섬겨주시는 마음이 존귀하십니다. 믿음의 갈렙처럼 지치지 않는 목사님 사역 위해 항상 기도하겠습니다. 언제나 목사님, 사모님 영육간의 강건하시길 소망합니다.

• 훈련생: KKS

강남중 목사님. 코치님, 잘 가르쳐 주셔서 감사합니다. 코치님을 통해 생명의 대화법을 배우며 상처가 치유되고 있습니다. 나 자신의 감정을 인지하고 읽어 주는 방법을 배웠고, 나를 다독이고 사랑할 수 있는 은혜가 임했습니다. 더불어 딸, 남편의 아픔을 인지하고 직면하며 수용하고 인정할 수 있는 마음의 힘도 얻었습니다. 무엇보다 공감의 능력을 부음 받았습니다. 공동체에서도 더 잘 들어주고 마음을 읽어 주는 제가 되는 변화가 느껴집니다. 하나님이 보내 주신 코치님 귀한 사랑의 통로임을 감사합니다. 제가 보기에도 이렇게 귀한데 하나님은 얼마나 귀하게 보실까요? 천국 가정, 교회 공동체 이루어가도록 잘 가르쳐 주시고 전수해 주신 목사님, 감사드리며 앞으로 더욱 많은 사역으로 더 많은 이들에게 천국을 전해 주실 코치님을 기대합니다. 감사드립니다.

- 훈련생: LSM

강남중 목사님 강의하는 것을 볼 때에 저는 진심이 느껴져서, 그 마음을 배우는 것이 좋았습니다. 왜냐하면, 그간 많은 강의를 무수히 하셨지만 조금도 대충적으로 진행하는 것이 아니라, 조금이라도 더 가르쳐 주려고 애쓰시는 모습에, 저도 하나를 더 배우려는 마음이 생기고, 열심히 하려고 노력하게 되었기 때문입니다. 저 또한 이러는데 많은 이들도 저와 같은 생각이 들었을 것 같다는 생각이 듭니다. 이러한 모습이 예수님이 이 땅에 내려와 쉼없이 제자들과 사람들에게 사랑을 알리려고 노력하셨던 것을 느끼게 하는 계기가 된 것 같고 그래서 예수님이 이 땅에서 행하셨던 일을 목사님도 전하려고 오셨구나라고 다시 한 번 느끼게 됩니다. 다시 한 번 감사합니다.

- 훈련생: JIH

할렐루야! 목사님 안녕하세요? 첫 번째 자리에서 목사님의 강의를 듣게 되어 목사님의 특혜를 받은 것 같은 자매입니다. 저의 굳은 언어, 하나님께서 기뻐하지 않는 언어를 바꿔주시기 위해 애쓰시는 목사님을 보며 감사함을 느낍니다. 18일 동안 강행군을 하시며 언제나 미소를 잃지 않으셨고 저희를 높여 주시며 자신을 낮추시는 목사님께 깊이 감사드립니다. 저는 목사님을 통해 우리 가정이 바뀔 수 있다는 기대감을 가지게 되었습니다. 교육을 마치며 다시 누더기 옷을 입으면 어쩌지? 하고 조금은 겁도 납니다. 하지만 연습 잘해서 자전거 신나게 잘 타고 더 나아가 두 손도 놓고 타길 소망해 봅니다. 하나님의 언어를 사랑하시고 가르치기에 힘쓰시는 목사님을 하나님께서 보시기에 기쁨이 넘칠 것에 저 또한 기쁩니다. 사랑의 송가에 은혜 받았습니다. 다시 만날 목사님을 기대하며 누더기 대신 흰 드레스를 예쁘게 입고 있겠습니다. 감사합니다. 수고 많으셨습니다.

- 훈련생: LEW

한 명 한 명 학습자들의 말, 행동, 거기에서 나오는 습관 등을 잘 관찰해 주시고 사소한 행동 하나 하나를 신경 써 주시는 세심함이 정말 대단하시다고 생각합니다. 너무나 쉽게 흘려보낼 수 있는 것들을 귀하게 생각해 주시고 찾아서 고쳐 주셔서 감사합니다. 그리고 먼저 낮아지는 모습에 다시 한 번 감명 받았습니다. 아픔뿐만 아니라 기쁜 마음에도 반응하여 주시고 생명의 대화를 통해 한명의 학습자도 상처 받지 않도록 책임을 가지고 대해 주심을 잊지 않겠습니다. 목사님, 사모님을 통해 하나님께서 무슨 일을 하실지 기대됩니다. 그 영향력이 흐르고 흘러 모든 사람들이 말로 존경 받고 말로 사랑을 느끼고 말로 상처를 회복 받기를 기도합니다. 감사합니다.

- 훈련생: 무기명

신선한 충격을 주신 코치님께 드립니다. 사랑의 송가로 시작한 첫 수업 호기심 어린 모습으로 참여하게 되었습니다. 생명이 없다고 생각한 밥, 물의 변화를 보며 말 한마디 좋은 글이 우리 삶에 많은 영향력을 준다는 것에 깊은 감명을 받고 정말 좋은 말을 하면서 살아야겠구나 하고서 다짐하게 되었답니다. 예수님 만나서 많은 변화 받은 저였지만 이번 기회에 더 멋진 엄마 할머니가 될 것에 앞날이 설레게 됩니다. 부족함 많은 저를 아름다운 말솜씨로 거듭날 수 있도록 가르침을 주신 코치님께 한없는 찬사와 감사를 드립니다. 생명 대화법으로 많은 영혼을 살리시는 코치님! 하나님께서 얼마나 기뻐하실지 생각해봅니다. 저 또한 코치님의 가르침대로 하나님의 사람으로 영혼을 살리는 통로가 되어 쓰임 받는 자리에서 하나님께 영광 올려 드리겠습니다. 코치님은 위대하신 하나님의 진정한 성령의 도구이십니다. 감사합니다.

- 훈련생: 무기명

존경하는 강남중 코치님께. 강남에서 뵐 법한 인품을 지니시고 계신 목사님을 만나게 되어 자유하며 기쁩니다. 왜냐하면, 중도에 포기할 뻔한 말로 얽힌 감정들이 복잡하여 방법을 찾고 싶었습니다. 그러던 중에, 하나님께 기도하고 있을 때, 강남에서 비둘기 같이 반가운 소식을 듣고 오셨습니다. 생명의 대화법이라고… "마음을 전하면 변화가 일어납니다. 욕구를 구분하면 대화가 원활해집니다" 라는 전에는 들어보지 못한 핵심들로 판단과 감정이 앞서기 보다는 욕구를 표현한다고 들으니 관점이 새롭습니다. 목사님 덕분에, 저희 자녀들에게 사랑의 눈으로 볼 수 있게 되었으며, 마음 속 깊이 이해할 수 있게 되었습니다. 더 놀라운 것은 저의 새로운 내면의 세계를 대화법을 통해 알게 된 유익한 시간이었습니다. 말하기 까지는 시간은 걸리더라도 변화 받고 싶은 열망이 생겼습니다. 예수 임마누엘하시는 목사님께서는 요셉과 같이 가시는 곳마다 복을 나눠주시는 축복의 통로이십니다. 저희 교회와 가정, 저의 개인적인 남편과의 관계에서 두터운 마음의 벽이 무너지기 시작했답니다. 목사님은 참 존귀한 분이 십니다. 감사합니다.

- 훈련생: CSK

코치 강 목사님을 칭찬합니다. 사모님의 권면을 잘 수용하시는 목사님의 모습을 볼 때 흐뭇하고 감동적이고 감사한 마음이 들었습니다. 왜냐하면 목사님의 순수함, 올곧음, 깊이 있음, 타협하지 않는 모습, 원칙에 강하신 모습을 보면서 사모님의 말씀 수용이 쉽지 않으실 텐데 수용하시는 겸손한 마음에 감동을 받았습니다. 목사님의 반쪽은 이 지구상에서 사모님만이 채워주실 수 있다는 크나큰 자리를 잘 알고 계신 것 같아 흐뭇합니다. 더 나아가 목사님이 사모님의 말씀을 잘 수용하실 때 사역에 기름 부음이 넘칠 것을 확신하기 때문입니다. 앞으로 남은 여생 전반전보다 후반전이 빛날 수 있다는 은퇴 목사님들의 모델이 될 것을 믿으며 부부 모델로 하나님의 영광을 드러낼 것이 기대되어 집니다. 갈렙처럼 주님이 부르시는 그날까지 침상 의지하지 아니하고 약물 의지하지 아니하고 맑은 정신으로 강건하시기를 기도합니다. 목사님~ 감사드립니다. 사랑합니다.

훈련생들의 감사 편지

- 훈련생의 자녀: KSY (초등학생)

강 남중목사님께. 저희 엄마 아빠에게 대화법을 가르쳐 주셔서 고맙습니다. 지금도 노력해 주시는데 나중은 더 기대되고 행복합니다. 저도 예쁜 대화를 하는 S.Y가 되겠습니다. 감사합니다.

〈답신〉

예수님께서 사랑하는 SY에게. 좋으신 하나님께서 사랑과 은혜를 우리

SY에게 넘치게 부어 주시길 원한다. 스승의 날에 SY가 내게 보내 준 예쁜 카드가 기쁘고 고마웠다. 왜냐하면 SY의 예쁜 마음을 카드에 담아 주었기 때문이었다. 그리고 "엄마 아빠에게 대화법을 가르쳐 주어서 감사하다"고 말해 주었기 때문이었다. 무엇보다도 SY가 기대하고 부모님을 향하여 "SY도 예쁜 대화를 하겠다"고 말해 주었기 때문이었다. SY가 무럭무럭 자라서 하나님의 사랑을 받는 에스더 왕후와 같이 되길 기대가 되기 때문이었다. 그동안 SY에게 받은 고마움을 적지만 선물 카드에 담아서 보낸다. 샬롬.

⟨KSY의 답신⟩

강남중 목사님께. 목사님, 감사합니다. 주신 선물도 잘 받았습니다. 계신 3주 동안 행복했어요. 저도 이제 미국에 대해 책도 보고 배우고 있어요. 목사님 계신 곳 궁금해요. 저도 이제 예쁜 말 쓰고 부모님이 가르쳐 주시는 대로 할 거예요. 저 SY를 잊지 말아 주세요. 저는 목사님 기억하고 기도할게요. 건강히 계시다가 또 한국 저희 교회 오세요. 목사님, 사랑합니다.

• 훈련생: CGE

강남중 목사님께. 목사님 안녕하세요. 바쁘신 와중에 저희 교회에 관심을 가져 주시고 방문해 주셔서 감사합니다. "단 한 명이라도 훈련을 받고 싶은 사람이 있다면 오시겠다"는 목사님의 말씀에 한 영혼을 소중히 여기시고 자신의 시간을 아끼지 않으시는 위대함을 느꼈습니다. 실제로 만나 뵈니 카리스마와 따뜻함이 공존하는 탁월한 코치이십니다.

5일이라는 짧은 시간이지만 저를 둘째 딸처럼 바라봐 주신 덕분에 마음을 열고 진실하게 강의를 들을 수 있었습니다. 시간을 내어 시부모님께 편지 쓰는 것까지 도와주신다니 더없이 감사합니다. 지난 1년간 시부모님에 대한 서운한 마음을 풀지 못하는 저에게 하나님께서는 그 문제를 풀어갈 수 있도록 생명의 대화 훈련으로 이끌어 주신 것 같습니다. 목사님께서 저를 딸처럼 바라보신 것처럼 저도 강사님이 아빠, 아버지처럼 느껴졌습니다. 그래서 목사님이 관심주시고 격려해 주실 때마다 아빠와 아버님께 관심과 격려를 받는 것처럼 느껴져 더 힘이 났습니다. 그래서 더 용기를 낼 수 있었습니다. 숙제하듯 시부모님께 편지를 쓰기 시작했는데 쓰다 보니 서운했던 일보다 즐거운 추억들이 훨씬 많은 것을 발견하였습니다. 목사님 덕분에 제가 시부모님을 향해 쌓아 둔 마음의 담들이 하나 둘 허물어질 것이 기대가 됩니다.

대화의 새로운 출발을 하게 해 주신 목사님!
나이가 무색하게 하나님이 주신 비전을 따라 열정을 가지고 일하시는 목사님을 보며, 저도 그렇게 아름다운 인생의 끝자락을 살고 싶다는 생각이 들었습니다. 목사님! 사모님! 모두 건강하셔서 꼭 다시 우리 교회를 찾아 주세요. 금요일에 못 들은 강의 꼭 듣고 싶습니다. 그때까지 가르쳐 주신 생명의 대화법을 가정에서, 교회에서, 이웃에게 실천하며 연습하고 있겠습니다. 감사합니다. 존경하고 사랑합니다.

- 훈련생: '7학년 2반' KHM

강남중 목사님 감사합니다. 코치님 그동안 고생 많으셨습니다. 카페에서 목사님과 사모님 만난 것이 우연이 아닌 생명의 대화법을 듣고 싶어 하는 나의 중심을 보시고, 사모님을 통해 기회를 주신 하나님의 섭리였음에 하나님께 감사드립니다. 목사님 강의하시는 모습을 뵈면 7학년 1반 이라는 나이가 믿기지 않을 만큼 젊고 기백이 넘쳐나는 열정에 존경과 도전이 됩니다. 한결같이 웃는 얼굴로 한 가지라도 더 가르쳐 주시려고 애쓰시는 모습이 너무 귀하고 감사했습니다. 목사님과 코치님일 때의 모습 중 코치님이 더 기억에 남습니다. 수업 중에 "1절만...." 짧은 한 마디는 평생 잊지 못할 것 같습니다. 앞으로 대화하는데 걸림돌이 되지 않게 많은 도움이 될 겁니다. 대화법을 배우면서 말의 중요성과 말이 주는 능력을 보면서 많은 것을 깨달았습니다. '나의 눈의 들보는 보지 못하고 남의 눈의 티만 보았던' 자신을 회개하며 돌이키는 귀하고 소중한 시간이었습니다. 내가 '갑'이 되어 상대의 말을 듣기 보단 내 말이 앞섰고, 상대의 말을 듣지 못하니 공감도 못했지요. 이제는 '을'이 되어 상대방의 말에 귀 기울이며 존중하는 겸손한 사람이 되도록 노력할 겁니다. 배움을 실천하며 하나님이 주신 사랑의 말, 살리는 언어로 진정어린 칭찬과 사과하는, 품위 있는 어른으로 가정과 교회 공동체 안에 행복한 전도자로 목사님 같은 영향을 흘려보내며 멋진 노년의 삶을 살기로 소망합니다. 목사님, 잊지 않겠습니다. 사랑합니다.

- 담임목사: LSH

사랑하는 강남중 목사님, 이진순 사모님! 두 분의 헌신과 희생으로 섬겨주신 모든 것들이 30배, 60배, 100배의 열매를 거두어 하늘 상급으로 이어지길 기도합니다. 감사합니다. 사랑합니다. 축복합니다. 우리 교회에 생명의 대화법을 접목해 주시는 '강남중 목사님'의 열정과 헌신적 섬김을 볼때에 담임목사로서 얼마나 기쁘고 감동인지 모르겠습니다. 왜냐하면 하나라도 더 전달해 주시려는 주님의 마음을 보았기 때문입니다. 또한 질문 하나 하나에도 최선을 다해 답해 주시는 모습 속에 이 시대 건강한 (어른) 시니어의 모델과 성품을 보았기 때문입니다. 무슨 일을 하든 주께 하듯 하시는 그 모습에 하나님이 보시기에 얼마나 기뻐하실까가 믿어지며, 목사님의 말씀대로 이 시대의 평화의 사도로 쓰임 받게 될 것임이 기대됩니다.

• 코치: 강남중

존경하는 담임목사님 내외분께 드립니다. 좋으신 우리 하나님의 선하심과 인자하심이 내외분께 날마다 넘치시길 원합니다. 이제 생명의 대화 특화 훈련의 대장정을 마쳤습니다. 저와 아내는 놀랍고 감사하고 감격하고 큰 위로였습니다. 왜냐하면 먼저 전적으로 성령 하나님의 도우심과 행하심과 놀라운 인도하심이었기 때문이었습니다. 내외분의 배려와 섬김과 사랑과 도움과 위험을 감수한 결단으로 이루어졌기 때문이었습니다. 저의 부족함과 미숙함과 아직도 성화되지 못한 상처가 있음을 아심에도 불구하고 17박 18일의 대장정을 오직 하나님의 나라와 성도들을 위해 저희를 인정해 주시는 목자의 마음이었기 때문이었습니다.

내외분께서 이미 여러 면으로 탁월하시고 근접할 수 없는 영역에 계심에도 불구하고 아내의 의견을 경청해 주시고, 저에게 질문해 주시는 넓은 마음이 우러러 보였습니다. 마지막 시간에 저희를 격려해 주시고, 위로해 주시고 지지해 주시기 위하여 각 반에게 요청하셔서 사역과 결혼기념 축하까지 준비해 주셨습니다. 저희는 목사님께서 베풀어 주신 축하 자리로 말미암아 44년 동안 행한 목회의 은퇴식을 가졌으며, 그동안 아내에게 빚진 것을 한 방에 해결해 주셔서 위로와 감동 그 자체였습니다.

존경하는 내외분을 보면서 하나님의 큰 뜻을 이루기 위해 인간적 고통을 감내한 이 시대의 요셉과 동정녀 마리아였습니다. 꿈과 같은 시간을 베풀어 주시고 분에 넘치는 사랑을 주신 것을 오랫동안 기억하겠습니다. 존경하고 사랑합니다. 샬롬. 2023년 5월 20일. 강남중, 이진순 드림

훈련생들의 과제

• 제출자: LKH

〈만일 다시 내가 아이를 키운다면〉-다이애나 루먼스: 묵상

  자녀를 사랑하는 방법을 잘 몰랐다. 딸아이의 마음과 생각과 어려움을 공감하기 보다는 그 아이의 필요를 채워 주는 것이 부모의 역할인 줄 알았다. 내 중심적으로 그릇된 주입식 양육을 해 왔다. 자존심을 세워주면 스스로 알아서 좌충우돌 하며 집을 잘 찾아 갔을 텐데... 아이가 바라 보는 것을 같이 바라보며 더 많이 아는 것에 집중하지 않고 더 관심을 갖는 법을 고민하며 눈높이를 맞춰 갔으면 좋았을 것을 ... 이제 생각을 하니 딸에게 너무도 미안하고 부끄러워 사과의 전화를 했다. 그럼에도 여러 면에서 많이 부족한 엄마였음에도 불구하고 딸은 참 잘 자라줬고 건강한 자아를 형성하며 사랑의 힘을 가진 성숙한 어른이 되어 가는 모습을 바라보며 하나님께 감사드린다.

• 제출자: JKE

〈만일 다시 내가 아이를 키운다면〉-다이애나 루먼스: 아침 묵상 요약

(1) 나의 어머니에 대해서 생각하게 되었고 감정 문제(욕구)의 소유 구분 적용을 배우지 못해서 그러셨구나~ 이해하는 마음이 되었으며, 더불어 나에게 자유롭게 생활할 수 있는 사랑을 주셨구나~를 뒤늦게 깨달음. 나의 상처만 되뇌이며 말했었지 .... 받은 사랑에 대해서는 당연스럽게 생각했던 나 자신을 반성하게 되었습니다.

(2) 현재 아기를 키우는 엄마로서 묵상하며 눈물이 났고, 이 글에 있는 말처럼 아이들에게 적용하며 살아야겠다고 다짐하는 시간이 되었다. 여성으로서 아이를 낳고 경력 단절이 되는 것이 "아쉽다, 두렵다, 싫다" 는 생각에 고민을 많이 했었는데.... 나의 고민이 한 번에 정리가 되었다. 아이와 함께 하는 이 시간은 다시 돌아오지 않으니 하나님 안에서 온전히 아이를 키우는 시간에 집중하려고 다짐을 했다.

(3) 새벽 4시에 눈이 떠졌는데 다시 잠들지 않고 일어나서 묵상하며 기도로 하루를 시작하게 하심에 감사합니다.

- 제출자: JJS

〈아이들에 대하여〉- 칼릴 지브란의 예언자 중에서

1. 마음에 남은 문구
    1) 너희가 저들같이 되려고 애씀은 좋으나 저들은 너희같이 만들려 해서는 안 된다.
    2) 저들은 너희를 거쳐서 왔으나 너희로부터 나온 것은 아니요, 또 저들이 너희와 같이는 있으되 너희 것은 아니니라.
    3) 너희는 그의 손에서 오는 구부림을 즐거움으로 받아라.

2. 첫 문단에서 하나님이 맡기신 자녀에게 대한 청지기 의식이 깨닫게 됩니다. 둘째 문단에서 자녀에게 주는 것이 다 득이 아니라 오히려 해가 될 수 있습니다. 약이 되는 것은 사랑이며, 해가 되는 것은 나의 생각과 혼의 짐이었습니다. 셋째 문단에서 같이 되려는 배려는 좋으나 강요는 안 됩니다. 넷째 문단에서 화살인 자녀들의 활이 되어 휘지고 당겨 구부리심을 즐거움으로 감수해야 합니다.

3. 결론: 부모님 세대에게서 값없이 받은 제가 막상 부모님의 나이가 되어보니 이기적으로 계산하고 손해 보지 않으려고 행동했으며 또한 내 뜻대로 자녀를 조정하려는 욕심을 회개합니다. 성경의 말씀대로 자녀를 노엽게 하지 말고 자녀는 하나님이 맡기신 기업(숙제)이니 숙제를 잘하고 원주인이 하나님의 자녀답게 자라는 휘어지는 활이 되도록 기도하며 노력하겠습니다.

• 제출자: JJS집사

〈신의 손을 가진 의사〉-벤 칼슨 박사의 영화를 보고 느낀 점

첫째, 내가 최악의 상태에서 정신병원에 입원했어도 포기하지 않고 "자녀에게 만큼은 나와 같은 문맹이나 멍청이가 되게 하지 않겠다"는 어머니의 모성애를 보게 되었다.

둘째, 아들에게 "너는 할 수 있다"는 격려와 "너의 머릿속에 책이 다 들어 있다"는 격려가 말의 씨앗이 되어 열매로 맺어져 남들이 도전하지 않은 영역에도 벤이 도전할 수 있게 지지해 주었다.

셋째, 억울함과 분노를 기회로 삼고 이사도 가고 좋은 친구도 만나게 해주는 언덕이 되어 주었다.

넷째, 장성하여 전문의가 된 아들에게 찾아가 "쌍둥이 수술로 고민하고 있니?" 하면서 "넌 할 수 있다"고 평생을 지지하며 살아가는 어머니였다.

결론. 과연 오늘 내가 자녀에게 쓰고 있는 말은 "미래에 희망과 지지를 주는 말 보다는 현실감 있는 팩트로 아이를 위축하고 있지 않은가?" 반성하게 되었고, 설령 지금은 내 맘에 들지 않지만 앞으로 보면서 "넌 할 수 있어. 널 지지해" 하면서 노년이 되어 장성한 두 딸에게도 그런 아빠가 되고 싶습니다.

• 제출자: JKE

〈벤 카슨〉- 존스홉킨스 병원 아동센터 소아 신경외과 과장

　어린 시절 성적을 0점 받았던 벤 카슨이 세계 최초로 샴쌍둥이 분리수술에 성공한 신경외과 의사가 될 수 있었던 것은 그의 어머니 소냐 카슨이 있었기 때문이다. 소냐는 행복한 가정을 꾸리며 살아가고 싶었지만 남편의 문제로 그러지 못했고, 두 아들을 홀로 양육하며 키웠다. 그리고 소냐의 고통스러운 비밀 —글과 지식을 몰랐다는 것… 그럼에도 불구하고 엄마 소냐는 아들의 말과 행동에 동요되지 않았다. "너는 똑똑해, 아직 모를 뿐이야~ 할 수 있어" 대화를 통해 아이들에게 용기와 자신감을 주었고, 흥미 유발의 교육을 할 수 있게 지도해 주었다.

　가장 인상 깊었던 것은 자신의 비밀을 아이들에게 말하지 않고 현명하게 대처한 그의 모습이다. 만약 내가 소냐였다면? 행복한 가정을 꾸리지 못했다는 것만으로 미안해하며 아이들에게 저자세로 행동하며 살았을 것 같고, 소냐처럼 당당하게 표현하며 이야기하지 못했을 것 같다. 이처럼 말과 표현함이 얼마나 중요한지를 더욱 깨달았습니다. 말은 사람을 살리기도 하고 죽이기도 한다는 뜻의 내용이 영화를 통해 더 잘 느껴졌으며, 나의 감정을 잘 알아 정말 생명을 살리는 말과 대화를 해야겠다고 느껴졌습니다. '생명의 대화로 집을 세우는 지혜로운 여인'이 되기를 소망합니다.

남편이 아내에게 보내는 편지 교정

　사랑하는 아내 Angela에게

　이번에 교회에서 있었던 '생명의 대화 특화 훈련'을 받으면서 당신에 대하여 몇 가지를 생각하게 되었습니다.

첫째는 당신에 대한 감사와 고마움이었습니다.
1) 그동안 당신이 지혜롭고 알뜰하게 살림을 잘 살아 주어서 나는 든든했습니다. 왜냐하면 당신 덕분에 두 딸과 내가 모두 안정감을 가지고 행복하게 가정을 가질 수 있었기 때문입니다.
2) 중요한 결단의 시간마다 믿음으로 말씀을 깊이 묵상하고 자녀들에게 신앙인으로 살아갈 수 있도록 믿음의 어머니가 되어 주었기 때문입니다.
3) 키도 크고 멋지고 아름다움을 노년에도 간직하여 자녀들과 나의 자부심을 높여 주었기 때문입니다.

둘째는 당신에게 잘못한 부끄러움이었습니다.
1) 아내인 당신의 말에 귀 기울이지 않았습니다. 딸이 경고등이 들어와 걱정하고 있는 당신의 말을 세밀하게 듣지 않고 "센터 AS에 맡기면 된다"고 내 말만 하여 당신의 마음을 아프게 한 것에 대하여 용서를 구합니다.
2) 딸이 차 안에서 무례하게 소리를 질러 겁박한 것에 대한 잘못을 뉘우치면서 용서를 구합니다.
3) 당신이 아프다고 말할 때 건성으로 듣고 공감하지 못한 잘못에 용서를 구합니다.

셋째는 여보! 우리가 함께 동거 동락한지도 어언 25년 10개월이 지났습니다. 금혼식(50주년)까지 당신께 지키고 싶은 약속입니다.
1) 일주일에 한 가지씩 당신에게 감사의 말을 하도록 노력하겠습니다.
2) 이번에 배운 대로 주말에는 내가 집에 있을 때 당신을 위해 설거지를 기쁨으로 하겠습니다.

3) 격주로(2, 4째 주말) 당신이 힘들어하는 화장실 청소를 기쁨으로 하겠습니다.

당신을 사랑하는 남편 Dave 올림.

자녀에게 보내는 사과 편지 코칭 사례
• 코칭사례1:
"그러셨네요. 집사님! 혹시 딸에게 줄 편지를 카톡으로 저에게 보내어 주시면 기쁨으로 수정해 드리고 싶습니다.

답신/ "네, 알겠습니다. 그래도 된다면 너무 감사하지요. 집에 들어가서 보내드리겠습니다."

〈사랑하는 딸에게〉
SY야! 이번 대화법을 배운 후 너에게 너무 미안한 마음이 들어 사과하고 싶어졌어. 엄마가 했던 모든 말들이 그냥 상냥하고 조곤히 얘기해서 큰 상처가 없다고 생각했었네!! 그리고 아닐 땐 너무 엄격히 혼을 내고ㅠㅠ. 그런데 예배시간 영상을 보며 "엄마! 나도 엄마한테 들은 말이에요." " '네가 말을 안 들으면 엄마랑 함께 할 수 없다' 라는 말을 듣고 내 마음이 아팠어요" 말하는데 엄마도 눈물로 반성 하게 됐어!!

엄마는 어투만 잘하면 좋은 말인 줄 알았는데 이번에 배우면서 그것도 잘못인 걸 다시 알았어. "지금이라도 네가 엄마 사과 받아 줄 수 있니?" 너의 마음을 헤아리고 의견을 들어 주는 게 어려운 일이 아닌 걸 깨닫게 되었어. "이번 강 목사님 훈련을 통해 엄마가 변했다"고 말하는 널 볼 때 많이 울고 마음이 아팠단다. 지금도 변했다고 자신할 순 없지만 우리 함께 노력해 보자. 네가 강 목사님이 가신다고 아쉽고 슬프듯이 엄마도 절실해 졌어. 널 알아주고 사랑하는 게 무엇인지… 지금이라도 내 노력을 받아 줄 수 있니? 엄마의 노력이 부족하더라도 조금 기다려 줘. 무던히 노력할게. 그래서 우리 SY도 좋은 말 좋은 자리에 있어서 섬기는 자가 되길 기도할게. 엄마를 이해해줘서 고마워. 사랑해! SY야. 지금처럼 잘 커줘서. 2023년 5월 엄마가.

- 이렇게 썼습니다. 부족하지만 도와주세요.

• 코칭사례1에 대한 코치의 답변
"예. 집사님! 보내주셔서 감사드립니다. 몇 가지 내용이 있으면 좋겠습니다."
1. SY와 지내면서 생각나는 예쁘고 아름다운 것 5가지 이상 기록해서 보내 주시지요.
2. 구체적으로 잘못 말한 것 5가지 정도 추가로 부탁합니다.
3. 걸림돌을 사용한 것 가운데 생각나는 것과 행동으로나 다른 부분에서 잘못한 것이 있으면 좋겠습니다.

• 코칭사례1의 코치의 요청에 대한 내담자의 답신:
"네. 정리해 보겠습니다."
1. 언제나 어려운 친구가 있음 도와주기, 잘못을 인정하고 사과하기, 내가 싫음 남도하기 싫어함, 불신자 친구에게 전도하기
2. 제가 잘 못 한 것: 너는 엄마랑 함께 할 수 없어, 지금부터 혼자 반성해, 친구는 혼자 하는데 너는 왜 못해?, 이거 다 안하면 못 하겠다.

여보! SY이는 안 간대요. 엄마 약속 안 지켜서
3. 너 몇 대 맞을 거야?, 엄마가 기다렸는데 생각 안 했니?, 이제 안 되겠다 등.
– 목사님! 이게 저의 민낯 인줄 몰랐습니다.

- 코칭사례1의 내담자의 답신에 대한 코치의 제안:

"예, 집사님! 감사합니다."
1. 엄마와 아빠에게 잘 한 것이나 예쁜 것 5가지씩.
2. 교회와 학교에서 탁월하게 잘하는 것 5가지 부탁드립니다.
3. 오늘 시간이 가능하실 때에 해 주셔도 됩니다.

내담자의 답신/ "다음과 같이 보냅니다":
1. 언제나 웃어주고 이해합니다. 훈육할 때도 들어 주고 울며 용서를 구합니다. 사랑한다고 감사하다고 표합니다. 매일 기도합니다. 안겨서 뽀뽀하고 웃음을 줍니다.
2. 언어 표현을 잘합니다. 우선순위와 질서를 압니다. 아침 큐티와 감사 쓰기를 밀리지 않습니다. 매일 동화책과 영어책 한 권씩 읽습니다. 일기를 주 5일 씁니다.

- 코치의 답신: "집사님! 감사합니다요."

존경하는 김 집사님! 오늘도 수고가 많으셨습니다. 집사님이 주신 자료와 감정을 가지고 첨부와 같이 기쁨으로 수정을 했습니다. 집사님의 마음에 드시고 SY에게 조금이나마 위로와 상처가 치유되기를 기대합니다. 초등학생이지만 정신 연령이 높게 보여서 수준을 높여 썼습니다. 첨부와 같이 몇 차례로 나누어서 주면 더욱 좋겠다는 생각이 듭니다. 샬롬.

〈하나님이 사랑하는 딸 SY에게〉

　엄마는 이번에 대화법을 배우면서 네가 얼마나 귀하고 아름다운 딸인지를 알게 되었다. 동시에 너에게 너무도 잘못을 한 엄마인 것을 깨달았다. 그래서 엄마는 이 시간 너에게 미안함을 표하며 잘못에 대한 용서를 구하려고 사과의 편지를 쓴다.

　먼저 SY는 하나님께서 엄마에게 준 귀하고 예쁜 선물인 것을 분명하게 알게 되었다.
1. 너는 언제나 엄마에게 웃어주고 이해해 주는 위로의 딸이다.
2. 엄마가 큰 소리로 훈육을 할 때도 들어주고, 울며 용서를 구하는 예쁜 딸이다.
3. 자주 자주 엄마에게 사랑한다고 말하고, 감사하다고 노래를 하는 기쁨의 딸이다.
4. 매일 매일 기도를 쉬지 않음으로 하나님의 사랑을 받는 딸이다.
5. 너는 엄마에게 안겨서 뽀뽀도 해 주고, 웃음을 선사하는 기쁨의 천사이다.

　답신/ -아멘! 할렐루야! 정말 기뻐하고 행복해 할 딸의 모습이 눈에 그려집니다. 사과도 제대로 해서 가르쳐 주신 대화법 사용 잘 하겠습니다.

　둘째는 엄마는 SY가 아름답고 착한 아이임을 알게 되었다.
1. 너는 자주 어려운 친구가 있을 때에 도와주기를 좋아하는 아이이다.
2. 잘못을 했을 때에 바로 인정을 하고 사과하는 정직한 아이이다.
3. 너는 남이 싫어하는 일을 너에겐 힘들어도 해 주는 착한 성품을 가진 아이이다.

4. 너는 교회에 다니지 않는 친구에게 교회에 다니자고 말하는 어린이 사도바울이다.
5. 너는 말을 예쁘게 하고, 언어 표현에 뛰어난 재능을 가진 멋진 딸이다.
6. 너는 약속과 질서를 잘 지키는 모범적인 아이이다.
7. 아침에 일어나 큐티를 통해 하나님을 만나고, 감사 일기를 미루지 않고 매일 쓰는 성실한 아이이다.
8. 매일 동화책과 영어책을 한 권씩 읽는 독서에 탁월한 아이이다.
9. 일 주일에 5일 이상 일기를 쓰므로 주어진 일을 착실하게 감당하는 아이이다.
10. 너는 하나님을 사랑함으로 하나님이 원하시는 일을 감당할 아이이다.

셋째로 하나님께서 SY를 이렇게나 아름다운 선물로 주셨는데, 엄마가 너무도 부족하고 못났음을 깨닫게 되었다. 엄마는 변명이지만 그동안 너에게 어투만 잘하면 좋은 말인 주로 알았다. 그냥 상냥하고 조곤히 얘기만 하면 큰 상처가 되지 않는 줄로 알았다. 그런데 그것이 너에게는 엄청난 아픔과 고통과 상처가 된다는 것을 강 목사님의 강의를 통해서 비로소 알게 되었다.

1. 엄마가 너에게 "친구는 혼자서 하는데 SY는 왜 못해"라고 비교하고 비난하여 너의 마음을 상하게 한 것에 사과를 한다.
2. 엄마가 아빠에게 "여보! SY는 엄마와의 약속을 지키지 않아서 안 간데요"라고 너의 잘못을 아빠에게 고자질하고, 너를 놀려서 마음을 아프게 한 것에 대하여 용서를 구한다.
3. 엄마가 너에게 협박을 하면서 "너 몇 대 맞을 거야? 엄마가 기다린다고는 생각 안 했니? 이제 안 되겠다"고 너를 공포에 떨게 하고,

불안하게 한 것을 용서해 주렴.
4. 엄마가 너에게 "너는 엄마랑 함께 할 수 없어 지금부터는 혼자 반성해"라고 해서는 안 될 말을 한 것에 대하여 깊이 사과를 하고 용서를 구한다. 그 말로 인하여 너에게 씻기 어려운 큰 아픔을 주어서 머리 숙여 용서를 구한다.
5. 엄마가 정말 SY에게 부끄럽고 잘못한 것은 지난 예배 시간에 영상을 보면서 "엄마! 나도 엄마한테 들었던 말이에요"라고 네가 말을 했을 때에 너무도 미안하고 부끄럽고 면목이 없었다. 엄마는 차마 너의 얼굴을 쳐다 볼 수 없을 정도로 죄스러웠다. 이 시간에 너에게 머리 숙여 용서를 구한다. 네가 용서해 줄 때까지 용서를 구할게. 엄마의 큰 잘못을 용서해 줄 수 있겠니? 엄마의 사과를 받아 줄 수 있겠니?

넷째로 대화법 훈련을 받고 보니 엄마가 사랑하는 딸 SY에게 몇 가지 약속을 하여 지키고 싶다.
1. 너의 예쁜 마음을 헤아리고 의견을 들어 주는 것이 어려운 것이 아니었는데 엄마가 몰라서 그랬다. 이제는 너의 마음을 잘 받아 주도록 할게.
2. SY가 강 목사님이 가신다고 아쉽고 슬프듯이 엄마도 절실하게 노력하여 네가 즐겁고 행복이 넘치는 가정이 되도록 노력할게.
3. SY가 대화법을 통해 엄마가 변했다고 했을 때 부끄럽고 널 보기가 민망해 많이 울고 마음이 아팠다. 다시는 그렇게 하지 않도록 배운 대로 열심히 할게.
4. 엄마가 아직도 변했다고 할 수 없지만 더욱 노력을 하고, 우리 아름다운 SY가 도움을 준다면 너에게 자랑스러운 엄마가 되고 싶다.
5. SY가 하나님께서 엄마에게 맡긴 사랑하는 딸이므로 좋은 말만 하는 하나님의 딸이 되도록 엄마가 먼저 변화할게. 우리 SY처럼 아름다

운 딸이 엄마의 딸인 것이 너무도 좋고 감사하고 자랑스럽다. 사랑해! SY! 2023년 5월 SY를 사랑하는 엄마가.

답신/-정말 사과 편지도 잘 써야 함을 알게 해 주셨습니다. 조목조목 나열 못하고 뭉툭하게 모아서 쓰려는 저를 다시 보게 됐습니다. 아직도 배워야할 게 너무 많네요. 아쉽지만 배운 대로만 잘 해 보겠습니다. 마지막까지 제게 기회를 주셔서 감사합니다.

오늘 하루 잘 보내셨는지요? 이제 내일이면 미국으로 들어가시겠네요. 아쉽지만 제가 모실 기회를 S목사님께서 대신 두 분을 모신다니 다행입니다. 5월 5일 첫 날이 생각납니다. 설레이기도 하고 어색함 속에... 하지만 첫 설교에 너무 행복하고 좋았습니다. 2주 훈련이 언제 지났는지도 모를 정도로요. 먼저 배려해 주시고 섬겨주신 모습 기억하며 따라 가겠습니다. 두 분의 선하신 모습이 친정 부모님처럼 따뜻했습니다. 하나님이 주신 은사를 베풀어 주시고 또 순종의 질서도 가르쳐 주심에 무한 존경과 감사드립니다. 담임목사님께서 열어주신 기회 조금 더 가까이에서 뵐 수 있었던 기회를 잊지 않고 사모합니다. 항상 영육간에 강건하시길 기도하겠습니다. 두 분이 보고 싶을때 대화법 책을 펴고, 목사님 훈련 내용 녹음을 듣고 하겠습니다. 공항에서 마지막 인사를 드리지 못해 송구하고 아쉽습니다. 열정을 다해 쏟아 주신 사랑! 저희 가정에 뿌리 내리겠습니다. 레벨업 돼서 뵙기를 기대하며... 목사님과 사모님 사랑하고 축복합니다.

KHC, KNK, KSY 올림.

• 코치의 마지막 답신:
예수님께서 너무도 사랑하시는 집사님!

함께하는 시간 동안 집사님의 배려와 도움과 섬김으로 기쁨과 행복이었습니다. 17일 동안 섬겨 주심에 깊이 감사를 드립니다. 우리를 친정 부모님처럼 생각해 주셔서 기쁘고 영광입니다요. 부족한 우리를 무한히 존경하고 감사한 마음을 가지신다니 몸 둘 바를 모르겠습니다.

집사님께서 처음 권사님과 함께 HS역으로 마중을 나오시고, 마지막으로 인천공항에서 전송을 받지 못해 한 부분은 아쉽습니다. 이것이 나그네의 삶에서 배우는 것입니다. 인간이 계획을 세울지라도 그 일을 이루시는 분은 하나님이십니다. 이곳에서의 여러 가지 정황을 보면서 집사님께 부탁을 하여 구입한 감사 카드는 강사로서 덕을 위하여 사용하지 않았습니다. 강사로서의 몸가짐에 대해 집사님의 넓은 마음으로 이해해 주셨으면 합니다. 좋으신 우리 주님께서 집사님의 가정에 기쁨과 거룩한 행복이 넘치길 기대합니다. 함께 함이 기쁨과 영광이었습니다. 샬롬.

5. 비전 사역의 특이점

첫째는 대화법 훈련을 통하여 자신의 내면을 돌아보게 되었고, 자신의 새로운 내면의 세계를 발견했다는 분들이 나타났다. 현재의 나이가 되도록 대화법을 잘 몰라 자신이 힘들었고, 자녀와 상대에게 고통을 준 것이 후회스럽다고 했다.

둘째는 자신의 변화로 인하여 가정이 거룩한 행복을 누리게 되었으며, 생명의 언어로 가정 천국을 만들어 주었다고 감사를 표했다. 젊은 부부들이 많은 관심과 훈련에 적극적이었다. 한 교회에서는 생명의 대화 특화 훈련을 하면서 주제 표어를 "2주간 훈련으로 평생 거룩한 행복을 누립니다"라고 했다. 동영상을 보면서 배운대로 시도를 했지만 실망과 실패를 거듭했던 분들이 반신반의 하면서 참석을 했다. 이 훈련을 마치고서는 "이제야 가장 근원적인 것을 알게 되어 해결책을 알게 되었다"고 감사하고 기뻐했다.

셋째는 하진목이라는 집사는 훈련 가운데 너무도 큰 은혜를 받았고, 가정이 새롭게 변화되어 그 감사의 표시로 〈생명의 대화법 특화 훈련〉 강의안을 밤을 새워 가며 만들어 주었다. 나에게는 너무나 소중한 훈련 교재가 되어 감사했다.

넷째는 훈련생들의 필요를 채워 주기 위하여, 가정에서 어려운 관계속에 있는 분이거나 상대방에게 하고 싶은 말은 있지만 전하지 못하는 자들이 편지 초안을 써서 오면 내가 개인적으로 편지를 수정해 주었다. 의외로 큰 소통의 장이 열리며 열매를 보았다.

다섯째는 한 교회에서는 훈련을 마친 한 사람 한 사람에게 축하 카드를 적어서 주었다. 왜냐하면 "사랑을 받아 본 자들 만이 사랑을 할 수 있는 것처럼 편지를 받아 본 자들만이 편지를 쓸 수 있다" 라고 생각했기 때문이었다. 모두들 나의 적은 정성의 카드에 감사하고 감격해하는 모습이 귀하고 아름다웠다. 또한 모두들 얼마나 개인적인 관심과 사랑에 목말라 있는 지를 보았다.

여섯째는 훈련을 하는 가운데 꼭 코칭이 필요한 사람들이 있음을 보게 되었다. 담임목사의 허락을 받고서 주어진 시간 동안에 코칭을 하므로 놀라운 코칭의 영향력을 보았다. "학교에 왜 다녀야 됩니까?" 라고 부모님께 항변하던 학생이 세 번의 코칭을 통하여 마지막 시간에 "자신의 꿈을 이루기 위하여 공부는 꼭 해야 됩니다" 라는 답변을 얻었다고 간증을 했다.

일곱째는 나의 아내의 특송과 간증을 통하여 놀랍게 성령의 기름부으심과 회복과 치유가 나타났으며 아내에게 주신 비전을 발견하게 되었다. 한 참석자는 내 아내가 찬양을 하는 가운데 자신부터 울먹이고, 많은 성도들이 눈물을 흘리는 것을 보고서 "찬양의 능력이 이렇게 강력한 것을 직접 보았다"고 했다. 수료자를 내 아내가 안아 주자 그가 하염없이 울고서는 "가슴에 맺혀있던 멍울이 떨어졌다"라고 말하면서 좋아했다. 장모님께서 생전에 "사모로서 성도들의 허물을 덮는 이불이 되게 해달라"고 기도하셨는데, 그 기도가 삶 속에서 응답되는 모습을 보았다.

여덟째는 한 교회에서 베풀어 준 수료식을 통해 44년의 나의 목회에 대한 하나님의 크신 위로를 받았으며 그동안 고생했던 나의 아내에게 빚진 것을 갚는 시간이 되었다. 나의 목사 안수식 때에 임했던 성령의 기름부으심의 감격을 다시 느꼈다. 하나님이 친히 비전을 이루심을 확신시켜 주셨다. 나의 눈에서는 고장 난 수도꼭지처럼 하염없는 눈물이 흘렀으며 입으로는 쉼없이 "하나님이 친히 하십니다" 라고 외쳤다.

아홉째는 생명의 대화 특화 훈련을 통하여 성도들이 거룩한 행복을 누릴 수가 있음에도 불구하고 교회가 내적 변화와 성장이 아니라 외적인 성장에만 치중하는 것이 안타까웠다. 지도자와 부모가 자신이 먼저 변화를 추구하지 않음으로 교회와 가정의 변화에 걸림돌이 되는 것이 너무도 안타까웠다.

열째는 나는 훈련생들로부터 과분한 격려의 말을 듣고 황감했으며, "새로운 용기로 하나님이 내게 주신 비전을 감당하리라"고 다짐을 했다. 그들은 "훈련 가운데 섬김을 넘어 아버지의 마음으로 품어주시려는 목사님의 마음이 느껴졌습니다." "목사님의 훈련 가운데 하나라도 더 전달해 주시려는 주님의 마음을 보았습니다." "목사님께서는 훈련 가운데서 말만이 아닌, 몸소 이웃 사랑을 실천하시는 모습을 볼 때 예수님이 실제 살아계신다면 이렇게 섬기지 않으셨을까? 하는 생각도 듭니다." "질문 하나에도 최선을 다해 답해 주시는 모습 속에 이 시대 건강한 시니어(어른)의 모델과 성품을 보았습니다." "이 시대에 코치님처럼 생명을 살리는 대화를 가르쳐 주시는 분이 계심이 은혜입니다"라고 고백했다. 나는 이상과 같은 격려의 메시지를 받게 되어 하나님께 모든 감사와 영광을 돌렸다.

6. 유종의 미

내가 고희(古稀)를 맞이하면서 좋으신 하나님께 감사하여 인생 여정표에 따라 〈여명에서 황혼까지〉 책을 출판하여 필요한 분들에게 제공하고자 한다. 그리고 새해에는 "생명의 대화 특화 훈련" 강의 안에 대한 해설집을 마무리 하고자 한다. 여건이 허락 되면 그동안 엘리야 선지자와 베드로 사도에 대해 설교한 것을 기반으로 클린턴 박사의 인생 여정표 이론에 따른 '엘리야를 훈련하신 하나님'과 '베드로를 훈련하신 예수님'이라는 책을 쓰고 싶다. 은퇴 후 2년 동안 황혼 살림을 하면서 성경을 읽으며 정리해 둔 자료로 '성경 본문에서 배우는 대화법'과 '하나님이 주신 말의 능력'에 관한 책을 쓰고 싶다.

세 명의 목회자에게 지속적인 코칭을 시작하게 되었다. 미국과 한국에서 새해에 "생명의 대화 특화 훈련" 요청이 왔다. "오직 하나님이 하십니다"라고 고백할 수밖에 없다. 주님이 부르시는 그날까지 나에게 주신 비전을 통하여 주님의 영광이 나타나길 열망한다.

이제 칠십 인생의 여정을 돌아보니 찬송가(301장)의 가사처럼 "지금까지 지내 온 것 주의 크신 은혜"였음을 고백하게 된다. 또한 박종호 작사, 작곡인 "하나님의 은혜" 찬양곡이 바로 나의 찬양이 되었다.

"나를 지으신 이가 하나님 / 나를 부르신 이가 하나님
나를 보내신 이가 하나님 / 나의 나된 것은 다 하나님 은혜라

나의 달려갈 길을 다 가도록 / 나의 마지막 호흡 다 하도록
나로 그 십자가 품게 하시니 / 나의 나된 것은 다 하나님 은혜라

한량 없는 은혜, 갚을 길 없는 은혜 / 내 삶을 애워싸는 하나님의 은혜
나 주저함없이 그 땅을 밟음도 / 나를 붙드시는 하나님의 은혜"

나의 마지막 비전 사역은 감히 '개인적인 코칭과 생명의 대화 특화 훈련' 사역을 통해 사도 바울이 살았던 그 마지막 삶을 따르고 싶다. "바울이 온 이태를 자기 셋집에 머물면서 자기에게 오는 사람을 다 영접하고 하나님의 나라를 전파하며 주 예수 그리스도에 관한 모든 것을 담대하게 거침없이 가르치더라"(사도행전 28:30-31).

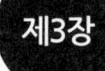

제3장

클린턴 박사의
『평생 리더십 개발 이론』에 대한
이해

클린턴 박사의
『평생 리더십 개발 이론』에 대한 이해

　전 장에서 나는 나의 생애를 주님이 주신 직분과 비전을 따라 크게 6가지 단계의 '인생 시간선'(Life Time-line) 관점에서 기술해 보았다. 이제 중요한 것은 나의 이와 같은 6가지 단계를 따라 전개된 삶과 사역을 지도력 개발의 관점에서 그 의미를 분석해 볼 것인데 그 이전에 우선 그런 분석을 도울 수 있는 기본적인 분석틀의 제공 차원에서 로버트 클린턴 박사의 평생리더십개발 이론을 간략하게 먼저 소개하고 독자들에게 이해를 제공하고자 한다. [여기에 소개되고 요약된 내용들은 클린턴 박사가 쓴 저서들 중 특히 〈영적 지도자 만들기 (1988)〉, 〈지도력 부상 이론(1989)〉, 〈초점있는 리더십을 위한 전략적 개념들 (1995)〉을 중심으로 요약 소개한 윤원환 박사의 리더십관련 강의안인 '클린턴 박사의 『평생 리더십 개발 이론』에 대한 개요' (2024) 를 저자의 허락을 받고 대거 참조하였음을 밝혀둔다].

〈클린턴 박사의 리더십 개발 이론의 의의〉

　클린턴 박사의 리더십 이론에 대해서 첫번째 제기하고 싶은 질문은 "왜 클린턴 박사의 리더십 이론인가?" 이다. 1980년대 이후 미국을 위시해 전 세계적으로 '리더십'에 대한 뜨거운 관심이 일어나게 되었다. 여기서 대부분의 경우 리더십에 대한 관심은 "리더십을 어떻게 효과적으로 발휘할 것인가?" 즉 리더십 발휘의 기술에 집중된 것으로서 이 분야의 대표적인 도서들로는 워런 베니스의 〈리더들〉, 짐 코우제스 및 배리 포스너의 〈리더십 도전〉 등 지난 40여년간 셀 수 없는 많은 리더십 관련 서적들이 시중에 쏟아져 나왔다.

그런데 이런 리더십 수행의 기술에 대한 참고 도서들이 많음에 비해 정작 더 본질적으로 중요한 지도자의 유능한 리더십 개발을 위한 체계적인 이론 정립에 대한 관심과 관련 참고도서들은 희소하다. 이런 면에서 클린턴 박사의 '평생 리더십 개발 이론'(Life-long Leadership Development Theory) 은 타의 추종을 불허하는 탁월한 통찰력을 보여주었을 뿐 아니라 그에게서 리더십 이론을 배운 무수한 문하생들이 전 세계에 흩어져 그의 이론을 따라 유능한 차세대 지도자 양성을 위해 노력하고 있음은 고무적인 현상이라고 할 것이다.

〈클린턴 박사의 리더십 개발 이론과 관련된 저서들〉

두번째 질문은 "클린턴 박사는 평생 리더십 개발이론의 주창을 위해 어떤 관련도서들을 저작하고 출판하였는가?"이다. 그의 저작물 이해의 시간선은 크게 두 부분으로 대별되는 데 첫째는 그가 주로 미국 풀러신학교 세계선교학부에서 리더십을 강의하던 1980년대부터 주로 2000년 이전까지 출판된 리더십 개발이론 관련의 저작시기와 둘째는 2000년 이후 현재까지 그동안 그가 설파한 리더십개발 이론에 근거하여 그것을 성경에 대입하고 리더십 관점에서 신구약 성경을 주해하는 작업을 진행하고 있는 시기이다. 나는 이 글에서 주로 클린턴 박사가 리더십 개발 이론 정립을 위해 여러 저서들을 출간했던 전기시대에 나온 책들에 근거해서 그의 리더십 개발 이론을 설명한다.

클린턴 박사의 리더십 이론 관련 저작들은 1) 전반적인 리더십 개발에 관한 이론; 2) 리더십 이론의 역사; 3) 멘토링에 관한 책; 4) 은사분석에 대한 책; 5) 초점있는 리더십 수행을 위한 전략적 개념들; 6) 성경에서의 리더십 가치 발견하기; 7) 그리고 리더십 훈련 교재 등으로 요약된다.

여기서 리더십 개발 이론관련 가장 중요한 그의 저서는 두가지이다. 하나는 1988년에 나온 〈영적 지도자 만들기〉이며 다른 하나는 1989년에 나온 〈지도력 부상의 이론〉이다. 1989년의 책은 1988년에 나온 책의 종합적이며 확장적이고 심층적 보완의 책으로 볼 것이다. 그래서 1989년의 〈지도력 부상의 이론〉은 바로 그의 리더십 개발 이론의 핵심이요 집중된 내용을 파악할 수 있는 자료이다.

〈클린턴 박사의 리더십 개발 이론의 위치〉

세번째 질문은 "클린턴 박사의 리더십 이론은 리더십 이론 발전의 역사에서 어디에 속하는가?" 이다. 클린턴 박사가 간단하게 소개하는 리더십 이론의 역사에 의하면, 리더십 관련 패러다임의 변화에 따라 리더십의 본질과 리더십에 대한 다이나믹한 이해가 달라지는 것을 소개한다. 우선적으로 지도자는 선천적으로 태어난다고 주장하는 '영웅론'의 시대가 있었는가 하면 지도자의 독특한 특질이 보통 사람과 구별되는 요소라고 주장하는 '특질론'을 거쳐 지도자의 특별한 행위에 초점을 둔 '행위론'이 대두되었다. 그 이후 지도자는 태어날 때 부터 모종의 지도자로서의 잠재성을 보유하고 출생하지만 동시에 그의 리더십 부상을 도와 줄 환경적 요소도 또한 중요한 변수임을 주장하는 '복합론'이 주로 1980년대 이후 대세적 이론이 되어왔는데 그는 이런 복합론에 의거하여 그의 리더십 개발의 이론을 전개한 것으로 여겨진다.

〈클린턴 박사의 리더십 개발 이론의 사유 영역〉

네번째 질문은 "클린턴 박사의 리더십 개발 이론은 어떤 영역을 다루는가?" 이다. 그에 의하면 리더십개발 이론은 크게 세가지 영역을 다룬다고 본다. 첫째는 리더십의 기본 요소들; 둘째는 리더십 영향력 발휘의 수단; 셋째는 리더십 가치에 대한 사유를 다룬다.

1) 리더십의 기본 요소들에는 지도자와 추종자 그리고 상황간의 상관관계를 다룬다. 지도자에 대한 사유는 지도자의 생육사와 지도자의 특질 등을 다루며, 추종자에 대한 사유는 지도자와 추종자간의 상관관계, 추종자의 역사와 성숙도 등을 다룬다. 그리고 상황에 대한 사유는 지도자와 추종자가 처한 직접적인 상황 그리고 거시적 상황에 대한 사유를 다룬다.

2) 리더십 영향력 발휘의 수단으로는 크게 개인적인 가용 수단과 집단적 수단이 있다. 개인적인 수단은 지도자의 리더십 스타일, 리더십 과제 이행의 행위, 그리고 지도자와 추종자간의 관계형성의 행위 등과 관련이 있다. 집단적인 수단으로는 조직의 문화, 조직의 구조, 조직의 다이나믹스 그리고 조직의 능력과 권위 등을 다룬다.

3) 리더십 가치에 대한 사유는 철학적 가치와 신학적 가치를 다룬다. 이 부분은 특히 리더십은 왜 존재하는가? 리더십이 평가받는 표준은 무엇인가?와 같은 전략적 가치를 사유하고자 한다. 철학적 가치는 리더십의 동기, 윤리적 문제, 그리고 가치적 문제를 사유한다. 신학적 가치는 리더십의 궁극적 목적은 무엇이며 신학적 가치는 무엇인가?를 사유한다.

〈클린턴 박사의 리더십 개발 이론의 핵심적 주장.①〉
　클린턴 박사는 그의 평생을 통해서 리더십 개발이론가로서 지금까지 간단하게 설명한 리더십학 분야의 3가지 범주인 리더십의 핵심적 기본 요소, 리더십 발휘의 수단, 그리고 리더십의 철학적 및 신학적 가치에 대한 끊임없는 연구와 강의와 저작물을 남기고자 심혈을 기울였다.

　여기서 클린턴 박사의 리더십 개발 이론의 대 전제는 "지도자의 부상은 전적으로 하나님의 주권과 의도적 의지의 결과물이다" 라는 것을 강조하는 데 있다. 이와같은 지도자의 부상 혹은 출현에서 하나님은 지도자의 출생에서 은퇴까지의 전 생애를 관통해서 지도자의 삶에 간섭하시고 지도자의 순종적 반응을 독려함으로써 하나님께서는 지도자가 유능하고 탁월하게 리더십 수행의 열매를 맺기를 원하신다. 그러면 여기서 지도자가 가질 가장 근본적인 자세는 무엇인가? 그것은 유능한 리더십 수행은 사역 이전에 지도자다운 인격 형성이 매우 중요하며 그래서 사역은 '존재'에서 흘러나온다는 사실을 명심하는 것이다.

〈클린턴 박사의 리더십 개발 이론의 핵심적 주장. ②〉
　지도자의 전 생애를 관통하여 하나님의 주권적 간섭과 인도하심속에 지도자가 그의 리더십의 유능성을 극대화하기 위하여 가져야 할 유능한 리더십 형성의 변수들은 어떤 것들이 있는가? 이 점에 있어서 클린턴 박사는 세가지 차원에서의 리더십 형성의 변수를 소개한다. 첫째는 하나님이 지도자를 이끌어가시는 시간적 변수가 있고, 둘째는 하나님이 보내시는 리더십 훈육과정의 변수가 있으며, 셋째는 이런 시간적 그리고 환경적 변수에 대해서 지도자가 어떤 반응을 보이는가 하는 반응의 변수가 있다고 본다. 그래서 유능한 리더십 수행의 극대화는 다음과 같은 도식으로 압축

할 수 있을 것이다.

$$L = f(T \times P \times R)$$

〈L〉은 지도자의 극대화된 리더십 발휘의 내용(Maximized Effective Leadership)을 의미하고, 〈f〉는 세 가지 리더십형성의 변수에 의하여 발생하는 기능(function)을 의미한다. 그리고 이런 리더십 발휘의 기능은 하나님이 보내어 주시는 시간선에 지도자가 어떻게 예민하게 인식을 하는가 하는 변수(Time Variable), 그리고 하나님께서 보내어 주시는 리더십 훈육을 위한 다양한 과정들의 변수(Processing Variable) 와 더불어 이런 시간적 변수(T)와 훈육과정의 변수(P)에 지도자가 어떻게 반응하는가하는 변수(Response Variable)에 달려있다고 하겠다.

〈클린턴 박사 리더십 개발 이론의 핵심적 주장: 시간적 변수에 대하여. ③〉

클린턴 박사는 지도자의 평생에 걸쳐 하나님의 주권적 간섭과 인도하심이 있음을 전제하기 때문에 지도자는 하나님께서 이끌어가시는 독특한 시간적 추이 과정에 대한 예민한 성찰과 적극적 순응의 자세를 가질 것을 강조한다. 이것을 지도력 개발의 시간선 (Time-line)으로 부른다.

클린턴 박사는 지도력 개발의 시간선에 있어서 두가지 차원에서 분석할 수 있음을 제시한다. 하나는 각 지도자에게 주어진 고유한 시간선 (Unique Time-line)이며 다른 하나는 그런 고유한 시간선 중에서 특히 지도자의 사역 관점에서 네 가지 단계의 시간선 분석(Ministry Time-line) 을 제시한다. 다음 장에서 나는 주로 지도자의 고유한 시간선 6단계에 맞추어 나의 삶과 사역을 구분하고 리더십이론 관점에서 분석해 볼 예정이다. 그러므로 이곳에서는 지도자의 고유한 시간선 6단계에 대해서 간략하게 소개하고 지도자의 '사역시간선' 소개는 생략한다.

지도자의 고유한 시간선에 대해서, 클린턴 박사는 무수한 그리고 다양한 실존 지도자들의 생애와 사역을 '근거 이론'(광범위한 사례에 대한 분석과 이론 정립)에 의거하여 분석한 결과 6단계의 시간선을 따라가는 것으로 보았다.

1) 1단계는 '주권적 기초'의 단계로 불리는 것으로, 하나님께서는 각 지도자의 출생에서 신앙적 회심의 단계까지 주권적으로 인도하시며 지도자의 생애와 사역의 기초를 놓는 기간이다.

2) 2단계는 '내면적 삶과 신앙의 성장' 단계로 불리는 것으로서 하나님은 지도자가 회심이후 신앙적으로 성장해 가는 기간동안 지도자가 하나님에 대한 믿음을 일관되게 유지하고 발전해 가는가(진정성 점검), 하나님의 말씀에 대한 순종의 자세를 갖는가(순종 점검), 어떤 특정 상황 속에서 하나님의 음성을 분별할 수 있는가(분별 점검), 그리고 어떤 상황 속에서도 믿음을 고수하려고 하는가(믿음 점검) 등의 내면적 그리고 성품적 개발을 유도하신다. 2단계의 절정은 지도자가 자신의 삶을 전적으로 주님께 헌신하겠다고 다짐하는 '지도력에의 헌신'(Leadership Committal)에 있다.

3) 3단계는 지도자가 지도력에의 헌신 이후 전문적인 사역에로 들어가는 입문 단계로서 '사역의 성장'(혹은 사역초기) 단계로 불린다. 이

단계에서 지도자는 그동안 그에게 잠재되었던 은사들과 그동안 닦은 성품들 그리고 사역의 기술들을 통해서 하나님께서 그에게 맡기신 사역을 통해서 지도력의 성장을 이루어간다.

4) 4단계는 '사역의 성숙'(혹은 중기) 단계로 불리는 것으로서 지도자는 이전의 그의 사역에서 발견된 주도적인 은사 (Dominant Gift-mix)와 하나님께서 주신 역할들 (Major roles)을 통해서 그것을 지속적으로 그리고 심층적으로 구현해 간다. 여기서 그에게 주어진 주도적 은사들을 우선적으로 활용해 가는 동시에 하나님에 대한 심층적 이해를 그의 사역 경험을 통해서 터득해 간다.

5) 5단계는 '수렴의 단계'(사역의 후기) 로 불린다. 이 단계는 지도자가 그동안 다듬고 경험한 사역과 삶의 성숙단계에서 최고점에 도달한 것을 의미한다. 그러나 대부분의 지도자들의 경우 이런 최고점의 수렴에 도달하지 못하는데 그 이유는 다양한 방해요소들을 극복하지 못하기 때문이다.

6) 6단계는 '잔광 혹은 축제'의 단계 (혹은 사역의 마무리) 로 불린다. 이 단계는 소수의 지도자들만이 맞이하게 되는 것으로서 그동안 이룬 사역과 삶의 성숙의 열매들이 광범위한 차원에서 찬양과 감사와 직접적 영향력의 분위기 가운데 절정에 도달하는 단계를 의미하며 한두가지 이상의 궁극적인 공헌(Ultimate Contribution)을 남기게 된다.

⟨클린턴 박사의 리더십 개발 이론의 핵심적 주장:
　나이에 따른 초점있는 삶과 사역의 전략. ④⟩

우리는 지금까지 클린턴 박사가 제시한 지도자의 지도력 개발에 나타나는 시간선중 지도자의 고유한 시간선의 관점에서 간단하게 살펴보았다. 여기서 우리가 꼭 언급할 것은 클린턴 박사의 지도자 일생의 시간선 분석의 묘미는 지도자의 유종의 미를 거두는 것에 방점을 둔다는 것이다. 그리고 그런 유종의 미를 위한 구체적인 전략제시로서 '초점있는 삶'을 강조한다. 그러면 초점있는 삶을 살기 위해서 지도자가 노력해야 할 것은 무엇인가? 이 점에 대해서 클린턴 박사는 다음의 4가지 자세를 제시한다.

첫째는 지도자는 적어도 나이 30대에는 삶의 목적의식(Life Purpose)을 분명히 확립해야 하고, 둘째로 적어도 40대에는 자신의 주요한 역할(Major Role)이 무엇이 되어야 하는가에 대한 인식을 확립하며, 셋째로 적어도 50대에는 그런 주요한 역할을 통해서 그가 발견한 그만이 보유한 독특한 사역 방법론(Unique Methodology)을 발견하고 수렴하여 일관성 있게 전진할 필요가 있음과, 넷째로 적어도 60대 이상에서는 그동안 지도자가 전개해 온 사역과 삶의 수렴을 통해서 얻은 유능한 영향력과 유산들을 다음 세대를 위하여 공헌할 수 있는 영역(Ultimate Contribution)이 무엇인가에 대해서 숙고해야 한다는 것이다.

⟨클린턴 박사의 리더십 개발 이론의 핵심적 주장:
　훈육과정의 변수에 대하여.⑤⟩

클린턴 박사는 하나님께서 지도자의 평생을 통하여 유능한 리더십을 발휘하고 유종의 미를 거두는 삶을 위해 지도자 각자의 독특한 시간선(Unique Timeline)을 따라 가장 적절하고 필요한 훈육 과정의 여러 가지 항목들

(Processing Items)을 보내주시는 것으로 본다. 그와 같은 목표를 이루기 위해 하나님께서는 각 지도자에게 허락하시는 고유한 시간선의 단계마다 필요한 훈육과정의 사건들(Processing Incidents)을 보내어 주신다.

1) 하나님의 주권적 준비단계에서는 다양한 환경과 관계와 사건들을 통해서 하나님을 발견하고 회심에 이르는 훈육과정의 사건들을 보내신다. 또한 지도자로 하여금 사역 진입을 위한 준비단계의 기술들을 터득하게 하신다.

2) 내면적 신앙의 성장단계에서는 회심이후 지도력에의 헌신에 이르는 과정에 필요한 다양한 훈육과정의 사건들을 보내시는데 지도자의 성실성 점검, 순종 점검, 말씀분별의 점검, 가장 기초적인 사역수행의 과제를 제공하는 것과 더불어 지도자의 길로 헌신하는 과정이 포함된다.

3) 지도자로서의 사역초기단계에 진입하게 되면, 하나님께서 보내시는 필요한 훈육과정의 사건들로는 다양한 사역의 기술을 터득하게 하시고 훈련하시며 은사를 발견하게 하시고 다양한 관계에 대한 통찰력을 얻게 하시고 더불어 영적 권위에 대한 이해와 관계 형성에 대한 통찰력을 얻게 하신다.

4) 사역의 중기단계에서는 하나님께서 사역의 확장의 은혜를 주신다. 여기서는 일반적인 사역 확장을 위한 훈육 항목들도 있고, 압력적인 상황에서의 훈육 항목들도 있으며 사역에 대한 도전적 상황에서 일어나는 훈육 항목들도 있고 영적 통찰력을 터득하게 하시는 훈육 항목들이 있다.

좀더 부연하면 일반적인 사역 확장을 위한 훈육 항목들로는 하나님의 말씀에 대한 이해증진, 문학적인 자료들에 대한 이해증진, 상황에 대한 분별력 증진, 멘토의 중요성인식, 패러다임 전환에 대한 경험, 영적 권위에 대한 중요성과 이해 발견, 사역의 다양한 구조들에 대한 통찰력이해, 그리고 다양한 사역 과제들의 출현에 대한 경험 등이 있다.

압력적인 상황을 위한 훈육 항목들로는 사역에 갈등이 일어나는 것, 지도자의 리더십에 반발 현상을 경험하는 것, 그리고 사역과 생애 위기들이 발생하는 것을 경험하는 것이다.

계속해서 도전적 사역의 상황을 위한 훈육 항목들은 지도자로서의 길을 계속해서 가야만 하는 숙명의식에 대한 계시를 경험하는 것, 어떤 상황 속에서도 불굴의 믿음을 고수해야 하는 것과 관련된 것, 더욱 기도하게 하는 도전적 상황, 더욱 사역의 지평을 넓혀가게 하는 도전, 그리고 리더십 영향력 도전에 대한 상황 등을 맞이하게 되는 것이다.

그리고 지도자의 영적 통찰력을 더욱 확장케 하는 훈육 항목들로는 영적 전쟁을 깊이 체험하는 것, 능력대결의 상황을 맞이하는 것, 더욱 기도의 능력을 경험하게 하는 것, 고유한 은사를 발휘하고 능력을 체험하는 것, 그리고 관계적 연계성의 중요성에 대한 인식을 넓히는 것 등이다.

5) 사역의 후기단계인 고유한 혹은 독특한 사역 훈육 항목들의 세부적인 내용들은 다음과 같다. 이 부분에서는 크게 두 가지 훈육 항목들이 전개된다고 보인다. 하나는 더욱 심층적인 차원에서 하나님의 인도하심을 분별하고 확증하는 훈육 항목들의 전개이다. 지도자의 사

역에 하나님의 주권을 더욱 의식하는 것, 그동안 살아오면서 정리되지 못한 육신적인 것 혹은 부정적인 것들의 정리와 관련된 것, 가장 필요한 때 하나님의 사람들을 섭리적으로 만나는 것, 동일한 하나님의 인도하심과 계시내용에 대한 이중적인 확증, 하나님이 함께 하시며 하나님께서 인도하신다는 확신을 가져다 주는 초자연적 역사들과 사역상의 확증 그리고 지도자의 길을 가게하시는 숙명적 성취와 관련된 훈육 항목들의 전개이다.

다른 하나는 지도자의 삶과 사역가운데서의 심층적 성숙을 위한 훈육 항목들의 전개이다. 여기에는 지도자가 자의 혹은 타의에 의한 고립적 상황에 처하는 것, 갈등적 상황에 처하는 것, 지도자의 삶 가운데 나타나는 여러가지 삶의 위기들, 지도자의 은사와 사역에 있어서 가장 두각을 나타내며 주변에 영향력을 극대화할 수 있는 역할을 발견하게 하는 훈육 항목들이 있다.

6) 마지막 단계는 삶과 사역의 마무리 단계로서 하나님께서 그동안 주권적으로 이끌어오신 지도자의 '숙명의식'을 확증하고 거기에 따른 사역상의 열매들에 대해 하나님께 감사와 찬양을 올려드리며 다음 세대를 향한 궁극적 공헌들을 살펴보고 하나님께 감사하는 시간을 갖게된다.

〈클린턴 박사의 리더십 개발 이론의 핵심적 주장: 지도자의 반응의 변수. ⑥〉

우리는 지금까지 하나님께서는 각 지도자들이 유능한 지도력을 발휘하여 성품과 사역의 극대화를 통해 하나님의 나라 건설에 유익하게 공헌하도록 지도자의 평생을 통하여 각 지도자에게 고유한 시간선을 부여하시고 그 시간선의 하위 단계마다 필요한 리더십 개발의 훈육 항목들을 보내어 주시는 것에 대해서 살펴보았다. 여기서 중요한 것은 지도자가 유능한 리더십을 발휘하기 위해서는 바로 지도자가 이와같은 하나님의 복합적 리더십 훈련과정에 얼마나 예민하게 영적으로 그리고 순종적으로 반응하는가에 달려있음을 강조하는 것에 있다.

하나님께서 보내어 주시는 고유한 시간선의 단계와 더불어 그 단계에 맞는 훈육과정을 위한 다양한 사건들을 보내어주실 때 지도자가 예민하게 인식하고 긍정적으로 반응하면 하나님께서는 각 지도자의 삶과 사역을 형통하게 하실 것이지만, 지도자가 무지하거나 게으르거나 혹은 의도적으로 불순종하게 되면 지도자의 성장과 성숙은 정체되거나 퇴보하게 될 것이며 종국에는 미약한 리더십발휘 혹은 도중하차의 아쉬움을 남기게 될 것이다.

〈클린턴 박사의 리더십 개발 이론의 핵심적 주장: 리더십 개발의 목표. ⑦〉

클린턴 박사는 무수한 역사적 혹은 현행적 지도자들의 삶과 사역을 귀납적으로 비교 분석한 결과 리더십 개발의 궁극적인 목표는 다음의 세 가지 영역으로 귀결됨을 발견한다. 첫째는 영성 형성이며 둘째는 사역적 형성이며 셋째는 전략적 형성이다.

첫째로, 하나님께서는 지도자의 평생을 통해서 부여하시는 시간선과 훈육 항목들을 통해서 지도자의 영성 특히 성품개발이 이루어지기를 원한다. 여기서 리더십의 극대화는 지도자의 존재의 됨됨이에서 흘러나오는 것과 관련이 있음을 강조한다.

둘째로, 하나님께서는 지도자의 평생 리더십 개발과정에서 성품개발과 더불어 사역의 기술과 사역에 대한 지식을 개발하기를 원하신다. 물론 사역은 지도자의 됨됨이에서 더 극대화될 것이다.

셋째로, 하나님께서는 지도자의 평생 리더십 개발과정을 통해서 궁극적으로 사역에 대한 목회철학적 가치관을 개발하기를 원하신다. 목회철학은 처음은 사역을 아는 과정 그리고 사역의 효과를 말로 표현하는 과정 그리고 마지막은 그가 경험한 사역의 지식들을 문서로 표현하고 출간하는 방향으로 전개되기도 한다.

〈클린턴 박사의 리더십 개발 이론의 핵심적 주장:
　유종의 미를 거두는 지도자의 삶.⑧〉
　클린턴 박사의 리더십 이론의 궁극적 종착점은 하나님이 부르시고 세워서 유능한 리더십을 발휘하도록 하시는 각 지도자들이 유종의 미를 거두기를 원하는데 있다. 클린턴 박사는 이 논제에 있어서 무수한 역사적 그리고 현행적 지도자들의 삶을 분석한 결과 오직 소수만이 유종의 미를 거두고 대부분은 그렇지 못한 것을 발견하게 된다. 그래서 그가 발견한 지도자의 종말과 관련한 관찰점은 다음과 같다.

1. 소수만이 유종의 미를 거둔다.
2. 그래서 유능한 리더십을 발휘하는 것은 어렵다.
3. 하나님의 능력적 임재하심이 성공적 리더십의 핵심적인 구성요소이다.
4. 영적 리더십이 지도자의 리더십 발휘의 차이를 만들어낸다.

그러면 유종의 미를 거두는 지도자들의 삶에서 나타나는 공통적이고 긍정적 특징들은 무엇인가? 이점에 있어서 클린턴 박사는 6가지 주요한 특징을 열거한다.

1. 유능하고 유종의 미를 거둔 지도자는 처음부터 끝까지 하나님과의 개인적이며 활기찬 관계를 유지한다.
2. 지도자는 끊임없는 배움의 자세를 유지하는 것과 다양한 재원들을 통해서 배우는데 가치를 둔다.
3. 그들의 삶에서 성령의 열매로 확증된 그리스도를 닮은 성품을 나타낸다.
4. 진리의 말씀이 그들의 삶에 투영되어 하나님에 대한 확신과 약속들이 실제적으로 보여지는 삶을 산다.
5. 궁극적인 공헌을 한 두개 남긴다.
6. 일종의 숙명의식을 점진적으로 인식하며 그것들이 이루어지는 것을 본다.

그러면 이제 유종의 미를 거두지 못하게 하는 방해요소들은 어떤 것이 있을 수 있는가? 이 질문에 클린턴 박사는 7가지 방해요소들을 제시한다.

1. 재정적인 오용과 남용이다. 가장 성경적인 예는 아간과 사울왕일 것이며 신약에서는 초대교회 아나니아와 삽비라가 해당된다.
2. 권력의 오용과 남용이다. 성경적인 예는 부지기수인데 특히 다윗왕이 우리야 장군이 전쟁 최전선에서 죽도록 야기한 사건은 치명적인 실수이다.

3. 교만이다. 교만은 패망의 지름길이라고 했다. 신약의 헤롯 왕이 해당된다. (행12:20-23)
4. 성적 부정행위이다. 삼손의 성적 무절제한 행동은 하나님의 뜻을 많이 그르치게 하는 방해요소였다.
5. 가정관리에의 문제. 엘리 제사장은 그의 자녀관리에 소홀한 일로 가문이 패망하는 일이 있었다.
6. 태만에 빠지는 것. 엘리 제사장은 또한 주어진 직무에 태만했다. 지도자는 늘 하나님 앞에서 엎드려야 하고 말씀을 묵상하며 자발적인 영성훈련을 사랑하고 늘 배우는 자세를 견지해야 할 것이다.
7. 해결되지 않은 과거의 심적상처들. 지도자는 늘 성령의 도움으로 이런 상처들에 발목잡히지 않도록 유의해야 할 것이다.

마지막으로 클린턴 박사는 지도자의 유종의 미를 촉진하는 몇 가지 요인들을 제시한다.
1. 지도자의 평생을 통해서 유종의 미를 이룰려는 올바른 관점을 갖는 것이 중요함을 강조한다.
2. 생각과 영성과 감성의 영역에서 늘 갱신의 기회를 갖고자 애쓸 필요가 있다.
3. 자발적 영성훈련 지적훈련 감성적 훈련 그리고 사역적 훈련을 갈구할 필요가 있다.
4. 끊임없는 배움의 자세를 유지할 필요가 있다.
5. 주변에 좋은 멘토를 두고 수시로 관계하고 소통하며 그들로부터 경청하는 자세를 가질 필요가 있다.

제4장

강남중의
리더십수행 분석
- 클린턴 박사의 「평생 리더십 개발 이론」에 근거

강남중의 리더십수행 분석
- 클린턴 박사의 '평생 리더십 개발 이론'에 근거

나는 지금까지 나의 평생의 삶과 사역에 대한 6단계 시간선의 전반적 소개(2장)와 더불어 나의 목회자로서의 평생 리더십 수행을 분석할 기본적인 틀로서 클린턴 박사의 평생 리더십 개발 이론(3장)을 살펴보았다.

이제 나의 주된 관심사는 나의 평생의 삶과 사역을 클린턴 박사의 '평생 지도력 개발 이론'의 관점에서 그 의미를 분석해 볼 것이다. 첫째는 나의 삶과 리더십 수행의 여정을 리더십 수행의 시간선의 관점에서 좀더 전문적으로 살펴볼 것이고, 둘째는 나의 리더십 수행을 통하여 다양한 리더십 개발 훈육항목들중에서 가장 의미있는 훈육항목들을 선정하여 분석 설명할 것인데 그 대상은 1) 가장 대표적인 나의 삶과 사역의 전환기 훈육항목들 2) 숙명의식 3) 나의 은사목록 분석 4) 나의 사회적 기반(Social Base)과 관련된 훈육항목들 5) 패러다임 전환관련 훈육항목들 6) 그리고 궁극적 공헌 분석 등이다.

강남중의 리더십 수행 분석요약 SUMMARY SHEET of LEADERSHIP ANALYSIS

- 분석대상: 강남중
- 분석자료: 강남중의 삶과 사역에 대한 개인적 회고
- 압축된 시간선 (ABBREVIATED TIME LINE)

I. 주권적 준비기간	II. 내면적 성장기간	III. 사역초기 (전도사 전임사역)	IV. 사역중기 (전임사역확장)	V. 사역후기 (전임사역 수렴)	VI. 은퇴이후
1953-1967	1967-1981	1981-1984	1984-1997	1997-2021	2022-현재
0-14세	14-28세	28-31세	31-44세	44-68세	69세-현재

-전환기1(B)-   -전환기2(B)-   -전환기3(B)-

A.출생   A.내면적 성장   A.태동교회사역   A.제8영도교회   A.한생명교회사역   A.황혼살림
B.회심   B.지도력헌신   B.수산교회사역   B.도미유학   B.특수사역   B.계속되는 비전
              C.목회인턴사역   C.새부곡교회사역 C.늘빛교회

- 은사묶음 (GIFTEDNESS SET)

선천적 재능 NATURAL ABILITIES	• 창의능력 (72%)-드라마와 관련된 재능 • 인식능력 (85%)-사고방식과 관련된 재능 • 신체능력 (70%)-운동 • 관계능력 (84%)-지도력. 동기부여
획득된 기술들 ACQUIRED SKILLS	• 창의능력 (67%) • 인식능력-적성 (100%)/ 교육적 지원기술(87%) • 신체적 기능(100%) • 관계능력-멘토링(100%)/ 의사소통 (92%)
영적 은사들 SPIRITUAL GIFTS	• 가르침 (79%) • 권면 (77%) • 병고침 (77%) • 목회 (64%) • 다스림 (60%) • 전도 (58%)

- 영향력의 범위 (SPHERE OF INFLUENCE)
    - 직접: 지역. 권역.
    - 간헐적: 국가적. 국제적.
    - 조직: 권역차원의 교단조직

- 주요 공헌들 (MAJOR CONTRIBUTIONS)
    - 한국 제8영도교회 개척
    - 미국 한생명교회 개척과 주성교회와 연합
    - 생명의 대화법 훈련 개최
    - 〈여명에서 황혼까지〉 회고록 출간

강남중의 고유한 시간선 분석의 전체 요약 UNIQUE TIME LINE						
I. 주권적 준비기간	II. 내면적 성장기간	III. 사역초기 (전도사 전임사역)	IV. 사역중기 (전임사역확장)	V. 사역후기 (전임사역 수렴)	VI. 은퇴이후	
1953-1967	1967-1981	1981-1984	1984-1997	1997-2021	2022-현재	
0-14세	14-28세	28-31세	31-44세	44-68세	69세-현재	

```
        -전환기1(B)-                        -전환기2(B)-    -전환기3(B)-
 A.출생      A.내면적 성장   A.태동교회사역    A.제8영도교회   A.한생명교회사역  A.황혼살림
 B.회심      B.지도력헌신    B.수산교회사역    B.도미유학      B.특수사역       B.계속되는 비전
                            C.목회인턴사역    C.새부곡교회사역 C.늘빛교회
```

■ 강남중의 생애 시간선의 2 대별 (TWO MAJOR PHASES OF TIME LINE)
강남중은 1953년에 태어나서 현재 나이 71세로서 그의 삶과 사역은 크게 두 부분으로 나뉘는데 그것은 한국에서의 삶과 사역 부분(1953년-1997년)과 미국에서의 삶과 사역부분(1997-현재)으로 대별된다.

한국에서의 삶과 사역	미국에서의 삶과 사역
출생: 1953 - 미국이민: 1997(44세)	미국정착: 1997 - 현재 2024(71세)
1단계 주권적 준비기간에서 4단계 사역중기 기간	5단계 사역후기 기간에서 6단계 은퇴이후 기간

■ 한국에서의 삶과 사역의 고유 시간선
  (1953년 출생-1997년 늘빛교회 담임사역)
* 1단계: 출생에서 회심이전까지의 시간선: 강남중은 1953년에 태어났으며 1967년에 자신의 생애에 처음으로 예수를 주님과 그리스도로 인정하게 된다 (1953-1967. 0-14세).
* 2단계: 회심에서 주님께 지도자로서의 길을 걷기로 헌신하기 까지의 시간선: 강남중은 1967년(14세) 회심한 이후 신자로서의 삶을 사는 가운데 1977년(24세) 자신의 생애를 주님께 충성하는 지도자의 길을 걷기로 헌신한다 (1967-1981. 14-28세).
* 3단계: 전임사역 초기 기간의 시간선: 강남중은 신학대학을 다닌 관계로 신학대학원 수학과 목사안수 이전부터 전임전도사로서의 목회사역을 1981년(28세)부터 시작하게 되어 1984년(31세)까지 태동교회와 수산교회와 새부곡교회 전도사 사역을 담당한다 (1981-1984. 28-31세).

* 4단계: 전임사역 중기 기간과 도미: 제8영도교회의 개척 사역(1984년. 31세) 을 시작으로 전문사역을 위한 다양한 훈련의 과정을 거친 후 도미하여 유학의 시간을 보낸 후(1991년-1996년. 38-42세) 부산 늘빛교회 담임목사 청빙을 받고 귀국한다(1996-1997. 42-44세).

한국에서의 삶과 사역의 고유 시간선	세부 항목들
1단계: 출생에서 회심 (1953-1967. 0-14세)	A. 출생: 1953년 B. 회심: 1967년(14세)
2단계: 회심에서 지도력 헌신 (1967-1981.14-28세)	A. 내면적 성장: 1967년 (14세) B. 지도력 헌신: 1977년 (24세) C. 평신도 봉사: 1977-1981년(24-28세)
3단계: 전임 사역의 초기단계 (전도사 전임사역) (1981-1984. 28-31세))	A. 태동교회 전도사 사역 (1981-1983) (28-30세) B. 수산교회 전도사 사역 (1983. 8-12) (30세) C. 새부곡교회 전도사 사역 (1983.12-1984.6) (30-31세)
4단계: 전임사역의 중기 단계 (1984-1997. 31-44세)	A. 제8영도교회 담임목사 사역 (1984-1991) (31-38세) B. 도미 유학기간 (1991-1996) (38-42세) C. 부산 늘빛교회 담임 사역 (1996-1997) (42-44세)

미국에서의 삶과 사역의 고유 시간선(1997년 미국정착에서 2021년 목회사역은퇴)

*5단계: 전임사역의 후기 단계: 1997년(44세) 미국으로 돌아온 강남중 목사는 1998년 (45세) 재미고신소속으로〈은혜와진리장로교회〉(후일 한생명장로교회로 그리고 다시 한생명교회로 개칭)를 개척하여 담임사역을 하는 가운데 2013년〈선한목자교회〉와 교회합동을 하였고 2015년〈주성 선교교회〉와 교회합동을 하는 동시에 담임목사직을 사임한다 (62세). 곧 이어 2015년 남가주 페리스 시에 있는 〈만남의교회〉의 청빙을 받아 특수목회를 시작하면서 교회명을 〈만남의교회〉에서 〈한생명교회〉로 변경하여 섬긴 후 2021년 목회 사역에서 은퇴하다(68세)

*6단계: 은퇴 이후 계속되는 비전성취: 은퇴 이후 고국을 방문하여 위로의 시간을 가진다. 자신과 44년 동안 목회의 삶을 정리하기 위해 네바다주 헨드슨시로 이사를 하여 지내는 가운데 고국으로부터 비전 성취를 위한 전문사역에의 부름을 받아 실현하면서 〈여명에서 황혼까지〉회고록을 저술한다.

미국에서의 삶과 사역의 고유 시간선	세부 항목들
5단계: 전임사역의 후기 단계 (1997-2021. 44-68세)	A. 한생명교회 통한 전문사역 (1998-2015) (45-62세) B. 만남의교회 특수목회 (2015-2021) (62-68세)
6단계: 은퇴이후 계속되는 비전성취 (2022-현재. 69-71세)	A. 은퇴이후에 지속되는 전문사역에의 부름 (2022-) B. 회고록 출간으로 공헌 (2025년. 71세)

강남중의 삶과 사역에서의 주요한 리더십 훈육 사건들 CRITICAL INCIDENTS

-나는 1967년 나이 14세때 주님을 영접한 이후로 현재까지 주님을 섬기는 가운데 나의 길을 주님을 섬기는 목회자로서의 길로 인도함에 있어서 몇가지 주요한 나의 삶과 사역의 새로운 전기를 만드는 경험을 하게 된다. 여기서 8가지의 주요한 리더십 훈육 사건들 (Critical Incidents. CI)을 언급하고 '평생 리더십 훈련과정'의 관점에서 그런 사건들의 의미를 간략하게 설명해 보았다. 각 사건들의 구체적인 내용은 이미 본 책의 제2장 '인생 여정 이야기' 편에서 상세하게 다루었으므로 이곳에서는 핵심적인 의미만을 다룰 것이다.

I. 주권적 준비기간	II. 내면적 성장기간	III. 사역초기 (전도사 전임사역)	IV. 사역중기 (전임사역확장)	V. 사역후기 (전임사역 수렴)	VI. 은퇴이후
1953-1967	1967-1981	1981-1984	1984-1997	1997-2021	2022-현재
0-14세	14-28세	28-31세	31-44세	44-68세	69세-현재

-전환기1(B)-   -전환기2(B)-   -전환기3(B)-

A.출생	A.내면적 성장	A.태동교회사역	A.제8영도교회	A.한생명교회사역	A.황혼살림
B.회심	B.지도력헌신	B.수산교회사역	B.도미유학	B.특수사역	B.계속되는 비전
	C.목회인턴사역	C.새부곡교회사역	C.늘빛교회		

- CI 1: 회심 관련 훈육사건 묶음 (CONVERSION CLUSTER) (1961-1967)
- CI 2: 지도력 헌신(LEADERSHIP COMMITTAL CLUSTER) (1977)
- CI 3: 성산교회. 성령체험 (SPIRITUAL EXPERIENCE)
- CI 4: 태동교회.기도의 능력 (POWER OF PRAYER)
- CI 5: 새부곡교회. 강해설교 (SERMON SKILL)
- CI 6: 사역훈련 (MINISTRY SKILL TRAINING CLUSTER)
- CI 7: 공식적 학문연마 (FORMAL ACADEMIC DISCIPLINES)
- CI 8: 대화법사역에의 비전 수렴 (CVCM)

■ CI 1: 회심과정에 이르는 주요한 훈육항목들
   (CONVERSION CLUSTER. CC)
-나의 회심과정은 1961년부터 시작해서 1967년어간에 이루어지는 것으로서 출생이후 14년이 경과되었다. 여기서는 세가지 중요한 회심준비 과정을 소개한다. 자세한 나의 삶과 사역 여정에 대한 내용은 이미 앞의 제2장 '인생 여정 이야기'에서 자세하게 다루었으므로 이곳에서는 핵심적인 내용만 언급할 것이다.

1. CI 1 (CC1): 1961년 초등학교 3년때 중이염으로 인하여 천주교 성분도병원에서 수술을 받고서 성경이야기를 처음으로 접하는 일이 있었다. 그때 나이 8세로서 기장에서 있었던 일이다.
2. CI 1 (CC2): 1964년 초등학교 6학년때인 11세때 기장에 있는 기장교회의 성탄절에 처음으로 가게 된 일이 있다.
3. CI 1 (CC3): 1966년 나의 나이 12세때 부산 브니엘중학교를 입학하였고 1967년 중학교 2학년인 나이 14세때 학교에서 개설한 중생회를 통하여 회심을 하게 되었다.

■ CI 2: 지도력 헌신관련 훈육사건 묶음
   (LEADERSHIP COMMITTAL CLUSTER. LCC)
-나의 지도력 헌신의 과정은 내가 기독교로 개종한 이후 생기기 시작한 부모와의 신앙적 갈등이 계기가 되어 출가하게 된 1977년이후 특별히 40일 작정기도를 통하여 확증하게 된다.

1. CI 2 (LCC1): 1977년 9월 나의 기독교 개종으로 인하여 나는 그동안 나의 부모와 신앙적 갈등을 겪고 있었는데 신앙의 양자택일의 요청을 부모로 부터 받고 집을 나가기로 결심하고 출가하였다. 이 일은 하나님께서 나에게 '신행일치의 점검'(Integrity Check)의 단련을

주신 기회인 것으로 안다.

2. CI 2 (LCC2): 같은 해 같은 달 나는 다니던 교회의 박 집사로 부터 주님께서 나를 자신의 집에 기거하게 하라는 음성을 들었다는 말을 듣고 하나님의 살아계심과 그의 백성을 인도하심을 깨닫게 되었다. 이 일은 하나님께서 가장 필요한 때 나에게 '하나님의 사람'(Divine Contact)을 보내주신 것으로 이해한다.

3. CI 2 (LCC3): 같은 해 10월부터 나는 특별 40일 작정기도의 시간을 갖게 되는데 기도중 세번의 특별한 주님의 음성을 듣는 은혜를 얻게 되었다. 첫째는 15일째 기도중 주님께서 단순히 부모가 주님을 영접만 하는 것이 아니라 주를 위하여 동역할 수 있도록 기도하라는 말씀을 주시는 것으로 느껴졌다; 둘째는 25일째 기도중 아마도 환상을 통해 내가 지난 날 고등학교 시절 저수지 바위틈에서 기도하던 장면을 떠올리게 하시면서 주님의 일을 하고 싶은 나의 소원을 확증하는 것으로 느꼈다. 이것을 클린턴 박사는 '이중확증'(Double Conformation)으로 불렀다; 셋째는 33일째 기도중에 주의 영의 음성을 듣게 되었는 데 주님의 고통을 나도 맛보게 하는 그런 음성이었는데 실제로 나도 고통의 순간속에 들어갔고 교회당 마루바닥을 뒹구는 가운데 찬송이 내 입에서 터져 나왔고 마침내 내 평생을 주님을 위해서 살겠다고 하는 '지도력 헌신'(Leadership Committal)의 순간을 맞이하게 되었다.

■ CI 3: 성산교회. 성령체험(SPRITUAL EXPERIENCE. SE)

-CI 3(SE): 나는 1978년 기독교학교인 부산 고신대학에 입학하였고 1979년 2월부터 1980년까지 부산 성산교회에서 교육전도사로 교회를 섬기게 되었다. 간증집회에 온 강사의 말씀을 들은 후 성경을 읽는 가운데

내 가슴에 성령의 불이 들어오는 것을 느꼈고 그 이후 육체적 피곤을 잘 느끼지 않게 되었다. 그리고 연이어 죄사함의 문제에 대한 고민과 더불어 일주일 단식기도를 하는 가운데 죄사함의 확신을 얻게 되었으며 그 이후 축사사역의 경험을 갖게 되었다.

■ CI 4: 태동교회. 기도의 능력(POWER OF PRAYER. PP)
-나는 1981년 8월부터 밀양에 있는 태동교회를 전임 전도사로 섬기게 되었고 1983년까지 2년간 사역하는 가운데 몇가지 기도로 말미암은 영적 경험을 갖게된다.
1. CI 4 (PP 1): 1982년 하나님의 말씀을 의지하여 기도했더니 그동안 곪아서 진물과 농이 있던 어느 여학생의 종아리 부분이 치유되는 경험을 하게 되었다.
2. CI 4 (PP 2): 1982년 어느 성도의 소가 여물을 먹지않아 순전한 마음으로 기도한 후 회복되는 경험을 하게 되었다.
3. CI 4 (PP 3): 1982년 사택에 필요한 우물이 없어서 기도하면서 장소를 물색하고 우물을 파니 그곳에서 물이 나오는 기쁨의 체험을 하게 되었다.
4. CI 5 (PP 4): 1982년 담배피우는 자들에게 안수기도를 하니 그들이 금연하게 된 일과, 한 성도의 양봉을 위해 기도하니 예년보다 두배의 수확을 얻는 기도의 체험을 갖게 되었다.

■ CI 5: 새부곡교회. 강해설교(SERMON SKILL. SK)
1. CI 5 (SK 1): 1983년 12월부터 1984년 6월까지 나는 부산 새부곡교회에서 전도사로 섬겼다. 주일학교와 청년부 그리고 구역담당자로 섬겼고 매주 수요일에 설교를 맡았다. 이곳에 있는 동안 1984년 '데니

스 레인 강해 설교'를 배우면서 "평생에 처음으로 진정한 설교자"를 만난 감격을 갖게 되었고 그 이후 강해설교 방식은 나의 설교준비와 전파방식의 근간이 되었다. 그리고 매주 수요일 저녁집회에서의 설교담당은 나에게 귀한 설교훈련의 기회가 되었다 (말씀의 은사).

2. CI 5 (SK 2): 새부곡교회 사역시절 만난 데니스 레인 강해 설교의 기회는 나로 하여금 1984년부터 1991년까지 꾸준히 두란노서원에서 주관하는 동 강의 세미나에 참석하도록 이끌었다.

■ CI 6: 제8영도교회. 사역훈련 묶음들
(MINISTRY SKILL TRAINING CLUSTER, MSTC)

-1984년 7월 부산 제8영도교회를 개척하고 1991년 7월 동 교회의 담임목사직을 사임하는 7년동안 나의 사역의 대부분은 목회사역에 필요한 다양한 사역기술들을 접하고 훈련받는 기간이었으며 그것들을 나의 사역에 적용하는 기간이었다.

1. CI 6 (MSTC 1): 1984년 부터 1991년까지 나의 나이 30에서 38세가 되는 동안 두란노서원에서 주관한 '데니스 레인 강해설교 세미나'에 참석하여 강해설교의 기술을 획득하는 기회를 가졌다 (말씀의 은사).

2. CI 6 (MSTC 2): 1985년 8월 부산 수영로교회에서 개설한 '예수전도대학'에서 전도폭발(III) 훈련과정을 수료하였다. 이후 1986년 창원 새순교회의 전도폭발 훈련(III)을 받았고, 남서울교회에서 진행한 제14기 '국제전도폭발(III) 무장사역훈련'을 받았는데 이 기술로 말미암아 목회사역에 유익을 얻게되었다 (전도의 은사).

3. CI 6 (MSTC 3): 1985년부터 87년까지 다양한 선교단체에서 제자훈련 프로그램에 참석하여 훈련을 받았다 (C.C.C., Navigator, Joy 선교회, 그리고 이태웅 박사의 제자훈련 프로그램). (멘토링의 은사).

4. CI 6 (MSTC 4): 1986년부터 1991년까지 내가 섬기는 교회에서 이미 배운 사역훈련을 바탕으로 '평신도를 깨운다' 제자훈련을 시작하여 사역기술을 적용하는 시간을 갖다. (멘토링의 은사).
5. CI 6 (MSTC 5): 지금까지 언급한 사역훈련이외에도 1987년에는 서울에서 있었던 해리 웬트의 강의 '크로스웨이 성경공부 세미나'에 참석하였고, 1987-89년간 서울에서 열린 '프리셉트 성경연구'에 참석하여 성경연구의 기술을 배우다. 그리고 1991년 3월 부산에서 개최된 '효과적인 부모 역할 훈련' 모임에 참석하여 집중적인 교육을 받다. 그리고 1991년 그것을 본교회에서 신혼가정과 결혼예비 청년들에게 적용하는 훈련모임을 갖다.

■ CI 7: 공식적 학문연장 교육
(FORMAL EXTENDED-ACADEMIC DISCIPLINES. FEAD)

-나는 이미 1985년 부산 고신대학교 신학대학원 (MDIV) 과정을 졸업하고 또한 1984년에 개척한 교회 사역을 감당한 목회자이지만 신학 학문을 더욱 깊이 연구하고 배우고자 하는 열망을 갖게 되어 1991년 7월 섬기던 교회를 사임하고 도미하여 부산 늘빛교회 담임목사로 청빙을 받고 귀국한 1996년까지 5년간 미국생활을 하면서 두 군데 미국 신학교에서 수학하게 된다.

1. CI 7 (FEAD 1): 1992년부터 1994년까지 로스앤젤레스 소재 국제신학교 (International Theological Seminary)에서 신학석사과정 (THM)을 마치고 졸업하였다. 지도교수였던 통 박사(Dr. Tong)의 "다른 사람의 견해도 다양성 차원에서 수용하는 자세가 필요하다" 는 강의에 감동을 받고 '생각하는 틀' (Paradigm)을 바꾸는 계기가 되었다 (패러다임 전환).

2. CI 7 (FEAD 2): 1991년부터 1995년까지 미시시피 주 잭슨 시 소재 개혁신학교 (Reformed Theological Seminary)에서 목회학 박사 과정 (DMIN)을 수학하고 졸업하였다. 지도교수였던 왓슨 박사(Dr. Watson)를 통하여 예수님의 섬기는 모습을 그분에게서 느끼는 계기가 되었다 (섬김의 리더십 통찰).

■ CI 8: 대화법사역에의 비전 수렴(CONVERGENCE TO VISION OF CONVERSATION MINISTRY, CVCM)

-나는 1996년부터 1997년까지 부산 늘빛교회 담임사역을 마치고 1997년 다시 미국으로 돌아온 이후 1998년 〈한생명교회〉(처음에는 은혜와 진리장로교회 명)를 개척하여 2015년 사임하기 까지 17년간 사역하면서 하나님께서 나에게 부여하신 여러 가지 은사들과 직분들과 사역의 기회들은 결국 효과적인 대화법 프로그램인 '생명의 대화법 훈련'에 있었음을 발견하고 실제적인 사역속에서 그 비전을 확증하는 감격의 시간들을 가지게 되었다 (고유한 사역 방법론).

1. CI 8 (CVCM 1): 1997년부터 1999년까지 파사데나 소재 풀러신학교에서 로버트 클린턴 박사의 '지도자 평생 개발' 강의를 통하여 직분과 비전의 차이를 선명하게 깨닫게 된 것은 나의 이후 사역의 초점을 하나님께서 나에게 부여하신 비전성취에 초점을 맞추게 하는 결정적인 계기가 되었다 (패러다임 전환).

2. CI 8 (CVCM 2): 1999년부터 효과적인 대화법 강의를 간헐적으로 국내외에서 진행하였으나 2004년부터 2016년까지 내가 섬기는 본교회에서의 '효과적인 대화법 훈련' 사역은 특별히 나로 하여금 나의 남은 생애의 초점을 대화법 훈련에 집중해야 함을 깨닫게 되는 귀한 기회가 되었다. 이후 2021년 목회사역에서 은퇴할 때까지 국내외

에서 무수한 대화법 훈련 강의를 진행하게 된 것은 하나님의 크신 은혜인 줄 안다(자세한 강의 일정은 본 책 제2장 '인생 여정 이야기' 편에 자세히 언급되어 있음을 참조하라). (초점있는 비전사역).

주요한 전환기 관련 사건들 분석 BOUNDARY ANALYSIS

-클린턴 박사는 지도자의 평생 리더십 수행의 발전단계에서 대략 2-3가지 이상의 각 시간선의 단계 진입을 위해 전환기적 사건들 (Boundary Incidents)이 일어나는 것을 관찰하고 그것을 이론화하였다. 나의 경우 크고 작은 몇가지 전환기적 사건들이 있었지만 대략 세가지의 경우를 소개하고자 하며 특히 두번째 전환기적 사건중심으로 전환기 훈육사건의 의미를 설명할 것이다. 클린턴 박사의 이론에 의하면 전환기 훈육사건은 세 단계를 거쳐서 진행되는 것으로 보는데 그것은 1) 진입단계와 2) 진행단계 그리고 3) 종결단계이다.

I. 주권적 준비기간	II. 내면적 성장기간	III. 사역초기 (전도사 전임사역)	IV. 사역중기 (전임사역확장)	V. 사역후기 (전임사역 수렴)	VI. 은퇴이후
1953-1967	1967-1981	1981-1984	1984-1997	1997-2021	2022-현재
0-14세	14-28세	28-31세	31-44세	44-68세	69세-현재

-전환기1(B)- 　　　　　　　　　　　　　　-전환기2(B)-　-전환기3(B)-
A.출생　　A.내면적 성장　A.태동교회사역　A.제8영도교회　A.한생명교회사역　A.황혼살림
B.회심　　B.지도력헌신　B.수산교회사역　B.도미유학　　　B.특수사역　　　B.계속되는 비전
　　　　　　　　　　　　C.목회인턴사역　C.새부곡교회사역　C.늘빛교회

■ **전환기1(B1): 신앙회심에서 부모와의 신앙갈등을 거쳐 전도사 전임사역자로의 전환**

• 단계1: 1967년. 14세의 나이에 나는 주님을 영접하고 회심하게 된다. 그 이후에도 나는 부모님의 집에서 기거하면서 지냈는데 나의 기독교 개종은 그 이후 부모와의 신앙적 갈등의 주요한 요인이 되었고 마침내 1977년 9월 나는 부모의 신앙적 양자택일의 요청을 받고 출가하게 된다. 이 때 내가 출가하여 독립적으로 머물 거처는 준비되어 있지 않았다.

• 단계2: 1977년 9월 나는 출가한 후 교회를 방문했는데 박 집사가 주님

의 음성을 듣고 나를 자신의 집에 거처하게 해 주어 나는 그곳에 임시로 머물면서 하나님의 살아계심과 그의 세밀한 도우심의 인도하심을 체험하게 되었다. 그리고 같은 해 10월부터 나는 다니는 교회에서 특별 40일 작정기도에 돌입하여 나의 장래에 대한 주님의 음성과 인도하심을 듣기를 원했다. 이미 본 책 제2장에서 상술한 바 나는 세 번에 걸쳐 주님의 음성을 듣고 나의 일생을 지도자로서 주님께 헌신할 것을 작정하고 하나님과 약속하게 된다.

• 단계3: 나의 '리더십 헌신'의 결의에 따라, 나는 1978년 기독교대학인 부산 고신대학교에 입학하였고 그 이듬해인 1979년 2월부터 1980년까지 부산 성산교회에서 교육전도사로서의 사역을 시작함으로써 그동안 나의 평생 리더십개발의 시간선에서 '내면적 성장기. II'를 지나 전도사 전문사역 단계인 '사역초기 단계. III'로 진입하게 된다.

■ 전환기2(B2): 도미 유학과 부산 늘빛교회 담임청빙과 사임으로 미국 귀환

• 단계1: 1984년 나는 부산 제8영도교회를 개척하여 1991년까지 담임목사로 사역한 후 사임하고 신학 학문의 연장교육 차원에서 도미하여 부산 늘빛교회의 담임목사로 귀국하는 1996년까지 5년간 미국에서 유학생활을 하게 된다. 그리고 1996년 1월 부산 늘빛교회 담임목사로의 청빙을 받게된다. 이 기간은 나의 평생 리더십개발 시간선에서 전문사역 확장기인 '사역중기, IV'의 단계에 있던 기간이다.

• 단계2: 1996년 부산 늘빛교회의 담임목사로 부임한 나는 첫번째 교우 가정 심방을 통해 60명 이상에게 복음제시를 행하고 구원의 확신을 재확인하는 사역을 진행했으며, 교회당 부지용으로 매입한 곳의 청소문제로 야기된 당회에서의 위기문제도 잘 처리하였다. 그리고 1997년 1월에는 새로 구입한 교회당 부지에 새롭게 세워질 늘빛교회당 건축 기공식 예

배를 잘 인도했다. 그리고 전 교인에게 무기명 건축 작정헌금 운동을 진행하도록 격려했고 동 교회에서 제자훈련과 전도폭발 훈련을 시작하기도 했다. 그러나 나의 담임사역은 동 교회에서 오래 지속되지 못하고 1997년 4월 동 교회 담임목사직을 사임하게 된다.

• 단계3: 늘빛교회 담임목사직을 사임한 나는 그해 5월 다시 미국으로 돌아오게 된다. 그리고 1998년 7월 재미 고신장로교단 서부노회 소속로 〈한생명교회〉(처음 교회명은 은혜와진리장로교회였으며 후일 2006년 한생명 교회로 변경)를 개척하여 선한목자교회 및 후일 주성선교교회와의 교회연합 연도인 2015년까지 17년 동안 〈한생명교회〉를 섬기게 된다. 그리고 2015년 바로 그 다음달부터 다시 페리스 시 〈만남의교회〉로부터 담임목사직을 요청받고 2021년 12월까지 6년 6개월간 특수목회를 진행하게 된다. 이 기간은 나의 평생 리더십개발 시간선에서 전임사역 수렴기인 '사역후기. V'의 기간에 해당된다.

■ 전환기3(B3): 한생명교회 은퇴와 황혼 살림의 시작

• 단계1: 2015년 9월부터 특수목회지였던 페리스 시 〈한생명교회〉의 담임목사직을 6년 6개월간 수행한 나는 2021년 12월에 사임하고 목회사역에서 은퇴를 선언하게 된다 (한국과 미국 사역 44년).

• 단계2: 미국 귀국이후 오랫동안 기거했던 남가주 어바인 시에 있는 나의 거처를 떠나 2022년 2월 아내와 함께 네바다 주 헨더슨 시에 조촐한 거처를 정하고 2년 기한으로 이사하여 안식과 격리의 시간을 가지다.

• 단계3: 2024년 5월 네바다 주 헨더슨 시에서의 안식의 시간을 보낸 후 다시 어바인 시로 돌아와 아내와 함께 시니어 모빌홈을 구입하여 은퇴 이후의 삶을 지속하는 가운데 내가 속한 북미주 개혁교회 코암노회에서 지역자문 목사 (Regional Pastor)로서의 역할과 국내외 교회들의 요청으

로 '생명의 대화 특화 훈련'을 진행하고 있으며 나의 삶과 사역을 엮은 〈여명에서 황혼까지〉라는 제목의 회고록을 집필중에 있다.

이 기간은 나의 평생 리더십 개발 시간선에서 마무리 단계로서 '은퇴이후, Ⅵ'의 회고와 감사와 찬양과 궁극적 공헌 기간에 해당된다.

강남중의 지도자로서의 길로 인도한 숙명의식의 훈육항목들 SENSE OF DESTINY ITEMS

-클린턴 박사의 이론에 의하면 지도자의 평생의 삶과 사역에 주권적으로 개입하시고 인도하시는 하나님은 지도자의 삶과 사역의 시간선의 진행가운데 '숙명적으로' 지도자로서의 길로 들어가게 하시고 또한 이끌림을 받도록 하는 다양한 훈육항목들을 보내시는데 클린턴 박사는 그것을 '숙명의식'(Sense of Destiny Incidents)과 관련된 훈육 항목들로 부른다.

I. 주권적 준비기간	II. 내면적 성장기간	III. 사역초기 (전도사 전임사역)	IV. 사역중기 (전임사역확장)	V. 사역후기 (전임사역 수렴)	VI. 은퇴이후
1953-1967	1967-1981	1981-1984	1984-1997	1997-2021	2022-현재
0-14세	14-28세	28-31세	31-44세	44-68세	69세-현재
-전환기1(B)-			-전환기2(B)-	-전환기3(B)-	
A.출생	A.내면적 성장	A.태동교회사역	A.제8영도교회	A.한생명교회사역	A.황혼살림
B.회심	B.지도력헌신	B.수산교회사역	B.도미유학	B.특수사역	B.계속되는 비전
		C.목회인턴사역	C.새부곡교회사역	C.늘빛교회	

■ 숙명의식 항목들 (SENSE OF DESTINY ITEMS, SDI)

1. 1954. 스님의 덕담
2. 1961. 성경이야기
3. 1964. 교회처음방문
4. 1966. 브니엘중학교와 중생회
5. 1968. 제사거절
6. 1969. 브니엘고등학교
7. 1969. 미우라 아야꼬
8. 1969-71. 기도생활
9. 1973-77. 평신도봉사
10. 1977. 출가와 주님의 음성
11. 1977. 40일 철야기도
12. 1978. 고신대 입학과 전도사사역 담당

13. 1981. 태동교회
14. 1982. 고신대학원
15. 1983. 수산교회
16. 1983. 새부곡교회
17. 1984. 제8영도교회
18. 1987. 목사안수
19. 1991. 도미유학
20. 1996. 늘빛교회
21. 1997. 로버트 클린턴
22. 1998. 한생명교회 개척과 대화법 비전수렴

■ 강남중의 리더십 개발 시간선에서의 1단계: 주권적 준비기간 (1953-1967)

• SDI (I): 숙명의식 항목 1: 1954. 스님의 덕담

-어머님이 나를 낳은 후 1년뒤인 1954년, 어머님이 만난 스님이 주신 나를 향한 덕담, "하나님의 아들이 될 것이다" 라는 말씀은 어머니에게는 일종의 예언적 말씀이 되었는데 우리는 이것을 보편적 인류에게 이미 부여하신 하나님의 '일반 은총'(Common Grace)의 차원에서 비신자들을 통해서도 격려의 메시지를 받을 수 있음을 보여준다.

• SDI (I): 숙명의식 항목 2: 1961. 성분도병원에서의 성경이야기 청취

-1961년 내 나이 8세때인 초등학교 3학년 시절 나는 중이염을 앓는데 천주교 소속 성분도병원에서 수술을 받게 되었고 그곳에 머물면서 성경에 대해서 이야기를 처음 접하는 기회를 갖게 되었다.

• SDI (I): 숙명의식 항목 3: 1964. 최초로 교회당 방문

-1964년 내 나이 11세때 성탄절에 처음으로 교회당을 방문하게 되었다. 이것이 나의 최초의 교회와의 접촉이다.

• SDI (I): 숙명의식 항목 4: 1966. 기독교 계통의 브니엘중학교 입학과 중생회에서 회심

-나는 1966년 부산에 있는 기독교 계통의 학교인 브니엘중학교에 입학하여 공부하였고 그 이듬해인 1967년 중학교 2학년때 학교에서 개설한 '중생회'에서 회심하게 되었다.

■ 강남중의 리더십 개발 시간선에서의 2단계: 내면적 성장기간 (1967-1981)

• SDI (II): 숙명의식 항목5: 1968. 제사거절

-1967년 나의 나이 14세때 회심을 한 후 처음으로 다가온 신앙적 갈등은 명절에 아버지와 함께 큰 아버지 댁에 가서 제사지내는 일에 동참을 해야 하는데 아버지에게 거기에 동참할 수 없다고 말씀드렸을 때 아버지가 허락함으로 '신행일치'문제(Integrity Check)에서 승리한 일이 있다.

• SDI (II): 숙명의식 항목 6: 1969. 기독교 계통 학교인 브니엘고등학교 입학

-1969년 브니엘중학교를 졸업한 후 다른 고등학교 입학시험에 낙방한 이후 브니엘고등학교에 입학하게 되다. 여기서 박성기 교장과 이정삼 교목을 통하여 받은 신앙적 가르침들은 나의 신앙과 미래의 진로를 목회자가 되도록 이끄는 비전의 전환점이 되었다.

• SDI (II): 숙명의식 항목 7: 1969. 미우라 아야꼬와의 간접만남

-1969년에서 1971년 어간 나는 일본 작가 미우라 아야꼬의 몇가지 책(길은 여기에, 빙점, 빛이 있는 곳에서, 그리고 이 질그릇에도 등)을 읽고 감동을 받은 바가 있는 데 그것은 '한 영혼에 대한 관심'과 '한 영혼에

대한 사랑과 배려' 등이 었고 이런 감동은 나의 삶 가운데 지속되었다.

- SDI (II): 숙명의식 항목 8: 1969-1971. 습관적 기도생활 중 목회자 소명위한 간구

–나는 1969년부터 1971년에 이르도록 기차를 타고 통학하였는데 집과 기차역을 오고 가는 길에 늘 교회당에 들러 기도하는 습관을 가졌다. 주일에는 저수지 주변 바위틈에서 자주 무릎을 꿇고 기도하였는데 그 기도 중에는 장차 목회자로서 주님을 위해 살게 해달라는 간구도 포함되었다.

- SDI (II): 숙명의식 항목 9: 1973-1977. 평신도로서의 교회 봉사

–부산 기장교회를 다니면서 교회내 여러 부서에서 교회를 섬겼다(청년회 임원, 교회당 청소일, 주일학교 교사, 찬양대원. 교회내 복음화 운동 간사, 농어촌 여름성경학교 봉사 등). 하나님은 이 기간에 나에게 지역교회에서 가장 기본적인 '지도력 실천'(Leadership Acts)의 기회를 주셨다.

- SDI (II): 숙명의식 항목 10: 1977. 출가와 주님의 음성

–1967년 나의 나이 14세때 중학교 중생회를 통해 회심한 이후 나는 부모와 동거하는 가운데 계속해서 지역교회를 다니며 교회를 봉사해 왔는데, 나와 신앙이 다른 부모님과의 갈등은 결국 1977년 9월 정처없이 출가를 결심하게 하였다. 출가하여 집 이웃에 있던 교회당에 와서 기도하는 가운데 처음으로 주님께서 나의 마음에 주시는 음성을 듣는 일이 일어났다. 그것은 "사랑하는 아들아! 내가 너를 사랑하노라. 나를 위하여 부모나 처자나 전답을 버리는 자는 현세에서 백배를 받고, 고난을 겸하여 받아야 하나니 영생의 유업을 받지 못할 자가 없느니라. 이름없는 들풀도 하나님께서 친히 먹여 살려 주시거늘 하물며 남중이 너 일까 보냐! 가라! 내가 다

준비해 두었다." 이 때 하나님의 임재와 음성을 경험하게 되었고 나의 인생의 다음 단계를 주님께서 인도하신다는 확신을 갖게 되었다 (Divine Affirmation).

그리고 같은 교회를 다니는 오 집사의 댁을 방문하였더니 그의 부인 박 집사를 통해서 하나님의 뜻을 듣게 되었는데, 그것은 주님께서 내가 그의 가정을 방문할 것을 미리 알려주셨고 나를 자신의 집에 기거하도록 하라는 음성을 들었음을 내게 알린 것이다. 나는 그의 전언을 듣고 놀랐으며 하나님께서 나를 세밀히 인도하고 계심을 절감하게 되었다. 클린턴 박사의 이론에 의하면 이런 경우 나는 '하나님께서 보내신 사람' (Divine Contact)을 만난 셈이다.

- SDI (II): 숙명의식 항목 11: 1977. 40일 특별작정 철야기도와 리더십 헌신

-나는 1977년 10-11월에 나의 장래를 묻는 40일 철야기도를 작정하고 기도하는 가운데 세 번에 걸쳐 주님의 음성을 듣고 나의 일생을 온전히 주님의 일을 위해 사는 '지도력에의 헌신' (Leadership Committal)의 시간을 갖게 되었다. 이와같은 작정속에 나의 마음속에서 한없는 기쁨이 흘러나오는 것을 느끼는 시간이 되었다.

- SDI (II): 숙명의식 항목 12: 1978. 고신대학 입학과 전도사 사역

-지금까지의 나와 관련된 일련의 숙명의식과 관련된 훈육사건들은 결국 나로 하여금 기독교 신학계통의 대학인 부산 고신대학을 1978년 3월 입학하도록 하나님께서 인도하였다. 입학 후 반 학우를 위해 복음병원 수술실 앞에서 기도하던 중 "너는 육신의 의사가 되기를 원했지만 나는 영혼의 의사가 되기를 원한다"는 성령의 음성을 들었다. 그리고 지역교회

들인 성산교회 (1979.2-1980)와 경남 밀양 예림중앙 장로교회 (1980-1981)에서 파트타임 전도사 사역을 수행하게 되었다.

- **강남중의 리더십 개발 시간선에서의 3단계: 전도사 전임사역기간 (1981-1984)**
  - SDI (III): 숙명의식 항목 13: 1981-1983. 태동교회 전임사역

  -나는 1981년 나의 나이 28세때 경남 밀양에 있는 태동교회에 첫 전임 전도사로 부임하여 사역하였고 1983년까지 봉사하였다. 이 기간 영적 권위에 대한 통찰과 여러 가지 기도 사역을 통해 기도의 능력을 경험하는 기회를 가졌다.

  - SDI (III): 숙명의식 항목 14: 1982. 고신대학교 신학대학원 입학

  -나는 1982년 2월 고신대학을 졸업하였고 같은 해 고신대학교 신학대학원 목회석사과정 (MDIV)에 입학하여 3년간 신학수업을 연마하게 된다. 이로써 하나님께서는 나를 목회자 양성기관으로 인도하셨음을 절감하게 된다.

  - SDI (III): 숙명의식 항목 15: 1983. 수산교회 전도사 사역

  -1983년 8월 신학대학원 2학년때 부산 수산교회 전도사로 부임하여 12월까지 섬기면서 교회내 거의 대부분의 부서인 유년부 중고등부 청년부 및 장년부와 대학부까지 맡아 사역 훈련과 장래의 개척교회 준비를 위한 기회를 가졌다.

  - SDI (III): 숙명의식 항목 16: 1983. 새부곡교회 전도사 사역

  -1983년 12월 나의 신학대학원 2학년 말에 부산 새부곡교회 전도사로

부임하여 1984년 6월까지 봉사하였다. 이 기간에 데니스 레인 강해 설교를 배우는 기회를 가졌고 매주 수요일 설교담당을 통해서 하나님의 말씀을 연구하는 훈련과 말씀을 전하는 훈련의 기회를 가졌다. 그리고 담임목사와의 좋은 관계형성의 중요성을 깨닫는 계기가 되었다.

■ 강남중의 리더십 개발 시간선에서의 4단계: 전임사역 확장기간 (1984-1997)

• SDI (IV): 숙명의식 항목 17: 1984. 제8영도교회 개척사역

-나는 1984년 7월 나의 나이 31세때 부산 영도에서 〈제8영도교회〉라는 이름으로 개척사역을 시작하여 1991년 7월까지 7년간 담임사역을 진행하게 된다. 이 기간 목회사역에 필요한 다양한 사역 훈련의 기회를 갖게 된다(강해설교 훈련, 전도폭발 훈련, 제자훈련, 크로스웨이 성경공부 훈련, 프리셉트 성경연구 훈련, 그리고 효과적인 부모 역할 훈련 등).

• SDI (IV): 숙명의식 항목 18: 1987. 목사안수

-나는 1985년 2월 고신대학교 신학대학원을 졸업하였고 1987년 4월 부산노회에서 목사안수를 받았다. 이로써 오랜 시간동안 나를 목회자가 되도록 인도해 오신 하나님의 주권적 역사하심이 이루어진 것이다.

• SDI (IV): 숙명의식 항목 19: 1991. 미국 유학

-나는 1991년 그동안 섬기던 부산 제8영도교회의 담임목사 사역을 그만두고 미국으로 신학 연장교육 차 유학을 떠난다. 1996년 부산 늘빛교회 담임사역을 위해 미국을 떠나는 5년간 두군데 신학교에서 신학 공부를 하게 된다. 첫째는 로스앤젤레스에 있는 국제신학교 (ITS)로서 그곳에서 신학석사과정을 1992년부터 1994년까지 수학하고 졸업을 하였다. 둘째는

미시시피 주 잭슨시에 있는 개혁신학교(RTS)에서 1991년부터 1995년까지 목회학 박사과정을 수학하고 졸업하였다. 이 기간은 나에게 신학과 목회에 대한 새로운 전망의 폭을 넓혀주는 유익한 기회였다.

• SDI (IV): 숙명의식 항목 20: 1996. 부산 늘빛교회 담임목사 청빙
-나는 본래 도미의 목적이 신학 연장 교육차원에서의 학문연마의 동기에 있었으므로 1995년 미국에서의 유학생활을 마치고 마침 1996년 부산 늘빛교회의 담임목사 청빙을 받아 그해 7월 귀국하게 된다. 1997년까지의 2년간의 한국목회에서 여러가지 관계상의 통찰을 갖는 계기가 되기도 하였고 본질적인 차원에서 하나님께서 나에게 주신 집중적 비전의 실현을 생각하면서 1997년 4월 동 교회 담임목사직을 사임하고 다시 미국으로 돌아오게 된다. 이때 미국 귀환은 나의 삶과 사역의 시간선에서 가장 주요한 전환점을 이룬 것으로 보이며 이후 나는 미국에서의 비전성취를 위한 목회사역에 전념하고 은퇴하게 된다.

■ 강남중의 리더십 개발 시간선에서의 5단계: 전임사역의 수렴기간 (1997-2021)
• SDI (V): 숙명의식 항목 21: 1997. 클린턴 박사의 리더십개발 강의
-나는 1997년 5월 미국에 도착하였고 1997년-1999년 어간에 풀러신학교 목회학 박사과정에 입학하였으며 이 기간 클린턴 박사의 평생 리더십 개발 강의를 듣던 중 지도자의 지위나 직분과 비전은 동일하지 않음을 깨닫게 되면서 하나님께서 나에게 고유하게 부여하신 비전에 대해서 묵상하는 시간을 가졌으며 더욱 비전성취를 위한 집중적인 사역에 대한 조명을 갖게 되었다.

• SDI (V): 숙명의식 항목 22: 1998. 한생명교회 개척사역과 수렴사역

-1998년 7월 나는 〈한생명교회〉(처음에는 은혜와진리장로교회 명으로 시작하였고 후일 교회명 개칭)를 개척하여 2015년 6월 〈주성선교교회〉와의 최종 교회연합의 기간까지 17년간 목회사역을 수행하면서 하나님께서 나에게 고유하게 부여하신 사역비전은 '생명의 대화법 훈련'에 있는 것을 절감하고 이 비전성취에 전심전력하게 되었다.

강남중의 은사묶음 항목들 GIFTEDNESS INDICATIONS

-하나님은 지도자 각자에게 부여된 은사묶음을 통해서 유능한 리더십 발휘의 수단을 삼게 하신다. 은사묶음에는 타고난 재능, 후천적 학습된 기술, 그리고 거듭남 이후 성령하나님께서 부여하시는 영적 은사들이 있다. 나의 경우 은사묶음에 대한 측정은 클린턴 박사의 저서 〈당신의 은사를 개발하라〉에 제시된 은사발견 질문에 답한 결과를 근거로 타고난 재능 및 후천적 학습기술과 영적 은사의 세 가지 범주에 따라 구분하고 종합한 결과를 여기에 실었다.

I. 주권적 준비기간	II. 내면적 성장기간	III. 사역초기 (전도사 전임사역)	IV. 사역중기 (전임사역확장)	V. 사역후기 (전임사역 수렴)	VI. 은퇴이후
1953-1967	1967-1981	1981-1984	1984-1997	1997-2021	2022-현재
0-14세	14-28세	28-31세	31-44세	44-68세	69세-현재

-전환기1(B)-   -전환기2(B)-   -전환기3(B)-

A.출생   A.내면적 성장   A.태동교회사역   A.제8영도교회   A.한생명교회사역   A.황혼살림
B.회심   B.지도력헌신   B.수산교회사역   B.도미유학   B.특수사역   B.계속되는 비전
              C.목회인턴사역   C.새부곡교회사역 C.늘빛교회

선천적 재능
• 창의능력 (72%)-드라마와 관련된 재능
• 인식능력 (85%)-사고방식과 관련된 재능
• 신체능력 (70%)-운동
• 관계능력 (84%)-지도력, 동기부여

획득된 기술
• 창의능력 (67%)

- 인식능력-적성 (100%)/ 교육적 지원기술(87%)
- 신체적 기능(100%)
- 관계능력-멘토링(100%)/ 의사소통 (92%)

영적은사들
- 가르침 (79%)
- 권면 (77%)
- 병고침 (77%)
- 목회 (64%)
- 다스림 (60%)
- 전도 (58%)

■ 선천적 재능에 대한 설명

1. 창의성: 나의 삶과 사역의 평생기간을 통하여 하나님께서 나에게 부여하시는 특수한 훈육적 상황가운데서 다양하면서도 융통적으로 나타난다고 볼 것이다. 1969년부터 1971년까지 기차를 통하여 고등학교를 통학하면서 나는 매일 집에서 기차역까지 오고 가는 길에 교회당을 들러 기도하는 습관을 길렀다. 그리고 1984년 부산 제8영도교회를 개척하여 목회한 것과 1998년 미국에서 한생명교회를 개척하여 목회한 것 이면에는 나는 늘 새로운 상황에서 창의성을 발휘하여 하나님께서 나에게 부여하신 직분과 비전을 이루고자 하는 열의를 보여왔다.

2. 인식능력: 나의 나이 14세 때 회심이후 점진적으로 두드러지게 나타난다고 본다. 예수님을 믿고 난 후 신앙적 문제로 부모와 갈등이 일어났을 때 나는 과감하게 출가하여야 한다는 마음의 판단을 내렸고 주저없이 출가를 결행하게 되었다. 하나님의 이름을 오용하는 노래를 불렀다가 친구 어머니의 지적을 받고 나는 즉시 그것이 잘못된 것을 깨닫고 그 이후는 그런 행동을 고쳤으며 친구들과 양과점을 들렀다가 허락없이 포크를 들고 나온 것을 나중 중생회를 통하여 잘못임을 깨닫고 주인에게 찾아가 용

서를 구한 일이 있다. 어머님이 귀신에게 접신한 사건을 보면서 반면적으로 성령의 존재를 인식하는 계기가 있었다. 여러번 작정기도를 하면서 주님의 임재와 음성을 분별하는 계기를 많이 가졌다. 1976년부터 78년까지 외삼촌의 사업장을 도우면서 배운 속성 암기법과 다양한 행정기술에 대한 인식은 나의 평생을 통하여 목회에 많은 도움이 되었다. 1979년 부산 성산교회 교육전도사를 시작으로 평생 목회사역을 하는 가운데 받은 다양한 사역훈련들을 접할 때 마다 나는 단 한번으로 각종 훈련과정을 마친 것으로 만족하지 않고 평생을 통하여 동일한 주제들을 여러번 반복하면서 그 프로그램의 종합적인 원리와 작동기능을 충분하게 파악하고 적용하고자 하는 인식과 열의를 가지고 살아왔다.

3. 신체능력: 1961년 8세때 중이염을 앓은 이후 나의 평생을 통하여 나는 비교적 건강한 신체적 조건을 가지게 되었다. 이 일로 인하여 다년간 중학교 3년과 고등학교 3년을 기차로 통학하였지만 불평하지 않았고 개근할 수 있었다. 1969년부터 1971년까지 통학하는 가운데 교회당과 인근 야산에서 기도의 습관을 들이는 과정에서도 나는 신체적으로 피곤한 줄을 몰랐다. 나에게 주신 하나님의 건강의 은총은 1977년 40일간의 철야기도 가운데서도 전혀 피곤함을 모르게 진행하도록 하였고 1979년 성산교회 사역당시 간증집회 참석후 하나님의 말씀을 읽는 가운데 성령의 불을 체험한 이후 나는 하루에 800계단을 오르락 내리락 해도 피곤한 것을 모르는 건강의 능력을 얻게 되었으며 이 능력은 40년간 지속되고 있다.

4. 관계능력중 특히 지도력: 하나님께서 주신 선천적 신체능력을 기반으로 나는 1969년부터 71년까지 고등학교 3년간 학급 반장과 학년 전체 대대장으로 뽑혀 리더십 수행의 기회를 가졌고, 내 나이 18세인 1971년에

는 고등학교 2학년으로서 같은 학급 여 부반장의 추천으로 부산 지역 Junior Red Cross (JRC)의 단장으로도 섬겼다. 이런 리더십의 재능은 1973년부터 77년까지 기장교회를 섬기면서 청년회의 총무와 회장직 주일학교교사 찬양대원 그리고 다니던 교회가 주관한 기장복음화운동본부 간사직을 맡는 리더십 수행의 확대로 나타났다. 이와같은 리더십 수행의 기회는 1978년 나의 나이 24세때 다니던 교회에서 총각으로서 서리집사 직분을 임명받는 것과 더불어 고신대학에 들어가 4년 동안 지도자로서 섬기며 점진적으로 교회에서는 전도사로부터 시작하여 전임목회자로서의 리더십 섬김의 길로 인도하시는 기초가 되게 하신 것으로 보인다.

■ 획득된 기술들에 대한 설명

이미 위에서 먼저 언급한 선천적 재능을 기반으로, 내가 1976년부터 78년까지 나의 외삼촌이 경영하는 〈부산 문화사〉 인쇄소에서 처음 직장생활하는 동안 나의 후천적 몇가지 기술들을 터득하는 기회를 가지게 된다. 그것은 인쇄하는 법과 책을 만드는 법 그리고 공정하는 법을 배우게 됨으로써 이런 기술들은 후일 내가 목회자가 되었을 때 교회 주보와 각종 인쇄물 그리고 강의안을 만들 때 유용한 재원들로 활용이 되었다. 그리고 속성으로 암기하는 법과 한 번 본 것은 기억에 남겨 놓는 습관을 체득하게 되었다. 그리고 인쇄소에서 총무의 역할을 하였으므로 행정기술 경영자적 기술 감독으로서의 기술 돈의 관리기술 그리고 희생정신과 관계형성의 기술을 체득하는 기회를 가졌다.

이후 내가 전도사로 시작하여 전임목회자로서의 여생을 보내는 동안 나의 배움에 대한 열정은 데니스 레인 강해설교의 기술을 배우는 기회, 전도폭발 훈련을 배우는 기회, 제자훈련을 배우는 기회, 특수 성경공부를 배우는 기회 그리고 효과적 대화법 훈련의 기회를 갖는 것으로 연결된 것으로 보인다.

■ 영적 은사들에 대한 설명

아래의 '강남중의 영적 은사의 기능' 도표에 나타난 대로, 나의 주도적인 영적 은사묶음 (Dominant Gift-Mix)은 가르침, 목회, 다스림, 예언, 전도와 권면이 포함된 '말씀의 은사' 부분이다. 그 다음이 역시 다스림과 예언 그리고 병고침과 행정이 포함된 '능력관련의 은사'이며, 더불어 역시 전도와 권면 그리고 사랑과 행정이 포함된 '주는 은사'가 그 뒤를 따르고 있다.

창의력, 인지능력, 신체능력, 그리고 관계성 능력을 기반으로 한 나의 선천적 재능과 후천적 획득된 기술들의 종합은 나로 하여금 목회사역을 수행하면서 가르침과 목회와 다스림 즉 리더십 분야의 영적 은사들을 주도적으로 강화하게 한 기반으로 여겨진다. 이런 영적 은사들 묶음은 나로 하여금 전임전도사 사역으로 부터 시작하여 목회사역에서의 은퇴시점과 심지어 그 이후에 까지 '생명 대화법 훈련' 사역으로 특화된 전문사역으로 수렴하게 만든 '고유한 사역 방법론'(Unique Ministry Methodology)이었던 것으로 사료된다.

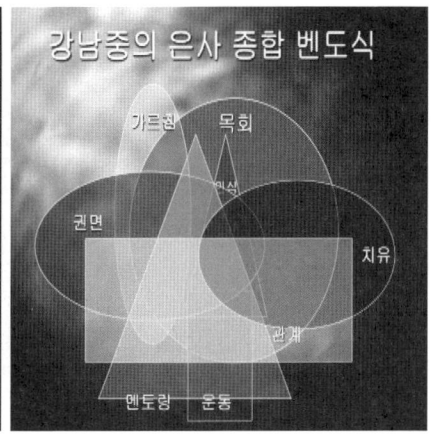

| 강남중의 사회적 기반 분석 SOCIAL BASE |

 -클린턴 박사의 '평생 리더십 개발 이론'에서 매우 중요하게 인식되는 지도자의 훈육과정중에는 지도자의 영적 정서적 신체적 그리고 재정적 후원과 지지를 해 줄 수 있는 몇가지 다양한 '사회적 기반'(Social Base)을 다루는 부분이 있다. 이런 인식에 근거해서 나는 나의 평생의 삶과 사역이 순조로운 은퇴로 귀결될 수 있게 한 후원과 지지의 기반으로서 나의 배우자와 가정, 부모의 역할, 그리고 다양한 멘토들의 역할과 공헌을 잊을 수가 없으며 클린턴 박사의 이론에 의거 이 주제에 대해 잠시 분석과 설명의 시간을 갖는다.

I. 주권적 준비기간	II. 내면적 성장기간	III. 사역초기 (전도사 전임사역)	IV. 사역중기 (전임사역확장)	V. 사역후기 (전임사역 수렴)	VI. 은퇴이후
1953-1967	1967-1981	1981-1984	1984-1997	1997-2021	2022-현재
0-14세	14-28세	28-31세	31-44세	44-68세	69세-현재

-전환기1(B)-   -전환기2(B)-   -전환기3(B)-
A.출생   A.내면적 성장   A.태동교회사역   A.제8영도교회   A.한생명교회사역 A.황혼살림
B.회심   B.지도력헌신   B.수산교회사역   B.도미유학   B.특수사역   B.계속되는 비전
             C.목회인턴사역   C.새부곡교회사역 C.늘빛교회

■ 사회적 기반 항목들 SOCIAL BASE ITEMS
1. 부모의 역할
2. 브니엘중학교
3. 브니엘고등학교
4. 큰 누님의 권면
5. 어머니의 헌신적 뒷바라지
6. 기장교회
7. 외삼촌의 사업장
8. 기장교회 오 집사 부부
9. 배우자 이진순과의 결혼
10. 성산교회 사역
11. 밀양 예림중앙교회 사역
12. 태동교회 사역
13. 새부곡교회사역
14. 제8영도교회 개척사역
15. 나성 삼일교회 협동목사
16. 개혁신학교 수학

17. 늘빛교회 사역
18. 한생명교회 개척과 사역
19. 만남의교회와 특수목회
20. 은퇴이후 황혼 살림

■ 강남중의 리더십 개발 시간선에서의 1단계: 주권적 준비기간 (1953-1967)

1. 부모의 역할

내가 태어난 때는 한국전쟁의 막바지인 1953년으로서 내 아버지는 전쟁에 참전했다가 부상을 당한 후 의가사 제대를 하신 시점으로서 나의 아버지는 평소에 엄격하시고 정직하셨으며 취미로 낚시를 좋아하셨다. 이런 나의 아버지의 취미 성향은 나에게도 전이되어 나도 지금까지 종종 낚시생활을 즐기고 있다.

나의 평생의 삶과 사역에서 나의 어머니의 존재는 매우 중요한 위치를 차지한다. 나의 어머니는 부지런하고 희생적이며 자상하시고 활달하셨다. 그리고 불쌍한 사람들에 대한 긍휼과 자비의 심성을 실천하셨다. 늘 나의 요구에 언제나 긍정적으로 후원해 주셨고 나를 인정하며 격려해 주셨다. 어머님 당신은 비록 초등교육을 받지 못했지만 당신의 배움에 대한 회한을 당신의 자녀들의 교육기회 제공에 전적으로 투자하는 것으로 대체하셨다. 내가 중학교 입학시험에 낙방했을 때도 나무라지 않으시고 격려해 주셨으며 나에게 외삼촌과의 교류를 연결해 주셨는데 그것이 계기가 되어 나는 외삼촌의 권면으로 브니엘중학교에 입학하게 되었다.

2. 브니엘중학교 (1966-1969)

나는 1966년 나의 나이 12세때 부산에 있는 기독교 계통의 브니엘중학교에 입학하여 공부하였고 1969년 졸업할 때까지 3년간 수학하였다. 수학중 가장 잊을 수 없는 일은 해마다 열린 학교 '중생회'였는데, 이 시간을 통해서 나는 기독교의 복음을 듣는 기회를 가졌고 2학년 중생회때 기독교 신앙으로 회심하게 되었다.

■ 강남중의 리더십 개발 시간선에서의 2단계: 내면적 성장기간 (1967-1981)

3. 브니엘고등학교:

브니엘고등학교 생활중 수업전 들려주시던 교장선생님과 학교 교목선생님의 말씀은 내 삶의 깊은 자양분이 되었는데 특히 학교의 교훈은 성경적 가치관에 기초한 것으로서 나의 평생의 삶과 신앙과 장래진로를 결정하는 일에 깊은 방향성을 제공해 주었다.

그리고 고교생활중 학급의 반장과 대대장의 역할 수행 그리고 Junior Red Cross 의 단장의 역할은 나로 하여금 어릴 때부터 단체를 통솔하는 리더십 실행 (Leadership Act)의 기회를 제공해 주었다.

4. 큰 누님의 권면:

나의 큰 누님은 나보다 다섯 살 위로서 나에게 많은 인간관계에 대한 권면을 주었는데 그 중에 매우 중요한 것이 바로 이성교제에 관한 것이었다. 나는 누님으로부터 이성교제에 대한 올바른 예절과 정신을 배웠고 식사예절도 배우는 기회를 가졌다.

5. 어머님의 헌신적 뒷바라지:

나는 고교시절 집에서 학교까지 통학을 했다. 아침에 일찍 일어나 학교를 다녔는데 나의 어머니는 늘 나에게 따뜻한 아침밥을 지어 주셨고 도시락을 챙겨주셨다. 그리고 매일 용돈까지 주셨으며 등록금도 기한에 맞추어서 내도록 배려해 주셨다. 어머니의 너그러운 용돈제공으로 나는 돈 문제로 누구를 속이거나 거짓말을 하지 않아도 되었고 내 자신이 성장하여 나의 자녀를 양육할 때에도 자녀들에게 용돈을 넉넉하게 주는 여유의 마음을 갖게 되었다. 그리고 어머니는 시장에서 장사를 하셨는데 당신을 찾아오는 모든 사람들을 차별없이 대하고 그들을 환대하며 친절하게 대하는 모습은 나에게 후일 좋은 관계성의 중요성을 일깨우는 교훈이 되었다. 어머니는 어려운 환경 가운데서도 나를 마음이 부유한 자로 양육해 주셨다.

6. 기장교회:

나는 고등학교 1학년때 교회에서 학습을 받았고 고등학교를 졸업한 후 세례를 받았다. 이 기간 나는 교회내 여러부서에서 직분을 수행했다. 주일학교 교사와 찬양대원으로 봉사했고 여름에는 농어촌 봉사활동에 동참하였으며 교회주변 복음화 행사의 리더십을 맡기도 했다.

7. 외삼촌의 사업장:

내가 방위병 근무를 제대하고 귀가하였을 때 나의 어머니는 나를 신앙생활에서 떼어 놓을려고 기장에서 멀리 떨어져 있는 용호동으로 이사를 하셨다. 이것이 계기가 되어 나는 외삼촌이 경영하는 인쇄소에서 직장생활을 하게 되었다. 외삼촌으로부터 나는 많은 것을 배우게 되었는데 활자의 중요성, 인쇄하는 법과 책을 만드는 법, 그리고 다양한 경영기술과 직업정신을 배우는 계기가 되었다.

외삼촌의 직장에서의 봉사는 나에게 많은 인생경험의 요람이기도 했으나 나의 주일성수 고수로 인하여 외삼촌만 아니라 나의 부모와도 갈등이 생기게 되었고 주일에 직장을 가야하는 것과 주일을 성수하는 문제를 놓고 나는 직장을 포기하였고 이 일은 또한 나의 어머니와의 종교적 갈등과 겹쳐서 나는 출가하기로 결심하였다. 이 일은 나에게 하나님앞에서 '신행일치'의 점검 (Integrity Check)의 단련과정에서 승리하는 계기를 보여주었다. 출가이후 정처없는 나그네같은 신세가 된 나에게 하나님께서는 몇 분의 도울 자 즉 '섭리적 만남' (Divine Contact)을 제공해 주셨고 하나님의 특별한 음성을 듣는 계기와 더불어 하나님만 전적으로 의지하는 신앙의 확장의 계기를 주셨다.

8. 기장교회 오 집사 부부:

신앙문제로 출가하여 정처가 없는 상황에서 같은 교회를 출석하는 성도의 가정인 오 집사 가정을 무작정 방문하였다. 그런데 놀랍게도 오 집사의 부인인 박 집사가 주님의 음성을 이미 들었다면서 나의 방문을 미리 알고 있었던 것을 알려주고 그래서 자신의 집에서 당분간 머물것을 권유하였다. 나는 그의 권유에 너무나 기뻤고 그 가정에 잠시 머무는 동안 그들의 자녀들을 위한 가정교사의 역할을 수행하였다. 이 때의 일로 나는 하나님께서 당신의 사랑하는 종들을 향한 특별한 섭리와 보호하심의 영적 진리를 깨닫게 되었다.

9. 배우자 이진순과의 결혼:

출가이후 나의 장래 진로에 대한 특별 작정 40일 기도중 나의 진지한 다른 기도제목은 장래의 배우자에 대한 기도였다. 내가 하나님의 인도하심으로 결혼하게 되는 배우자는 내가 오랫동안 다녔던 같은 교회 여성이었고 그녀의 집안은 경제적으로 넉넉했을 뿐 아니라 친인척 가운데 사회적 지위가 높은 사람들도 더러 있었다. 나의 출가이후 특별 작정기도기간 배우자를 놓고 기도할 때 주님께서는 나에게 '기도의 어머니를 가진 자'를 주시겠다는 주님의 음성을 들었다. 하지만 현실은 정반대였다. 나의 기도 중 하루는 나의 장래의 배우자가 될 그녀의 어머니가 나를 찾아와 자신의 딸과의 결혼에 부정적 심정을 알리고 갔다. 나는 이 일을 계기로 더욱 확실한 주님의 음성과 인도하심을 구하는 기도를 드렸는데 마침 생각지도 않게 나의 장래의 배우자가 될 그녀가 내가 기도하고 있던 그 시각 그 장소에 와서 기도를 드리는 기적같은 일이 일어나게 되었다. 우리들의 결혼의지는 점점 더 확고해 갔지만 그녀의 어머니는 매우 못마땅하게 여겼다.

그러던 어느 날 나의 장래의 배우자가 될 그녀의 이모부가 그녀의 어머니를 만나는 일이 있었다. 이 일을 계기로 나는 나의 장래의 배우자가 될 그녀의 이모부를 대면하는 일이 있었고 저간의 나의 신앙여정을 들은 후 그는 나와 그의 처조카간의 결혼계획을 지지하고 후원하는 놀라운 일이 일어났다. 이 일로 나의 배우자의 어머니의 태도가 변화되는 일이 일어나게 된 것을 계기로 나는 더욱 더 하나님께서 놀라운 방법으로 일이 되게 하시는 것을 경험하게 되었다.

나는 1978년 부산에 있는 고신대학교에 입학하여 신학을 공부했고 학교 기숙사 생활을 하고 있는 와중에 나의 배우자와의 결혼식을 계획하고 나의 배우자에게 이 사실을 알리고 곧 결혼식을 진행해 줄 내가 현재 다니는 교회의 담임목사님을 찾아가 허락을 받았다. 나는 고신대학교를 입학한지 한 달 반정도가 지난 시점에 결혼을 하였고 학급 동급생들이 모두 참석하여 새로운 인생을 출발하는 신혼부부를 위하여 축가와 격려를 아낌없이 주었다. 나의 배우자 이진순과의 결혼은 그 이후 46년이상의 나의 삶과 목회사역의 가장 원천적인 기반과 힘이 되었고 행복의 샘물이 되었다. 나는 이진순과 같은 믿음의 여인을 나의 배우자로 주신 하나님께 진심으로 감사를 드린다.

10. 성산교회 사역:

나는 1979년 내가 고신대학교 2학년에 진급한 때에 부산 성산교회의 부름을 받아 처음으로 교육전도사로서의 사역을 시작하게 되었다. 그 교회에서 유년주일학교와 중고등부 학생들을 지도하는 일을 하게 되었다. 여기서 나는 처음으로 본격적인 사역훈련을 받게 되는 기회를 갖게 되었다.

성산교회에서 첫 사역훈련을 시작하면서 우리는 전세 아파트에서 기거하였는데 1979년 8월에 첫 딸 아이가 태어났다. 이 때 태아가 해산하는 것도 전적으로 하나님의 인도하심이 있어야 함을 깨닫는 계기가 되었다. 그리고 산모의 해산의 고통을 보면서 해산하는 여성의 고통을 이해하는 계기가 되었다. 첫 딸의 이름은 내가 존경하는 전 목사님께 부탁하여 '비단처럼 아름다운 딸'의 뜻으로 '미라(美羅)'로 짓게 되었다.

첫 딸의 백일에 담임목사와 몇몇 교우들이 축하하고자 나의 집을 방문했다. 교육전도사로서 넉넉하지 않은 사례비를 받고 있음에도 최선을 다해 딸의 백일잔치상을 준비했는 데 담임목사는 아무런 축하 선물도 없이 왔다. 거기에 비해 모 성도는 자신의 어려운 형편에도 최선을 다한 선물을 마련하여 가지고 왔다. 나는 이 일을 계기로 평생토록 내가 목회하는 대상을 위한 축하의 자리에는 나의 정성이 담긴 '최고의 선물'을 준비하여 갈 것이라는 굳은 결심을 갖게 되었다.

성산교회에서 사역하던 중 기도원에 가서 나의 죄사함의 확신을 위한 특별기도제목을 놓고 기도하는 가운데 분명한 죄사함의 확신만 아니라 성령님이 주신 신비로운 '방언'을 체험하는 은혜를 입기도 하였다. 그리고 담임목사의 출타로 인하여 처음으로 장년을 대상으로 수요일 집회를 인도하는 기회가 있었는데 첫 설교라 여러면에서 당황하고 힘들었던 경험을 갖게도 되었다. 그리고 교회내 성도를 통하여 감사 생활의 중요성을 배우는 기회도 가졌다. 나는 이 교회에서 1년반을 섬긴 후 밀양 예림중앙교회 전도사로 부름을 받게 되었다.

11. 예림중앙교회 사역:

밀양은 부산에서 북쪽으로 50킬로미터 위에 위치한 곳으로 나는 이곳 교회에서 제공한 사택에서 기거하게 되었다. 이곳의 담임목사는 나에게 목회자의 처신에 대해서 귀한 교훈을 주셨는데 그것은 성도와의 대인관계에서 너무 친밀하거나 아니면 너무 소원한 관계를 유지해서는 안되며 적정한 선에서 건강한 대인관계를 가질 것을 주문하셨다. 섬기던 교회에서 진행한 여름성경학교 행사는 기대이상으로 많은 수의 학생들이 모여 성공적으로 마칠 수 있었으나 이 일로 인근에 개척교회가 생기게 되었고 담임목사와 원만하지않은 갈등관계의 요인이 되기도 했다.

예림중앙교회에 있는 동안 인근 목사로부터 자신의 교회에 와서 중고등부 수련회를 강사로 인도해 달라는 부탁을 받았고 많은 긴장감속에 순종하였지만 주님께서 참석자들에게 많은 은혜를 주셔서 주님의 주권적 인도하심을 깨닫는 계기가 되었다. 또한 다른 한분 목사님의 권면으로 섬기던 예림중앙교회를 사임하고 주님께서 인도하시는 전임 전도사로서의 사역지를 향하여 나아가게 되었다.

■ 강남중의 리더십 개발 시간선에서의 3단계: 전도사 전임사역기간
   (1981-1984)
12. 밀양 태동교회에서의 전임전도사 사역

나는 1981년 밀양 태동교회에 전임전도사로서 부임하게 되었다. 전형적인 농촌지역에 위치한 교회였는데 '삶의 뿌리인 농촌을 알지 못하면 도시를 알 수 없다는 생각'에서 기쁜 마음으로 부임하여 섬기게 되었다.

태동교회는 전 교인이 어린이들을 합하여 50명 미만의 작은 시골교회였고 나는 아직 부산에 있는 고신대학교 4학년 재학중이라 주중에는 학교에 가서 공부를 하고 주말에 가족과 사역지가 있는 밀양으로 와서 가족과 교회를 돌보았다. 주중에 홀로 있는 아내와 첫 딸이 나의 부재중에 겪을 심적 외로움과 두려움에 대한 배려심이 그 당시는 없었고 나중에야 나의 무지와 무심함을 깨닫고 아내에게 용서를 구한 적이 있다. 주말에 집중적으로 목회 사역을 감당하느라 많은 시간적 그리고 심적 부담을 느껴 신학대학 모 교수에게 조언을 구하기도 했는데 많은 도움이 되었다.

태동교회에 있으면서 주말에 어린이 제자훈련과 주일오후에는 성경공부를 개설하여 진행했다. 그리고 방학때는 주일학교 새벽기도회까지 개설하여 진행하였다. 심지어 한글을 못 읽는 성도와 마을주민을 대상으로 한글학교를 개설하여 진행하기도 했다. 한글을 배워 성경을 읽게 된 일로 감격해 하는 교우들을 보면서 보람을 느끼기도 했다.

태동교회는 미자립교회로서 주변의 교회들로부터 후원금을 받는 교회였다. 나는 믿음으로 모든 후원금을 정리하고 재정적 자립을 위하여 교회가 애쓸 것을 촉구하였다. 아내는 교회 재정 자립을 돕는 차원에서 부산

부곡동에 있는 음악학원을 인수하고 주중에 그곳에서 일을 하였다. 내 아내는 이 일을 통하여 교인들이 얼마나 힘겹게 일을 하면서 살고 있는지에 대해서 직접 체험하는 계기가 되었음을 나에게 종종 이야기하였다.

태동교회 사역중 몇가지 중요한 영적 능력사역을 경험하는 기회를 갖게 되었다. 한번은 여름성경학교에 참석한 어느 초등학생의 상처난 종아리 부위에 기도한 이후 치유가 된 것을 보았고, 어느 성도의 소가 여물을 먹지않는 일로 소에게 안수 기도를 한 후 소가 다시 여물을 먹게되는 일을 경험하게 된 것, 교회에 우물이 없어 교인들에게 제안하고 우물 선정지를 놓고 기도한 후 우물을 판 후 물이 나오게 되어 모두가 기뻐한 일, 성도중에 담배를 피는 분들을 향하여 금연기도를 행한 후 그들이 금연을 하게 된 경우들이 있었다. 이 일들 이외에도 우리 부부는 여러 다양한 기도의 능력을 경험하는 기회를 가졌다.

13. 새부곡교회 사역:

내가 신학대학원 2학년 1학기를 마친즈음 부산 수산대학교 인근에서 개척교회를 시작한 김 목사로 부터 부교역자로 와서 도와달라는 부탁을 받고 앞으로 할 개척교회 준비를 위하여 나는 그동안 섬겼던 태동교회를 사임하고 아내와 함께 부산 부곡동으로 이사를 하였다.

개척교회에서 나는 처음으로 대학부를 담당하여 섬겼는데 담임목사의 갑작스런 사임과 임시당회장의 무리한 요구로 나는 수산교회 전도사직을 사임하고 새로운 사역지를 하나님께서 주실 것을 기대하며 기도하는 가운데 기다렸다. 나는 신학대학원 2학년 2학기말에 부산 새부곡교회 전도사로 청빙을 받게 되었고 주일학교 청년부 및 한 구역 담당과 수요일 집회의 설교를 맡게 되었다.

새부곡교회에서 나는 담임목사를 통하여 새벽 기도훈련을 잘 받게 되었고 수요일 집회를 통하여 설교에 대한 훈련을 받게 되었다. 그리고 서울 세미나에서 배운 '데니스 레인 강해 설교'는 그 이후 나의 설교준비에 대한 올바른 방향성을 제시해 준 기회가 되었다.

■ **강남중의 리더십 개발 시간선에서의 4단계: 전임사역 확장기간 (1984-1997)**

14. 부산 제8영도교회 사역:

나는 1984년 부산 영도에서 개척교회를 시작하여 1991년 도미 유학을 위해 동 교회를 사임하기까지 7년간 담임으로 섬겼다. 이 교회는 나에게 목회 사역확장의 다양한 훈련현장인 동시에 저간에 배운 다양한 사역기술들을 사역현장에서 실천하는 현장이었다.

1) 전문 목회사역 훈련장이며 실천장으로서의 제8영도교회는 부산노회 전도부 주관과 남녀 전도회 연합회 후원으로 시작된 것으로서 나는 나의 모교단의 후원에 감사를 드린다. 개척교회 첫 예배는 내가 거주하는 집 거실에서 나의 가족과 타교회 다니던 모 성도와 그녀의 딸 등으로 시작하였고 얼마후에 새 예배당으로 옮겨서 사역을 시작했다. 개척교회 사역의 시작을 기도로 시작하고자 특별 40일 철야기도를 진행하였고 기도하는 가운데 몇가지 중요한 목회철학적 가치를 정리하는 시간을 가졌다. 그것은 예배, 전도, 헌금, 설교, 교회의 부흥의 비결, 새벽기도회, 교회론, 그리고 가정에 대한 목회관을 정립하는 시간을 주님께서 주셨다.

2) 나는 교회개척 사역중 신학대학원을 졸업하고 목사안수도 받았다.

개척목회중 나의 전문사역을 위한 훈련은 데니스 레인 강해설교, 세번에 걸친 전도폭발 훈련 참여와 실습, '평신도를 깨운다' 제자훈련 지도자 세미나 참석, 몇가지 선교회 제자훈련 프로그램 참석, '크로스웨이 성경공부' 세미나 참석, '프리셉트 성경연구' 참석, 그리고 '효과적인 부모 역할' 훈련 프로그램 등으로서 이런 다양한 사역훈련은 나의 목회 패러다임을 바꾸는 주요한 계기가 되었다.

3) 나는 위에서 열거한 다양한 사역훈련들을 접하면서 나름대로 목회사역에 대한 패러다임 변화를 겪게 되었고 이런 전문사역의 기술들을 내가 섬기는 지역교회에서부터 적용하고자 하였다. 먼저 시작한 것은 교인들을 대상으로 심방을 통하여 구원의 확신을 재다짐하는 시간을 가진 것과, 제자훈련을 시작한 것이다. 그리고 더불어 협소하지만 나의 집에서 타지역에서 부산으로 유학을 와서 공부하는 학생들을 상대로 '공동체 훈련'을 진행한 것이다. 이들은 나의 처소에서 6년간 함께 하는 시간을 가졌는데 그 기간동안 기쁨으로 뒷바라지한 나의 아내에게 감사를 드린다.

내가 섬기는 지역교회를 향한 나의 전문사역 적용은 하나님의 은혜로 주변으로 그 영향력을 확대하게 되었는데 복음대학 협동목사로 있으면서 교수들에게 제자훈련을 진행하고, 경주 서문교회에서 전도폭발 훈련을 실시하며, 고신대학교 신학대학원 실천신학회원들에게 전도폭발 훈련을 실시한 것과, 우리 교회에 출석하는 신학생들과 교수에게 '크로스웨이 성경공부' 세미나를 진행한 것 등이다.

끝으로 감격 속에 훈련을 받았던 '효과적 부모 역할 훈련' 프로그램을 우선적으로 나의 가정에서 부터 적용한 것과 더불어, 공개적으로 대화법을 배울 자들을 모집하여 1991년 내가 지역교회 담임을 그만 둘때 까지 진행하였다.

내가 섬긴 제8영도교회는 이미 앞에서 언급한 대로, 하나님께서 나에게 주신 다양한 전문사역 기술들을 연마하는 유익한 훈련장이었던 동시에 그 기술들을 사역 현장에 적용하는 훌륭한 사역현장이기도 하였다. 하지만 다양한 전문사역을 연마하는 기회이긴 했으나 아직은 집중적인 전문사역에로의 수렴의 시기는 아니었던 것 같다. 이것이 이 기간 사역의 한계이다.

15. 나성 삼일교회 협동목사:

나는 부산 제8영도교회를 사임하고 도미한 후 1992년부터 1993년까지 남가주에 위치한 나성 삼일교회 협동목사로 섬겼다. 나는 이곳에서 제자훈련과 구역 사역을 담당하게 되었는데 교회에서 나의 유학생활을 후원하는 차원에서 모종의 장학금을 제공해 주었는데 이 점에 대해서 나는 매우 감사하게 생각한다. 이곳에 있는 동안 남가주에 소재한 국제신학교에서 석사과정을 공부할 수 있었다.

16. 개혁신학교 수학:

나는 남가주에 거주하면서 동시에 미시시피 잭슨 시 소재 개혁신학교 (Reformed Theological Seminary) 목회학 박사과정에 1991년에 입학하여 1995년까지 4년동안 수학하였다. 이 학교의 몇몇 교수님들을 통해 배운 바가 큰 데, 통 (Tong) 교수를 통해서는 심리학과 타문화권적 다양한 시각을 갖는 것의 중요성에 대해서 배웠고, 왓슨 (Watson) 교수를 통해서는 갈등관리에 대한 지식과 더불어 나의 학위논문 작성에 대한 많은 도움을 얻게 되었다.

17. 부산 늘빛교회에서의 사역:

나는 1991년부터 1996년까지 5년간의 도미 유학생활을 마치고 1996년 부산 늘빛교회 담임목사로 청빙을 받아 귀국하였다. 늘빛교회는 새로운 예배당 건축을 위한 부지구입의 과제와 새 예배당 건축의 과제가 있는 교회였다. 이 두 과제는 주님의 은혜가운데 온 성도의 합심과 나의 기도의 열심과 믿음의 확신으로 해결이 되었다. 내가 이 교회에 부임한 이후 시도한 것은 1) 전 교인 심방을 통한 구원의 확신을 재다짐하는 것이었고 2) 전 교인의 제자화 비전을 시작하는 것이었다. 이 일을 위해 나는 먼저 당회원들이 우선적으로 동참하기를 원하여 제안하였으나 몇몇 당회원들의 비협조로 당회원 대상 제자훈련은 보류되었다. 여기에 비하여 안수집사들과 여제자반은 활성화가 이루어졌다. 그리고 3) 전도폭발 훈련을 자원자들 중심으로 진행하는 것이었다. 하지만 이 일은 갑자기 나의 담임목사직 사임으로 온전히 마쳐질 수가 없었다.

내가 해당교회에 담임으로 부임한지 1년을 넘기면서 서서히 깨닫게 된 것은 당회원들이 나에게 한 약속과 행동의 이중성이었다. 그들은 나를 명목상의 담임목사로 청빙한 것일 뿐 교회 실제 운영은 그들이 계속해서 고수하길 원하는 것이었다. 내가 이 교회에 담임으로 부임하면서 가졌던 목회비전은 그동안 내가 터득한 목회 전문사역의 기술들을 발휘해보고자 했던 것이었는데 교회의 가장 중요하고 영향력있는 당회원들의 반발을 맞이하게 된 것이다. 이런 현상을 클린턴 박사는 '리더십 반발' (Leadership Backlash)로 명명하였다. 나는 이런 일을 겪으면서 목회자의 열정적인 목회비전 실현을 제대로 알아주지도 않고 배척하려는 모습에 당회원들에게 일면 실망감을 느끼는 면도 있었으나 내가 좀 더 시간을 갖고 교회의 기존 사정을 잘 파악하여 나의 목회비전을 점진적으로 진행하려고 하지 않은 조급함과 함께 나의 내면에 내재된 교만함이 많았음을 또한 깨닫는 계기가 되었다.

나는 주님의 음성을 헤아리면서 나의 목회비전을 관철하기 위하여 기존 교회에 갈등과 대립의 요인을 일으키기 보다는 차라리 내가 담임목사직을 사임하는 것이 더 현명하다는 결론을 내리고 1997년 당회에 사임서를 제출하고 그 교회를 나오게 되었다. 늘빛교회에서의 짧은 나의 목회는 이후 주의 종이 새로운 교회에 부임하여 사역을 진행할 때 어떤 자세를 가지며 어떤 과정을 거쳐서 주님께서 주신 비전을 지혜롭게 추진해 가야하는 가에 대한 귀한 사역 통찰을 얻는 기회였다고 할 것이다. 나는 나의 아내와 상의하고 다시 미국으로 돌아갔다.

- **강남중의 리더십 개발 시간선에서의 5단계: 전임사역의 수렴기간 (1997-2021)**
18. 한생명교회 개척과 사역:

미국으로 돌아 온 나는 기도하는 가운데 1998년 나로서는 세번째 교회를 개척하였고 처음에는 〈은혜와진리교회〉 명에서 〈한생명장로교회〉를 거쳐 최종적으로 〈한생명교회〉로 명명하였다. 남가주 부에나 팍 시에 있는 예배당을 구입하는 과정에서 한국의 지인들에게 후원금을 부탁했는 데 40여 명의 후원자가 2년간 예배당 구입을 위한 재정 후원을 해주었는 바 그분들에게 진심으로 감사의 말씀을 전한다. 새 예배당을 구입한 이후 내부 재정비과정에서 함께 한 성도의 노고와 더불어 내 아내의 노고는 큰 힘이 되었고 교회사역을 위해 중고 자동차 밴을 제공해 주었던 성도에게도 감사한 마음이다.

한국을 떠나 미국으로 이민을 온 한인들의 삶은 정도의 차이는 있으나 정착 초창기는 대개 여러모로 힘들고 열악한 환경속에 살게 된다. 그런 대상을 향한 이민 교회의 사역은 이미 잘 구성된 소위 '대형교회'를 제외하고는 개별적 목양이 필요한 경우가 허다하다. 내가 섬기는 교회에서의 대부분의 사역은 교회명 그대로 특수한 상황속에 있는 개별 이민자들의 필요를 채워주고 상담하며 위로해 주는 일에 집중되었다. 이런 가운데 필요에 의하여 소수를 상대로 한 대화법 훈련을 진행하였고 이 훈련을 받은 분들의 삶에 변화가 나타나는 것을 목격하게 되었다. 그리고 이런 대화법 훈련은 내가 섬기는 지역교회를 넘어 나의 계획에도 없이 지역적으로 확장되었고 하나님의 은혜로 국제적인 차원에서 강사로 섬기는 기회를 얻게 되었다. 그동안 대화법 관련 강의를 진행한 곳은 미국내 남가주지역 교회들과 피닉스지역 목회자들, 개혁교회 노회 목회자들, 한국의 여러 교회들과 고신장로교단 선교부, 호주지역, 필리핀 세부지역 선교협의회, 중국 목회자들 등이었다. 나는 이 일을 통하여 하나님께서 나에게 주신 주도적 은사와 사역의 비전은 생명을 살리는 대화법 훈련 사역에 있는 것을 확증하게 되었다. 이것이야 말로 하나님께서 나에게 주신 '숙명의식'의 성취인 것으로 인식됨에 하나님께 감사할 뿐이다.

1998년 교회개척을 시발로 15년간 동 교회에서 목회한 나는 저간의 여러가지 사정속에 2013년 〈선한 목자교회〉와 연합하여 섬겼고 그 이후 2015년 〈주성선교교회〉와의 합병을 끝으로 나는 〈한생명교회〉 사역을 마무리하게 되었다.

19. 페리스 〈만남의교회〉와 특수목회:
나는 2015년 남가주 페리스 시에 있는 〈만남의교회〉의 청빙을 받아 특수한 목회를 하게 되었다. 2016년 한생명교회로 이름을 변경했다. 이 교회는 기존 교회와 여러면에서 다른 특징을 가지고 있었는데 그것은 이 교회는 '인도어 스왑 밋'(Indoor Swap Meet)으로 불리는 상가안에 위치하였고 교인들이 주일 아침 상가내에 있는 예배당에서 먼저 예배를 드리고 그 다음 사업을 하는 구조였다. 나는 여기서 6년 7개월을 담임목사로 섬기고 2021년에 은퇴하였다.

이 교회에서의 나의 사역은 주일예배 후에 집집마다 주보를 전해 주었고 곁들여 간단한 음료수와 먹을 것도 나누어 주었다. 그리고 처음에는 주중 별도의 날을 정하여 성경공부를 실시했으나 가게를 운영하는 성도들이 별도로 주중에 쉴 시간이 없는 것을 감안하여 공식 모임은 폐지하고 대신 자원자에 한하여 금요일 가게를 방문하여 일대일 대면 신앙대화를 나누는 시간을 가졌다. 그리고 일주일에 두번 정도는 이 상가에 방문하여 우리 교인들만 아니라 모든 한인가게를 들러 인사하고 간단한 간식도 나누는 일을 했다. 또한 이 지역 주변에 있는 비슷한 상가들을 방문하여 전도지를 돌리며 전도를 행하는 일도 했다. 나는 내가 본래 계획했던 시점보다 2년 일찍 은퇴를 결심하고 페리스 한생명교회에 은퇴의사를 표명했고 모든 성도의 축복속에 2021년 은퇴를 했다. 하지만 공식적인 직분에서의 은퇴가 곧 하나님께서 나에게 주셨던 비전의 끝은 아님을 알기에 은퇴이후에도 계속해서 하나님이 인도하시고 사용하실 새로운 길을 기다리게 되었다.

- **강남중의 리더십 개발 시간선에서의 6단계: 은퇴이후 계속되는 비전 성취 (2022-현재. 69-71세)**

20. 은퇴이후 황혼 살림:

나는 2021년 은퇴이후 2년기간으로 잠시 익숙한 집을 떠나 네바다 주

헨더슨 시로 옮겨 임대 주택에서 거주하였다. 이 일을 위하여 나의 딸 부부가 여러모로 도움을 준 것에 대해 감사한 마음이다. 이곳에 있는 동안 나는 그동안의 나의 삶과 사역에 대한 반추의 시간을 가지고 싶었고 또한 제대로된 안식의 시간도 갖기를 원했다.

이곳에 있으면서 내가 주로 한 일은 매일 아내와 함께 건강을 위하여 아침 도보를 행한 것과, 성경읽기, 책쓰기, 그리고 하나님께서 나에게 주신 수렴사역인 '생명의 대화 특화 훈련'의 교재와 강의내용을 정리하는 일, 그리고 황혼일지 등을 작성하는 것이었다.

은퇴이후 한국과 미국여행의 시간을 가졌는 데 그때마다 그동안 좋은 관계형성을 이루었던 지인들로부터 융숭한 대접을 받는 기쁨을 누리는 시간이었다.

나는 계획한 대로 헨더슨에서의 2년간의 안식의 시간을 가진 후 다시 남가주 어바인시에 돌아와 나의 장인어른의 유산 덕분에 시니어 모빌 홈을 구입하여 그곳에서 기거하고 있는데 이 자리를 빌어 감사한 마음을 전한다.

은퇴이후에도 하나님의 은혜로 계속해서 국내외에서 나에게 생명의 대화 특화 훈련을 위한 강의와 집회를 요청하는 곳이 여럿 생겨 그들의 요청을 수락할려고 애쓰고 있으며 하나님께서 나에게 주셨던 집중적인 사역 비전이 바로 이것이었음은 나를 통하여 강의나 훈련을 받은 분들의 간증이나 감사서신들이 그것을 확증해 주고 있음에 하나님께 감사드린다. 나는 현재 나의 오랜 멘토요 코치인 윤 박사의 큰 도움을 받아 나의 평생의 삶과 사역을 클린턴 박사의 평생 지도력 개발 이론에 근거하여 반추하고 분석하며 조금이나마 후세에 유익을 남겨주길 바라는 심정으로 집필에 심혈을 기울이고 있다.

강남중의 패러다임 전환관련 훈육항목들 PARADIGM SHIFT INDICATIONS

'패러다임'은 지도자가 세상을 바라보는 해석의 틀을 의미한다. 패러다임은 지도자로 하여금 하나님이 이끄시는 새롭고 깊고 높은 리더십 수행의 발전단계로 나아가게도 하지만 역으로 그것을 가로막고 불순종하며 결국 실패하게 만드는 관건이 될 수도 있다. 성경역사를 통해 우리는 다양한 지도자들의 삶을 통해서 그들이 가진 패러다임의 전환을 통해서 하나님의 구원역사에 긍정적으로 혹은 부정적으로 공헌하거나 후퇴시켰는가를 볼 수 있다.

이제 나의 삶과 사역기간 나로 하여금 사역의 전환을 가져온 몇가지 주요한 패러다임 전환과 관련된 훈육항목들을 살펴볼 것이다.

I. 주권적 준비기간	II. 내면적 성장기간	III. 사역초기 (전도사 전임사역)	IV. 사역중기 (전임사역확장)	V. 사역후기 (전임사역 수렴)	VI. 은퇴이후
1953-1967	1967-1981	1981-1984	1984-1997	1997-2021	2022-현재
0-14세	14-28세	28-31세	31-44세	44-68세	69세-현재

	-전환기1(B)-			-전환기2(B)-	-전환기3(B)-	
A.출생	A.내면적 성장	A.태동교회사역	A.제8영도교회	A.한생명교회사역	A.황혼살림
B.회심	B.지도력헌신	B.수산교회사역	B.도미유학	B.특수사역	B.계속되는 비전
	C.목회인턴사역	C.새부곡교회사역	C.늘빛교회		

■ 패러다임 전환PARADIGM SHIFT (PS)
- PS 1: 회심후 믿음으로 살기로 작정함 (1967)
- PS 2: 출가와 특별기도를 통한 목회자에로의 헌신 (1977)
- PS 3: 태동교회에서의 영적 세계에 대한 체험 (1982)
- PS 4: "전도에 목숨을 거는 목사가 되리라" (1985)
- PS 5: 인식적 패러다임의 전환 (1993)
- PS 6: 숙명의식의 성취 (2004)

■ PS 1: 회심후 믿음으로 살기로 작정함
-패러다임 전환의 유형: 인식적 깨달음 그리고 의지적 결단
-패러다임 전환의 시간대: 1967년 나의 나이 14세때 (중학교2학년)
-패러다임 전환의 이전 상태:

나는 불신 부모에게서 태어나 중학교 학생이 될 때까지 불신자로 자랐다. 교회와의 관련은 어릴 때 중이염을 앓아 수술을 위해 들른 천주교 계통 병원에 입원해 있는 동안 그곳에서 성경에 대한 이야기를 들은 것과 내가 초등학교 6학년 성탄절에 교회를 방문한 것이 전부였다. 그 후 나는 부산중학교 입학시험에서 낙방한 후 2차 입학모집을 했던 부산 브니엘중학교를 외삼촌의 소개로 들어가게 되었다.

-패러다임 전환의 과정:

나는 중학교를 장학금을 받고 다녔는데 한가지 조건이 있었다. 그것은 교회를 출석해야만 하는 것이었다. 이 일에 대하여 어머니는 학교를 다니기 위해 장학금을 받고자 교회를 다니는 것은 좋으나 예수는 믿지말라는 권고를 들었다.

내가 다닌 브니엘중학교는 기독교 계통의 사립학교로서 조례시간에 교장이나 교목을 통하여 경건회 시간을 가졌는데 그때 들은 말씀이 나로 하여금 신앙을 받아들일 준비를 하게끔 한 듯 하다. 학교에서는 1년에 한 차례씩 '중생회' 라는 이름의 심령 부흥회가 있었고 친구집에 머물면서 금식까지 하면서 그 중생회에 참석했다. 집회시간에 신비로운 감동으로 내가 죄인인 것을 깨닫게 되었고 내 죄를 회개하게 되었다. 그리고 예수님의 십자가를 내가 믿는다고 입술로 고백하였다. 이 일 이후 나의 삶은 이전과는 완전히 달라진 것을 느꼈고 내 마음속에 기쁨과 평화가 넘치며 모든 만물이 새롭게 느껴지게 되었다. 그래서 주일마다 교회에 출석하게 되

었으며 주일성수차원에서 나는 주일에는 공부도 하지않았다.

-패러다임 전환 이후:
나는 브니엘중학교를 졸업한 후 부산고등학교 입학을 위한 시험을 치루었지만 낙방하고 2차 신입생 모집을 했던 브니엘고등학교를 들어가게 되었다. 이후 교장과 교목의 경건회 시간 말씀은 나의 기독교적 가치관 형성에 자양분 역할을 하였고 마침내 나로 하여금 장래에 목회자가 되고자 하는 꿈을 갖게 하는 원천이 되었다.

■ PS 2: 출가와 특별기도를 통한 목회자에로의 헌신
-패러다임 전환의 유형: 인식적 깨달음 그리고 의지적 결단
-패러다임 전환의 시간대: 1977년 나의 나이 24세때
-패러다임 전환의 이전 상태:
브니엘고등학교 재학시절 나는 집에서 학교까지 매일 기차를 타고 통학을 하였다. 매일 집과 학교를 오고가면서 중간에 있는 교회당에 들러 기도하는 습관을 가졌고 주일에는 인근 야산에 들러 기도하는 가운데 장래 목회자가 되고자 하는 열망을 품게 되었다.

나의 아버지는 신앙을 가지지 않으셨고 어머니는 불교와 무교적 종교심을 가지고 있었는데 내가 잠시 외삼촌이 경영하는 인쇄소에서 직장생활하는 가운데 신앙적 갈등이 생기게 되었다. 그것은 외삼촌이 나에게 주일에도 나와서 일을 해달라는 부탁이었고 이 일로 나의 부모는 직장생활과 더불어 부모를 따를 것인지 아니면 기독교 신앙을 고수할 것인지 양자택일을 할 것을 나에게 요구하는 일이 생겼다.

-패러다임 전환의 과정:

나는 3일간 금식을 한 후 부모에게 나의 선택사항을 말씀드리기를, 지금은 신앙때문에 출가하지만 언젠가는 부모님도 예수님을 믿게되는 날이 오면 그때는 부모에게 진정한 효자인 것이 입증될 것이라는 말을 남긴 후 부모에게 큰 절을 올리고 집을 나왔다. 집을 나온 나는 막상 그 어디든 갈 곳이 없어 황망한 마음에 교회당을 들러 기도하였다. 기도중에 주님께서 나를 위로해 주시고 나의 앞일을 모두 예비해 놓으셨다는 음성을 듣게 됨으로 하나님에 대한 새로운 영적 인식을 갖게 되었다.

그리고 같은 교회를 다니는 오 집사 가정을 무작정 찾아갔는데 두부부가 나를 반갑게 맞이해 주었고 오 집사의 부인 박 집사로부터 주님께서 그녀에게 주신 음성을 듣게 되었는 바 그것이 내가 그들 집에 올 것을 주님께서 미리 예고하신 것이다. 그리고 그들 집에서 당분간 머물게 된 것과 그들의 자녀들에게 가정교사로서 섬길 수 있는 주님의 인도하심을 느끼게 되었다.

그들 집에 머무는 동안 같은 해 10월부터 11월까지 나는 특별 40일 철야기도를 작정하고 기도하는 가운데 주의 성령께서 여러번 나에게 찾아오시는 임재를 느끼게 되었고 환상가운데 고등학교 시절 야산에서 기도하면서 장래에 목회자가 되게 해달고 부르짖었던 장면이 떠오르면서 주님은 나로 하여금 주님을 따라 목회자의 길로 인도하신다는 확신을 얻게 되었다. 그리고 기도중 고통을 체험하면서 주님의 흔적을 경험한 이후 나는 "주님의 그 고통을 생각하면서 평생 동안 원망하지 않고, 불평하지 않고 섬기겠다" 고 다짐을 하게 되었으며 그 다짐을 지금까지 지키고 있다.

－패러다임 전환이후:

나의 인생을 온전히 주님께 목회자로서 드리기로 헌신한 이후 내가 다니는 교회에서 나는 서리집사로 임명을 받았고 (1978) 이어서 고신대학교에 입학하여 신학을 공부하게 되었으며 연하여 하나님께서 허락하신 나의 배우자 이진순과 결혼을 하게 되었다. 그리고 1979년부터 부산 성산교회에서 처음으로 교육전도사로 섬기게 됨으로써 나의 '지도력 헌신'은 구체화되었다.

■ PS 3: 태동교회에서의 영적 세계에 대한 체험
－패러다임 전환의 유형: 체험적 그리고 인식적 깨달음
－패러다임 전환의 시간대: 1982년 나의 나이 29세때
－패러다임 전환의 이전 상태:

나는 1981년 밀양에 있는 태동교회 담임전도사로 부임하여 섬기게 되었다. 그리고 1982년에는 고신대학교를 졸업한 후 고신대학교 신학대학원에 진학하여 신학공부를 계속 하였다. 이미 이전 교회를 섬기면서 기도 중에 성령님의 강한 임재와 방언은사까지 받았으나 기도를 통한 치유의 역사가 일어나는 것에 대해서 큰 경험은 없었다.

－패러다임 전환 과정:

내가 태동교회를 섬기던 중 1982년 여름성경학교를 개설하였는데 교회당 주변 10리 밖에 있는 학생들중에서도 교회에 참석하는 이들이 있었다. 어느 마을을 방문하여 그곳에 말씀을 전하고 있을 때 그곳을 찾아 온 어느 초등학교 5학년 여학생의 종아리 부분이 상하여 있는 것을 보고 하나님의 말씀을 의지하여 기도를 했더니 상처부위가 곪아서 진물과 농이 있던 종아리 부분이 즉각적으로 없어지고 부위는 깨끗하게 치유된 것을 경험하

게 되었다. 또 한번은 성도의 부모 중에 소를 키우고 있었는데 그 소가 여물을 먹지않아 그가 힘들어 하는 소리를 듣고 함께 그 소에게 안수하여 기도한 적이 있는데 그 일 이후 소가 건강하게 여물도 잘 먹고 지내게 되어 그는 매우 기뻐하였고 나는 다시한번 기도의 능력을 체험하는 계기를 갖게 되었다.

계속해서 내가 섬기던 교회당 사택에는 우물이 없었는데 내가 제직들을 설득하여 우물을 파자고 제안했으나 사택 주변에 우물을 파보았자 물이 나오지 않을 것이라고 하면서 반대했다. 나는 기도하고 함께 우물을 팠고 놀랍게도 50미터 정도 깊이에서부터 물이 나오는 '기적'을 경험하게 되었다. 성도중에 담배를 피는 자가 있었는데 금연을 위해 기도한 뒤부터 그 성도는 금연을 하는 일이 일어나게 되었다. 그리고 양봉농사를 하는 성도의 부탁을 받고 벌통에 각종 전염병이 엄습하지 못하도록 기도한 이후 이전보다 양봉양이 배가되었다는 소식을 듣고 기도에 응답하신 하나님께 감사하는 계기를 갖게 되었다.

-패러다임 전환 이후:
나는 태동교회에서의 이와같은 기도와 관련된 능력적 역사를 경험한 이후 지금까지 늘 성령님을 의지하여 기도할 사안이 있는 경우 초자연적 역사하심을 믿으며 기도에 힘쓰고 있다.

■ PS 4: "전도에 목숨을 거는 목사가 되리라"
-패러다임 전환의 유형: 인식적 깨달음과 의지적 결단
-패러다임 전환의 시간대: 1985년 나의 나이 34세때
-패러다임 전환의 이전 상태:
나는 고신대학교 신학과 수학시절 성산교회 교육전도사를 시작으로 예

림중앙교회와 태동교회, 수산교회를 거쳐 새부곡교회를 전도사로 섬겼다. 그리고 1984년에 이미 제8영도교회를 개척하여 섬기는 가운데 1985년 2월 고신대학교 신학대학원을 졸업한 후 1987년에 부산노회에서 목사 안수를 받음으로 전문사역자로서의 형식을 갖추게 되었다. 그리고 개척교회 목회중 몇가지 전문사역을 위한 훈련을 받게 되는데 그중의 하나가 바로 1985년부터 시작한 전도폭발 훈련이다.

-패러다임 전환의 과정:

1985년부터 시작된 나의 전도폭발 훈련에의 참가는 수영로교회에서 실시한 '예수 전도 대학' 수료를 기점으로 1986년 창원 새순교회에서의 '전도폭발(III) 훈련' 참가, 그리고 1987년 남서울교회당에서 있었던 '국제 전도폭발(III) 무장사역 훈련' 참석에 이르기까지 나름대로 열정적으로 전도훈련 기술 터득에 몰입하게 되었다. 이와같은 일련의 전도폭발 훈련과정의 이수는 나로 하여금 이후 목회 사역에서 전도의 기술이 너무나도 중요한 것임과 더불어 나로 하여금 '전도 목사'가 되기로 결심하는 유익한 계기가 되었다.

-패러다임 전환 이후:

나의 여러번에 걸친 전도훈련 연마는 내가 개척한 제8영도교회에서부터 본격적으로 1986년부터 내가 동 교회를 사임하는 1991년까지 지속되어 전도중심의 목회패러다임 전환을 실천하는 계기가 되었고 전도자를 양성하는 목회자가 되기로 결심하고 실천하게 되었다. 그 이후 나는 제자훈련을 통해 터득한 멘토링 기술과 결합하여 지역교회와 기관을 통해서 전도훈련 실천의 기회를 다양하게 갖게 되었다.

■ PS 5: "다른 것은 다른것이지 틀린것이 아니다"
 –패러다임 전환의 유형: 인식적 깨달음과 의지적 결단
 –패러다임 전환의 시간대: 1993년 나의 나이 40세때
 –패러다임 전환의 이전 상태:
 나는 1991년 그동안 섬기던 제8영도교회를 사임하고 도미 유학길에 올랐다. 1992년부터 잠시 남가주에 있는 한인교회를 섬기는 가운데 국제신학교와 개혁신학교에서 공부하는 은혜를 입었다. 1993년 개혁신학교의 통 교수의 강의를 듣기 전까지 나는 한국에서 전형적인 보수적인 장로교 신학교에서 배운 신학만이 정통이며 옳은 것으로서 그 이외의 관점이나 견해들에 대해서는 포용적인 자세를 갖지 못했었다.

 –패러다임 전환 과정:
 1993년 나는 개혁신학교에서 목회학 박사과정을 공부하는 가운데 특히 통 박사의 강의를 들으면서 "너와 나의 다른 것은 다를뿐이지 결코 틀린 것은 아니다"라는 말씀을 듣는 순간 인식론의 충격을 받게 되었고 그 감격에 하염없는 눈물을 흘리게 되었다. 그리고 그의 강의를 통해서 그동안 내가 생각해 온 양식이나 내가 가진 협소한 생각으로 다른 사람들을 어떻게 대해왔는가를 반추하면서 내 자신이 얼마나 교만하고 부족한 존재였던 가를 절감하는 시간을 가지게 되어 '인식의 전환'(Paradigm Shift)을 경험하는 계기를 갖게 되었다. 나는 이때의 경험을 내 인생 '최고의 패러다임 전환'의 시간으로 여기며 그때 나의 나이는 40세였다.

 –패러다임 전환 이후:
 나의 인식적 패러다임 전환이후 나는 이전과는 다르게 다른 사람의 이견도 너그럽게 수용하고 이해할려는 자세를 가지려고 노력해 왔고 더구

나 같은 개혁신학교 왓슨 교수의 가르침을 통해 예수님의 섬김의 리더십이 얼마나 중요하고 그것이 기독교 리더십의 본질이며 핵심인 것을 깨닫게 되어 나도 부족하지만 늘 섬김의 리더십을 실천할려고 노력해 왔다.

■ PS 6: 생명의 대화 특화훈련: 숙명적 비전의 성취
-패러다임 전환의 유형: 인식적 깨달음과 의지적 결단
-패러다임 전환의 시간대: 2004년 나의 나이 51세때
-패러다임 전환의 이전 상태:

내가 부산의 제8영도교회를 담임하던 마지막 해인 1991년 나의 친구인 송길원 목사의 추천으로 부산에서 열린 '효과적인 부모역할 훈련'에 참석하는 기회가 있었다. 이 훈련은 미국 토마스 고든의 '부모역할 훈련'의 책을 중심으로 구성된 웍샵 훈련이었다. 나는 이 훈련과정을 통해서 무조건 말만 잘 한다고 해서 그것이 옳고 효과적인 대화가 아닌 것을 깨닫게 되었고 특히 '반영적 경청의 기술'은 매우 낯설었지만 그것이 대화에서 얼마나 중요한 요건인지를 깨닫게 되었으며 '나-전달법'의 중요성 또한 새롭게 깨닫는 시간이었다. 하지만 내가 배운 효과적인 대화법을 심각하게 나의 목회에 적용하고 실천해 보려는 생각이나 열의는 이 당시 미약했다.

-패러다임 전환 과정:

1991년 제8영도교회 담임목사직을 내려놓고 도미하여 유학한 후 부산 늘빛교회 담임목사로의 청빙을 받아 귀국했으나 동 교회 당회원들과의 가치관 차이로 담임목사직을 사임하고 1997년 다시 미국으로 돌아왔다. 1998년 새로운 교회를 개척하여 섬기는 가운데 나의 교회에 김 권사가 출석하게 되었는데 서로의 대화가운데 내가 그에게 "살면서 제대로된 대화

법을 배워본 적이 있는가?"라고 물었고 그녀는 "대화는 태어나서부터 지금까지 자연스럽게 터득하는 것이 아닌가?"라고 대답하였다. 그래서 나는 내가 10년전 한국에서 배웠던 것을 권사님이 허락하시면 대화법 훈련의 시간을 갖기를 제안하였고 그것이 계기가 되어 나는 우리 교회에서 제 1기 효과적인 대화법 훈련을 시작하게 되었다. 나는 이미 이 대화법 훈련을 통해서 내 자신이 놀라운 변화를 경험했었지만 막상 이 훈련을 성도에게 적용하면서 놀라운 반응이 일어날 것을 생각하지 못했었다. 나는 이전에는 이 대화법 훈련을 사역자들에게 가르쳐 그들이 강의하도록 하려는 계획을 가지고 있었다. 그런데 이 훈련을 받은 성도들이 놀라운 심정의 변화와 인격의 변화가 일어나는 것을 보고 성령께서 "너는 육적인 의사가 되기를 원했지만 나는 네가 영적인 의사가 되길 원한다"는 말씀을 비로소 깨닫게 되었다. 나의 장래 사역의 초점을 이 대화법 훈련 사역에 집중해야 하겠다는 결심을 하게 되었다. 참으로 '생명의 대화 특화훈련'은 하나님께서 나에게 주신 주도적 은사이며 숙명적 비전인 것을 절감하게 되었다.

-패러다임 전환 이후:
2004년 한생명교회에서 시작된 효과적 대화법 훈련 사역은 성도들의 대화와 삶에 놀라운 변화를 가져와 거룩한 행복을 누릴뿐만 아니라 이 후 지역교회 목회자들과 성도 더나아가 미국 여러지역과 심지어 한국과 기타 지역에서의 집회 요청을 받는 기초가 되었고 나의 은퇴이후에도 계속해서 하나님께서 나에게 주신 중심비전으로서 섬기고 있다.

강남중의 사역의 궁극적 공헌들 ULTIMATE CONTRIBUTION

클린턴 박사는 그의 평생 리더십개발 이론에서 하나님이 부르셔서 유능한 리더십을 발휘하도록 이끄시는 지도자들의 삶과 사역의 기술들은 궁극적으로 하나님을 위한 '고유한 성취'(Unique Accomplishments)로 완성되는 것으로 보았고 이런 고유한 성취를 '궁극적 공헌'(Ultimate Contribution)으로 명명하였다.

클린턴 박사는 계속해서 지도자가 이룰 궁극적 공헌의 성격을 5가지 범주로 나누었는데 그것은 1) 성품적 공헌 2) 사역적 공헌 3) 사역의 촉매 공헌 4) 조직적 공헌 5) 그리고 이상적 공헌 등이다. 성품적 공헌에 속한 지도자의 모습은 '성인'의 이미지이며, 사역적 공헌에는 개인적 멘토의 이미지와 공적 전달자의 이미지가 속하여 있고, 사역의 촉매 공헌에 속한 지도자의 모습은 교회/ 선교단체 개척자, 변화개혁자의 이미지가 속하여 있다. 또한 이상적 공헌에는 연구가 저술가 그리고 기관 홍보가 등이 있다.

이와같은 클린턴 박사의 궁극적 공헌 범주에 기초해 보면 부족한 나의 삶과 사역의 특징을 감안해 볼 때 나는 '성인'의 이미지와 멘토의 이미지 그리고 교회개척자와 전문사역 실천가의 차원에서 궁극적 공헌에 가늠한다고 볼 것이다.

I. 주권적 준비기간	II. 내면적 성장기간	III. 사역초기 (전도사 전임사역)	IV. 사역중기 (전임사역확장)	V. 사역후기 (전임사역 수렴)	VI. 은퇴이후
1953-1967	1967-1981	1981-1984	1984-1997	1997-2021	2022-현재
0-14세	14-28세	28-31세	31-44세	44-68세	69세-현재

-전환기1(B)-　　　　　　　　　　-전환기2(B)-　-전환기3(B)-

A.출생　　A.내면적 성장　A.태동교회사역　A.제8영도교회　A.한생명교회사역　A.황혼살림
B.회심　　B.지도력헌신　　B.수산교회사역　B.도미유학　　B.특수사역　　　　B.계속되는 비전
　　　　　C.목회인턴사역　C.새부곡교회사역 C.늘빛교회

■ 궁극적 공헌 항목들 Ultimate Contribution. UC

- 1969 성인Saint
- 1979 멘토Mentor
- 1984 교회개척자Pioneer
- 2000 전문사역자

■ UC 1: 성인의 이미지 (1969-현재)

나는 1967년 주님을 영접하고 회심한 이후부터 평생을 두고 부족하지만 늘 하나님의 임재앞에서 살려고 애를 썼다. 이런 신전의식은 나의 회심이후 습관적인 기도의 생활로 나타났고, 하나님의 이름을 더럽히는 속어라든가 사소한 물질을 부당하게 획득하는 일등에 대해서 신앙적 양심의 가책을 느끼고 바꿀려고 노력해 왔다.

특별히 나의 장래를 놓고 고민하면서 특별 40일 철야기도의 시간을 갖거나 몇일씩 금식하면서 특별한 문제를 놓고 하나님의 음성을 듣는 노력을 습관적으로 시행하고자 애를 썼다. 그리고 내가 그동안 교회들을 섬기면서 금요일마다 철야기도를 하기를 즐겨했으며 상황에 따라 특수한 문제들을 해결할 경우 늘 우선적으로 하나님앞에 엎드려 철야를 하거나 금식을 하면서 하나님의 음성을 듣고자 나름대로 애를 썼다. 이 글을 읽는 독자들에게 한가지 부탁하고 싶은 것은 지난시대 위대한 신앙의 위인들에 비교해 보면 나는 비겨할 수도 없을 만큼 부족하고 불충한 사람으로서 내 자신을 스스로 '성인'의 반열에 올려놓고 싶어서 이 글에서 나의 궁극적 공헌 중의 하나로 '성인'의 이미지를 말하는 것이 아니라 클린턴 박사의 이론에 근거하여 지도자가 남길 수 있는 하나님을 위한 성취의 관점에서 분류한 것 뿐이니 오해가 없기를 바란다.

■ UC 2: 멘토로서의 역할 (1979-1980성산교회;1980-1981 예림교회; 1981-83 태동교회; 1983 수산교회; 1983-84 새부곡교회; 1984-1991 제8영도교회; 1993-96 한생명교회; 1998-2015 한생명교회)

나는 1979년부터 성산교회의 교육전도사를 시작으로 예림교회 태동교회 수산교회 새부곡교회 제8영도교회 그리고 미주지역에서 한생명교회를 통하여 지역교회 성도를 말씀과 기도와 상담 등을 통하여 목회자로서 그리고 멘토로서 충실히 나의 사명을 감당할려고 애를 써왔다. 특별히 전도폭발 훈련, 제자훈련, 효과적인 대화법 훈련 등을 통해서 멘토와 코치로서의 역할을 감당하고자 노력했다. 이와같은 역할은 은퇴이후에도 각 지역에서의 요청이 들어와 나의 생명이 다하는 날까지 주님의 비전사역을 충실히 감당하고자 다짐한다.

■ **UC 3: 교회개척자로서의 역할** (1984-1991 제8영도교회; 1993-96 한생명교회; 1998-2015 한생명교회)

나의 평생을 통하여 하나님께서는 나에게 감사하게도 세 번의 교회 개척의 기회를 주셨다. 한번은 한국에서 이며 두 번은 미국에서이다. 제8영도교회를 개척하여 섬기면서 하나님께서는 나에게 장래의 전문사역 실천을 위해 다양한 전문사역 훈련의 기회를 주셨고 거기서 터득한 사역기술들을 내가 섬기는 교회와 더불어 지역적 차원에서 공유하는 은혜를 얻었다. 나는 이 교회를 도미 유학때문에 7년간만 섬기고 나왔지만 이 교회는 지금도 충실히 주님의 교회로서의 사명을 잘 감당하고 있음에 하나님께 감사를 드린다.

미국에서의 두 번에 걸친 교회 개척중 첫번째 1993-96년 기간의 교회 개척은 나의 도미 유학중에 일정기간 동안만 섬기기로 약정을 하고서 시도된 것으로서 나의 유학생활을 마침과 한국 부산에 있는 늘빛교회 담임목사 청빙과 동시에 이 교회를 사임했다.

부산 늘빛교회 담임사역의 조기 사임과 미국으로 다시 돌아온 나는 1998년 내가 거주하게 된 남가주에서 부터 새로 시작하였고 2015년 같은 교단내 교회와 연합한 후 내가 담임목사직을 사임하는 날까지 17년간 하나님께서 나에게 주신 믿음의 열정과 더불어 주도적 은사들을 활용하여 최선을 다해 섬겼던 교회이다. 이 교회를 섬기면서 나는 성도들에게 그리고 미국 국내와 한국을 위시한 국제적 차원에서 하나님께서 나에게 주신 전문사역 분야인 전도폭발 훈련, 제자훈련, 그리고 효과적 대화법 훈련을 집중적으로 실천하고 홍보하는 기회를 갖게 되었다. 특히 하나님께서 나에게 주신 비전과 가장 효과적인 은사묶음은 '생명의 대화 특화 훈련'을 통하여 수렴된 멘토링과 코칭의 사역이었던 것을 확증하게 되었다.

■ UC 4: 전문사역 실천가로서의 역할 (2000-현재)

1984년 제8영도교회를 개척하여 섬기는 날부터 하나님께서는 나에게 다양한 전문사역 터득을 위한 훈련의 기회를 주셨는데 그것은 전도폭발 훈련, 제자훈련, 그리고 효과적 대화법 훈련에 집중되었다.

이 중에서도 하나님께서 나에게 선천적으로 부여하신 창의성과 건강 그리고 관계형성의 기술은 그 이후 멘토링과 코칭 등의 후천적 훈련의 기회와 합하여 멘토링과 코칭의 은사부분을 보강하고 확장케 하는 기초가 되었다. 그래서 이런 은사묶음(Giftmix)은 나로하여금 한생명교회 개척(1998)이후 은퇴이후인 지금까지 '생명의 대화 특화 훈련' 강의와 집회를 섬기도록 하나님께서 인도해 오신 비전 사역이 되었다. 이 일을 위하여 하나님께서는 나로 하여금 미국국내와 한국을 위시한 국제적 차원에서 수백회에 이르는 생명의 대화 특화 훈련이라는 전문사역 실천가(Stylistic Practitioner)로서 사명을 감당하게 해주셨음에 감사를 드린다. 나는 지금까지 하나님께서 나에게 부여하신 이와같은 멘토링과 코칭사역을 통하여 내가 섬긴 교회의 성도들과 그리고 나를 통하여 전문사역의 훈련을 받고 자신이 섬기는 교회나 사역지에서 적용하여 하나님의 역사하심을 경험하고 삶가운데 놀라운 변화들이 일어나게 되었다면 그것이 나를 하나님께서 당신의 종으로 부르신 목적을 이루게 되는 것인 줄 알고 감사하며 찬양하고 기뻐하게 된다.

은퇴이후 나는 부족하지만 나의 삶과 사역을 클린턴 박사의 리더십 이론에 근거하여 반추하고 분석한 후 조촐한 회고록으로 출간하고자 진행중에 있으며 더불어 그동안 실시해 온 '생명의 대화 특화 훈련' 프로그램의 강의안 해설집을 집필중에 있으며 앞으로 이런 교재들이 다음 세대 사역자들에게 하나의 작은 참고가 되길 바라마지 않는다.

끝으로, 지금까지 나의 삶과 리더십 수행에 대한 분석을 통하여 얻게 된 리더십의 핵심적 가치를 몇가지 발견하고 그것을 함께 나누고 싶은 데 자세한 내용은 다음 장(5장)에서 10가지 리더십 핵심 가치의 주제로 상론하게 될 것이다.

제5장

인생 여정을 통한
리더십의
10 가지 핵심 가치 요약

제 1 가치:
목회자는 주님의 성령이 주시는 은혜의 흔적을 가져라
(예수 그리스도와의 인격적 체험)

나는 목회자로서 사도 바울의 삶을 생각할 때마다 "그가 어떻게 회심을 하고 난 이후에 즉각적으로 주님을 사랑하고, 복음 전파를 위하여 평생을 죽기까지 변함없이 헌신할 수 있었을까?" 또한 "그는 너무도 놀랍고 특별한 삶을 살았으므로 오늘날도 이런 삶을 살아낼 지도자가 과연 있을까?"라고 질문을 하게 된다. 그 배경에는 나도 사도 바울의 모습을 따르고 싶은 마음이 있기 때문이다. 나는 마음속으로 그가 그렇게 할 수 있었던 것은 나의 체험에 견주어 보면 다음의 이유 때문이라고 생각을 한다.

첫째는 "은혜의 흔적" 곧 하나님의 크신 은혜로 예수 그리스도와의 만남과 개인적인 체험과 복음을 전하는 가운데 경험한 성령의 체험 때문인 것으로 본다. 그가 예수 그리스도를 닮은 사도의 삶을 살게 된 것은 직접적으로 몇 가지 일들을 통한 예수님의 은혜를 체험한 연유이다. 그는 다메섹 도상에서 부활하신 예수 그리스도를 만나 영적인 관점에서 그의 탄원에 순응한 듯하다. 육적으로는 홀연히 나타난 빛에 의해 눈이 멀게 되고 졸지에 소경이 되어 아나니아의 기도를 통해 다시 눈을 뜨게 되었다. 그리고 그에게 세례를 받았다(행 9:1-19). 그 후에 사도로 부르심을 받고(롬 1:1) 다메섹에서 그리스도를 전파 하다가 핍박을 받은 후(행 9:19-23) 아라비아와 고향 다소로 보내졌다(갈 1:17). 그는 10년 동안 이곳에서 오직 주의 성령과 교통하며 하나님의 은혜를 넘치게 영적으로 채우는 시간을 가졌다. 선교 중 루스드라에서 돌에 맞았고(행 14:6-20), 빌립보 감옥에 갇혔으며(행 16:19-24), 셀 수 없는 죽음의 위험과 고통, 그리고 온갖 위험과 어려움을 당했다(고후 11:23-27). 그는 성령의 능력으로 마게도냐 사람의 환상을 보았고(행 16:9), 귀신을 쫓아 내었으며(행 16:16-18), 루디아에서는 죽었던 유두고 청년을 살렸다(행 20:9-12). 또한 신비한 세계를 경험하여 "무익하나마 내가 부득불 자랑하노니 주의 환상과 계시를 말하리라 내가 그리스도 안에 있는 한 사람을 아노니 그는 십사 년 전에 셋째 하늘에 이끌려 간 자라(그가 몸 안에 있었는지 몸밖에 있었는지 나는 모르거니와 하나님은 아시느니라... 그가 낙원으로 이끌려 가서 말로 표현할 수 없는 말을 들었으니 사람이 가히 이르지 못할 말이로다"라고 했다(고후 12:1-4). 그는 이러한 모든 것을 총체적으로 "그러나 내가 나 된 것은 하나님의 은혜로 된 것이니 내게 주신 그의 은혜가 헛되지 아니하여 내가 모든 사도보다 더 많이 수고하였으나 내가 한 것이 아니요 오직 나와 함께 하신 하나님의 은혜로라"(고전 15:10)고 고백했다.

둘째는 "예수의 흔적" 곧 예수 그리스도의 복음을 전하다가 육체적인 온갖 핍박과 모욕과 굴욕을 당하는 가운데 '예수의 흔적'을 가졌기 때문인 것으로 본다. 그는 "...내가 수고를 넘치도록 하고 옥에 갇히기도 더 많이 하고 매도 수없이 맞고 여러 번 죽을 뻔하였으니 유대인들에게 사십에서 하나 감한 매를 다섯 번 맞았으며 세 번 태장으로 맞고 한 번 돌로 맞고 세 번 파선하고 일 주야를 깊은 바다에서 지냈으며 여러 번 여행하면서 강의 위험과 강도의 위험과 동족의 위험과 이방인의 위험과 시내의 위험과 광야의 위험과 바다의 위험과 거짓 형제 중의 위험을 당하고 또 수고하며 애쓰고 여러 번 자지 못하고 주리며 목마르고 여러 번 굶고 춥고 헐벗었노라."(고후 11:23-27)고 고백한다.

　이러한 어려움에도 불구하고 그는 "이 후로는 누구든지 나를 괴롭게 하지 말라. 내가 내 몸에 예수의 흔적을 지니고 있노라"(갈 6:17)고 승리의 간증을 하는 것을 볼 때 그가 가진 '예수의 흔적'에 대한 비밀을 보게 된다. '예수의 흔적'에 대하여 주기철 고신대 교수는 "갈라디아서 6장 17절에서 바울이 사용한 흔적에 대한 배경 연구 논문"에서 다음과 같이 주해한다. "바울이 말한 '예수의 흔적'은 일차적으로 예수를 위해 받는 육체적인 고난의 흔적을 말하지만, 더 넓게는 예수를 위해 받는 모든 고난의 흔적으로 볼 수 있다. 바울에게 있어 '예수의 흔적'을 자신의 몸에 지니는 것은 그리스도의 고난(혹은 그리스도를 위한 고난)을 당하고 있음을 보여 준다. 즉, 예수가 사람들로부터 문제가 많은 노예로 취급 당하고 십자가에 온갖 굴욕과 모욕을 당했듯이 자신도 예수를 위해 온갖 핍박과 모욕과 굴욕을 당하고 있음을 보여 주고자 한 것이다. 이를 통해 바울은 자신이 예수를 본받고 있고, 예수가 걸어 갔던 그 길을 걸어가고 있음을 증거하고 있다는 말이다."

　나에게 있어서 '예수 그리스도의 은혜의 흔적'은 제 2장에서 기록한 것처럼 믿음의 결단을 하고서 집에서 나와 교회에서 기도할 때에 처음으로 들려 주셨던 하나님의 음성이다. 앞날을 위하여 40일 철야기도를 할 때에 세 번 만나 주셨던 순간이다. 특별히 주님의 십자가의 고통이 두 번이나 나에게 전이 되는 체험을 했었다. 그 고통이 너무도 크게 느껴졌으므로 44년의 목회 가운데서 한 번도 원망하거나 후회하거나 불평을 한 적이 없었다. 그것은 목회 가운데 어렵고 힘들고 고통스러운 시간들이 결코 없어서가 아니라 주님이 당하신 그 고통을 느꼈던 것에 비교하면 비교가 되지 않았기 때문이었다. 나는 이것이 예수님이 나에게 주신 '십자가의 흔적' 이라고 생각한다. 8일 동안 물도 먹지 않고 단식을 하는 가운데 주님께서 두 차례 말씀해 주시고, 분명하게 죄사함의 확신과 비전을 주셨던 시간이다. 그 시간으로 인하여 세상은 간 곳이 없고 오직 예수 그리스도께서 주시는 기쁨과 평강과 사랑으로 넘치는 은혜가 임했다. 주님 한 분만으로 만족할 수 있었다. 지금도 물을 마실 때마다 그때를 생각하며 기도한다. 이것 또한 예수님이 주신 '은혜의 흔적'이라고 생각한다.

나는 주위에서 목회가운데 "힘이 들고 어렵다"고 좌절하고 실패하는 경우를 볼 때에 '예수의 흔적'이 없거나 "그것이 희미하기 때문은 아닐까?"라고 생각을 한다. 왜냐하면 적어도 나에게 있어서 내가 가진 '십자가의 흔적'과 '은혜의 흔적'으로 말미암아 어떤 경우에도 승리할 수 있었기 때문이었다. 내가 가진 이 '흔적'으로 인하여 이 세상의 그 어떤 어려움 보다도 주님이 주신 은혜가 더 크게 느끼게 되며, 이 세상의 그 어떤 고통과 아픔보다도 주님께서 형용할 수 없는 고통을 이미 감당해 주셨음을 믿음으로 받아들이게 되기 때문이다.

그러므로 예수님이 세우신 교회를 섬기기 위해서는 우선적으로 목회자와 교회지도자는 예수 그리스도를 인격적으로 만나 죄 용서함을 받은 확신과 감격과 그 은혜를 베풀어 주신 예수님에 대한 헌신의 고백을 가진 '은혜의 흔적'이 있어야 한다. 이러한 '은혜의 흔적'을 가지게 되면 예수님을 한없이 사랑하게 되고, "예수의 흔적"을 직접 체험하게 되면 어떤 경우에도 주께서 맡겨 주신 사명을 자원함으로 감당하게 되고, 평생토록 하나님을 두려워함으로 경외하게 된다.

제 2 가치:
목회자의 가정은 천국의 모형이다
(리더십수행을 위한 사회적 기반확립)

사도 바울은 교회 지도자의 가정에 대하여 언급을 하면서 "한 아내의 남편이 되고 믿음의 자녀를 두고 자녀와 자기 집을 잘 다스려야 한다"(딤전 3:2,4,12, 딛 1:6)라고 했다. 간략하나마 본문을 중심으로 목회자의 가정에 대해서 언급하고자 한다.

첫째는 "한 아내의 남편이 되어야 한다." 이것은 부정적인 측면에서 보면 그 당시나 지금이나 한 아내의 남편이 되지 못하는 경우가 있다는 것을 함의한다. 문자대로 해석을 하면 한 아내 이상을 가진자도 있었을 것이므로 "한 아내만을 두어야 된다" 는 것을 강조하고 있다. 좀 더 넓은 의미에서는 엄연히 아내를 두고서 간음의 죄를 짓는 것도 포함이 될 것이다. 궁극적인 이유는 아내를 사랑하지않기 때문이며, 결혼식을 할 때에 하나님 앞에서 서약한 것을 가볍게 생각하기 때문이다. 더 나아가 하나님과 그의 말씀을 두려워하지 않고 불순종하기 때문이다. 또한 예수님께서 친히 "말씀하시기를 그러므로 사람이 그 부모를 떠나서 아내에게 합하여 그 둘이 한 몸이 될지니라 하신 것을 읽지 못하였느냐 그런즉 이제 둘이 아니요 한 몸이니 그러므로 하나님이 짝지어 주신 것을 사람이 나누지못할 지니라"(마 19:5-6)고 말씀 하고 있음에도 불구하고, 교회 지도자들 가운데서도 하나님의 말씀에 순종하지 않고 이혼을 하는 경우를 보게 된다. 바울은 교회 지도자는 "미쁜 말씀의 가르침을 그대로 지켜야 하리니 이는 능히 바른 교훈으로 권면하고 거슬러 말하는 자들을 책망하게 하려 함이라"(딛 1:9)고 한다.

긍정적인 측면에서 보면 "아내를 진정으로 사랑해야 된다"는 것이다. 많은 경우 아내를 진정으로 사랑하지 않는 지도자들을 주위에서 종종 볼 수 있다. 이럴 경우에는 가정이 온전해지지 못하므로 참다운 목회를 할 수가 없고 믿음 생활을 제대로 할 수가 없다. 그래서 목회자나 교회 지도자가 되려는 사람들은 처음부터 배우자를 기도하면서 잘 선택을 해야만 한다. 내가 원하는 사람이 아니라 하나님이 내게 짝지어 주길 원하는 사람을 택해야 한다. "슬기로운 아내는 여호와께로서 말미암느니라"(잠 19:14하) 세상적인 자격만을 갖춘자가 아니라 하나님 앞에서 현숙한 믿음의 소유자와 결혼을 해야 한다. 그래야만 온전한 가정을 이룰 수가 있게 되고 결혼을 하게되면 하나님의 말씀에 전적으로 순종하게 된다. 또한 교회 성도들을 사랑해야 하지만 먼저 아내를 사랑하고 기쁘게 하는 가운데 이루어져야 한다. 우리의 시대에서는 이러한 부분이 부족했다. 교회와 성도가 우선적이었고 아내와 가정은 이차적이었다. 그래서 아내와 자녀들에게 많은 상처와 아픔을주게 되었다.

둘째는 "믿음의 자녀를 두어야 한다." 목회자나 교회 지도자의 자녀들 가운데 탈선을 한 자들을 주위에서 보게 된다. 그 자녀들은 "부모의 이중적인 모습에 환멸을 느꼈기 때문이라"고 이구동성으로 이야기를 한다. "집에서의 생활과 교회에서의 생활이 너무도 다르기 때문이다"라고 하면서 "믿음에서 떠났다"고 한다. "자녀는 부모의 등을 보고 자란다"고 하는데 지도자들의 모습이 믿음의 모습을 보여 주지 못했기 때문에 이러한 일이 일어난다.

"믿음의 자녀를 두어야 한다" 는 말의 내용 가운데는 "믿음의 모습을 보여 주면서 양육하라" 는 뜻이 포함되어 있다. 왜냐하면 자녀는 부모가 가르치는대로 사는것이 아니라 부모가 행하는 대로 살아가기 때문이다. 오늘날은 목회자라고 하면서도 동성애를 지향하는 자들이 득세하는 세상이다. 성경에서 분명하게 '죄악' 이라고 하는데도 불구하고 하나님의 말씀에 불순종하고 자기의 소견에 좋은 대로 행한다. 이러한 때에 더욱 목회자나 교회 지도자들의 부부가 주님 안에서 사랑의 관계를 가지고 천국 가정의 모습을 자녀들에게 보여주므로 믿음에서 잘 자라도록 해야 한다. 성경에서는 "책망할 것이 없고 한 아내의 남편이며 방탕하다는 비난을 받거나 불순종하는 일이 없는 믿는 자녀를 둔 자라야 할지니"(딛 1:6)라고 말씀한다. 내가 중학교 다닐 때에 교회 지도자 자녀 가운데 불신자와 결혼을 하게 되어 그 부모가 징계를 받았던 것을 기억한다. 말세의 악한시대에 교회 지도자들이 앞장을 서서 더욱 경건과 가정에 대한 경각심을 가져야 한다.

셋째는 "자녀와 자기 집을 잘 다스려야 한다" 이 말은 가정에서 통치를 잘하라는 말이 아니라 자기 집을 화목하고 행복하고 천국의 모형으로 만들어야 된다는 의미이다. 목회자가 성도들을 섬기듯이, 직분자들이 교회를 받들듯이 가정에서부터 먼저 아내를 사랑하고 자녀들을 주님의 사랑으로 섬기고 양육하라는 것이다. 설교나 지식적으로가 아니라 실제적으로 가정에서부터 천국의 모형을 실현하라는것이다. 또한 가정에서부터 먼저 모범이 되어야 하며 남편은 아내를 사랑하고 아내는 남편을 존경하고, 부모는 자녀들을 사랑하고 자녀들에게 존경과 인정을 받아야 한다.

이 부분에 있어서 나는 참으로 행복자이다. 왜냐하면 아내가 나 보다 더 믿음의 뿌리가 깊었기때문이다. 나는 불신 가정에서 자랐지만 그는 장로 가정에서 모태신앙을 가졌다. 나는 하나님께서 기도가운데 "네가 기도가 부족하므로 기도의 어머니를 둔 아내를 준다" 는 말씀에 전적으로 순종했다. 그는 "주위에서 조건이 좋은 청혼을 모두 물리치고 부친의 신앙을 닮은 나를 택했으며 내 속에 있는 금강석과 같은 믿음을 보고서 결단을 했다"고 말했다. 나는 아내가 결혼 직전에 내게 해 줬던 고마운 말을 46년이 지났지만 생생하게 기억을 하고 있다. 동시에 그때에 나에게 베풀어 준 여러 가지 귀함을 잊지 않고 지키려고 아직도 노력하고 있다. 감사하게도 아내와 나는 하나님의 은혜와 쉐마교육을 통해 배운대로 두 딸을 믿음으로 양육했다. 또한 내가 44년 동안 목회를 큰 어려움이나 실수나 구설수에 오르지 않고 아름답게 마무리를 하게 된 배후에는 말없이 기도와 조언을 해 준 현숙한 아내의 덕분이었다. 아내는 내가 지치고 힘들어 보일 때에는 진지하게 격려와 지지를 해 주었다. 내가 잘 나가고 힘이 넘쳐서 교만할 때에는 예리하고 지혜롭게 내 모습을 보게 해 주었다. 동시에 내가 언제나 공평과 균형을 유지하도록 코칭으로 도움을 주었다. 지금까지 한 아내의 남편으로 살도록 도움을 주신 좋으신 하나님과 사랑하는 아내에게 감사를 드린다.

제 3 가치:
목회자로서 분명한 비전을 가져라

(리더십 수행의 전략적 시각)

선교사 출신인 피터 와그너 교수의 강의에서 "선교지에 갔더니 선교사로 오지 않아도 될 사람이 30% 정도가 왔으며, 학교에서 보았더니 선교사로 가야 될 사람이 30%가 가지않고 있다"라고 지적을 한 적이 있었다. 선교지의 선교사 뿐만 아니라 교회의 목회자도 마찬가지라고 생각한다. 이러한 일은 개인적으로나 하나님 나라 확장을 위해서도 큰손실이 된다.

예수님께서 제자들을 부르실 때에 그들에게 "말씀하시되 나를 따라오라 내가 너희를 사람을 낚는 어부가 되게 하리라 하시니"(마 4:19)라고 비전을 주셨다. 예수님과 함께 지내는 가운데 제자가 되고 그의 권능을 받게 되고 사도의 직분을 얻게 되었다(마 10:1-4). 승천하시면서 "예수께서 나아와 말씀하여 이르시되 하늘과 땅의 모든 권세를 내게 주셨으니 그러므로 너희는 가서 모든 민족을 제자로 삼아 아버지와 아들과 성령의 이름으로 세례를 베풀고 내가 너희에게 분부한 모든 것을 가르쳐 지키게 하라..."(마 28:18-20). "또 이르시되 너희는 온 천하에 다니며 만민에게 복음을 전파하라"(막 16:15). "너희는 이 모든 일의 증인이라"(눅 24:48). 특별히 베드로에게는 "... 내 어린 양을 먹이라"(요 21:15 하), "...내 양을 치라"(요 21:16), 그리고 "... 내 양을 먹이라"(요 21:17)고 세 번씩 비전을 구체적으로 제시하셨다. 사도 바울에게는 사흘동안 보지 못하고 먹지도 마시지도 아니하는 가운데 다메섹에 있는 아나니아라 하는제자에게 "주께서 이르시되 가라 이 사람은 내 이름을 이방인과 임금들과 이스라엘 자손들에게 전하기 위하여 택한 나의 그릇이라"고 비전을 말씀하셨다 (행 9:1-15). 그 이후 사울은 "사도로 부름"을 받았고(롬 1:1), 바나바와 함께 안디옥 교회에서 선교사의 직분을 받아 파송을 받게 되었다 (행 13:1-3).

클린턴 박사의 '지도자 평생 개발 이론'에 의하면 하나님께서는 시간과 여건과 사람들을 통하여 성장하도록 하신다. 그러므로 "비전은 미래에서 오는 것이 아니라 과거의 상황을 잘 관찰해보면 알 수 있다"고 한다. 그래서 이러한 이론을 알고 있음으로 어렵고 힘든 가운데서도 쉽게 수용하고, 인내하고 승리하게 되지만 이것을 알지 못함으로 실망과 실패와 좌절과 낙담으로 낙오하게 된다. 왜냐하면 자신의 앞 길이 보이지 않고 하나님의 인도하시는 방법과 비전을 알지 못하기 때문이다.

내가 클린턴 박사의 '지도자 평생 개발 이론'을 배우고 난 이후에 비전을 발견하고서 주어진 유익점은 다음과 같다. 첫째는 공적인 은퇴이후의 삶의 여정을 준비하게 되었다. 둘째는 목회 은퇴가 섭섭하고 아쉬운 것이 아니라 이제 나에게 주어진 비전을 이루는 시간으로 생각이 되었다. 셋째는 오히려 비전을 위한 길이므로 은퇴 후의 시간이 기대가 되고 설레이게 되었다. 넷째는 황혼의 삶 가운데 해야 될 일들이 우후죽순처럼 생기게 되었다. 다섯째는 클린턴 박사를 만나지 않았다고 한다면 '초점을 맞추는 삶'을 살지 못했으며 '유종의 미'를 거두지 못했을 것이다. 여섯째는 이 책 또한 기록하지 않았고 출판도 없었을 것이다. 일곱째는 무엇보다도 그 크신 하나님의 은혜와 사랑과 인도하심을 추상적으로 알고 고백만 했을 것이다. 여덟째는 이 이론을 배움으로 성경에 나타난 인물과 동등하게 하나님은 나를 이끌어 오셨음을 실제적으로 느끼고 알고 깨닫게 되므로 새로운 차원의 삶을 살게 되었다. 아홉째는 다윗의 찬양이 나의 감사가 되고, 롯의 고백이 나의 위로가 되고, 바울의 간증이 나의 삶이 됨을 발견하게 되었다. 열째는 성경의 인물이 역사적인 인물로 끝나는 것이 아니라 바로 오늘을 살아가는 나와 모든 하나님의 자녀의 인생 여정과 동등함을 깨닫게 되었다.

목회자와 교회지도자가 분명한 비전을 발견하고 믿음생활을 하게 되면 풍성한 열매를 맺게 되며 "많은 사역에 집중하는 것이 아니라 자신에게 주신 하나님의 비전을 이루게 될 것이다." 궁극적으로는 하나님이 원하시는 유종의 미를 거두게 될 것이다.

제 4 가치:
목회자는 설교자 이전에 전도자가 되라
(목회자의 보편적 은사추구)

나는 목사의 사역 가운데 우선적인 것 중의 하나는 교회의 수적인 부흥이나 설교나 행정이 아니라 각 교인이 구원의 분명한 확신을 가지도록 도와주는 것이라고 생각을 한다. 그리고 구원의 확신을 가진 자를 주님의 제자로 장성한 신앙을 가질 수 있도록 양육하는 자라고 생각을 한다. 물론 설교를 통하여 복음이 전달이 되며, 성령의 도움심으로 구원의 확신을 얻을 수 있다. 하지만 대부분의 경우 설교에서 복음이 복음으로 제대로 선포되지 않는다. 많은 경우에 복음보다는 윤리나 도덕이나 위로나 격려나 생활의 지혜가 선포될 때가 많다. 오랫동안 교회를 다녔지만 주님과는 상관이 없는 경우가 있으며 특별히 코로나 전염병 상황 이후에 소위 '가나안 교인' 즉 교회에 출석하지 않는 명목상 교인들이 많이 생겼다. 이 모든 것은 전적으로 목회자의 책임이며 교인 각자의 신앙을 확인하지 않았으며, 양육하지 않았으며 성숙한 주님의 제자로 세우지 못했기 때문이다. 나는 자녀가 잘못을 하게 되면 부모가 그 책임을 감당하는 것처럼 교인이 잘못하게 되면 그 책임을 목회자가 감당해야 된다고 생각을 한다.

오늘날 목회자로서 매 주간 정기적으로 개인적인 전도를 하는 자들은 얼마나 될까? 내가 청년 때에 한 목회자의 설교 가운데 "목회자는 목자처럼 양을 키우는 자입니다. 양은 목자가 낳는 것이 아니라 양이 낳습니다"

라고 말했다. 오늘날도 이런 자세로 목회하는 자들도 있을 것이다. 교인 가정의 심방도 쉽지 않은 시대가 되었다. 가정 심방을 했을때에도 개인적인 구원의 확신과 신앙의 문제점들을 파악하지를 않는 경우가 많다. 교인들이 전도를 하지 않는 이유 중에 하나는 목회자가 먼저 전도하는 것을 보여 주지 않았기 때문이다. 예수님은 제자들에게 전도를 하라고 하시기 이전에 전도하는 것을 보여주셨다. 제자들에게 복음을 전하라고 명령하셨을 뿐만아니라 예수님께서 친히 전도를 하셨다(마 10:1-42). "예수께서 열두 제자에게 명하기를 마치시고 이에 그들의 여러동네에서 가르치시며 전도하시려고 거기를 떠나 가시니라"(마 11:1).

세례 요한은 "회개하라. 천국이 가까이 왔다"라고 선포했다. 최권능 목사는 "예수천당, 불신 지옥"이라는 짧은 메시지로 복음을 전했다. 요즈음은 지하철이나 도로변에서 확성장치로 복음을 외치는 자들이 있다. 시장이나 교회 앞에서 전도지나 설교 테이프나 교회 안내서를 나누어 준다. 이러한 행위는 간접적인 전도이다. 자신은 전도를 하지 않는 가운데 이러한 모습을 보면서 "시대에 맞지 않는다"라든지, "무식이 용감하다"라고 비판만 한다. 이러한 간접 전도의 효율성의 문제와 사회에 부정적인 영향을 미치게 되므로 성도들이 생활 가운데서 관계를 통하여 개인적인 전도를 할 수 있도록 목회자는 훈련을 시켜야 한다.

목사에게 가장 필요한 것 중에 하나는 개인 복음 전도이다. 누구에게라도 복음으로 낳을 수 있어야 한다. 물론 복음을 전하는 것은 전도자이지만 변화와 거듭남은 성령의 역사이다. 앞장서서 복음을 전하기 위하여 목회자가 되었지만 정작 목회자가 되고 나서는 대부분 개인적인 전도 생활을 하지 않는다. 그러므로 영적으로 침체가 오고 예수님의 사랑이 식어 버린다. 복음 전도는 예수님의 지상 명령 (막 16:15)임에도 불구하고 목회자가 앞장서서 순종하지 않는다. 또한 예수님은 복음 전도를 교회의 숫적인 증가만을 위하여 하도록 한것이 결코 아니다.

부활하신 예수님께서 제자들을 찾아 오셨을 때에 그들은 물고기를 잡고 있었다. 밤새껏 물고기를 잡지 못했지만 예수님께서 배 오른 편에 던지라고 하므로 던졌더니 백 쉰세마리나 잡혔다. 이미 예수님께서는 숯불을 피워 놓고 생선과 떡을 준비해 놓으셨다. 그럼에도 불구하고 "너희가 지금 잡은 생선을 좀 가져오라"(요 21:10)고 말씀하신다. 사실 물고기는 예수님께서 잡도록 해 주셨고, 제자들은 예수님의 말씀에 순종하여 단지 그물만 던지고 올렸을 뿐이었지만 예수님은 "너희가 지금 잡은 생선" 이라고 말씀 하셨다. 복음 전도에 있어서도 동일하다고 생각을 한다. "성령이 아니고서는 누구도 주를 주라고할 수 없다"(고전 12:3 하)고 하셨으므로 성령께서 친히 구원을 이루셨지만 그럼에도 불구하고 "복음 전도자가 전도를 했다"고 상급을 주신다. 예수님께서 목회자와 교회 지도자들에게는 하나님의 나라에서 상급을 주시기 위하여 복음 전도자로 부르셨다.

복음 전도는 무엇보다도 전도를 하는 가운데 예수님의 사랑을 느낄 수 있도록 하기 위해서 이다. 예수님은 언제나 선하시고 좋으신 분이시다. 우리를 구원하시기 위하여 죽기까지 사랑해 주셨다. 우리를 위하여 생명까지 주신 분께서 우리가 힘들고 어렵고 고생만 하도록 하기 위하여 복음 전도를 명령하시지 않으셨다. 오히려 고통스럽고 아픔을 당하는 이상으로 예수님의 은혜와 사랑을 깨닫도록 하기 위해서 이다. 새찬송가 "온 세상 위하여"(505장)의 가사중에, "이 세상 구하려 주 돌아가신 것 나 증거하지 않으면 그 사랑 모르리"(2절 중반) 라는 귀절에서 그 의미를 잘 보여 주고 있다. 목회자가 앞장서서 복음 전도자가 되면 먼저 자신이 예수님의 사랑에 거하게 되며, 성령의 충만함을 받으며, 성도들에게 좋은 모범을 보여 주게 된다. 오늘날도 성령 하나님께서는 성령으로 거듭난 자를 통해 하나님의 말씀이 선포되게 하시므로 역사하신다. 오늘날 목회자가 예수님의 첫 사랑을 회복하여 만나는 사람들에게 복음을 뜨거운 가슴으로 전하게 되면 영성이 회복될 것이다. 복음전도의 야성을 회복하면 성령의 충만함으로 하나님의 나라를 확장할 것이다.

제 5 가치:
목회자로서 말에 온전한 자가 되라
(목회자의 소통의 주요수단)

목회는 관계를 통하여 이루어지므로 소통의 기술을 익혀야 한다. 소통을 위해서는 먼저 말하는 법과 기술을 익혀야 한다. 하지만 일반적으로 '말' 은 체계적 학습의 결과가 아니라 부모와 이웃을 통하여 저절로 습득하게 된 것이다.

야고보 사도는 "우리가 다 실수가 많으니 만일 말에 실수가 없는 자라면 곧 온전한 사람이라"(약 3:3)고 했다. 그러면서 혀의 위험성에 대하여 말하면서 "혀도 작은 지체로되 큰 것을 자랑하도다…… 혀는 곧 불이요 불의의 세계라. 혀는 우리 지체 중에서 온몸을 더럽히고 삶의 수레바퀴를 불사르나니 그 사르는 것이 지옥 불에서 나느니라"(약 3:5-6)고 했다. 그는 "내 형제들아 너희는 선생된 우리가 더 큰 심판을 받을 줄 알고 선생이 많이 되지 말라"(약 3:1)고 까지 경고했다. 특별히 목회자는 이 말씀을 귀담아 듣고 기억해야 한다. 왜냐하면 "선생된 우리가 더 큰 심판을 받을 줄 알아야" 되기 때문이다. 그의 가르침에서 볼 때에 선생된 자들이 잘못 가르칠 수 있고 그 영향력이 크기 때문에 "말에 실수를 하지 말라"고 한다.

나는 전도사로 사역을 할 때에 마음 깊이 다짐한 것이 하나 있었다. 한 번은 교회 관리집사가 주일예배를 위하여 음향 시스템을 모두 확인을 한 뒤 차량 운행을 마치고 교회당으로 돌아왔다. 그런데 그 사이에 그만 주일학교 학생이 그 음향 시스템을 건드리는 바람에 담임목사가 예배를 시작하려고 하자 그 음향 시스템에서 불협화음이 나왔다. 그러자 그는 "관리집사 어디 갔어?"라고 고함을 쳤다. 공교롭게도 그날 설교 제목은 "사랑을 실천합시다"였다. 그날 예배 분위기는 엉망이 되었고 모두 굳은 얼굴이 되었다. 그때에 나는 한 가지 다짐을 하고서 그 이후 늘 지키려고 애를 썼다. "어떤 경우에도 공개석상에서 화를 내지 않겠다. 만약에 내가 공개석상에서 화를 내게 되면 그날로 목회를 그만 둘 것이다"라고 다짐을 했다. 주님의 은혜로 내 자신이 한 약속을 44년동안 지킬 수 있어서 감사하고 뿌듯하다. 내가 '생명의 대화 특화 훈련'을 지역교회에서 했을 때에 이웃 교회 성도들도 참석을 했다. 수료식을 마치고 소감을 말할 때에 이구동성으로 하는 말은 "우리 목사님은 어떻게 하면 이 훈련을 받게 할 수 있겠습니까?"였다. 다시 말하면 목회자들로부터 말로 인하여 많은 상처를 받았다는 말이었다.

예수님께서는 "말은 곧 그 사람의 인격이라"고 하셨다. "나무도 좋고 열매도 좋다하든지 나무도 좋지 않고 열매도 좋지 않다 하든지 하라. 그 열매로 나무를 아느니라. 독사의 자식들아 너희는 악하니 어떻게 선한 말을 할 수 있느냐 이는 마음에 가득한 것을 입으로 말함이라. 선한 사람은 그 쌓은 선에서 선한 것을 내고 악한 사람은 그 쌓은악에서 악한 것을 내느니라"(마 12:33-35). 우리가 잘 알듯이 말은 곧 그 사람의 인격이다. 그 사람이 어떤 말을 사용하는 것을 볼 때에 그 사람의 인격을 보게 되므로 목회자는 말로써 인격을 나타내어야 한다.

예수님께서는 말의 중요성과 위험성을 직접 말씀해 주셨다. "내가 너희에게 이르노니 사람이 무슨 무익한 말을 하든지 심판 날에 이에 대하여 심문을 받으리니 네 말로 의롭다함을 받고 네 말로 정죄함을 받으리라" (마 12:36-37). 나는 말하는 법을 체계적으로 학습하고 난 후 이 말씀을 읽으면서 무섭고 두려워서 가슴이 멎는 것 같았다. 그 이후 이 말씀을 제일 무서운 말씀으로 받아들인다. 이 말씀에는 말 한마디를 잘하게 되면 "의롭다함을 받게 되고", 말 한마디를 잘 못하게 되면 "정죄함을 받게 된다"는 것이 함축되어있다. 쉽게 표현하면 "예수님을 믿습니다"라고 말 한마디를 잘하면 구원을 얻게되고, "예수님을 믿지 않습니다"라고 잘 못 말하게 되면 정죄함을 받게 된다는 것이다. 뿐만 아니라 "사람이 무슨 무익한 말을 하든지 심판 날에 이에 대하여 심문을 받으리니"라고 말씀하신다. 이 세상에서 우리 각자가 한 모든 말에 대하여 마지막 날에 심문을 받게 된다는 것이다. 많은 경우에 이 말씀을 기억하지 못하고, 믿지 않으며 오히려 함부로 말을 하는 자들이 많이 있다. 사실 말의 중요성과 위험성은 아무리 강조해도 지나치지 않다.

성경에 나타난 말의 영향력에 대하여 몇 가지만 기술하면 다음과 같다. 말은 치료하기도 하고 병이 들게도 한다 (잠 12:18). 관계를 회복하기도 하고 멀어지게도 한다(잠 12:23). 흥하게 하기도 하고 망하게 하기도 한다 (잠 11:9). 살리기도 하고 죽이기도 한다 (잠 18:21). 행복하게 하게도 하고 불행하게도 한다 (잠 18:6). 천국을 경험하게도 하고 지옥을 경험하게도 한다 (잠 11:11). 말은 인생을 운전한다 (약 3:2-8). 말은 인생을 구원한다 (롬 10:10-13). 말은 인생을 결정한다 (마 12:36-37, 민 14:28).

어떤 의미에서 목회는 "말로 시작하여 말로 마친다"고 할 수 있다. 그럼에도 불구하고 우리가 신학교를 다닐 때에는 이러한 대화 학습과 관련된 과목을 배운 적이 없다. 중등학교를 다닐 때에 문단 나누기와 주제 파악에 대해서는 배웠지만 상대방의 마음을 알아주고, 나의 마음을 전하는 방법을 배운 적이 없다. 몇 년 전에 '생명의 대화 특화 훈련'에 한국에서 19년 동안 중등학교 국어교사로 재직을 하고서 은퇴를 하신 분이 참석을 했다. 그가 수료식 때에 이렇게 고백을 했다. "나는 부끄럽고 자격이 없는 국어 선생이었습니다. 국어 선생으로서 학생들의 마음을 읽어 주지 못하고, 나의 마음을 전하지도 못하고 꾸중과 그들의 잘못에 대한 지적만 했습니다. 이제와서 이 대화학습과정을 배우고 나니 나는 학생들에게 대화의 '걸림돌'만 사용한 나쁜 선생이었습니다. 그 학생들에게 상처를 준 것을 어떻게 하면 좋습니까? 오랫 동안 국어는 가르쳤지만 상대방의 마음을 읽어 주는 '경청'은 처음 배웠으며, 나의 마음을 전하는 '나-전달법'도 여기서 알게 되었습니다. 그동안 딸과의 사이가 좋지 않은 것은 모두가 딸의 잘못이라고 생각을 했었는데 이 훈련을 통해서 알게 된 것은 바로 내가 잘못한 것임을 깨닫게 되었습니다. 이제 바로 딸에게 찾아가서 사과를 진심으로 하겠습니다."

한 때 켄 블렌차드의 〈칭찬은 고래도 춤추게 한다〉는 책이 인기가 많았다. 참으로 칭찬은 상대방을 춤추게 한다. 나는 목회자와 교회 지도자는 말을 통하여 평화의 사도가 되기를 열망한다. 말의 여러 가지 영향력을 생각하면서 말로써 죽은 자를 영적으로 살리고, 낙심에 빠진 자를 일으켜 세우기를 기대한다. 이사야 선지자의 기도가 바로 여러분을 통하여 이루어지기를 소원한다. "주 여호와께서 학자들의 혀를 내게 주사 나로 곤고한 자를 말로 어떻게 도와줄 줄을 알게 하시고 아침마다 깨우치시되 나의 귀를 깨우치사 학자들 같이 알아듣게 하소서"(사 50:4)

제 6 가치:
목회자는 인문학 특히 역사적인 고전에 관심을 가져라
(평생 배우는 자세)

중세시대의 신학자이자 도미니칸 수도회 수도자인 성 토마스 아퀴나스는 "학문의 아버지는 철학이며, 철학은 신학의 시녀다." 라는 명언을 남겼다. 이 말의 원뜻은 철학은 신학의 '졸개' 나 '하수인' 수준밖에 안 되는 무가치한 학문이라는 뜻이 아니라 오히려 신학의 여러 이론들을 정립해 나가는 과정에서 필수 불가결한 동반자 정도라는 의미로 봐야 한다. 현대적인 뉘앙스로는 "제대로 신학을 공부하고 싶다면 철학적 소양을 갖춰라" 는 의미이다.

나는 여러 가지로 부족한 부분이 많이 있었지만 인문학 특별히 역사적인 고전 문학에 있어서 문외한이었다. 은퇴를 앞둔 몇해 전에 윤원환 박사의 인도로 북미주 개혁교단의 사역중 하나인 (Pastor's Peer Group Program)을 통해 앞에서 언급한 대로 이 영역에 대해 몇 권의 책을 접하게 되었다. 나는 신학교에 다니면서 그리고 목회를 하면서도 이 부분을 알지 못하여 관심을 갖지 못했었다. 이렇게까지 귀하고 소중한데도 그 이전 누구에게서도 소개를 받았던 기억이 없다. 지나간 시간들이지만 "좀 더 일찍 이 부분에 대하여 알고 배우게 되었으면 보다 더 깊이가 있고 풍성한 말씀 선포가 되었으리라." 고 생각이 되어 아쉽고 안타깝다. 지금은 인간성을 잃어가는 인공 지능 시대(AI)이므로 더욱이 이러한 부분에 깊이 있는 관심과 연구가 필요하다. 여기서는 인문학의 중요성 특히 역사서와 같은 종류의 고전을 읽을 이유에 대해서 몇자 언급하고자 한다.

우선 독서의 중요성은 아무리 강조해도 지나치지 않는데, 그 이유에 대해서 로버트다운스는 그의 책에서 "어떤 책들은 역사 문화와 문명, 그리고 과학적 사고에 심대한 영향을 발휘해왔다"라고 전제하고 그동안 전세계적으로 각 분야에서 탁월한 영향력을 행사한 책들을 주제별로 묶어 27개 항목으로 최고의 책들을 발표하였다. 같은 선상에서 앤드류 테일러도 인류역사에 지대한 영향을 끼친 책 50권을 선정하여 간단하게 소개하고 있는데 그중에는 단연 성경과 논어 카마 수트라 그리고 코란같은 종교 경전을 포함했다. 〈그레이트 북스, The Great Books〉의 편집장 로버트 허친스도 그의 편집목적을 이렇게 설명한다: "위대한 책들이 인간의 질병의 만병통치약은 될 수 없겠으나, 오늘날 젊은이들과 성인들을 위한 최선의 교육적 도구일 것이다…. 인문교육은 누구나가 반드시 갖추어야 할 교육으로서 서구에서 인문교육에 이르는 최선의 길은 서구가 생산한 위대한 작품들을 통한 것이다."

인문학 관련 독서중 특히 고전독서의 필요성은 지대할 것인데 우선 '고전'에 대한 정의를 해 본다. '고전'은 오랜 세월 사람들에 의해서 그 탁월한 가치가 입증된 책들을 말한다. 그러면 사람들에게 탁월한 감동을 주는 핵심적인 내용은 무엇일까? 그것은 모든사람이 공감하고 또 따르고 싶은 '보편적 가치들' 혹은 '보편적 이상들'을 말할 것이다. 그러면 그런 보편적 가치 혹은 이상은 어떤 것들이 있을까? 1776년에 작성된 미합중국독립선언문에는 모든 사람들이 추구할 보편적 그리고 그 누구에게도 양도될 수 없는 천부적 가치들로 '생명' '자유' 그리고 '행복의 추구'를 명시하였다. 그리고 후일 루스벨트대통령은 저 유명한 '4가지 자유'를 역설하였는데 그것은 '언론의 자유' '예배의 자유' '결핍으로부터의 자유', 그리고 '공포로부터의 자유'를 제시하였다. 결국 고전이 '고전'인 이유는 이런 모든 인류가 보편적으로 갖기를 희구하는 '보편적 가치들'을 탁월하게 제시하고 있기 때문일 것이다.

계속해서, 고전독서가 주는 유익에 대해서 세 가지로 나누고자 한다. 첫째는 고전독서는 우리에게 인간에 대한 탁월한 이해를 제공해 줄 것이다. 그 이유는 고전은 인간에 대한 탁월한 가치 혹은 이상을 제시하고 있기 때문이다. 더구나 목회자의 목회대상이 사람이라면 목회자는 무엇보다도 사람의 깊은 본성에 대한 통찰력이 있어야할 것이다. 그리고 이런 필요를 고전독서는 인간 통찰을 위한 귀한 좋은 재료로 활용될 것이다. 이 점에 대해서 시카고 대학교의 총장이었던 로버트 허친스는 인문 소양의 목적은 '탁월한 인간을 만드는 것'이라고 하였다. 진실로 인문학 소양의 터득은 특히 자라나는 차세대 지도자들에게 사물에 대한 포괄적 인식을 제공할 뿐 아니라 이미 앞선 세대가 걸어온 과거의 역사를 앎으로써 동일한 실수를 반복하지 않게 해 줄 것이다. 이와같은 차원에서, 저스티스 홈즈는 "과거와의 연속성은 하나의 의무라기 보다 필연이다"라고 일갈하였다.

둘째로, 고전독서는 고전을 작성한 저자의 탁월한 지적 수준으로 우리를 이끌어 줄 수 있다. 그래서 인문 소양의 주된 재료인 인문고전(철학 역사 문학)은 당대의 최고의 지성을 가진 천재들의 천재적 작품들로서 허친스 총장은 다음과 같은 명제를 토로한다: "우리가 비록 평범하게 태어났을 지라도 천재적 최고의 작품을 만나고 섭렵하면 특별한 존재로 변화될 수도 있다."

셋째로, 인문고전 교육은 특히 서양 세속 그리고 기독교 교육의 기본 커리큘럼이었다. 고대 그리스와 로마의 자유 시민 교육의 핵심은 '트리비움'과 '콰드리비움'에 기초한 교육이었다고 한다. 특히 트리비움은 '세 가지 길'이라는 뜻으로 문법과 논리학과 수사학을 포함하는 기초 교육과정이다. 이것은 학생이 터득할 단순한 학문 과목의 의미만 아니라 모든 학문의 기본적인 학습기술을 터득하는 것으로 의도되었다. 트리비움의 첫 번째 과정인 문법은 언어와 관련된 지식을 터득하고 암기하는 것에서 시작하지만 거기에 머물지 않고 더 나아가 소위 '4개 학문 과제'인 수학 음악 지리 그리고 천문에 대한 문법적 이해로도 연결된다. 두 번째 과정인 논리학 혹은 변증학은 문법이 언어의 구조적인 이해에 초점을 맞춘다면, 논리학은 언어의 진위 여부를 분석하는 것이다. 세번째 과정인 수사학은 문법과 논리학이 정립된 이후 거쳐야 할 과정으로서 언어의 구조를 알고 언어를 분석한 후 이제 학생은 언어를 통해 다른 사람들에게 자신의 사상을 전달하고 설득하는 소통의 단계에 대해서 배우게 된다. 이런 학문전통은 그리스 로마시대의 자유시민을 위한 인문교육으로서 발전하였고 후일 신성 로마제국의 찰스대제때 카로링가 르네상스 인문교육으로 부활하여 오늘에 이르게 된다.

결론적으로, 목회자는 무엇보다도 고전중의 고전인 성경말씀에 대한 깊은 묵상과 이해를 가져야 할 것이고, 성경 이해를 돕는 차원에서 유구한 세월 검증된 고전에 대한 독서를 게을리하지 않아야 할 것이다. 그리고 고전독서에 심혈을 기울인 목회자는 그가 터득한 하나님에 대한 지식과 인간에 대한 지식 그리고 세계에 대한 지식을 여러 통로와 기회를 통해서 다른 사람들과 함께 나누고 사람들을 돕고 하나님의 나라를 이루어가는 일에 충실한 종들이 될 것이다.

제 7 가치:
목회자로서 목회의 다양한 기술을 갖춰라
(리더십 수행에 필요한 은사묶음의 중요성)

김은철 교수는 목회는 "종합예술과 같다"고 말했다. 목회자는 목회에 있어서는 전문가이므로 다양한 기술 습득과 자격과 준비를 해야만 한다. 그 준비는 헤아리기 어려울 정도로 많다. 뿐만아니라 목회는 세상적인 자격과 준비뿐만 아니라 영적인 부분과 인격적인 부분을 동시에 갖추어야 된다. 왜냐하면 클린턴 박사의 말처럼 "사역은 인격에서부터 나오기 때문이다" 그래서 목회자가 되려고 하면 남다른 각오와 준비와 자격을 갖추어야 한다. 나의 신학공부시절 어느 교수로부터 들은 말은 네델란드에서는 "법대와 신학을 하기 위해서는 중 2년 마지막 시험에서 A학점을 받아야만 갈 수 있다"고 한다. 왜냐하면 그때부터 "성경과 고전연구를 위한 여러 외국어를 준비하기 위해서"라는 충격적인 말을 들었다. 이러한 부분에서 볼 때에 나는 너무도 부족한 가운데 목회를 시작하여 마치게되어서 하나님 앞과 교회 앞에서 미안하고 부끄럽기까지 하다.

그나마 한 부분에서 다행스러웠던 것은 신학대학원 2학년 가을 부흥회 때에 강사로오신 옥한흠 목사의 말씀에 귀를 기우려 순종한 것이다. 그는 "신대원에서의 공부는 목회를 위한 그릇을 준비하는 기간이다. 졸업 후에 10년 동안은 계속하여 배워서 그 그릇을 채워야 된다"라고 말씀하셨다. 나는 신대원 졸업반 2학기에 교회를 개척하여 1년에 두 차례씩 전국에서 열리는 여러 세미나와 훈련에 참석을 했다. 그리고 미국에 와서 목회학 박사 공부를 했다. 이제와서 돌이켜 보면 "이러한 훈련을 받지 못했으면 과연 어떤 목회를 했을까?" 그리고 "어떤 목회자가 되었을까?"라고 생각을 하면 아찔하기까지 하다.

신학적인 것과 영적인 것은 접어 두고서 이곳에서는, 부족하기 짝이 없는 목회자였지만, 나에게 있어서 그동안 성숙하도록 도움을 주었고, 목회에 큰 유익을 준 몇가지 훈련과 프로그램을 나눈다.

개인적인 말씀 묵상을 위해 윤종하 총무의 '성경 묵상(Quiet Time) 세미나'와 하용조 목사의 '설교를 위한 말씀 묵상 세미나' 등을 접하였다. 이 훈련으로 인하여 44년 동안 개인적인 말씀 묵상을 매일 했으며, 새벽기도회에는 묵상한 본문을 가지고 인도하므로 모든 교인들에게 말씀 묵상이 생활화 되도록 했다. 왜냐하면 주일예배의 말씀은 식사에 비유한다면 '특식'으로 볼 수 있으며 매일 개인적으로 먹는 묵상의 말씀은 '일용한양식'에 비견 되기 때문이었다. 부산 제8영도교회를 섬길 때에는 새벽기도회를 2부로 드렸으며, 1부는 기존 새벽기도회에 말씀을 묵상한 것을 설교를 하고, 2부는 청년들 중심으로 말씀 묵상 나눔 새벽기도회를 가졌다. 나는 설교자가 개인적인 말씀 묵상과 적용이 부족하므로 설교가 추상적이며 능력이 나타나지 않는다고 생각한다.

성경 연구를 위하여 큰 도움이 된 것은 케이 아드의 '프리셉트 성경 연구'였다. 이것을 통하여 나는 하나님의 말씀의 깊이와 넓이와 높이가 무궁무진함을 깨닫게 되었다. 또한 해리 웬트의 '크로스 웨이 성경 연구,' '신, 구약 성경 연구,' '벧엘 성경 연구,' 풀러신학교 김세윤 교수의 '정경신학' 등을 통하여 성경 연구의 다양한 내용을 배우게 되었다.

　설교는 신학교를 다닐 때에는 제대로 배우지를 못했다. 왜냐하면 내가 신학교를 다닐때에는 설교 전공 교수가 없었기 때문이었다. 나는 두란노 서원에서 주관한 '데니스 레인의 강해설교 세미나'를 8년 동안 참석하면서 설교가 무엇인지 배우게 되었다. 동시에 저녁 공개집회 시간에 그의 설교를 통하여 하나님의 말씀이 살아 있는 것을 경험했으며, 하나님의 말씀이 하나님이심을 알게 되었다. 나의 설교의 모델은 이 분이 되었고, 은퇴를 할 때까지 그분에게서 배운 대로 설교를 했다. 만약에 이 훈련을 받지 못했다고 한다면 정말 아찔하다. 케이 아드의 '프리셉트 성경연구 세미나' 가운데 저녁에는 케이 아드가 직접 연구한 본문을 가지고 설교를 했다. 그때의 나의 감격은 그분은 하나님의 말씀 안에서 자유롭게 헤엄을 친다고 느꼈다. 하나님의 말씀이 얼마나 풍성하고 조직적이며 놀라운 것임을 배우게 되었다. 〈가슴 시원한 설교〉의 저자인 김은철 교수에게는 개인적으로 설교 사사를 여덟 번 받았다. 그분을 통하여 받은 충격은 나의 설교 방식은 "1990 년대식 설교"라는 지적이었다. 그리고 설교 사사 이후에 오히려 설교 준비가 너무도 어렵고 힘이 들어 "이제는 설교를 하고 싶지 않다"라고 말할 정도로 설교의 새로운 장을 경험하게 되었다.

　전도에 있어서는 어린이전도협회 교사 훈련을 통하여 '글 없는 책 전도법,' 부산기장복음화운동본부 간사를 하면서는 '노방 전도법,' C.C.C. 대학생선교회에서는 '사영리 전도법'을 배웠다. 내가 설교자이기 이전에 전도자가 되겠다고 작정을 하게 된 것은 제임스 케네디의 '국제 전도폭발(III) 무장 사역'을 배우고 난 이후였다. 이 훈련 이후에 나는 교회에 처음으로 방문한 자들을 심방을 위해 만났을 때에 이 전도법을 가지고 전도

및 구원의 확인을 했으며, 이어서 바로 즉석 양육까지 하므로 신앙의 진보를 갖도록 했다. 개인적으로 누구를 만나든지 구체적으로 복음을 전할 수 있게 되었다. 나는 전도법에 있어서 복음의 내용은 모두가 같지만 적어도 목회자는 꼭 이 훈련을 받기를 권면한다. 나는 목회자가 "이 훈련을 받지 않았다"라고 말하면 안타까운 마음이 먼저든다.

제자훈련은 신학대학에 입학했을 때부터 나의 주 관심사이었다. 그래서 C.C.C.대학생선교회, Joy 선교회, 그리고 이태웅 박사 등을 통해서 단체 제자훈련을 받았다. 소그룹훈련으로는 네비게이토 선교회의 '초급 제자훈련' 프로그램을 통해 받았다. 비록 초급반 밖에 받지 못했지만 제자훈련은 단지 그런 프로그램의 과정을 이수만 한다고 되는 것이 아니라 훈련을 지도하는 리더의 인격을 통해 전해지는 것임을 배우게 되었다. 서울 사랑의교회 옥한흠 목사의 '평신도를 깨운다 지도자 세미나'를 통해서는 지역 교회에서의 제자훈련의 필요성을 인식하는데 도움을 얻게 되었다. 동시에 목회자에게 있어서는 소그룹이 중요하지만 소그룹의 역할이 '소총'이라고 한다면 설교는 '대포'가 되어야 함을 강의 가운데서 배우게 되어 균형을 갖게 되었다. 그 이후 김성곤 목사의 '두 날개 지도자 제자훈련 세미나'를 통해서는 제자훈련의 '80대 20의 원리'를 알게 되었다. 그것을 통해 '생명을 주지 않으면 생명을 얻을 수 없음을 깨닫게 되었다. 그리고 교회에서 많은 제자훈련을 하고 있지만 그 열매가 풍성하지 못한 이유를 배우게 되었다. 현용수 교수의 '쉐마 교육'과 그의 많은 저서들을 통하여 기존 제자훈련의 약점을 어떻게 보완할 것인가를 알게 되었다. 장학일 목사의 '밴드 목회를 위한 목회자 세미나'를 통하여 밴드 훈련을 통하여 지역을 복음화하고 하나님 나라 건설자가 되는 것을 알게 되었다.

'목회자 양육 컨퍼런스'에서 김명군 목사는 "목회는 신실함과 관계를 통해서 이루어진다"고 했듯이 관계를 맺기 위해서는 먼저 소통을 잘해야 하므로 관심과 배움이 절실하게 필요하다. 나와 아내는 송길원 목사의 소개로 '한국심리상담연구소' 주관으로 진행되는 토마스 고든의 '부모 역할 훈련'을 함께 받게 되었다. 그 이후부터 부부관계에 새로운 장이 열렸으며, 가정과 교회와 이웃들에게 생명의 말을 전하게 되었다. 이 훈련을 받지 않고 노력하지 않았으면 "나는 가정에서 어떠한 남편이었으며 아빠였을까? 과연 어떻게 목회를 했을까?" 할 정도로 나에게는 필수적이었다. 조성철 코치와 한은경 강사가 인도한 '지도자를 세우는 코칭'과 박동건 목사의 '코칭을 통하여 지도자를 세우는 사역'을 통하여 '생명의 대화법'을 훈련하는 가운데 무엇이 부족한 부분인 것을 알게 되고 코칭의 실제를 경험하게 되었다. 풀러신학교 목회학 박사 과정에서 로버트 로간 교수의 '코칭101: 코칭의 파워를 발견하라'를 통하여 코칭의 이론적인 부분을 보완하게 되었다. 서무영 박사의 '디퍼런스 전문 자격 교육'을 통하여 '생명의 대화법'에서 더욱 확장하고 연구할 부분을 깨닫게 되었다.

리더십에 대하여는 박동건 목사가 인도하는 '초점이 맞춰진 삶 수련회'와 '지도자의 초점을 맞추는 훈련'을 통하여 접하게 되었다. 그 이후 풀러신학교 목회학 박사 과정에서 클린턴 박사의 '지도자 평생 개발론'(Life Long Development)을 통하여 단지 '리더십'에 대하여 알게 된 것이 아니라 '리더십의 평생 개발'을 배우게 되었다. 그때의 감격과 하나님이 베풀어 주신 은혜는 고스란히 나의 가슴에 남아 있다. 이 강의를 통하여 하나님이 왜 나를 이렇게 인도하셨는지를 알게 되었고, 나에게 주신 하나님의 비전을 분명하게 깨닫게 되었다. 그의 강의 가운데 "비전은 미래에서부터 오는 것이 아니라 과거로부터 온다"는 말은 나에게는 충격 그 자체였다. 하지만 그의 강의 내용은 너무나 방대하여 나의 능력으로는 이해하기가 쉽지 않았다. 그러던 중 내가 섬기던 한생명교회에서 윤원환 박사를 세 차례 초청하여 '리더십 개발 학교' 강의를 듣게 되었다. 그의 탁월한 강의와 잘 요약된 강의안을 보면서 보다 더 깊게 이해하게 되었고, 용기를 가지고 이 책을 쓰기로 작정을 했다. 그의 강의를 통해 하나의 강의가 얼마든지 사람을 변화시킬 수 있음을 경험하게 되었다.

그 외에 평신도 때에 나에게 도움이 된 것은 고신 교단에서 실시하는 '여름성경학교 교사 수련회'를 몇 차례 참석하므로 교육의 다양한 부분을 배우게 되었다. 어린이전도협회의 '교사 수련회'를 통하여서는 어린이 전도와 설교에 대한 새로운 부분을 배우게 되었다. 특별히 설교의 내용 가운데 복음의 요소가 들어가는 것과 이미 예수를 믿는자들을 위한 적용과 아직 예수를 믿지 않는 자들을 위한 적용이 다른 것이 놀라웠다. 이 부분은 어린이 설교만 아니라 장년들에게도 얼마든지 적용이 가능했다. 미국에 들어 와서 남가주지역 애나하임 빈야드교회 잔 윔버 목사가 인도하는 '제 3의 물결 목회자세미나'를 접하게 되므로 새로운 영적 세계를 보게 되었고, 현대 교회가 놓치고 있는 부분을 알게 되었다. 그 교회와 관련된 'Harvest Bible College'에서는 그 어느 곳에서도 배울 수 없고 쉽게 볼 수도 없는 놀라운 새로운 패러다임의 교육과 경험을 하게 되었다.

이상과 같이 목회자는 종합적인 준비가 필요하다. 첫째는 개인적으로 가장 근본이 되는 정규신학 수업이다. 자기 자신의 영적인 훈련인 기도와 매일 '큐티' 경건의 삶으로 구체적인 적용과 경건 생활과 영적인 성숙과 목회를 위한 준비를 해야만 한다. 성경연구로 성경에 정통해야 한다. 뿐만아니라 성경을 풀어서 잘 전달할 수 있어야 하고 청중의 수준에 맞게 잘 선포할 수 있어야 한다. 제자훈련을 통해 성숙한 성도로 양육하며 또 다른 제자를 양육할 수 있게 해야 한다. 전도에 능숙해야 한다. 개인적인 전도 뿐만 아니라 성도들이 나가서 개인적인 전도의 삶을 살 수 있도록 모범을 보여 주며 동시에 전도 훈련을 통하여 성도들이 전도자가 되게 해야 한다. 목회는 관계 중심이므로 소통에 탁월해야 한다. 관계의 형성은 대화를 통하여 이루어지므로 인격적인 말을 사용하고 대화의 전문가가 되어야 한다. 상담뿐만 아니라 코칭의 대가가 되어야 한다. 목회자는 주님께서 맡겨 주신 양무리를 양육하는 자이므로 양들이 잘 자랄 수 있도록 배려하고 치료하고 챙겨 주어야 한다. 행정과 컴퓨터와 인공지능 활용과 관련된 부분도 잘 준비를 해야 한다. 둘째는 개인적으로 전도하여 그 사람을 양육하기 위한 프로그램과 제자로 파송할때까지 양육을 위한 전체적인 프로그램 완성과 지역 사회의 복음화를 위한 준비도 해야한다. 셋째는 교인들을 위한 심방, 상담, 인생 여정표 점검, 코칭 등 영적인 의사로서의 준비를 해야 한다.

제 8 가치:
목회자에게 합당한 성품을 갖춰라
(성품개발은 리더십의 총체)

1998년에 〈The Servant〉을 출간한 제임스 헌터는 그의 책에서 섬김의 리더십을 위한 지도자의 성품으로 1) 정직과 진실 2) 좋은 롤 모델 3) 돌보는 것 4) 헌신된 것 5) 좋은 경청자 6) 사람들을 챙기는 것 7) 사람들을 존경으로 대하는 것 8) 사람들을 격려하는 것 9) 긍정적이며 열성적인 태도, 그리고 10) 사람들에게 감사할줄 아는 마음 등 열 가지 목록을 소개한다.

나는 클린턴 박사로부터 "지도자의 리더십은 성품에서 흘러 나온다"는 강의를 들었을때에 놀라움을 금치 못했다. 교회에서 일어나는 갈등과 문제의 시발점 가운데 하나는 목회자의 인격적인 부분이다. 나는 목회를 하면서 배운 목회자로서 필요한 자세와 성품이 있지만 부분적이 되기 때문에 여기서는 "부끄러울 것이 없는 일꾼으로 인정된자"(딤전 3:15 중)가 되기 위하여 성경 본문을 중심으로 다음과 같이 분류했다.

사도 바울은 성령 안에서 예수 그리스도의 이름으로 구원을 받은 교회 지도자들을 위한 덕목을 디모데전서 3장 1절-13절과 디도서 1장 5절-9절에서 구체적으로 제시를 하고 있다.

- 개인적인 면으로는 말씀의 가르침에 순종하고 믿음의 비밀을 가지고

신중하고 정중하며 선을 좋아하고 더러운 이를 탐하지 않고 술을 즐기지 않을 뿐만아니라 취하지 않고 돈을 사랑치 않는다.
- 인격적인 면으로는 관용하고 의로우며 거룩하고 단정하며 절제하며 깨끗한 양심을 가지며 책망할 것이 없어야 한다.
- 가정적인 면으로는 한 아내의 남편이 되고 믿음의 자녀를 두며 자녀와 자기 집을 잘 다스려 자녀들로 모든 공손함으로 복종하게 한다.
- 사역적인 면으로는 모든 일에 충성되고 나그네를 대접하며 선한 일을 사모하고 가르치기를 잘해야한다.
- 대인 관계적인 면으로는 제 고집대로 하지 아니하고 급히 분내지 아니하며 다투지 아니하며 구타하지 아니하고 일구이언을 하지 아니하고 모함하지 아니한다.
- 공동체적인 면으로는 정숙하고 외인에게서도 선한 증거를 얻어야 되고 먼저 시험하여 보아야 하며 새로 입교한 자가 아니어야 된다.

나는 특별히 목사 임직을 위한 고시를 준비 할 때에 이러한 덕목들은 참으로 부담스러운 부분이었다. 왜냐하면 이 가운데 많은 부분에서 자유롭지 못하고 부족했기 때문이었다. 더구나 목회를 마친 이 상태에서도 많은 부분이 부족한 부분으로 남아 있기 때문이다. 만약에 오늘날 이런 덕목을 갖춘 자가 교회의 목사가 되고 장로가 되며 권사가 되고 집사가 된다면 교회는 과연 어떻게 될까?

그런데 사도 바울은 성령 안에서 성품에 대한 덕목만을 강조하고 있다. 이러한 성품으로 교회를 섬기는 것만으로도 아름다운 교회의 모습이 될 것이 분명하다. 하지만 오늘날에서 보면 하나님과의 관계에 대한 면과 영적인 면과 행정적인 면과 기타 등등 여러면에 대하여 언급이 되어있지 않음으로 의아하게 생각을 할 수 있다. 일반적으로 이부분에 대하여 언급이 없는 것은 그 당시에는 믿음에 대한 부분은 기본적으로 갖추어져 있기때문이고 그 시대적인 상황에 따라 기록했기 때문인 것으로 보여진다. 나는 부족했지만 44년의 목회 생활 가운데서 절감한 것은 하나님의 말씀의 거울에 날마다 비추어 보면서 자신의 옷 맵시를 가다듬어야만 된다는 것이다. 행위로 구원을 얻는 것은 아니지만 목회자로서 예수님이 친히 들려주신 말씀에 순종하면서 가르치면 놀라운 일들을 보게 될 것이다. "이같이 너희 빛이 사람에게 비치게 하여 그들로 너희 착한 행실을 보고 하늘에 계신 너희 아버지께 영광을 돌리게 하라… 내가 너희에게 이르노니 너희 의가 서기관과 바리새인보다 더 낫지 못하면 결코 천국에 들어가지 못하리라"(마 5:16, 20)

바울은 권면하기를 "우리가 다 하나님의 아들을 믿는 것과 아는 일에 하나가 되어 온전한 사람을 이루어 그리스도의 장성한 분량이 충만한 데까지 이르리니… 오직 사랑 안에서 참된 것을 하여 범사에 그에게까지 자랄지라"(엡 4:13,15) "끝으로 형제들아 무엇에든지 참되며 무엇에든지 경건하며 무엇에든지 옳으며 무엇에든지 정결하며 무엇에든지 사랑 받을 만하며 무엇에든지 칭찬받을 만하며 무슨 덕이 있든지 무슨 기림이 있든지 이것들을 생각하라. 너희는 내게 배우고 받고 듣고 본 바를 행하라 그리하면 평강의 하나님이 너희와 함께 계시리라"(빌 4:8-9)고 한다.

성도들은 평생토록 주님을 사랑하고 주님의 교회를 섬기면서 몇 분의 목회자들을 만나게 된다. 그들에게 가장 기억되고 가슴에 남아 있는 목회자는 과연 어떠한 자일까? 그것은 다름이 아니라 설교를 잘하거나 교회를 부흥시킨 목회자가 아니라 주님의 인격과 성품을 가진 목회자일 것이다.

제 9 가치:
목회자로서 거룩한 행복을 누려라

(지도자의 자족의 원리)

우리는 일반적으로 행복한 삶을 위하여 살아간다. 행복이 필요하지만 우리는 결코 행복을 위하여 사는 것은 아니다. 왜냐하면 우리의 삶의 목적이 행복이 아니기 때문이다. 우리 모두가 알고 있듯이 웨스트민스트 신앙고백서는 사람이 제일되는 목적은 "하나님을 영화롭게 하고 그를 영원토록 즐거워하는 것이다." 라고 기술한다. 그러므로 우리는 행복을 목적으로 살아가는 것이 아니라 예수 그리스도를 믿음으로 오히려 거룩한 행복을 누리며 사는 것이다.

세상에서는 모든 필요한 것을 갖추게 되었을 때에 행복하다고 한다. 건강할 때 행복하고, 부유할 때 행복하고, 필요한 것이 채워져서 부족함이 없을 때 행복을느낀다. 반대로 건강을 잃게 되고 가난하게 되고 모든 것이 부족할 때에는 불행하다고 생각한다. 그래서 행복을 좇아 불나방처럼 날아간다. 하지만 그리스도 예수 안에 있는자는 행복을 좇아가는 자들이 아니라, 이미 그리스도 예수께서 주신 거룩한 행복을 누리며 살아가는 것이다. 거룩한 행복은 어떤 환경이나 상태에 따라 주어지는 것이 아니라 예수 그리스도 안에서 누리게 되는 것이기 때문이다.

바울은 행복한 환경이 아닌 가운데서도 거룩한 행복을 누리며 자족한다(빌4:11). 그는 "우리가 이 직분이 비방을 받지 않게 하려고 무엇에든지 아무에게도 거리끼지 않게 하고 오직 모든일에 하나님의 일꾼으로 자천하여 많이 견디는 것과 환난과 궁핍과 고난과 매 맞음과 갇힘과 난동과 수고로움과 자지 못함과 먹지 못함 가운데서도 깨끗함과 지식과 오래참음과 자비함과 성령의 감화와 거짓이 없는 사랑과 진리의 말씀과 하나님의 능력으로 의의 무기를 좌우에 가지고 영광과 욕됨으로 그러했으며 악한 이름과 아름다운 이름으로 그러했느니라. 우리는 속이는 자 같으나 참되고 무명한 자 같으나 유명한 자요 죽은 자 같으나 보라 우리가 살아 있고 징계를 받는 자 같으나 죽임을 당하지 아니하고 근심하는자 같으나 항상 기뻐하고 가난한 자 같으나 많은 사람을 부요하게 하고 아무것도 없는 자 같으나 모든 것을 가진 자로다"(고후 6:3-10)라고 고백한다.

목회자로 부름을 받았다는 것은 그 어떤 것과도 바꿀 수 없는 고귀한 것이다. 그래서 나는 내 자신이 너무도 부족함을 알았으므로 목회자가 되지 않으려고 6년이란 세월 동안 도망을 다녔다. 주님이 주신 은혜의 흔적으로 말미암아 목회자가 되었다. 내가 목회를 하는 동안 나는 항상 목회자라는 최고의 자부심을 가졌다. 설교를 할 때마다 감격과 감사가 넘쳤다. 왜냐하면 허물많은 인간이 감히 그 영광스러운 하나님의 말씀을 선포할 수 있다는 것 자체만으로도 영광스러웠기 때문이었다. 그래서 설교를 할 때에 힘이 든다든지 어렵다든지 그만두고 싶다는 생각을 가져본 적이 없다. 하나님의 자녀가 된 것만으로도 감지덕지 한 일인데 하나님께 충성 되이 여김을 받아 그 영광스런 말씀과 사역을 맡게 되었으니 한없는 기쁨과 거룩한 행복이 넘쳤다.

제 10 가치:
목회자로서 유종의 미를 거두라
(리더십 수행의 최종 목표)

성공적인 삶은 속도보다 방향이다. 목회적인 삶에 있어서는 "얼마만큼 크게 했느냐?"가 아니라 "주어진 여건에서 얼마나 최선을 다하여 끝까지 완주하여 비전을 이루어 드렸냐?"가 더 중요하다고 본다. 예수님께서 우리에게 맡기신 일은 결코 큰 일이 아니라 작은 일이다. "지극히 작은 것에 충성된 자는 큰 것에도 충성되고 지극히 작은 것에 불의한 자는 큰 것에도 불의하니라"(눅 16:10). 우리가 잘 알듯이 마태복음 25장의 달란트 비유에서 여실히 보여 주고 있다. 다섯 달란트를 가지고 다섯 달란트를 남긴 자와 두 달란트를 가지고 두 달란트를 남긴 자의 평가와 상급이 동일하다. "잘 하였도다. 착한 종아! 너가 적은 일에 충성하였으매 나의 즐거움에 참여할지어다"(마 25:14-30).

이 책을 집필하는 가운데 어려움과 도움이 필요해서 클린턴 박사의 책을 다시 읽었다. 특별히 유종의 미를 거두는 지도자를 위한 엄중한 경고가 두려웠다. 왜냐하면 모든 지도자가 다 유종의 미를 거두는 것이 아니기 때문이었다. 극소수는 중도 탈락을 하고, 대부분의 지도자들은 침체된 지도자로 남게 되고, 그나마 소수는 훈련하는 지도자가 되고, 마지막으로 약간 곧 27% 정도만 지속적인 성장과 유종의 미를 거두는 지도자가 되기 때문이었다. 셋 중에 한 명 정도만이 유종의 미를 거두기 때문이었다.

클린턴 박사의 관련 강의에서 유종의 미를 거두는 리더들의 특징, 유종의 미를 가로막는 장애물, 그리고 그런 유종의 미를 거두기 위한 강화 수단을 듣게 된 것은 내게는 큰 유익과 도전이 되었기에 독자들도 함께 유종의 미를 거두기를 원해서 다음과 같이 간략하게 기쁨으로 소개한다.

그는 유종의 미를 거두는 리더들의 특징을 다음과 같이 열거한다: 1) 끝까지 하나님과 개인적으로 생생한 관계를 유지한다. 2) 배우는 자세를 유지하고 다양한 종류의 자료를 통해 배우며, 특히 삶의 경험을 통해 계속 배운다. 이 특징은 유종의 미를 거두기 위한 강화 수단이기도 하다. 3) 삶에서 성령의 열매의 증거로 그리스도를 닮은 성품을 나타낸다. 4) 진리를 삶에 적용하고 하나님의 약속이 실현되는 것을 본다. 5) 하나 혹은 더 많은 영적 유산을 남긴다. 6) 사명의식을 점차적으로 분명히 확신하고 그것의 일부나 전부가 성취되는 것을 본다.

그는 유종의 미를 가로막는 장애물로는 1) 재정의 오용과 남용 2) 권력 남용 3)교만 - 몰락으로 이끄는 요인 4) 성(Sex) - 부적절한 이성 관계 5) 가정 문제에 대한 미숙한 관리 6) 정체기 - 비전과 열정의 상실 7) 과거의 여러 상처들과 치유되지 않은 것 등이 있음을 소개한다.

끝으로, 그는 유종의 미를 거두기 위한 강화 수단으로는 1) 안목(Perspectives) 2) 갱신(Renewal) 3) 영적 훈련(Disciplines) 4) 늘 배우는 자세(Learning Posture) 5) 멘토링(Mentoring) 등을 제시한다.

예수님은 유종의 미를 거두어 천국에서 크다고 일컬음을 받는 자에 대하여 산상수훈에서 직접 말씀하신다. "그러므로 누구든지 이 계명 중의 지극히 작은 것 하나라도 버리고 또 그같이 사람을 가르치는 자는 천국에서 지극히 작다 일컬음을 받을 것이요 누구든지 이를 행하며 가르치는 자는 천국에서 크다 일컬음을 받으리라"(마 5:19). 저와 독자 모두가 지극히 작은 계명 하나라도 버리지 않고 행하며 가르치면 천국에서 크다 일컬음을 받게 된다.

내가 늘빛교회 담임목사로 부임했을 때에 성전을 떠나지 않고 기도하던 안나 선지자처럼 밤마다 교회당에 와서 기도하던 C집사가 있었다. 그는 나에게 손글씨로 적어 코팅까지 해서 준 귀한 선물을 주었다. 나는 성경 책갈피로 약 30년 동안 사용하며 아직도 가끔씩 내 자신의 모습을 그 말씀에 비추어 본다.

늦게나마 그 분께 이 지면을 통해 큰 도움이 되었다고 감사를 전한다.

> "잠언 27:23 네 양 떼의 형편을 부지런히 살피며 네 소떼에게 마음을 두라."
> (강 목사님! 건강한 양, 부유한 양, 앞장서고 대접 잘하는 양도 사랑해 주시되 영육이 병든 양, 가난한 양, 뒷전에 서 있는 못난 양도 끝까지 똑같이 살피시고 마음을 두시기를 바라옵고 소원하며 기도하겠습니다. 한결같은 목사님 되시고, 어제나 오늘이나 내일도 한결같게 하소서.)

제6장

마치면서

마치면서

나는 지금까지 〈여명에서 황혼까지〉 라는 졸저를 통해, 나의 70평생의 삶과 특히 한국과 미국에서의 44년간의 목회를 클린턴 박사의 '평생 리더십 개발 이론'에 근거하여 고유한 시간선을 나누고 지도자로서의 훈육과정이 무엇이었으며 나를 위해 하나님께서 주권적으로 이끄시고 보내어 주신 고유한 시간선과 훈육과정에 어떻게 반응하였으며 그 결과들이 어떻게 나타났는가를 분석해 보고자 했다.

이런 집필의 의도를 가지고 제1장 '시작하면서'에서는 "하나님의 직분자는 여러 가지 사역이 아니라 하나님이 주신 분명한 비전을 발견하여 이루어야 한다"라는 논지를 전제하였는데 나의 소박한 70년의 삶과 44년의 목회는 이런 논지를 어느 정도 확인하는 계기가 되었다고 생각한다.

제2장에서는 나의 70평생과 44년의 목회를 종합하여 클린턴 박사의 리더십이론에 근거하여 크게 6단계로 나누어서 중요한 생의 사건들과 사역들을 요약하고 기술해 보았다.

1단계는 '하나님의 주권적 준비의 단계'로서 나의 출생과 신앙의 길로 들어서게 된 과정을 간략하게 소개했다.

2단계는 회심이후의 '내면적 신앙의 성장 단계'로서 신앙 때문에 생긴 부모님과의 갈등과 출가, 나의 신앙의 모태인 기장교회에서의 평신도로서의 활동, 그리고 출가이후 주의 종의 길로 들어서기 위한 '리더십에의 헌신' 과정 그리고 목회인턴으로서의 지역교회 사역을 소개했다.

3단계는 전임목회사역이 시작된 '전문사역의 초기단계'로서 태동교회 수산교회 그리고 새부곡교회에서의 사역을 소개했다.

4단계는 '전문사역의 중기단계'로서 전임전도사와 강도사에서 목사안수를 받고 전임목사로의 사역기간을 집중적으로 소개하고 있다. 우선 부산의 제8영도교회 개척과 전문사역훈련의 시간을 가졌으며 도미 유학하여 이론적 목회의 사고영역을 넓히는 기회를 가진 일과 더불어 한국 귀국 후 그동안 터득한 전문사역 기술의 본격적인 실천을 도모했으나 지역교회 리더십팀의 반발로 인하여 다시 미국으로 귀환하는 과정을 기술했다.

5단계는 나의 삶과 사역의 절정기로서 '전문사역의 후기 단계'로 불리는 바, 미국에서 한생명교회를 개척하여 섬기면서 하나님께서 나에게 주신 고유한 비전사역인 '생명의 대화법 훈련' 사역에 초점을 맞추는 기간으로서 국내외적으로 다년간 그리고 다양한 대상을 상대로 활발하고 유익한 섬김의 시간을 하나님께서 허락하셨다.

끝으로 6단계는 '은퇴이후 회고의 단계'로 명명하고 2021년 은퇴이후 현재까지 황혼살림과 쉼과 더불어 지속되는 비전사역에 순종하면서 하나님께서 주시는 기쁨과 보람과 감사를 간단하게 술회하였다.

제3장에서는 그 다음 제4장에서 전개될 나의 목회리더십 수행에 대한 구체적인 분석에 앞서 그런 분석의 틀을 제공한 클린턴 박사의 '평생 리더십 개발 이론'의 전반적인 구조를 간략하게 소개해 보았다. 그의 이론 중에서 가장 중요한 부분은 각 지도자에게 주어지는 고유한 시간선이 있는 것과 그 시간선을 따라 하나님께서 필요하다고 여겨지는 다양한 리더십관련 훈육과정에서의 사건들을 보내어 주신다는 것과 그리고 그런 시간선과 훈육과정상의 사건들에 대해서 지도자가 얼마나 긍정적으로 반응

하는 가의 과제가 매우 중요한 것임을 강조하였다.

　제4장에서는 나의 70평생과 44년의 목회여정을 종합하여 클린턴 박사의 리더십 이론에 따라 나의 고유한 시간선과 훈육과정, 나로 하여금 목회자의 길로 들어서게 한 다양한 '숙명적 사건들'에 대한 묘사, 목회사역중 하나님께서 제공해 주신 여러가지 패러다임 전환의 내용들, 하나님께서 나에게 주신 고유한 은사묶음들(태생적 재능, 학습된 기술, 그리고 성령님에 의한 은사들)에 대한 분석, 그리고 교회공동체를 향한 나의 소박한 몇가지 공헌들에 대해서 분석해 보았다.

　제5장에서는 나의 70평생과 44년의 목회여정을 통해 터득하고 확신하게 된 지도자로서 갖추어야 할 리더십의 핵심적 가치들을 10가지로 요약하여 나름대로 설명해 보았다.

　제6장 '마치면서'는 이 책의 결론으로서, 이 책을 통하여 마지막으로 남기고 싶은 말은 사도 바울이 고백한 것 처럼, '나의 나된 것은 전적으로 하나님의 은혜'요 허물많고 무지하며 실수투성이인 당신의 종을 끝까지 기다려주시고 참아주시며 하나님께서 본래 나를 향하여 의도했던 그 '주의 종의 길'을 가도록 인도해 오셨다는 사실이다. 되돌아보면 그때 그 순간 얼마든지 더욱 하나님앞에 엎드릴 수 있었고, 더욱 더 주의 말씀을 목숨걸고 묵상하고 연구하며 준비하여 후회없는 말씀을 주의 백성들에게 전할 수도 있었을 텐데 그러지 못한 점이 그저 아쉽고 송구할 뿐이다. 그리고 너무도 부족하여 내 주변의 가장 소중한 사람들에게와 주님께서 나에게 맡기신 그 고귀한 주님의 양떼를 더 힘껏 사랑하지 못했던 것이 부끄럽고 면목이 없다.

　나의 이 졸저 〈여명에서 황혼까지〉는 그 누구에게든지 조금이라도 과시나 자찬의 동기로 쓰여진 것은 아니며 "나는 과연 하나님 앞에서 하나님께서 진정으로 원하시는 삶과 사역을 이루어왔는가?"라는 질문을 클린턴 박사의 탁월한 리더십이론에 대입하여 점검해 보고 싶었고 더불어 나의 이런 부족한 고백이 계속해서 주님의 사역을 감당해야 할 후진들에게 소박하지만 하나의 작은 거울이 되길 바래서 작성한 것임을 양해해 주길 바라는 마음이다.

강남중 목사 인생 여정표
사진으로 보는 인생여정

강남중 목사 인생여정표. VITA OF REV. NAMJOONG KANG

* 1953년 4월. 부산광역시 기장에서 부 강자윤과 모 권수연의 2남 2녀의 막내로 태어나다.
* 1964년 (11세). 초등학교 6학년 성탄절에 처음으로 기장에 있는 교회에 가다.
* 1965년 (11세). 부산 기장초등학교를 졸업하다.
* 1966년 (12세). 기독교학교인 부산광역시 브니엘중학교에 입학을 하다.
* 1967년 (14세). 중학교 2학년 중생회 때에 회심을 하다.
* 1969년 (15세). 부산 브니엘고등학교에 입학을 하다.
* 1969년 (16세). 부산 기장에 있는 교회에서 고등학교 1학년 때에 학습을 받다.
* 1972년 (18세). 부산 브니엘고등학교를 졸업하다.
* 1972년 (19세).『기장교회』임병민목사에게서 그해 12월 10일에 세례를 받다.
* 1977년 (24세). 그해 11월 특별기도중에 평생을 주님께 헌신하기로 작정하다.
* 1978년 (24세). 부산『기장교회』에서 그해 1월 서리집사로 임명 받다.
* 1978년 (24세). 그해 3월 5일에 부산 고신대학(신학부)에 입학하다.
* 1978년 (25세). 그해 4월 20일에 부산에서 이진순과 결혼하다.
* 1979년 (25세). 그해 2월, 부산『성산교회』에서 교육전도사를 시작하다.
* 1980년 (27세). 고신대학 3학년때 밀양『예림중앙장로교회』전도사로 부임하였고 1981년 8월 사임하다.
* 1981년 (28세). 그해 8월에 경남 밀양군 단장면 태동리에 소재한『태동교회』에 담임전도사로 부임하다.

* 1982년 (28세). 그해 2월 18일 고신대학을 졸업하다.

* 1982년 (28세). 그해 3월 5일 고신대학교 신학대학원에 입학하다.

* 1983년 (30세). 그해 8월 부산 『수산교회』 전도사로 부임하다.

* 1983년 (30세). 그해 12월 고신대학교 신학대학원 2학년 말에 『새부곡교회』 전도사로 부임하여 사역한 후 개척교회 사역위해 1984년 6월 동 교회 전도사직을 사임하다. 교회명을 『금정로교회』로 변경하다.(1984년)

* 1984년 (31세). 그해 7월 12일 부산노회 전도부 주관과 남,여전도회 연합회 후원으로 『제8영도교회』 설립예배를 드리다.

* 1985년 (32세). 그해 2월 15일 고신대학교 신학대학원을 졸업하다(제39회). 강도사 인허를 받다.

* 1987년 (33세). 그해 4월 7일 제59회 부산노회에서 목사안수를 받다.

* 1987-90년 (34-37세). 부산 복음간호대학 협동목사로 사역하다.

* 1991년 (38세). 그해 7월 7일 주일 부산 『제8영도교회』 담임목사직을 사임하다.

* 1991년 (38세). 그해 8월에 유학차 도미하다.

* 1992년 (39-40세). 그해 1월 1일부터 1993년 4월 30일까지 캘리포니아 주 『나성 삼일교회』 협동목사로 섬기다.

* 1992-94년 (39-41세). 로스앤젤레스 소재 International Theological Seminary에서 신학석사 (ThM) 과정을 수학하고 졸업하다.

* 1992년-95년 (39-42세). 미시시피 주 잭슨 소재 Reformed Theological Seminary에서 목회학 박사(DMIN) 과정을 수학하고 졸업하다.

* 1993년 (40세). 그해 9월 4일 재미고신 (서부노회) 『한생명장로교회』를 개척하여 사역한 후에 1996년 2월 (42세) 사임하다.

* 1996년 (42세). 부산 『늘빛교회』 담임목사로 부임하여 사역한 후에 1997년 4월(44세) 사임하다.

* 1997년 (44세). 그해 5월 미국으로 다시 돌아오다.

* 1997-99년 (44-46세). 미국 Fuller Theological Seminary에서 목회학 박사과정(DMIN)을 수료하다.

* 1998년 (45세). 그해 7월 재미한인 예수교 장로회(고신)『은혜와진리장로교회』의 개척예배를 남가주 부에나 팍시에서 드리다. 교회명칭을 『한생명교회』로 변경하다 (2006년 7월 2일).

* 2006년 (53세). 그해 7월 북미주개혁장로교회(Christian Reformed Church) 교단에 가입하다.

* 2013년 (60세). 그해 9월 선한목자 교회와 연합하였고 2015년에는 주성선교교회와 연합하였으며 동시에 17년동안 섬기던 교회의 담임목사직을 사임하다(2015년).

* 2015년 (62세). 그해 9월 남가주 지역 페리스시에 있는 『페리스 만남의교회』의 청빙을 받아 특수목회를 시작하였고 동 교회명을 『한생명교회』로 변경하다(2016년).

* 2019년 9월-2022년 9월 (66-69세) 북미주 개혁교회 코암노회의 행정총무격인 서기(Stated Clerk)로 섬기다.

* 2021년 (68세). 그해 12월 『한생명교회』(2015년 6월 4일- 2021년 12월 26일)를 6년 7개월 동안 섬기고 목회사역에서 은퇴하다.

* 2022년 (69세). 그해 2월부터 네바다 주 핸더슨 시에서 2년을 보낸 후 다시 캘리포니아 주 얼바인 시에 있는 시니어 모빌 홈을 구입하여 현재 새로운 황혼 살림을 갖다.

* 2023-25년 (70-72세). 북미주 개혁교회 코암노회 지역자문목사 (Regional Pastor)로 섬기다.

* 2025년 (71세). '유종의 미'를 이루는 차원에서 〈여명에서 황혼까지〉라는 제목의 회고록을 출간하다.

1957 4세

1964 초등학교 수학여행

1964 초등학교 수학여행

1967 브니엘중 재학시절

1968 어머님 학교방문

1969 중학교 졸업식

1969 하기봉사

1969 하기봉사

1970 축구대회 우승

1971 시상식 대표

1971 청소년 적십자

1972 고등학교 졸업식

1972 고등학교 졸업식

1973 교회 시상

1974 방위 근무

1975 구영교회 봉사

1976 화동교회 봉사

1977 외산교회 봉사

1977 외산교회 봉사

1977 기장복음화운동

1977 기장교회 체육대회

1978 기장교회 여름성경학교

1978 기장교회 여름성경학교

1978 송천교회 봉사

1978 송천교회 봉사

1978 결혼식 엽서

1978 결혼식

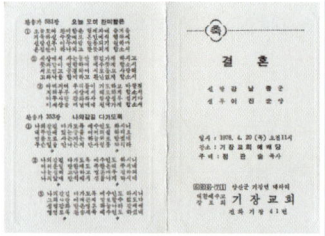

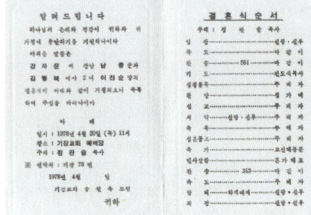
1978 결혼식 순서지

1978 신부

1978 신랑

1978 결혼주례

1978 결혼식

1978 결혼식 부모님과 함께

1978 고신대 마르투스 수련회

1980 가나안농군학교 입소

1980 가술교회 수련회

1980 가술교회 수련회

1980 예림중앙교회 여름성경학교

1980 진성교회 봉사

1980 진성교회 봉사

1981 대학 졸업여행

1981 대학 졸업여행

1982 대학 졸업식

1982 대학 졸업식

1982 대학 졸업식

1982 대학 졸업식 부모님

1982 대학 졸업식 처가족

1982 대학 졸업식 자매들

1981 태동교회 성도들

1985 대학원 졸업식 태동교회

1981 태동교회 여름성경학교

1981 태동교회 고난주간

1982 태동교회 교사들

1982 태동교회 학생들

1982 태동교회 새벽운동

1982 태동교회 여름성경학교

1983 수산교회 부활절

1983 에덴음악학원

1983 에덴음악학원 졸업식

1983 에덴음악학원 가족

1983 새부곡교회 성탄절

1984 새부곡교회 제직회

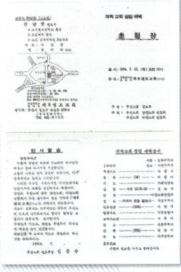
1984 설립예배 초청장

1984 설립예배 현수막

1984 설립예배 인사

1984 설립예배 참석자

1985 신학대학원 졸업식(가족)

1985 대학원 졸업식 부모님

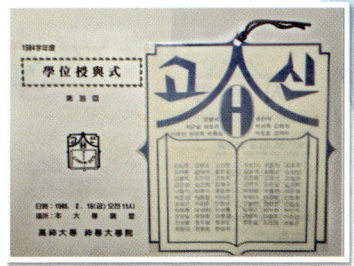
1985 대학원 학위수여식

1985 바울의집

1985 수영로교회 목회성장 세미나

1986 전도대학 수료식

1987 노회 목사 안수식

1987 목사 안수

1987 목사 안수식(성도들)

여명에서 황혼까지 513

1987 목사 안수식(부모님)

1987 목사 임직예배

1987 목사 임직예배

1987 첫번째 축도

1987 첫번째 성례식

1987 박은생 선교사 파송

1987 무릎선교회

1987 프리셉트 성경연구

1987 제자훈련 목회자 세미나

1987 제8영도교회 3주년

1988 교사제자훈련

1989 제8영도교회 5주년

1989 제8영도교회(여전도회)

1989 해양대학교 공동체

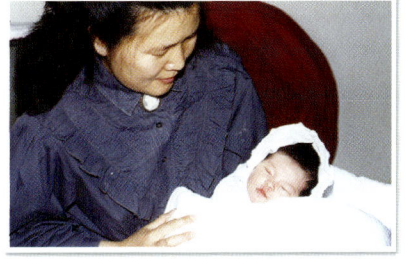
1990 둘째딸 태어남

1990 고신의대 필리핀 의료선교

1990년 박성기 박사 회갑연

1990 성지순례

1991 제8영도교회 사임(제직)

1991 제8영도교회 사임

1993 화평 생일축하

1992 제자교회 수련회

1993 국제신학교 졸업

1993 국제신학교 졸업(친구)

1994 가디나교회 청년수련회

1994 가디나교회 청년수련회

1994 한생명장로교회

1994 부모역할 훈련

1995 개혁신학교 졸업

1995 개혁신학교 졸업

1995 개혁신학교 졸업(교수)

1995 개혁신학교 졸업(지도교수)

여명에서 황혼까지 517

1995 이진순 합창단

1996 이진순 합창단

1996 전국교사대회

1998 한생명장로교회 찬양

1998 한생명장로교회

1998 한생명장로교회

1999 한생명장로교회

1999 한생명장로교회

2001 미주고신총회

2006 목사 위임패

2015 필리핀 탐방

2016 한생명교회 부흥회

2016 한생명교회 부흥회

2016 한생명교회 부흥회

2016 한생명교회 부흥회

2016 소아시아7교회 탐방

2016 소아시아7교회 탐방

2016 소아시아7교회 탐방

2016 소아시아7교회 탐방

2003 테니스 장년단식 우승

2015 마라톤

2016 마라톤

2017 한밭교회 훈련

2018 피닉스목사회 훈련

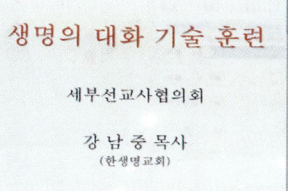
2019 필리핀 세부선교사 훈련

2019 필리핀 세부선교사 훈련

2019 필리핀 세부선교사 훈련

2019 종교개혁500주년

2019 종교개혁500주년

2019 종교개혁500주년

여명에서 황혼까지 521

2019 종교개혁500주년

2019 종교개혁500주년   2019 종교개혁500주년   2019 종교개혁500주년

2019 종교개혁500주년   2019 종교개혁500주년

2019 종교개혁500주년   2019 종교개혁500주년

2021 홀인원

2021 홀인원

2021 한생명교회 사임

2021 한생명교회 사임

2022 코암노회

2022 코암노회

2023 생명의 대화 특화훈련

2023 생명의 대화 특화훈련

2023 생명의 대화 특화훈련

2023 생명의 대화 특화훈련

2023 생명의 대화 특화훈련

2023 제자들과의 여행

2023 제자들과의 여행

2023 제자들과의 여행

  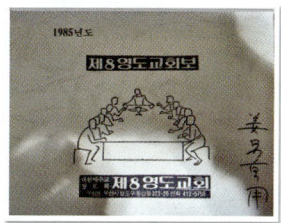
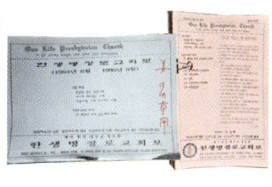  

1987-2021 주보 모음집

5000 천지창조 퍼즐

2008 강화평 바이올린

2008 가족사진

2024 고희기념 가족여행

2024 고희기념 가족여행

2024 고희기념 가족여행

2024 고희기념 가족여행